대(對)Terrorism
국민안전론

최 기 남 著

도서출판 진 영 사

대(對)Terrorism 국민안전론

최기남

2016년 03월 25일 초판인쇄
2016년 03월 29일 초판발행
발행인 박 진 영
발행처 도서출판 진영사
인천광역시 부평구 갈산동 35-3번지
전화 : 032)505-4207
팩스 : 032)505-4206
E-mail : 0183734207@hanmail.net
등록 : 122-91-77317

ISBN 978-89-6541-262-5 93300
값 23,000원

머리말

테러리즘 문제는 현 인류사회가 당면한 가장 시급하고 중요한 해결과제이다.

이는 21C 테러리즘이 국가와 민족의 생존과 번영을 좌우하는 화두로 등장하였으며, 인류의 삶의 질을 결정하는 핵심적인 요소로 작용하기 때문이다.

세계 각국은 테러리즘을 근절하고 그 위협으로부터 해방되기 위해 무한의 노력을 하고 있다. 그러나 21C 벽두에 시작된 테러와의 전쟁은 십 수년이 지난 지금도 계속되고 있으며, 수많은 희생과 비용을 지불하고도 그 공포는 더욱 심화되는 모습으로 나타나고 있다. 또한 테러리즘이 국지적인 이해관계나 특정의 갈등의 단계를 넘어 종교적인 이념대립과 민간 불특정다수의 무차별적 희생을 강요하는 극단적인 공포로 확산되는 양상으로 진화되고 있는 것이다.

테러리즘의 위협으로부터 안전한 곳은 지구상의 어느 곳도 없다. 따라서 지구상의 모든 나라들이 테러리즘에 대응하기 위한 국제적 협조와 자국민에 대한 안전대책의 강구에 총력을 기울이고 있다. 이런 국제적 연대와 협력은 테러리즘을 예방하기 위한 정보의 유통이나 테러지원세력에 대한 제재조치, 테러발생시의 협조된 진압작전과 피해복구에서 전쟁을 통한 응징과 보복에 이르기까지를 포함하며, 자국민 보호를 위해서는 국민안전과 관련한 법과 제도를 개혁하고 국가조직의 통폐합과 테러대응체제를 고도화하는 등의 국가안보차원에서 체계를 재정비하고 있다.

우리나라는 남북간의 첨예한 대립으로 인한 각종 도발과 핵위협에 직면해 있으며, 미국을 비롯한 기독교 서방제국과의 대테러 공조로 인해 이슬람테러조직으로부터수차례의 납치, 살해 등의 테러와 공개적인 테러 위협, 협박을 받는 등 취약성을 가지고 있다.

국민안전에 대한 국가의 책임과 시민의 행복추구에 대한 헌법적 권리보장은 기본적 사회계약에 의한 국가의 존재가치이며, 이에 대한 요구와 필요성은 확대 심화될 전망이다. 최근에는 파리테러를 계기로 우리나라에서도 수차 시도되었던 테러방지법 제정을 위한 국회 심의를 재가동하고 있다.

본서는 특성화사업의 일환으로 경찰·공공행정학부의 공무원을 지향하는 학생들에게 테러리즘에 대한 이론적 기초와 국가의 안전관리 체계를 학습시키고, 사회안전에 대한 시민의 요구와 공무원의 사명감을 고취시키기 위한 교과서로 개발되었다.

한학기의 수업가능시간에 맞추어 14개 주제와 강평이 이루어지도록 편성하였다.

또한 교과서로 개발하였음으로 강영숙 박사와의 합의 하에 그의 저서「테러학」의 내용을 상당부분 공유하였음을 밝히며 협조에 감사드린다.

차후 충분한 시간을 가지고 많이 보완하고, 교육자료를 제작 활용할 계획이다.

2015. 12. 15.

세명대 학술관에서

목 차

PART Ⅰ Terrorism 기초이론

PART Ⅱ 국가위기관리 체계와 전략

PART Ⅲ 테러대응전략과 작전

PART Ⅳ 대Terrorism 국가정책

부 록

PART I

Terrorism 기초이론

제1장 Terrorism의 개념
제2장 Terrorism의 발생원인
제3장 중동Terrorism
제4장 뉴테러리즘의 특성
제5장 국제 주요 테러리즘

제1장 >>> Terrorism의 개념

1. 테러리즘의 본질

현대는 테러리즘의 시대라고 해도 과언이 아닐 만큼 2001년 미국 9.11테러를 비롯하여 2014년부터 잔인한 수법으로 악행을 일삼은 IS(Islame State)테러집단의 전 세계 도처에서 여러 모습으로 발생한 테러의 충격과 위협, 공포 속에서 살아왔다. Terror와 대(對)Terror, 세계평화를 위한 테러예방 차원의 선제공격론이라는 명목 아래 아프가니스탄전쟁, 이라크전쟁 등의 대(對)Terror전쟁을 치루였고, 오사마 빈라덴 사망 이후에도 세계는 여전히 알카에다와 그 연계 테러집단의 테러위협을 비롯하여 반(反)미, 반(反)서방이라는 목표를 내세운 새로운 테러집단들이 독버섯처럼 우후죽순처럼 생겨나 세계평화는 여전히 위협받는 상황이 되었다.

역사 · 정치 · 종교 · 이념 등의 문제가 오랫동안 복잡하게 얽혀 늘 분쟁과 테러 및 정치적 소용돌이 속에 있는 이라크와 시리아를 비롯한 중동지역에 거점을 두고 활동하는 수많은 테러조직들 중에서 이슬람 수니파 극단주의 테러단체 'IS(Islamic state)'는 최근 새롭게 부상한 조직으로 이전 어떠한 테러단체보다 극단적이고 악랄한 집단이다. IS가 체계적, 조직적으로 연일 벌이는 테러와 잔혹한 납치, 살인행위로 악명을 떨치며, 미국과 서방국가는 물론 세계평화를 압박하며 세계인의 적이 되고 있는 상황에서 최근 국적과 인종에 관계없이 민간인을 공격하는 잔인성을 드러내고 있는데 2015년 11월13일 공연장, 축구경기장, 식당 등 6곳에서 총기난사와 자살폭탄테러로 150명 이상이 사망하고 400여명이 부상당한 프랑스 파리의 연쇄테러 뿐 아니라 한 달 전인 10월31일 러시아 항공기를 공중 폭발시켜 224명을 숨지게 한 것과 터키 앙카라에서 평화시위를 하던 사람들이 IS의 폭탄테러로 100 이상이 목숨을 잃었으며, 프랑스 테러가 발생하기 하루 전인 11월12일 레바논 베이루트 쇼핑가에서 자살폭탄 테러로 43명을 숨지게 한 것 등이 이를 말해준다.

이와 같이 테러리스트는 자신들이 믿고 있는 목적을 실현시키기 위해서는 아무 죄 없는 일반 시민의 생명도 희생시키는 테러의 새로운 공포를 우리들에게 인식시켰다. 테러리즘의 본질 또는 일반적인 정의를 알아보는 것은 사실 너무나 복잡한 요소들이 뒤엉켜있기 때문에 매우 어렵지만 테러라는 것은 남에게 자기의 의사를 받아들이게 하는 방법 중의 무자비한 폭력수단을 동원한 마지막 방법이라는 것이다.

테러의 본질은 공포이다. 테러는 폭력을 사용하여 공포분위기를 조성함으로써 목적을 달성하려는 수단이기 때문에 그것은 대상과 방법에 한계를 두지 않는 무차별적인 것이 될 수밖에 없다. 고도로 발달 된 현대의 개방사회에서는 테러의 목표물이 점차 다양해지고 있고 테러기술도 비약적으로 발달함에 따라 인류에 대한 테러리즘의 위협은 더욱 가중되고 있다. 또한 테러리즘은 폭력을 통해 사회제도를 붕괴시키고 동시에 무고한 사람과 재산에 손상을 가하고 무차별적인 것이기 때문에 인류와 사회존립의 기본원칙에 반하는 범죄행위이며, 하나의 비정상적인 사회적 병리현상이며, 군사적으로 약하고 정치적으로 좌절된 자들 또는 종교적 광신자들이 택하는 비겁한 수단이라고 할 수 있다. 테러는 개인 혹은 국가에 의한 경우도 있으나, 테러집단에 의하여 자행되는 경우가 많다. 테러리즘은 주로 정치적 목적 외에 사회적, 개인적, 종교적 목적이나 동기를 내세워 그들의 주장을 관철시키기 위하여 인류의 생명을 도구화하는 비인간적, 반이성적 행위이며 문명사회의 기준을 거부하는 반문명적, 비윤리적 폭력행위라는 것이다. 이러한 의미에서 테러의 본질적 특성은 대체로 다음과 같은 것을 들 수 있다.

첫째, 테러는 주로 정치적, 사회적, 종교적, 개인적 등의 동기나 목적을 위한 범죄이다. 고도로 발달된 전달매체를 통하여 자기들의 의견을 주장하기도 하고 심지어는 목표 대상국의 정책에 영향을 미치기 위한 수단으로써 테러수법을 동원하기도 한다.

둘째, 테러는 범행자체가 극히 잔인하며, 무차별공격을 그 특징으로 한다.

셋째, 테러는 문자 그대로 공포분위기를 조성하여 다중의 이목을 집중시킴으로써 자신들의 목적을 달성하려고 한다.

넷째, 테러는 범행대상을 가리지 않으며 최근에 민간인들을 주요 목표로 하고 있다[1]. 고도로 발달된 현대사회에서는 테러의 목표물이 점차 다양해지고 있고, 테러기술도 비약적으로 발달함에 따라 인류에 대한 테러의 위협은 더욱 가중되고 있다.

현대 테러리즘의 목적은 과연 무엇인가라는 질문에 명쾌하게 단 몇 가지로 답할 수는 없지만 그래도 가장 손쉽게 내릴 수 있는 대답은 테러리즘에 사용된 수단의 본질을 강조하는 것이라고 생각한다. 9.11 테러사건과 그 외 세계 각처의 테러사건에서는 테러리스트의 칼에서부터 초정밀 전자무기에 이르기 까지 모든 무기체제는 테러집단에게 훌륭하게 사용될 수 있고 또 그렇게 사용되었다.

테러리즘이 효과적으로 대중의 관심을 끌 수 있었던 것은 사건의 극적인 성격때문이며, 특히 실시간 TV뉴스로 보도된다는 점이다. 또한 희생자가 무작위로 선택된다는 점도 대중의 관심을 끌 수 있는데 가령 상가에 설치된 폭탄이 터져 죽거나 다치는 사람의 수가 비록 몇 십 명에 그친다 하더라도 수백만의 사람들이 상가를 이용할 수 있기 때문에 자신들도 희생자가 될 수 있다고 생각한다. 비행기를 이용한 하이재킹의 경우에도 비행기를 이용하는 다중에게 훨씬 더 큰 두려움을 주게 되는 것이다. 이처럼 테러리즘은 다수 대중들에게 심리적 영향을 미침으로써 작은 힘을 증폭하기 때문에 통상 힘없는 자들의 무기가 되는 것이다[2].

테러는 우리들이 소중히 생각하고 지켜온 가치나 질서를 파괴하는 직접적인 행위로서 이해하여야 하며 테러를 일으키는 요인이 제거되지 않는 한 같은 형상의 테러행위는 반복될 것이다. 인류의 역사와 같이 계속 공존해 나가는 테러사건이 있는 한 인간들의 마음은 계속 두려움을 갖고 있으며, 전 세계의 생활에도 큰 타격을 줄 것이다. 그러나 사건을 일으킨 테러조직을 방치해 둘 수는 없는 일이다. 자유와 민주주의를 지키기 위해서는 우선 모든 수단을 통해서 테러조직에 대처해야 할 필요가 있다. 동시다발 테러뿐만 아니라 테러조직의 대부분은 큰 사건을 일으킴으로써 일반 대중에게 자신들이 안고 있던 문제를 나타내는 수법을 쓴다. 즉, 문제를 슬쩍 바꾸어 자신들이 일으킨 테러사건을 정당화 시키려고 하는데 바로 이러한 수법에 테러의 본질이 숨어 있는 것이다.

---

1) 鄭亨根,『國際테러의 法的規制에 關한 硏究』, 고려원, 1992, pp.52~54.
2) 김연각·김진국·백창제 역,「국제관계의 이해」, 출판사 인간사랑. 2004, p.270.

2. 테러리즘의 개념

일반적으로 'Terror'란 '극도의 공포, 매우 큰 심한 공포 혹은 그 공포가 얼마 동안 계속 됨'[3]을 의미하며, 'Terrorism'은 '테러 행위. 공포 상태, 공포 정치'[4]라는 의미로 표현되고 있어서 본 저서에서는 테러리즘(terrorism)과 테러(terror)는 유사한 의미로 두 용어를 혼용하여 사용하기로 하였다.

또한 테러정책의 수립과정에서의 개념은 테러는 인간에게 공포를 주는 위해요인을 총칭하며, 테러리즘은 테러를 수단으로 특수한 목적을 달성하기 위한 전략적인 행위를 의미한다. 즉 정책의 수립에 있어 천재지변이나 자연재해 등 인간이 수단으로 사용할 수 없는 공포의 위해요인을 재난으로 테러리즘과 분리하는 개념이다.

현재, 테러라는 말은 정치적 효과를 노리는 무차별적인 살인 등도 포함한 매우 광범위한 폭력행위를 지칭하는 말로 사용되고 있다. 또, 하이재킹이나 사제폭탄(私製爆彈), 자폭(自爆), 유괴(誘拐), 암살(暗殺) 등의 사건 중 정치적·사회적 불안을 일으키는 사건의 경우도 테러사건으로 보도되고 있다.

테러리즘을 한마디로 정의할 수는 없지만 일반적으로 정치적, 사회적, 종교적 등의 목적을 갖고 있는 무차별적인 폭력행위라고 할 수 있으며, 이러한 직접적인 폭력행위뿐만 아니라 폭력행위를 일으킴으로써 사회를 공포에 몰아넣는 심리적 효과를 동반하는 폭력도 테러리즘에 포함되고 있다.[5]

그러나 일반적으로 테러리즘(terrorism)과 테러(terror)라는 개념은 어떤 목적달성을 위해 이질적이고 다양한 폭력적 혹은 불법행위들의 총합으로서 이에 대한 분명하고 널리 받아들여지는 정의는 존재하지 않으며[6] 테러방지를 위한 최초의 국제적 협약인 1937년 11월16일 국제연맹이사회에서 채택된 '테러의 방지 및 처벌을 위한 협약(Convention for the Prevention and Punishment of Terrorism)[7]이후 100여개 이상의 개념정의가 시도되어 왔지만 많은 부분이 논쟁의 대상이다.

---

3) http://dic.daum.net/word/view.do?wordid=ekw000167665&q=terror(검색: 2012.02.16)
4) http://dic.daum.net/word/view.do?wordid=ekw000167666&q=terrorism(검색: 2012.02.16)
5) 강영숙·이민용,「테러의 이해」백산출판사, 2002, p.74.
6) 윤민우,「테러리즘의 이해와 국가안보」, 도서출판 진영사, 2011, p.62.
7) M. Cherif Bassiouni(ed.), International Criminal Law:Crimes, vol.1(Dobbs Ferry N.Y.:Transnational Publishers, 1986), pp.497-504, 정형근,「국제테러의 법적규제에 관한 연구」, 1992, 고려원, p.36,

또한 2011년 9.11일 동시다발 테러 후에 행해진 국제연합총회의 토의(討議)에서도 각 국 대표의 연설이나 물밑 교섭은 '테러란 무엇인'를 정의하는 단계부터 의견이 분분했다. 이스라엘, 유럽과 이슬람국가 등에서는 테러리즘의 정의에 대한 사고방식(思考方式)이 크게 다르기 때문에 국제적으로 통일된 정의를 취해 정리한다는 것은 매우 어려운 실정이다.

이와 같이 테러리즘의 모양은 다양하고, 복잡하며 또 각 국의 정치적인 배경·사정에 따라 테러리즘의 정의가 다르고, 또한 같은 미국 내(內)에서도 정부 각 기관의 임무에 따라 독자적인 우선사항(優先事項)이나 관심이 반영되어 미국의 국무성, 국방성, FBI(미국 연방수사국)에서도 테러리즘의 정의가 조금씩 다르다.

또한 테러의 양태 자체가 시대에 따라 변화하기 때문에 테러의 개념 속에는 우리 사회에서 점차 증가하고 있는 새로운 유형의 측면은 아무도 제시하지 못하고 있기 때문이다. 그러나 테러리즘이 무엇인가를 이해하기 위해서는 이제까지 국가, 국제기구 등 많은 주체가 정의한 테러리즘의 다양한 정의들을 살펴볼 필요가 있다

• 사전적 의미

테러란 사전적 의미로는 어떤 대상에 폭력을 사용하여 적이나 상대편을 위협하거나 공포에 빠뜨리게 하는 행위이며,[8] 한국정치대사전에는 '테러란 단순한 폭력이나 강제와는 달리 개인, 혁명단체 또는 정부에 의하여 조직적·집단적으로 행해지는 공포수단이라고 하였다.[9]

• 위키백과

테러리즘(Terrorism)은 일반적으로 정치, 종교, 사상적 목적을 위해 폭력적 방법의 수단을 통해 민간인이나 비무장의 개인, 단체, 국가를 상대로 사망 혹은 신체적 상해를 입히는 행위를 함으로써 이들에게 공포심을 불러일으켜 어떤 행동을 강요하거나 혹은 어떤 행동을 중단하게끔 강요하는 행위이다. 이런 테러행위를 하는 이들을 테러리스트라 부르며, 이들은 자신들이 믿는 이념의 큰 뜻을 이루기 위해 민간인이나 관련되지 않은 사람들의 희생이 어쩔 수 없다는 가치 판단을 내리

8) http://search.daum.net/search?w=tot&t__nil_searchbox=btn&sug=&q=%C5%D7(검색: 2012.02.15)
9) 정인홍 외,「정치대사전」, 서울: 박영사, 1983, 조영갑,「테러와 전쟁」, 북코리아, 2004, p.21.

며 그 자신 혹은 자신들의 동조자들의 생명 또한 희생되어도 좋다고 생각한다. 또한 요인의 암살과 같은 폭력적 행위로 인한 직접적 효과 보다 이로 말미암아 발생되는 대중의 공포심을 더 큰 효과로 보며 이러한 효과를 적극적으로 이용하고자 한다.[10)]

• 미국 각 기관에 의한 테러리즘의 정의(定義)

국제 테러리즘 연구에 선구적인 국무성에서는 '국가(國家)가 아닌 단체, 혹은 지하드 조직원에 의한, 계획적이고 정치적인 동기(動機)를 갖고 비(非)전투원을 목표로 하는 폭력. 보통은 사건을 지켜보는 일반인들에게도 영향을 파급시키려는 목적을 갖고 있다'고 정의하고 있다.

한편, 미국 국방성에서는 테러리즘의 목적에 종교적, 이데올로기적인 측면(側面)을 추가해 '정치적, 종교적, 혹은 이데올로기적인 목적을 달성시키기 위해 정부(政府) 또는 사회(社會)를 강요하고, 함락시키기 위해서 사람이나 소유물에 대해 불법적으로 사용되는 칼이나 폭력, 또는 위협'이라고 정의하고 있다.

사법성(司法省)에 속하고 연방법(聯邦法) 위반에 대한 수사(搜査)나 공안정보(公安情報)의 수집 등을 행하는 FBI(Federal Bureau Investigation)에서는 테러리즘의 목적에 사회적인 측면을 추가하여 '정치적 혹은 사회적인 목적을 추진하기 위하여 정부나 시민, 특정집단 등 그 밖의 모든 것을 위협하고, 강압하기 위하여 사람이나 소유물에 대해 불법적으로 가(加)해지는 부당한 압력 또는 폭력'이라고 정의하고 있다.[11)].

미국의 반테러법인 Patriot Act(2001)에 의하면, 테러는 일반시민을 협박 또는 강요하거나 정부정책에 영향을 끼칠 목적으로 자행하는 연방 또는 주형법에 규정된 범죄행위로서 사람의 생명에 위협을 초래할 수 있는 폭력행위로 정의하고 있다(제802조(18 U.S.C,2331)).[12)]

---

10) 위키백과, http://ko.wikipedia.org/wiki/(검색: 2012.03.02)
11) 강영숙·이민용, 「테러의 이해」, 백산출판사, 2002, pp.73~74.
12) 한상암, '인질테러 협상에 관한 연구', 경찰청, 대테러연구 제31집;451-477. 2008, p.453.

• 우리나라 대통령훈령 제47호에 의한 정의

우리나라는 아직 테러에 관한 통일된 이론이 없고 대테러법이 통과되지는 않았으나 1982년 1월21일 제정, 1997년 1월1일 개정된 대통령훈령 제47호 '국가대테러활동지침' 제2조에서 "국가이익과 국민에 대하여 국제테러분자 등이 각종의 목적을 위하여 국내외에서 불법적으로 자행하는 각종 범죄행위"를 국제테러로 규정하고 있다.

- 국가 또는 국제기구를 대표하는 자 등의 살해 · 납치
- 국가 또는 국제기구 등에 대하여 작위 · 부작위를 강요할 목적의 인질억류 · 감금
- 국가중요시설 또는 다중이 이용하는 시설 · 장비의 폭파
- 운항 중인 항공기의 납치 · 점거
- 운항 중인 항공기의 파괴, 운항 중인 항공기의 안전에 위해를 줄 수 있는 항공시설의 파괴
- 국제민간항공에 사용되는 공항 내에서의 인명살상 또는 시설의 파괴
- 선박억류, 선박의 안전운항에 위해를 줄 수 있는 선박 또는 항해시설의 파괴
- 해저에 고정된 플랫폼의 파괴
- 핵물질을 이용한 인명살상 또는 핵물질의 절도 · 강탈.

• 2001년 11월28일 우리정부가 국회에 제출한 "테러방지법안" 제2조 제1항에는 테러를 "정치적·종교적·이념적 또는 민족적 목적을 가진 개인이나 집단이 그 목적을 추구하거나 그 주의(主義) 또는 주장을 널리 알리기 위하여 계획적으로 행하는 행위로서 국가안보 또는 외교관계이 영향을 미치거나 중대한 사회적 불안을 야기하는 행위"라고 정의하고 상세한 내용을 아래와 같이 명시하고 있다.

- 대통령령이 정하는 국가요인, 각계 주요인사, 외국요인과 주한 외교사절에 대한 폭행 · 상해 · 약취 · 감금 · 살인
- 국가주요시설, 대한민국의 재외공관, 주한외국정부시설 및 대중 이용시설의 방화 · 폭파
- 항공기 · 선박 · 차량 등 교통수단의 납치 · 폭파
- 폭발물 · 총기류 그 밖의 무기에 의한 무차별한 인명살상 또는 이를 이용한

위협

- 대량으로 사람과 동물을 살상하기 위한 유해성 생화학물질 또는 방사능 물질의 누출·살포 또는 이를 이용한 위협[13)]

• 국가정보원의 개념정리

국제적으로 정립된 '테러'의 개념은 없으나 미국·일본·영국·독일 등 각국의 대테러 관련법 또는 국제협약 등이 정의한 내용을 다음과 같은 공통되는 요소를 내포하고 있다고 정리하였다.

① 정치적 목적이나 동기를 가지고 있다(범죄조직과 구별)

② 미리 계획되고 지속성을 가진 사건이다(시위 등 우발적 폭력 제외)

③ 공포심을 수반한 폭력의 사용이나 위협이 따른다(총격·폭파·납치 등)[14)]

이상 테러리즘의 정의를 분석해 본 결과 테러리즘의 정의는 매우 다의적이고 복합적이며 이중 가치적인 성질을 가지고 있다. 과거 테러의 개념은 '정치적(이념적) 폭력'으로 정의되어 왔으나 이념대립, 종교, 민족갈등, 이해관계에 따라 논란이 많은 개념으로 각국의 이익과 대테러활동 목적 또는 학자들의 테러현상에 대한 연구·접근방법에 따라 상이한 시각 속에 나름대로의 개념이 설정되고 있는 실정으로서 세계 모든 국가들이 받아들일 수 있는 테러리즘의 정의는 사실상 불가능하다고 볼 수 있다.

테러폭력에 관한 시각적 다양성으로 인한 혼란에도 불구하고 여러 학자들과 국가 및 국가기관들의 테러리즘에 관한 정의를 비교 분석하여 테러리즘에 있어 다음과 같은 공통적인 중요한 요소들을 도출하였다.

그것은 첫째 테러리즘은 정치적, 종교, 사회, 이념 등 자신들의 소기의 목표나 어떤 요구사항 등의 목적을 관철시키려고 한다. 둘째, 위협 또는 폭력의 행사는 조직적이고 반복적이며 치밀한 사전준비가 있다. 셋째, 테러리즘의 폭력양상은 무고한 국가의 상징적인 건물 뿐 아니라 제3자 또는 민간인을 겨냥한 살상, 인질, 폭파, 하이재킹 등 무차별 공격양상을 보이고 있다. 넷째, 직접적인 희생자들 외에

---

13) 신경엽, "테러리즘에 대한 국제법적 규제에 관한 연구", 경희대학교 대학원 박사학위논문, 2002년, p.20.

14) 국가정보원, http://www.nis.go.kr/svc/affair.do?method=content&cmid=11312(검색: 2015.11.20)

간접적인 피해자들에게도 잠재적인 심리적인 충격이나 공포심을 불러일으킨다. 다섯째, 국제테러리즘은 테러행위의 원인 진행 결과에 따라 1개국 이상의 국제적 요소가 개입되는 것 등이다.

지금까지 제시된 테러리즘 정의 시 자주 사용되는 요소는 다음 〈표 1〉에서 보듯이 약간씩 다르면서 몇 가지 공통점을 갖고 있음을 알 수 있다.

〈표 1〉 테러리즘 개념 정의 시 공통요소

일반적 의미	○자신들의 목적 달성을 위해 행해지는 불법적, 폭력행위
누 가(주체)	○국가, 단체 및 개인
무엇 때문에(목적)	○표면적 목적-정치 · 종교 · 사회 · 민족·이데올로기 등의 목적 달성 ○내면적 목적-해방, 주권획득, 보복, 활동자금취득, 정권취득, 동료석방, 선전 등 자신들의 목적달성
특징	○불법적 · 파괴적 · 폭력적인 방법 사용 ○계획적이고 목적이 있다. ○무차별 대상으로 조직적으로 반복된다. ○공포심, 패닉(panic)유발 ○시간, 장소, 방법을 예상하기 어렵다.
대상(공격목표)	○정부, 국가, 민족(국민), 사상, 종교, 체제, 인종, 개인자산 및 사회전체를 위협
수법	○직접적인 공격 및 폭력 ○공포 및 심리적 효과를 노린 위협 - 인질납치, 암살, 폭파, 핵, 화학테러, 생물테러, 사이버테러, 하이재킹, 자살폭탄 등 재래식 무기 및 최첨단 수법

*자료: 권창기 · 강영숙, 「테러학」, 도서출판 진영사, 2012, p.20.

제 2 장 Terrorism의 발생 원인과 분류

세계 도처에서 계속 발생하고 있는 테러리즘의 원인은 자신들의 관점에 따라 다양하게 주장, 대립되면서 테러리즘의 발생 원인을 규명하기 위한 노력은 다양한 각도에서 시도되고 있다. 사회현상과 경제, 정치적인 역학관계에 대한 분석에서부터 인간관계의 심리적 본질에 대한 연구, 인류사회의 발전과정에서의 생태학적 원리 등 주변학문과 연관하여 다양한 연구가 진행되고 있다. 그러나 테러리즘 원인의 분류방법이나 학문적 배경에 따른 접근 방식이 다를 뿐 결과는 대동소이하다. 이런 접근 방법의 차이는 인간관계의 본질의 테러 심리를 분석하는 방법과 정치사회학적으로 테러사건을 위주로 분석하는 방법의 차이에서 기인하는 것으로 보인다. 테러리즘의 정의를 내리는 것처럼 발생원인의 근본적인 규명은 테러리즘의 정당성에 대한 서로 간의 입장차이가 있기 때문에 국제적으로 보편성 있는 원인을 규명하기는 어렵지만 여기선 종교적 측면, 정치적 측면, 경제적 측면, 사회적 측면으로 살펴본다.

1. 테러리즘의 발생원인

1) 종교적 이념의 대립과 갈등

종교적 이념대립에 의한 갈등이 폭력을 동원한 분쟁으로 발전되는 경우는 대개 민족의식과 혼합되어 생존권 다툼으로 발전되는 경우가 많다. 북아일랜드의 가톨릭과 프로테스탄트간의 분쟁, 인도와 펀자브주 시크교도와 힌두교도, 중동지역의 이란, 이라크, 터키의 쿠르드족, 아르메니아인, 스페인의 바스크족, 스리랑카의 타밀족 등 세계 도처의 인종 간 분리 독립투쟁은 종교적 이념대립이 민족 간의 생존권을 건 폭력사태로 발전한 경우이다. 특히 기독교와 이슬람 간의 뿌리 깊은 종교적 이념대립은 이스라엘의 건국과 함께 아랍민족주의의 단결과 팔레스타인 땅에 대한 정통성이 개입된 생존권 다툼으로 발전하였고, 9.11테러를 계기로 인류를 테러와 전쟁의 악순환 속으로 몰아넣으면서 세계질서의 재편과정에서 가장 큰 가치관으로 테러리즘이 자리 잡게 되었다. 이슬람 원리주의 테러리즘은 알라신이 만든 신성한 세계를 미국과 서구사회의 기독교 문명이 오염시켰다고 주장하면서 타도의 대상으로 지목하고 이를 위한 테러는 성전(聖戰, Holly War)으로 정당화하며 테러리즘을 수단이 아닌 종교적 목적 그 자체라고 투쟁이론을 정리하여 이를 전파함으로써 현대 테러리즘의 가장 큰 발생 원인이 되고 있다. 또한 종교적 이념에 의한 테러리즘은 자발적인 성전(聖戰, Holly War)과 민족적인 애국활동과 영웅시로 인해 근본적인 해결책을 찾기가 매우 어려운 실정이다. 종교적 이념에 의한 주요 테러리즘 단체로는 알카에다를 비롯하여 팔레스타인 하마스, 팔레스타인 지하드, 인민해방전선, 필리핀 아부사야프 그룹, 제마이슬라미야, 우간다 신의저항군 등을 들 수 있다.

2) 정치적 목적달성을 위한 투쟁

정치적으로 소외 또는 억압받고 있거나 열세에 몰린 정치집단이 가장 손쉽게 자신의 정당성과 사상을 표현하는 수단이 테러리즘이다. 소수의 과격 급진적 정치사상을 가진 집단에 의한 정부전복 기도나 그 후원세력에 대한 보복과 저항의 표시로 폭력적 수단을 사용하는 테러리즘, 국가에 의해 자행되는 정적의 제거, 부정적 통치행위를 은폐하고 정치적 충격을 위해 행해지는 폭력행위도 같은 범주의 정치적 목적달성을 위한 테러리즘으로 볼 수 있다. 정치적 목적달성을 위한 테러리즘이 확산되는 원인은 개인이든 특정집단이나 계층이든 간에 기존 정권을 타도하고 자신들이 중심이 된 새로운 정치질서를 창출해 내는데 있어 테러리즘은 가장 신속하고 비용이 적게 드는 가장 효과적인 수단이 될 수 있다는 매력 때문이다. 1980년대 이후 후진국 형 국가에서 흔히 나타나고 있는 정적에 대한 폭력, 정치지도자 암살, 구금 등의 형태로 나타나고 있는 정치적 폭력은 국민에 대한 설득이나 선거에 의한 승리에는 자신이 없거나 정치적 자금이나 노력 등의 투자를 손쉽게 하기 위한 비민주적인 방법으로 정치적 권력의 폭력에 의해 일어나는 현상이다. 또한 민족적 자존심이나 감정의 대립으로 인한 갈등이 폭력을 수반한 대립상황으로 발전될 수 있다. 정치적 테러리즘을 확대하여 생각하면 국가와 국가 사이의 국제테러리즘의 발생원인도 국제정치에서 비롯되는 경우가 있다. 국제간의 영토분쟁, 자원 확보 등 국가 간의 이권문제, 민족적 자결권과 민족감정대립, 세계 정치 외교적 주도권을 가지기 위한 패권다툼 등 많은 정치적 현안문제에 대하여 저기 편에 유리한 여건을 조성하기 위하여 테러를 사용하거나, 우회적인 방법으로 특정 테러집단에게 금전, 무기, 기지제공 등 다양한 방법의 지원 등을 들 수 있다. 테러리스트들이 목적달성 수단으로서 테러라는 폭력수단을 수용하고 있는 이유는 폭력만이 세계를 보다 더 나은 곳으로 만들 수 있다는 정치사상을 믿고 있기 때문이다.

테러집단들에게 이러한 폭력사용의 정당성을 제시해 줌으로써 영향을 미친 정치사상은 고도 선진산업사회에서 인간성의 회복을 위한 폭력의 사용은 제3자에 의해서 비판되어 질 수 없는 신성한 수단이라 주장한 마르쿠제(Herbert Marcuse)의 정치사상과 폭력수단인 테러의 구체적 사용에 대한 전략, 전술을 제시한 브라질 공산주의자인 마리겔라(Carlos Marighella), Frantz Panon 등의 이론이 있고 이외에 테러사용을 촉진시키고 합리화시켜주는 정치사상으로는 무정부주의(Anarchism), 허무주의(Nihilism), 스탈린주의, 모택동주의, 트로츠키주의, 카스트로주의, 나치즘(Nacism), 파시즘(Facism) 등이 포함 된다[1]. 이들의 이론처럼 강대국의 식민정치에 대한 민족적 저항이나 민족해방운동, 정치적 억압, 민중의 지배계층에 대한 투쟁, 경제적 착취계층과 당하는 계층에서 발생하는 폭력적인 저항과 국제간 분쟁 시 폭력의 사용도 중요한 정치적 발생 원인으로 볼 수 있다. 정치적 원인에 의한 주요 테러단체는 PLO, IRA, 스페인 바스크조국해방, 세네갈 카사망스 민주세력운동, 콜롬비아 무장혁명군 등 민족주의적인 단체를 들 수 있다.[2] 전쟁을 유혈의 정치로 본다면, 테러리즘을 심리적 정치행위로 볼 수 있다.

---

1) 이상철, 「경호방법론」, 도서출판 홍경, 2001, p.20.
2) 최기남, 전게논문, p.415~416.

3) 경제적 빈곤 및 이권에 의한 갈등

자본주의가 발달하면서 가장 먼저 나타난 사회적인 문제인 빈부의 격차에서 오는 생존과 번영의 욕구에 의한 투쟁은 생태계의 가장 원초적인 본능과도 같다. 경제적 발전은 국민경제의 구조적 변화와 더불어 사회 각 분야의 생활관계를 크게 변화시켜 놓았으며 자급자족 경제로부터 상품경제로의 변화는 국민소비수준을 향상시켰으나 자본주의의 정착과정에서 나타난 여러 가지 모순, 즉 인간의 생산수단화로 인한 인간의 도구화와 인간소외, 노동조건의 악화에 기인한 국민보건위생의 열악, 생산경쟁과정에서 부녀자 및 미성년자 고용으로 인한 휴머니즘의 타락, 부의 편중으로 인한 빈부격차의 심화, 경제 불황으로 인한 실업자와 범죄의 발생 등은 각 계층의 갈등을 한층 심화시켜 놓았다.

부의 축적을 위한 노력과 경쟁은 개인에서 사회계층별 그룹으로 또는 경제단위별 회사나 동종의 업종 간 연합으로 발전되어 서로간의 이권을 위해 모든 수단을 동원한 치열한 경쟁을 하게 된다. 이런 경쟁 속에서 불법적인 폭력이 등장할 수 있으며 경제적으로 궁핍한 계층에 의한 기존세력에 대한 폭력적 사회변혁운동으로 발전될 수 있다. 역사적으로 노예의 반란이나 농민혁명의 폭력적 저항이 이러한 예에 해당되며, 사회빈곤층의 무력을 이용한 혁명을 주장하는 공산주의적 무력투쟁이론도 경제적 이해관계가 개입된 테러리즘의 발생 원인으로 볼 수 있다. 이러한 생태학적 경제 원리는 국제간의 관계에서도 같은 개념으로 적용되어 경제적 이권이나 자원의 확보, 해양이나 영토권 분쟁 등 자국의 이익을 위해 무력의 사용이나 테러리즘에 의한 국가적 투쟁의 모습으로 나타난다. 현대의 강대국에 의한 약소민족이나 저개발국가의 지배논리는 근본적으로 경제적 제국주의에 기인한다고 볼 수 있다. 이런 경제적 빈곤이나 이권에 의해 발생하는 테러리즘은 국내적으로는 주요 경제시설목표에 대한 파괴나 경제주체요인 납치, 살해 등을 들 수 있으며 마약이나 매춘 등 테러리즘집단의 운용을 위한 자금조달이나 세력의 확보 등을 위한 개인이나 범죄조직에 의한 테러리즘이 존재할 수 있다. 대표적인 단체로는 페루의 빛나는 길(S.L), 콜롬비아의 M-19 등을 들 수 있다. 국제간에는 에너지나 자원의 확보를 위한 공작으로 약소국가에 국가테러리즘 단체를 육성하고, 자원을 통해 상대 정권을 붕괴시키거나 괴뢰정부를 지원함으로써 자국의 경제적 이권을 유지하고 정권을 통제하는 경우도 있다. 이는 대부분의 약소국가나 저개발국가의 테러리즘에서 나타나는 현상이나 사회가 발전하고 민족적 자각의식이 성장하면서 정치적으로 변화되어 제국주의에 대한 투쟁으로 테러리즘의 대상이 역전되는 경향이 나타나고 있다. 따라서 발생 원인에 대한 명확한 규명은 어려우며 보는 관점이나 이해관계의 차이에 따라 복합적인 해석이 가능하겠다.[3)]

4) 사회 심리적 변화

사회 심리적 측면에서의 발생원인은 Ted Robert Gurr 박사의 상대적 박탈이론(Relative Deprivation Theory)으로 설명할 수 있다. 개인이나 집단, 계층 간에 나타날 수 있는 상대적 박탈감이란 누구나 마땅히 누려야 한다고 스스로 생각하는 삶의 제 조건과의 격차에서 비롯되는 긴장을 말하며 이른바"기대와 실제 이익 간의 괴리" 또는 "가치 기대와 가치능력 간의 차이"에 대한 인식을 말하며 이를 야기 시키는 전형적인 유형은 다음과 같다[4)].

첫째, 점감적 박탈감(Decremental deprivatiom)은 사람들의 기대감은 그대로 존재하고 있으나 이를 충족시킬 수 있는 사회적 능력은 오히려 저하될 때 발생하는 박탈감이다.

둘째, 열망적 박탈감(Aspinational deprivation)으로 상황이 변화함에 따라 국민들의 희망과 기대치는 시간의 흐름에 따라 상승하는데 대해 현실여건으로 국가 체제가 변화하지 아니하여 이 기대를 충족시켜 줄 수 있는 능력이 제한되는 데에서 발생하는 박탈감이다. 이러한 유형은 개발도상국에서 많이 찾아 볼 수 있고 이처럼 급속한 발전에의 열망이 체제 능력의 신장을 크게 앞서가는데서 발생되며 열망적 박탈감이 팽배하는 국가의 정세는 항상 만성적인 불안에 싸이게 된다.

셋째, 점진적 박탈감(Progressive deprivation)은 일정기간 점진적으로 개선되어 왔던 삶의 질이 앞으로도 발전되리라는 기대치가 있음에도 불구하고 상승될 희망이 보이지 않을 나타나는 박탈감으로써 가치능력이 일정한 기간 동안에는 안정되지

---

3) 최기남, "중동 Terrorism의 대두와 전망", 경호경비연구 제10호, 한국경호경비학회, 2005, pp.416~417.
4) Ted R Gurr, Why Men Rebel(Princeton: Princeton University Press, 1970; 최진태,「테러, 테러리스트& 테러리즘」, 도서출판 대영문화사, 1997, p.45.

만, 일정한 기간이 경과한 다음에는 충족감이 열망에 비해 가치능력이 떨어지는 경우에 폭력이 발생한다는 이론이다. 이는 1960년대를 기점으로 제3세계 국가들이 서구제국의 식민지 지배체제하에서 독립함으로써 그들의 공식적인 지배가 종식된 것 같으나 여전히 경제적 지배가 계속되는 소위 신 식민지(Neo colonialism)체제의 도래로 느끼는 박탈감이다.

5) 사회 환경구조의 발달

현대문명이 고도화 되고 사회 환경구조가 변화되면서 테러리즘의 사용을 편리하게 또는 그 효과를 증대시키고 확산시키는 구조로 변화해 가고 있다. 그 여건의 변화는 첫째, 과학기술의 발달에 기인한다. 통신기술의 발달은 정보화 사회를 촉진시켜 국제사회 속에서 약소민족에게 민족적 차별을 의식시키고 민족자결권에 대한 자각을 불러 일으켰으며, 같은 부류 간에 의사소통으로 계층화 집단화를 형성시키는 수단을 제공하였으며 상호간 정보·기술·훈련 및 범행의 지령이 원활해지는 환경을 제공하였다. 테러조직은 연락수단으로서 위성통신이나 이메일, 컴퓨터 등의 첨단통신장비를 이용하여 지구촌을 자신들의 네트워크 속에 연결하여 지령을 내리거나 조직을 지휘하고 있다.[5] 또한 무기체계의 고도화는 대량 살상능력의 향상과 소형 정밀화 등 테러방법의 다양화를 촉진시켰으며 이는 테러리즘 수행집단은 쉽게, 반 테러리즘집단에게는 더욱 어려운 상황으로 만드는 결과를 초래하였다.[6]

현대 테러집단의 무기는 한 국가의 군 조직이 보유한 전술무기와 유사한 수준에 이르고 있어[7] 현대식 장비와 전술을 테러에 이용하고 있기 때문에 그 피해규모는 과거와 비교할 수 없을 정도이다. 테러조직이 사용하는 무기종류는 전통적 테러에 사용되었던 기관총, 박격포, 발칸포, 미사일, 대전차로켓포, 휴대용 대공미사일과

5) 이상원, "Counter - terrorism에 있어서 경찰의 전문화 방안", 「대테러연구」제31집, 경찰청, 2008, p.170.

6) 최기남, 전게논문, p.418.

7) 박원탁(2005), "최근 국제테러조직의 동향과 대응방안", 「대테러연구」제28집, 경찰청: 95-103, p.96, 이상원(2008),"Counter-terrorism에 있어서 경찰의 전문화 방안",「대테러연구」제31집, 경찰청: 163-195, p.170.

같은 재래식 무기 뿐만 아니라 심지어 핵무기나 방사성무기, 생화학무기, 액체 폭탄 등의 첨단무기를 테러에 시도하고 있다. 이들은 재래식 무기나 최신무기를 사용하여 기간산업의 마비, 전력통신시설의 파괴, 다중이용시설의 폭파, 상수원오염 등정치, 경제, 사회ㅡ 여러분야로 침투와 공격이 용이해 지면서 그에 따른 테러의 발생과 피해도 심각해지고 있다고 볼 수 있다.8)

둘째, 대도시의 형성이다. 이는 테러리즘의 현장효과가 증대되는 작용을 하여 적합한 목표를 제공하게 되고 많은 도시민에게 위기감을 증대시켜 위협과 공포의 효과를 확산시키게 되었으며 테러리스트의 활동여건을 더욱 유리하게 제공하였다. 이로 인해 현대는 뉴테러리즘의 특징이라 할 수 있는 불특정 다수인에 대한 무차별적인 위협이 가능해지게 된 것이다.

셋째, 지구촌시대의 도래다. 교통·통신시설은 국제간의 이동시간 단축과 정보교환의 용이함을 주었을 뿐만 아니라 전 인류의 의식을 개방시키고 국가 간 국경을 허무는 효과를 가져왔으며 인종 간·종교간 교류와 혼합의 관계를 형성하게 하였다. 이는 국지적인 테러리즘이 국제화 되면서 수법이나 테러리스트 역시 국제적으로 통용되고 그 무대가 확장되었음을 의미한다. 이는 테러리즘의 예측이 어렵고 발생 시 원인규명과 범인검거를 더욱 어렵게 하며 테러자금과 장비를 쉽게 유통시킴으로써 테러리즘이 만연하는 결과를 가져왔다. 여기에 국제간의 이권이나 정치 공작적 차원에서 국제테러리즘을 묵인하거나 은밀하게 지원하는 사례가 발생하면서 테러리즘은 투자에 비해 많은 효과를 거둘 수 있는 가장 손쉬운 압력수단으로 활용되고 있으며 매스컴의 발달로 인해 그 소기의 목적과 위협을 최단시간에 선전함으로써 테러리즘이 더욱 확산되는 환경이 조성되었다.

이런 현상에 대해 테러리즘학자 Jenkins는 "국제테러리즘은 우리시대의 기술에 잘 부합된다. 국제간의 빠른 제트기 여행은 세계 어느 곳에서도 테러리스트를 만날 수 있게 한다. TV, 라디오 등의 통신수단은 무제한적 사용이 가능하고 현대사회는 테러리즘의 공격에 손쉽고도 많은 목표물을 제공 한다"고 현재사회의 환경구조적 취약점을 종합적으로 지적하였다.9)

---

8) 주재진(2004), "뉴테러리즘의 대응방안에 관한 연구", 「한국민간경비학회보」 제4호, 한국민간경비학회: 121-134, 이상원(2008), "Counter - terrorism에 있어서 경찰의 전문화 방안", 「대테러연구」제31집, 경찰청, p.170.

2. 테러리즘의 유형별 분류

1) 테러의 주체에 따른 분류

(1) 국내 테러리즘(domestic terrorism)

① 테러조직에 의한 사적성격의 국내테러

국내테러리즘(domestic terrorism)이란 테러행위의 준비와 실행이 한 국가의 내부에서 이루어지고, 그 효과도 그 국가와 국민에 국한 된 테러를 말한다. 이 유형의 테러의 주체는 사인(私人)으로서의 테러리스트 또는 테러집단을 들 수 있으며 국가 및 정부, 국가유사단체는 여기에 포함되지 않는다.

② 전통적 유형의 국가테러

국가테러리즘(state terrorism, state terror)은 한 국가가 정권의 유지를 위해 자국민을 탄압하기 위해 자국민에게 정책적으로 행하는 테러로서 정부 또는 정부의 지원과 통제를 받는 조직에 의해 반정부세력이나 개인에게 가하는 강압적 테러를 말하며 관제(管制)테러라고도 한다.[10] 관제테러는 권력 자체에 의한 철저한 강력지배, 혹은 혁명단체에 의한 대규모의 반혁명에 대한 강압 등을 일컬으며 국가정권유지 및 통제의 주요 수단으로 채택하였다. 대표적인 사례로는 프랑스혁명기간 중 로벨스피에르가 이끄는 공안위원회에 의한 공포정치시대, 소련의 스탈린시대. 독일 히틀러시대, 이탈리아 무솔리니시대, 독재국가, 전체주의 국가 등이 있다.

(2) 국제 테러리즘(International terrorism)

테러사건의 준비 · 실행 · 효과 등 전 과정 중 한 가지라도 2개국 이상이 관련되었거나 영향을 미칠 수 있는 테러사건을 말한다[11]

9) 최기남(2005), 전게논문, p.419.
10) 鄭亨根,『國際테러의 法的規制에 關한 硏究』, 고려원, 1992, pp.73~74.
11) 국정원 테러정보통합센터,http://www.tiic.go.kr/service/data(검색: 2015.11.20)

① 초국적 테러리즘(Transnational terrorism)

2개국 이상이 관련되었다는 점에서는 국제테러리즘과 유사할 수 있으나, 무차별화·초대형화 되고 있는 현대 테러의 특징을 강조하는 표현으로 최근 널리 사용되고 있다. 특정 국가의 통제로부터 비교적 독립된 테러단체에 의해 행해지는 국제적인 테러리즘. 국제선 항공기의 공중납치, 외교관이나 기업가들의 인질납치 등[12]. 을 들 수 있다.

② 국가 테러리즘

국가자체 혹은 테러행위의 주체가 국가나 정부당국의 직접적인 지지와 통제를 받는 단체 및 개인이 정치적 목적을 수행하기 위하여 적대시 하는 상대에게 행하는 테러리즘을 말하며 식민지 독립운동, 팔레스타인 민족해방운동, 민족주의자들의 분리독립운동 등에 대한 사건들을 들 수 있다. 대표적인 사건으로는 북한 비밀공작원에 의한 미얀마 랭군 폭탄테러사건((1983.10), 리비아 정보기관에 의한 미국 팬암(Pan -Am)기 103편 폭파사건(1988.12), 이스라엘 군용기에 의한 헤즈볼라 간부 폭살사건(1992.02) 등이 있다.[13]

2) 수단과 방법에 따른 분류

(1) 폭탄테러(Explosion)

폭탄 테러는 세계의 테러·게릴라 사건의 약 30%를 차지하는 상습적인 수단으로. 최근에는 강력한 폭발물을 사용하여 일반 시민을 대상으로 한 사건이 증가하여 분쟁 지역뿐만 아니라 유럽 등의 선진국에서도 빈번히 발생하고 있다.

테러에서 사용되고 있는 폭탄의 종류는 편지·소포(小包)폭탄 등의 비교적 소형인 것부터 자동차 폭탄, 하이재킹 등과 같은 커다란 파괴력을 가진 것까지 광범위하다.

폭발로 인한 파괴를 더욱 크게 하기 위해서 많은 사람들이 모이는 장소·시간대

---

12) 국정원 테러정보통합센터,http://www.tiic.go.kr/service/data(검색: 2015.11.20)

13) 강영숙 · 이민용,「테러의 이해」, 백산출판사, 2002, p.75.

를 겨냥하는 등 그 수법도 점점 흉악화(凶惡化) 되고 있다. 또한 오늘날 대도시의 인구집중현상과 복잡성으로 인해 피해 및 혼란 효과의 극대화를 가져올 수 있으며, 폭발물의 운반도구로 사용되는 자동차의 대중화는 폭탄테러를 가중시키는 주요 원인으로 제공되고 있고, 과학기술의 발달로 소형화정밀화가 가능하여 원격조정 장비 및 시한폭탄의 제조, 우편물 을 이용한 폭파테러 등 상상을 초원한 공격 수법들이 개발되고 있다는 점도 폭탄테러의 증가와 밀접한 관계가 있다.

아프간의 폭탄테러는 2006년에만 139건으로 2007년에는 5배 이상 급증했다. 이라크 미군 희생자 3161명 중 1211명이 IED(Improvised Explosive Device; 급조 폭발물)공격으로 숨졌다. 테러집단은 러시아제 전차포, 박격포 포탄 뿐 아니라 미군이 수거하지 못한 불발탄까지 가공해 IED를 제작한다.[14)]

폭파(Bombing, Expolosion)란 각종 폭발물을 폭파시켜 인명을 살상하거나 장비 및 건물 등의 시설물을 파괴하는 행위로, 국민의 생명피해 뿐만 아니라 경제적 피해와 공포감을 조성하고 국민의 불안감 및 정부에 대한 불신감을 조장하기 위한 목적으로 테러집단이 가장 보편적으로 사용하는 수법이다.

폭파방법으로는 ①부비트랩이 장착된 폭파차량, 폭탄을 가들 실은 차량, ②폭발물이 장치된 짐 꾸러미를 이용하는 방법과 손으로 설치한 폭탄, ③발사장치가 부착된 폭탄과 손으로 던지거나 모터장치(Motor device)에 의한 발사, ④우편물 폭탄, 자살폭탄 등이 있다[15)].

폭탄공격은 폭발물을 제조할 수 있는 구성요소들을 용이하게 입수 및 제조할 수 있기 때문에 국제테러범들이 오래 전부터 이용하는 테러수법이며 현대에도 가장 빈번한 공격 형태로 활용되고 있다. 또한 폭탄테러는 대량살상, 대량파괴, 심리적 위협 및 공포효과가 매우 클 뿐만 아니라 증거인멸이 용이하여 자폭테러범 뿐만 아니라 배후세력을 색출해 내는 것도 매우 어렵고 최근에는 전통적인 금속탐지기로는 발견할 수 없는 RDX(헥소겐)를 주성분으로 한 C4폭탄과 셈텍스(Symtex)[16)]와

---

14) '너무 쉬운 폭탄테러', 서울신문, 2007년 3월 2일.

15) 김두현,「현대 테러리즘론」, 백산출판사, 2004, p.93.

16) RDX(헥소겐)는 도폭선과 뇌관에 들어가는 재료이고, 이것을 주재료로 만들어지는 폭탄이 컴포지션이다. 여기에 부속물들을 섞어서 만들어 내는 폭약이 C4이고, C4에 TNT를 혼합하여 만들 경우 컴포지션B가 만들어진다. 또한 C4에 혼합물을 첨가해서 탄생하는 변형폭탄이 폭탄테러범들이 즐겨 사용하는 셈텍스(Semtex)이다.

같은 플라스틱폭탄이 등장하여 테러리스트들이 운동화나 신발 끈으로 세공해서 갖고 다니기 때문에 이에 대한 방지나 대처도 매우 어려워지고 있다.

또한 전선 몇 가닥과 기폭 장치로 직접 만든 조악한 폭발물인 '급조폭발물(IED · Improvised Explosive Device)'을 만드는 알카에다 동영상은 IED가 아주 손쉽게 제작될 수 있음을 적나라하게 보여주고 있고, IED는 알카에다 뿐 아니라 이라크 무장단체, 아프간 탈레반, 파키스탄 테러단체까지 모두 IED 제조에 열을 올리고 있어서 충격을 던져주었으며, IED가 이라크 · 아프가니스탄 미군과 연합군의 '최대 위협'으로 떠오르고 있다.

급조폭발물(IED · Improvised Explosive Device)은 규격화 된 군용 탄약, 상용 폭발물을 본래의 운용목적 또는 작동방법과 다르게 급조하여 만든 폭발물을 의미하며, 군용(軍用)이라는 용어에 반하여 사제(私製)폭발물로 지칭되기도 한다. 급조폭발물(IED의 외형은 일상생활에서 흔히 쓰이는 음료수 캔, 상자, 가방, 스티로폼, 플라스틱, 쓰레기통 등 다양하게 변조하여 사용하고 있다.

〈표 2〉 소형(小型) 폭탄테러

구분	내용
편지폭탄	○편지폭탄에는 플라스틱폭탄이 사용되는 경우가 많음. ○건전지나 기폭장치가 들어 있기 때문에 봉투는 보통보다 두꺼우며 특히 가운데 부분이 불룩함. ○기폭(起爆)에는 봉투를 열때 발생하는 공기압차(空氣壓差)나 화학변화 등을 이용
소포폭탄	○소포폭탄은 편지폭탄에 비해 다량의 폭약을 장치할 수 있기 때문에 상대적으로 편지폭탄보다 파괴력은 큼. ○이들 폭탄은 독일 적군파(赤軍派)가 많이 이용했으며 일본에서는 1995년 3월 옴진리교가 동경도지사 앞으로 소포를 보내 비서가 이것을 개봉하다가 부상하는 사건이 발생.
휴지통폭탄	○공공장소에서도 자연스럽게 설치할 수 있으며 내용물을 알 수 없기 때문에 무차별 테러에 이용되기 쉬움

*자료: 강영숙 · 이민용, 「테러의 이해」, 백산출판사, 2002, p.75.

❑ 플라스틱 폭탄

폭탄테러에서 주로 사용되는 것으로 플라스틱 폭탄이 있다. 정확하게는 RDX를 주성분으로 한 C4폭탄으로 미군(美軍)에서 일반적으로 사용되고 있는 고성능 폭탄이다. 외견(外見)상 플라스틱과 비슷하여 여러 가지 형태로 변형할 수 있기 때문에 「플라스틱 폭탄」이라 불린다. 이것의 가장 큰 특징은 변형하기 쉬운 성질을 갖고 있다는 점이다. 그 때문에 테러리스트들이 운동화나 신발 끈으로 세공해서 갖고 다니기가 가능하며, 또 일반 금속탐지기에도 반응하기 어려우므로 방지 대책은 극히 어렵다고 할 수 있다.

❑ 자동차폭탄 (차량폭탄)

자동차폭탄은 다량의 폭탄을 탑재(搭載)할 수 있고, 표적의 내부나 외부에 비밀리에 설치하기 쉽기 때문에 주로 무차별 테러의 수단으로 사용되고 있다. 원격조작(遠隔操作)에 의해 테러리스트의 안전을 확보할 수 있으며 파괴시간을 자유로이 설정할 수 있다는 이점(利點)도 있다. 목표대상 인물이 탑승하고 있을 때 차량에 폭발물을 부착하여 파괴하는 방법에선 엔진, 트렁크, 스페어타이어 등의 공간에 폭탄을 장치하는 일이 많다. 유심히 살펴보지 않으면 폭탄이 장치되어 있는 것을 발견하기 어렵다.

탄자니아와 케냐의 미국 대사관 동시 폭파사건(1998년8월 : 합계 224명 사망, 부상자 약 5000명)이나 오클라호마 연방 청사 폭파사건(1995년 4월 : 168명 사망, 부상자 약 500명) 등에서는 이러한 자동차 폭탄이 사용되었다.

❑ 항공기 폭파테러

항공기 테러에는 하이재킹 외에 항공기 폭파 테러가 있다.

항공기 폭파 테러는 비행 중의 항공기를 폭발에 의해 추락시켜 수백명의 생명을 한순간에 빼앗는 흉악한 테러 행위이다.

항공기 폭파 테러의 대표적인 사건으로는 9.11테러 외에 인도항공 폭파사건(1985년; 사망329명), 대한항공기(KAL)사건(1987년;사망115명), 미국아메리칸항공기사건(1988년 ; 사망270명), UTA프랑스항공기사건(1989년;사망170명) 등이 있다.

항공기 내 폭파 테러는 범인이 교묘한 수법으로 폭발물을 기내(機內)에 갖고 들어가 장치한 다음 범인 자신은 탑승하지 않는 것이 기본이다. 추락까지는 하지 않지만 비행 중, 혹은 이륙전의 항공기 내에서 폭탄을 장치하여 승객을 부상시키는 항공기 내의 폭발 테러도 발생하고 있다.

일본인 1명이 사망한 필리핀 항공기 내 폭파사건(1994년)에서는 폭탄의 재료(액체 글리세린이 들어 있는 용기(容器), 디지털 손목시계 등)를 화장실 안에서 소형 폭탄으로 조립하여 좌석 밑에 장치한 후 범인은 비행기를 내렸다고 한다.[17]

(2) 요인암살(Assassination)

요인암살이란 역사적으로 가장 오래 된 테러의 형태로 특정인물을 은밀한 방법으로 살해하는 행위이다. 암살(Assassination)이란 정치적 적대관계에 있는 정적이나 사회적 또는 국제적으로 저명한 지위에 있는 사람을 제거하기 위하여 취하는 공격방법이다.

영어의 'assassination'은 아랍어 'hashishin'에서 유래하였는데, 하시신이란 마약의 일종인 하시시를 먹은 사람이라는 뜻이다. 11세기말 하산 사브라는 자가 페르시아에 소수정예의 비밀 결사대를 조직한 후 이들에게 하시시를 주어 정부요인을 암살하게 했는데, 이 암살단이 십자군에 의해 유럽에 알려지게 되어 그 어원이 되었다고 한다. 암살은 주요 인사에 대해 한명 내지 두 명의 테러리스트들이 한 조를 이루어 자행하는 방식에서부터 폭발물을 설치하여 살해하는 방식이 주를 이룬다.

암살은 권력자에 의한 것 또는 권력자를 대상으로 한 것, 백색 테러, 적색 테러, 정치적 목적이 있는 것, 개인적 동기에 의한 것 등으로 그 이유가 다양하나, 어떤 것이든 정치적 불안과 긴장을 촉발시키는 요인이 되고 있다.

가장 대표적인 암살사건으로는 페르디난트 오스트리아 황태자 부처 암살 사건, 미국 대통령 케네디암살사건, 문세광의 박정희 대통령 암살기도, 미얀마의 아웅산 사건[18] 등이 있다.

17) 강영숙 · 이민용 역, 전게서, pp.104~106.

18) 1983년 10월 9일, 미얀마 아웅산묘소 북한 테러리스트가 설치한 폭탄에 의하여 한국의 외교사절 다수를 암살한 사건이다. 이 날 대통령 전두환 대통령의 서남아·대양주 순방의 첫 방문지인 이곳에서 대통령의 아웅산묘소 참배행사를 위하여 미리 대기 중이던 부총리 서석준 이하 여러 정부요인, 취재차 수행했던 기자 등 17명이 북한 테러분자가 장치한 폭발물의 폭파로 사망하고, 합참의장 이기백 등 13명이 중경상을 입는 세계 외교사상 유례없는 일대 참변이 일어났다.

(3) 인질납치테러(Kidnapping)

사람을 납치하여 그 생명을 담보로 자신들의 목적(정치적, 종교적, 군사적, 독립 등의 표면적 요구 외에 동료의 석방, 거액의 몸값요구, 선전 등)을 요구하는 테러행위이다. 인질납치는 테러집단에게 가해지는 위험부담이 적은 반면에 그 선전효과는 상대적으로 매우 커서 사건의 특성상 해당 정부나 기업이 웬만하면 몸값을 지불하고 해결하려 들 수밖에 없다. 일을 무력으로 해결하려다 실패하고 인질이 살해될 경우 심한 도덕적 비난을 감수하야 하기 때문에 인질극은 일을 벌이기가 비교적 수월하다. 때문에 인질을 납치해 정부나 기업에 돈을 요구하는 사례가 전 세계적으로 성행하고 있으며, 특히 해적집단, 테러조직 및 정부군에 대항하는 각국의 반군조직들은 인질의 몸값을 주요 자금원으로 삼으면서 인질극을 기업화하고 있다.

사실 2001년10월부터 2007년4월까지 아프가니스탄에서 발생한 납치사건은 약 56건으로 2006년 10월 헬만드에서 비(非)탈레반 계열지역 세력에 납치된 이탈리아 사진기자 가브리엘 토르셀로(Torsello)의 석방과정에서 몸값 약200만 달러(약19억원)가 지불됐다는 설이 나온 뒤로 '돈'을 노린 테러조직 및 범죄조직의 납치가 더욱 늘어 비즈니스화 되었으며, 심지어 한국인 1명당 몸값이 100만달러(약9얼5000만원)가치가 있다는 소문도 나돌고 있다.[19)]

우리나라 국민의 아프간 피랍사태 이후 전 세계 테러·반군 단체들이 한국인들을 주목하게 됐고, 위험지역에 노출된 한국인의 숫자도 많거니와 테러단체들이 인질로서의 가치를 새롭게 발견하여 해외 한국인에 대한 인질납치 위험은 매우 높아졌다고 볼 수 있다.

(4) 항공기 납치 및 폭파(하이재킹:Hijacking)

다행히 화를 면한 전두환 대통령 내외는 모든 방문예정을 취소하고 급거 귀국하였다. 국내외의 비분과 비탄 가운데 미얀마정부는 한국에 조문사절을 보내는 한편, 주범 2명을 체포하여 사형을 선고하고 북한과 국교를 단절하였다. 그리고 다음해인 1984년 10월 미얀마 정부는 아웅산 사건은 북한의 소행이라고 국제연합에 보고하였다. http://www.encyber.com/search_w/ctdetail.

19) '비즈니스가 된 납치', 한국일보, 2007.8.22, A22면

수백 명이 이용하는 항공기를 폭파하거나 또는 2011. 9.11테러와 같이 항공기를 테러 의 수단으로 이용하는 하이재킹은 테러의 유형 중 가장 심각한 수법으로 한 나라에 정치적 · 사회적 · 경제적으로 막대한 충격과 파급효과를 가져온다. 항공기에 대한 테러는 항공기 납치, 항공기 공중 폭파, 그리고 공항시설과 항공기 이용객에 대한 공격, 항공기를 그 수단으로 국가의 전략적 시설물 공격 등 다양한 형태로 자행되어 왔다.[20]

하이재킹(Hijacking)이란 무기나 협박 등 폭력적 수단을 이용하여 교통수단(항공기 · 철도 · 선박이나 버스 등)을 점거하는 행위를 가리키는 것인데 20세기말 항공기 테러가 빈번해 지자 항공기 납치행위에 이 용어를 빈번히 사용하고 있다.

원래 하이재킹(Hijacking)의 어원은 여러 가지가 있는데 먼저 미국의 금주법시대에[21] 밀주를 몰래 미국으로 들여오는 트럭들을 적발하기 위해 트럭에 태워달라는 시늉을 하면서 'Hi, Jack!'이라고 불러 트럭을 세운 뒤에 밀주를 적발해내는 방법을 썼다고 한다. 이때 사용된 이름 "잭(Jack)"은 미국에서 가장 흔한 이름인 "존(John)"의 애칭이다. 또 하나의 유래는 금주법시대보다 훨씬 이전으로 거슬러 올라가 서부개척 시대 금광이 발견되면서 금을 탈취하기 위해 복면을 한 강도가 역마차의 마부를 불러 세울 때에 'Hi, Jack!'이라고 소리친 것이 시작이라고 하는 설이다.

하이재킹의 역사를 살펴보면 1930년에 남미 페루에서 첫 하이재킹 사건이 일어난 이후, 1940년대 후반에서 1950년대 후반은 주로 공산진영에서 서방으로의 망명을 목적으로 한 하이재킹이 다발했다. 1960년대 후반-1980년대 전반에는 팔레스타인 해방인민전선(PFLP)이나 일본 적군파 그룹 등 극좌 과격파에 의해 빈번히 일어났다. 1970년대에 들어서 이슬람 과격파 등에 의한 하이재킹이 빈번히 일어나자,

---

20) 조영갑, 「테러와 전쟁」, 북코리아, 2004, p.29.

21) 금주법(the prohibition law)은 1919년 1월 16일 미국 의회에서 미국헌법 18차 수정안을 비준하여 제정한 법이다. 주류의 양조·판매·운반·수출입하지 못하게 하는 것을 주 내용으로 하였다. 알코올 중독이나 범죄를 줄이기 위한다는 것이 법의 제정명분이었으나, 실제로는 양조업에 종사하는 독일 이민에 대한 견제를 위한 것이었다. 독일 잠수함의 미국 여객선 침몰사건인 루시다니아호 사건과 제1차 세계대전 참전으로 미국의 독일에 대한 감정이 좋지 않았기 때문에 금주법을 통해 독일이민들이 양조업을 통해서 부를 쌓는 일을 견제하려고 한 것이었다. 또한 1920년대 미국의 자유로운 사회 분위기를 퇴폐적인 것으로 생각한 기독교 근본주의자들의 영향력 행사도 금주법 제정의 한 배경이다. 금주법은 알카포네가 대표적인 조직폭력배들의 주류밀거래, 무허가 술집 개업, 주류사업이익을 노린 폭력조직 간의 살인사건 등의 부작용을 낳았다. 결국 1933년 미국서민들의 환영 속에 금주법은 수정헌법 21조로 폐지되었다.

각국은 공항에서 보안검색을 강화하고 특수부대를 창설하기도 했다. 1978년에는 "항공기 하이재킹에 관한 성명"이 채택되었다.

2001년 9월 11일, 항공기에 의한 동시다발 테러사건이 발생하자 하이재킹은 세계적인 이슈로 떠올랐다. 2001년 9월 11일, 항공기기에 의한 동시다발 테러사건이 발생하자 하이재킹은 세계적인 이슈로 떠올랐다. 이후 각 공항에서는 수화물·신체검사가 철저해졌고 승객명단을 공안당국에 의 제출하게 됐다. 손톱 깎기에서 보잘것없는 바느질세트(Sewing Set)에 이르기 까지 모든 "칼날이 붙은 막대 모양의 쇠붙이"에 대해 기내반입을 금지시키기에 이르렀다. 지금은 기내식 나이프나 포크류마저도 수지(樹脂)제품으로 바뀌는 등 전 세계가 보안강화의 회오리바람 속에 놓이게 됐다.[22)]

우리나라와 관련 된 하이재킹사건으로는 다음과 같은 사건을 들 수 있다.

○ 1958년 2월 15일 부산 수영비행장을 떠나 서울로 향하던 KNA(창랑호)가 평택 상공에서 북한 무장공작원들에 의해 납치돼 평양 순안공항에 강제착륙 당했다. 민항기에 대한 첫 번째 도발로서 우리 국회가 북한의 만행을 규탄하는 메시지를 6·25참전 16개국에 보내는 등 강력히 항의하자 탑승자 26명 전원을 돌려보냈다.

○ 1969년 12월11일, 승객 47명과 승무원 4명 등 51명을 태우고 강릉을 출발해 서울로 오던 KAL(YS-11)기가 대관령 상공에서 납치돼 원산으로 기수를 돌렸다. 납치 66일 만인 1970년 2월14일 탑승자 중 승객 39명만 판문점을 통해 귀환하고 승무원·승객 12명(납치범 포함)의 송환은 이뤄지지 않았다.

○ 1987년 11월29일 오후2시5분쯤 미얀마 안다만 해역 상공에서 KAL858기가 공중 폭발해 승무원 20명 등 115명의 고귀한 생명이 희생당했다. 중동 건설근로자들이 많이 탑승한 이 KAL기는 김정일의 지령에 따라 북한 노동당중앙위원회 조사부 소속의 특수공작원 김승일과 김현희가 폭파시킨 것으로 드러났다. 김현희는 바레인에서 체포돼 범행 일체를 자백했다.[23)]

---

22) http://k.daum.net/qna/view.html
23) 국방일보, 기획연재, '민간(인)에 대한 테러', http://kookbang.dema.mil.kr/kdd/GisaView.jsp?menuCd=3004&menuSeq=15&menuCnt=&writeDate=20110107&kindSeq=1&writeDateChk=20110107 (검색: 2012.02.26)

(5) 해상 테러리즘 및 해적행위

해상테러리즘이란 선박 및 선원에 대한 폭파, 납치 등의 공격행위를 말한다. 사실상 선박의 납치문제가 제기된 것은 이미 오래 전부터의 일로서 일찍이 미국에서는 'yacht-jacking'이라고 하여 이에 대해 대응방안의 강구가 활발히 논의된 적이 있었다. 해상테러는 크게 선박납치(seajacking)와 선박사보타지(Sabotage)로 大別되는데 해상항행의 안전에 대한 불법적 행위 중 선박납치(seajacking)와 선박 내의 사람에 대한 폭력행위는 해적행위와도 유사하다.

南北韓 관계에 있어서도 北韓은 1954년 이후 지금까지 韓國의 어선에 대해 불법나포하거나 격침하는 등 각종의 해상테러와 도발행위가 북한의 주요한 대남(對南) 테러수단으로 이용되어 왔었다.[24)]

1990년대 들어 아시아 지역에서 해적행위가 조직적이고 폭력적인 양상을 띠면서 증가하고 있고 말라카 해역과 아프리카의 아덴만 지역은 해적 출몰이 빈번하고 아주 위험한 지역이다.

(6) 사이버 테러리즘

인터넷을 이용하여 정부기관이나 민간기관의 정보 시스템에 침입하여 데이터 파괴, 중대한 장애를 발생시키거나 파괴하는 등 해당 국가의 네트워크 기능을 마비시켜 사회를 혼란에 빠뜨리는 행위이다. 세계 각국에 컴퓨터 통신망이 광범위하게 보급되어 있으며, 이를 이용한 정부 기관이나 공공 기관, 은행, 기업 등의 중요한 컴퓨터 데이터베이스 등 정보 시스템의 교란, 파괴 또는 악용 행위가 각종 테러리스트 집단의 목표 달성 수단이 되고 있다.

정보화시대가 가져온 폐해의 하나로, 정보통신산업 기술의 발달을 이용하여 군사·행정·금융 등 한 국가의 주요 정보를 파괴하는 사이버 테러는 21세기로 들어서면서 갈수록 심각해지고 있다. 사이버 테러 수법에는 강한 전자기를 내뿜어 국가통신 시스템, 전력, 물류, 에너지 등의 사회 기반 시설을 일순간에 무력화시키는 전자기 폭탄, 데이터 량이 큰 메일 수백만 통을 동시에 보내 대형 컴퓨터 시스템

---

24) 김현기, '해상테러리즘의 본질과 실체2',
http://seapower.or.kr/xe/index.php?document_srl=4264&mid=bada&page=6(검색: 2012.02.26)

을 다운시키는 온라인 폭탄, 세계 유명 금융기관이나 증권거래소에 침입, 보안망을 뚫고 거액을 훔쳐내는 사이버 갱 등이 있다. 이러한 사이버 테러의 특징은 시간이나 공간을 초월하여 세계 곳곳에서 동시다발적으로 진행될 수 있다는 점에서 그 규모가 가공할 만하게 커질 수 있고, 우회적인 경로를 사용하기 때문에 범죄자를 적발하기 어렵다는 것이다. 세계 각국은 새로운 국가 위협 요소로 떠오르고 있는 사이버 테러에 대한 대응책 마련에 부심하고 있다. 미국에서는 많은 예산을 들여 1995년부터 사이버 해킹 전담반을 구성해 사이버 테러에 대비하고 있고, 한국에서도 컴퓨터 해킹 대응팀을 구성하여 운영하고 있다.[25)]

(7) 생화학테러리즘(Bioche-Terrorism)

생화학테러란 인체에 유독한 화학물질이나 전염병을 일으켜 인간을 살상하거나 무능화 시켜 사회에 혼란을 일으킬 수 있는 생물체 및 전염성 물질을 그 수단으로 행하는 테러행위를 말한다.

과거와는 달리 국가가 독점하던 생화학 제조기술이 보편화되면서 테러리스트들이 비교적 손쉽게 이들 물질을 수중에 넣을 수 있고, 더구나 옛 소련 붕괴 후 러시아의 경제난과 부패, 국가통제력 상실 등이 겹쳐 첨단 관련 기술들이 잇따라 유출돼 점차 그 위협은 현실로 다가오고 있다.

막대한 자금과 노하우가 필요하고 국제적 통제가 심한 핵무기와 달리 생화학 무기는 용이하게 구입하고 간단하게 제조할 수 있다.

소량이어도 효과가 충분하고 운반도 용이해 테러리스트들에게는 매우 매력적인 수단일 수밖에 없다. 에어졸 캔에 생화학 물질을 넣어 몰래 뿌리거나, 자동차 배기관을 통해 내뿜으면 그만이어서 범인을 색출하기도 어려운 데다 한번 이 같은 테러리즘이 발생하면 폭탄테러에서는 상상할 수 없는 피해를 입히게 된다.

일본의 옴진리교가 1995년 도쿄 지하철에 사린가스를 뿌려 5천여명의 사상자를 낸 사건은 생화학 테러리즘의 위험성을 보여준 단적인 사례였다. 요즘은 세균 덩어리나 포탄을 장치한 소형 무인비행기를 이용하는 방법까지 테러리즘의 실용화 단계에 접어들었다. 또한 테러리스트들은 보다 파괴적인 테러리즘 수단을 넣기 위

25) 브리태니커백과사전, http://100.daum.net/encyclopedia/view.do?docid=rkb03b305(검색: 2012.02.25)

해 혈안이 된 데다 국제화의 양상마저 보이고 있다. 한 예로 옛 소련은 1980년대 4천5백명의 과학자를 동원해 4백개 대륙간탄도탄 탄두에 흑사병 세균을 장착했던 것으로 알려졌다. 그러나 소련 해체 후 이 계획에 참여했던 과학자 중 3천명이 고액의 보수를 받으며 리비아의 연구소 또는 거대 테러집단에 매수됐다고 미 정보부는 파악하고 있다. 뉴 테러리스트의 활동도 예전과는 판이하게 다르다.[26]

① 화학무기

가. 발포제(發泡劑 blister agents)

❑ 유황겨자(Sulfur Mustard, HD)

반응이 금방 나타나지는 않지만 일반적으로 피부에 물집이 생기고, 기침과 신경조직을 해친다. 드물지만 호흡곤란으로 질식하기도 한다. 눈이 따가워지고 각막을 손상시키거나 구토증세를 일으킨다. 겨자에는 특별한 해독제가 알려져 있지 않다. 치료 효과는 금방 나타나지 않는다. 통증은 2시간에서 24시간 지속된다.

❑ 미란성 독가스(Lewisite)

노출 즉시 반응이 나타나며 증세는 유황겨자와 비슷하다. 피부 물집과 눈 손상을 가져온다. 영국산 안티 미란성 독가스 제재(Anti-Lewisite)가 도움이 되지만, 그 자체가 독성 효과를 일으키는 경우가 있다.

❑ 질소겨자(Nitrogen Mustard, HN-3)

노출 1시간 안에 반응이 나타나며 증세로는 호흡기에 손상이 일어나고 노출 6~12시간 사이에 물집이 생긴다.

❑ 겨자-미란성 독가스(Mustard-Lewisite)

노출 즉시 찌르는 듯한 통증이 일어나고 몇 시간 뒤 물집이 생긴다. 피부 물집, 눈과 목이 따끔거린다.

26) http://cafe.daum.net/terrorism/6FFz/7?docid=69YZ|6FFz|7|20010912020128&q=(검색: 2012.02.20)

❑ **포스겐(산화클로르탄소 · CX)**

독가스의 일종으로 노출 즉시 피부와 눈, 목에 극심한 통증을 일으킨다. 다행히 죽지 않더라도 시신경을 다쳐 장님이 될 위험이 있다.

나. 신경제(神經劑 nerve agents)

❑ **사린(Sarin · GB)**

신경기능을 무력화시키는 치명적 화학물질이다. 오염되자마자 고통을 느낀다. 1~10분 사이에 무기력해지고, 2~15분 사이에 죽음에 이른다. 1995년 일본 옴진리교 신자들이 도쿄 지하철에서 뿌려 10여명을 사망케 한 뒤 널리 알려진 치명적인 화학무기다. 눈이 아프고 사물이 흐려 보이며 콧물이 나고 가슴이 답답해진다. 구토 증세를 동반한다. 근육 경련이 일어나고 심장박동이 불규칙해진다. 독가스가 뿌려진 중심지에 있었다면 1분 안에 의식을 잃고 마비 증세를 일으키며 죽음에 이른다.

❑ **타분(Tabun · GA)**

독가스의 일종으로 증세는 위의 사린과 거의 같다. 오염되자마자 고통을 느낀다. 1~10분 사이에 무력감을 느끼고, 10~15분 사이에 치명적인 영향을 끼친다.

❑ **소만(Soman · GD)**

작용시간이 매우 빨라 1~10분 사이에 무기력해지고 1~15분 사이에 죽음에 이른다. 증세는 사린과 거의 같다.

❑ **VX**

작용시간이 빠르다. 1~10분 사이에 무기력해지고, 4~42시간 사이에 치명적 결과를 낳는다. 증세는 사린과 거의 같다.

❑ **노비초크(Novichok)**

매우 독성이 강한 독가스이며 노비초크5와 노비초크7 두 종류가 있다. 노비초크5는 VX의 5~8배, 노비초크7은 소만(Soman)의 10배 이상 빠르게 치명적 손상을 입힌다.

다. 질식제(窒息劑)

❑ 염소(Chlorine)

작용시간은 빠른 편이다. 감염 30분 뒤에 치명적인 손상을 가져온다. 증세로는 호흡이 가빠지고 목의 점막에 염증이 생기며 가슴이 답답해지고 기침이 난다. 심하면 숨이 막혀 죽는다. 일단 감염되면 해독제가 없다. 방독면이 예방책이다.

❑ 포스겐(Phosgene · CG)

작용시간은 느린 편으로 감염 24시간까지 자각증상을 못 느끼기도 한다. 증세는 염소(Chlorine)와 거의 비슷하다.

❑ 디포스겐(Diphosgene · DP)

세계1차대전 당시 많이 쓰인 독가스로 반응은 느린 편이다. 적어도 3시간 뒤부터 무력감과 치명적인 결과를 가져오며 증세는 염소(Chlorine)와 거의 비슷하다.

❑ 클로로피크린(Chloropicrin · PS)

작용시간은 사람에 따라 일정하지 않다. 처음에는 눈물이 나다 10분 뒤부터 구토와 가슴에 통증을 일으키면서 치명적인 결과를 가져온다.

라. 혈액제(血液劑)

❑ 수소화물(Hydrogen Cyanide, AC)

작용시간은 빠른 편으로 감염되자마자 의식을 잃는다. 적은 양에 감염돼도 1시간이면 자각증세를 일으킨다. 흔히 청산칼리로 일컬어지는 화학물질이다. 일반적으로 구토와 현기증, 호흡이 가빠지고 중추신경에 장애를 일으킨다. 심해지면 호흡장애를 겪고, 의식을 잃은 다음 죽음으로 이어진다.

❑ 시안염화물(Cyanogen Chloride, CK)

작용시간은 빠른 편이며, 감염 중심지에 있었다면 15초 안에 치명적인 결과를 낳고, 6~8분 안에 죽게 된다. 눈과 폐에 심각한 손상을 일으킨다.

② 생물무기

바이오테러리즘(Bioterrorism)은 세균(Bacteria), 바이러스, 독 등 생물학적 작용제를 고의적으로 살포하거나 보급해서 일으키는 테러이다. 자연적으로 발생할 수도 있지만, 인위적으로 발생하기도 한다. 전쟁에서 이용되는 생화학 무기와도 관련이 있다.

생물학적 작용제(세균 등)는 다른 무기들에 비해 상대적으로 얻거나 생산하기 쉽고 가격도 저렴하다. 또한, 실제 주는 피해보다 더 큰 공포심을 유발시킬 수 있어 좋은 무기가 될 수 있다. 그러나 적군에게만 피해를 입히고 아군에게는 피해를 주지 않는 생화학 무기를 만들어내는 것은 어렵다는 단점도 있다. 생화학 무기는 특히 집단 공포심을 유발시키고, 사회에 혼란을 야기할 수 있기 때문에 테러리스트들에게 유용한 무기가 된다.

생물학 무기는 세균, 바이러스 등으로 다른 생물체를 무력하게 만드는 무기이다. 주로 에어로졸방법, 식수 미 음용수 에 넣거나 포탄이나 미사일의 탄두 등 다양한 살포방법이 있다. 생물학 무기는 대량 살육에 사용될 가능성이 높아 국제법으로 개발, 생산, 저장을 금지하고 있지만 그러나 많은 국가에서 방어 방법의 연구를 명목으로 연구, 개발되고 있다. 대표적으로 미국의 탄저병 사건이나 일본의 도쿄 지하철 사린 사건이 해당 된다.[27)]

또한 2010년 국정감사에서 국방부에서 제출한 답변 자료를 보면 북한이 보유하고 있는 생물무기 종류는 탄저균, 장티푸스, 이질, 콜레라, 페스트, 브루셀라, 야토균, 발진티푸스, 천연두, 유행성출혈열. 황열. 보툴리눔독소, 황우독소 등 13종과 화학무기로는 신경, 수포, 혈액, 질식, 최루 및 구토작용제 등 약 2500~5000톤을 보유하고 있다고 보고 된 바도 있다.[28)]

---

27) 위키백과,
http://ko.wikipedia.org/wiki/%EC%83%9D%EB%AC%BC%ED%95%99_%EB%AC%B4%EA%B8%B0(검색: 2012.02.26)

28) 세계일보, '한·미, 北생화학테러 대비 첫 공동훈련',
http://www.segye.com/Articles/News/Politics/Article.asp?aid=20110918003223&subctg1=&subctg2= (검색:2012.02.26)

(8) 자살테러

자살테러란 테러집단의 목적달성을 위해 사람의 몸이나 차량 등의 이동수단(자동차, 트럭, 자전거 등)에 폭탄을 장착한 후 목적지에서 폭파와 동시에 스스로 죽는 형태이다. 자살테러는 테러목표 장소와 시간을 쉽게 선택할 수 있고 사전에 경계 및 방어하기가 어렵고 또한 폭탄의 사상도와 파괴력이 급격히 확대되고 있어 그로 인한 피해 규모도 크게 증가함에 따라 그 수법이 더욱 극렬해지고 있다.[29) 9.11테러 이후 테러단체들 간의 보편적인 테러수단으로 활용되고 있는데, 특히 극단적인 이슬람원리주의를 표방하는 테러단체들은 자살테러를 선호하고 있으며, 이들은 자살테러범들에게 사후에 순교자가 될 것이며, 천국으로 갈 것이라는 확신을 가지게 한다.[30)]

자살을 금지하는 이슬람교를 신봉하는 지역에서 자폭테러를 고집하게 된 배경에는 일부 이슬람교 법학자들이 자폭테러를 '순교(殉教)'라고 인정하고 있는 이슬람법상의 사정도 있지만 이스라엘군의 봉쇄와 분열이 계속되는 팔레스타인에서는 '이교도(異教徒)의 침략에 맞서 싸운다"는 지하드(성전, 聖戰)가 적용되는 견해가 있어서 팔레스타인의 서민층에서는 지하드(성전, 聖戰) 중의 죽음은 '순교(殉教)'가 되므로 이러한 순교는 천국행을 약속한다는 신앙의식이 깊숙이 침투되어 있고 점점 과격화 되어가고 있다.[31)]

테러집단에서는 자살테러의 희생자로 임산부 여성뿐만 아니라 아프가니스탄에서는 심지어 지난 몇 년간 수많은 아이들이 자살 폭탄 테러에 이용돼 목숨을 잃었는데, 탈레반 및 여러 반군 세력이 아이들을 자살 테러에 이용하는 가장 큰 이유는 검문소에서 어른에 비해 수색을 받을 가능성이 적기 때문이다.[32)]

이라크와 파키스탄, 아프가니스탄 등 상습적 테러 위협에 시달려 온 중동·남아시아 국가들이 신종 테러 공격이 더욱 급증하고 있는데, 휠체어를 탄 장애인이 테러범으로 돌변하는가 하면 한가로이 주변을 지나던 자전거가 폭발하는 등 일상을 위협하는 새로운 수법 앞에서 시민들의 희생과 위협은 더욱 커지고 있는 실정이다.

---

29) 조영갑, 「테러와 전쟁」, 북코리아, 2004, p.29.
30) 허경미, '자살테러의 동기에 관한 연구', 한국공안행정학회보, 37권, 2009, p.583.
31) 大泉光一 著 · 강영숙 역, 전게서, p.108.
32) http://www.mt.co.kr/view/mtview.php?type=1&no=2012022417228278174&outlink=1(검색: 2012.02.26)

파키스탄의 아프간 접경지역인 와지리스탄에서는 부부로 이뤄진 테러팀이 이 지역 경찰서를 자폭 공격해 경찰 7명 등 모두 8명이 숨졌다. 이 부부는 부르카(전신을 덮는 이슬람 전통 의상) 안에 소총과 수류탄, 폭탄 조끼 등을 숨긴 채 경찰에 항의할 것이 있는 것처럼 속여 경찰서 내부로 진입 후 경찰서 직원을 붙잡고 몇 시간 동안 인질극을 벌이다 자폭했다.[33)]

일반적인 이슬람 테러리즘의 폭탄벨트와 자살폭탄테러리스트의 모습

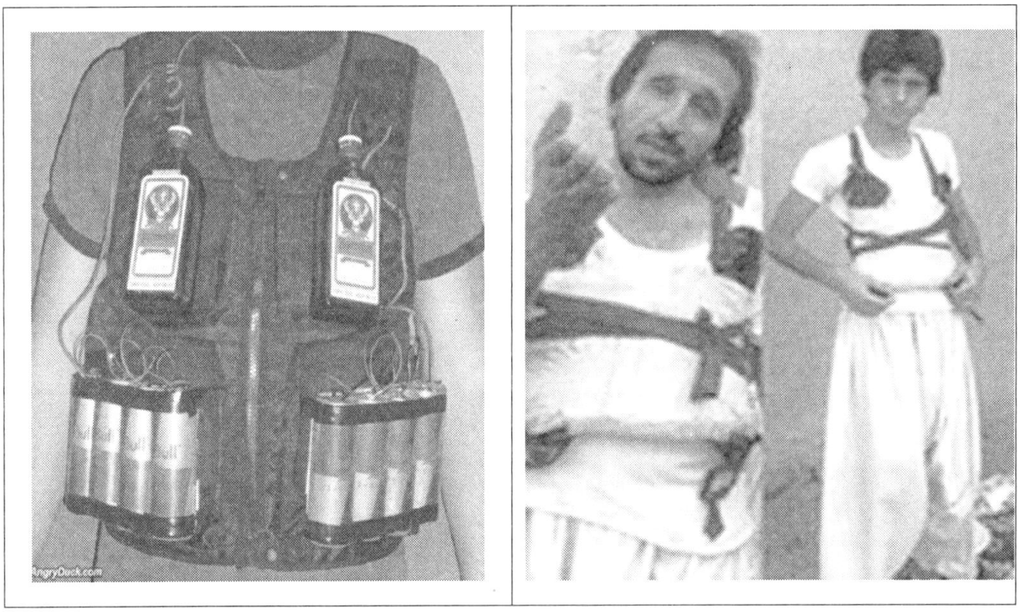

33) 서울신문, '갈수록 교묘해지는 중동 테러수법 휠체어 탄 장애인 돌변·자전거 폭탄·부부동반 자폭단…', http://www.seoul.co.kr/news/newsView.php?id=201106280170239(검색: 2012.02.28)

자살폭탄테러와 유사테러의 유형과 대표적 사례

(http://www.seoul.co.kr/news/newsView.php?id=201106280170239(검색: 2012.02.28)

유 형	대표적 사례	테러단체/배후
폭탄 적재차량을 목표물에 추돌	1981.12.15. 폭발물을 적재한 차량을 레바논 소재 이라크 대사관에 추돌	이슬람 원리주의 알 다와(Al Dawa)자신 소행 주장
	1983.10.23. 폭발물 적재 트럭의 베이루트 소재 미 해병대 사령부 건물 추돌	헤즈블라(Hezbollah) 소행
목표물 주변 폭발물 폭파	1983년 베이루트 소재 미국 대사관 정문근처 주차된 다이나마이트 적재 차량 폭파	헤즈블라(Hezbollah) 소행
폭탄 적재선박의 추돌	2000.10.12.예멘의 아덴항에 정박 중인 미국의 DDG-67 USS Cole함에 폭탄적재 보트의 자살폭탄테러 공격	알 카에다(Al-Qaeda)의 소행으로 추정
폭발물 반입 목표물 폭파	1991.5.21. 인도 남부 타밀나두 주에서 인도 총리 라지브 간디가 꽃다발에 폭탄을 장착한 자살폭탄 공격으로 사망	타밀엘람호랑이(LTTE) 반군
	2009.3.16.예멘 하드라마우트 주에서 폭탄벨트를 착용한 18세 청년이 한국관광객 사이로 들어가 자폭 테러	알 카에다(Al-Qaeda)의 소행
폭탄밸트를 이용한 인원납치	2014.2.8.터키 항공사 페가수스의 여객기기내에 폭발물 휴대 반입, 승객 110명 납치시도, 터키 공군 F16출동 비상 착륙	납치 미수/ 범인 체포
폭탄밸트를 이용한 다중이용시설의 폭파	2010.3.29. 모스크바 지하철내부에서 폭탄벨트를 착용한 18세 소녀를 포함한 다수 여성범인이 연쇄적으로 자살폭발테러 자행	체첸반군 단체인 검은 미망인 조직
항공기내 폭발물 반입 공중폭파	1987.11.29. 바그다드 출발 김포국제공항으로 향하던 대한항공 소속 KE858편(보잉707기종)에 북한 공작원의 폭발물 반입으로 인도양 상공에서 폭발	북한 공작원 김현희 소행
	1988.12.31.런던 발 뉴욕 행 팬암기가 수화물 내 은익 반입된 폭발물로 스코틀랜드 상공에서 폭발	리비아의 가다피 국가원수 지시
항공기납치 목표물에 추돌	2001.9.11. 미국뉴욕의 WTC에 납치된 항공유 가득찬 비행기를 추돌시켜 건물을 붕괴시킴	알카에다(Al-Qaeda)의 소행

(출처; 각종언론보도와 자료 재구성)

자살폭탄테러범의 범죄심리와 테러시행 메카니즘을 분석해 보면 무장테러단체는 현재에도 지속적으로 형성되고 있으며, 형성된 테러집단 간에는 외적인 선명성과 영향력 경쟁을 하고 있으며, 집단 내에서도 종파 간의 견제와 균형을 위한 끊임없는 다툼이 치열하게 전개되고 있다. 대부분의 테러집단의 조직과 결속은 정규대원과 비정규대원간의 구분이 명확하지 않으며, 투쟁 노선과 지향하는 목표에 따라 조직이 분화하고 재결성된다. 조직의 작동원리는 극단적인 폭력의 행사이며, 폭력의 권력 선명성이 조직의 노선과 지배에 결정적인 영향력을 가지게 된다. 때문에 테러집단은 가장 극단적인 폭력, 절정의 공포를 통한 조직 간의 경쟁과 조직 내의 투쟁노선을 추구하게 된다. 따라서 중동지역을 중심으로 하루에도 수건의 자살폭탄테러로 사망자가 속출하고 있는 것이다[34].

급진주의적 종교, 계급, 인종, 민족성 등 집단주의에 몰입된 정체성이 무고한 일반 피해자의 인간적 존엄성을 부정해 버릴 수 있다. 이런 극단주의적 논리에 함몰되면 지극히 평범한 사람이 연민이나 동정심을 느끼지 못한 채 타인을 죽일 수 있다.

이슬람 교리에 따르면 자살이나 무장하지 않은 민간인을 공격하는 행위는 죄악으로 간주한다. 꾸란[35]에서 무슬림의 인티하르(intihar;개인적 이유에서 비롯된 자살)는 철저히 금지한다. 에밀 뒤르켐(Emile Durkheim)도 자살론의 종교와 자살의 관계에서 이슬람교도의 자살률이 가장 적다고 분석하고 있다. 그러나 이스티샤드(istishad;알라의 이름 아래 이뤄지는 자기희생적 죽음)는 이를 허용한다. 자살 폭탄 공격은 이슬람의 공동선을 위한 죽음이므로, 그 지하드를 실행하는 자는 순교자임으로 추앙받는다. 그들에게 '지하드를 수행하다 맞이한 죽음'은 곧 천국으로 가는 빠른 길이라는 철저한 믿음이 있다. 따라서 삶과 죽음이 중요하지 않다. 그들에게 이미 현실의 삶이 신을 위한 성스러운 죽음만 못하기 때문이다. Al-Qaeda의 지도자 오사마빈 라덴은 1996년 미국에 대한 투쟁을 선언하면서 "무슬림 청년들은 삶

34) 최기남, "이슬람자살폭탄테러범의 심리적 범행동기와 대비책", 「융합보안논문지」 제15권. 제6호, (2015), p 115.

35) Quran 이슬람교의 경전(經典)으로, 이슬람의 예언자 무함마드가 610년 아라비아 반도 메카 근교의 히라(Hira) 산 동굴에서 천사 가브리엘을 통해 처음으로 유일신 알라의 계시를 받은 뒤부터 632년 죽을 때까지 받은 계시를 집대성한 것이다.

만큼 신을 위한 죽음을 사랑한다"며 자살폭탄테러를 조장하는 파트와[36]를 내리기도 했다. 종교적 집단논리는 자살공격을 시행하는 극단적 행동의 원동력이 된다.

자살 공격을 시행하기 위한 마지막 선택기준은 지원자의 경력이나 시행능력보다는 미국을 비롯한 기독교 서방제국에 대한 악연이나 증오심의 정도, 자살공격에 대한 열정과 순교에 대한 각오, 이슬람 원리주의에 대한 충실성 등이 주로 고려된다. 모든 지원자들은 테러조직의 지도부와 면담을 통해 순교에 대한 열정과 각오, 특히 자살공격을 감행할 직접적인 동기의 트라우마를 확인받아야 한다. 이런 과정을 통해 자살폭탄테러공격자로 선정되면 수개월간의 종교적 이념교육과 기술적 테러훈련을 받는 과정에서 "돌아올 수 없는 다리"를 건너는 당위성과 용기, 정치적 동기가 부여되고, 종교적 이념의 세뇌화와 담력훈련 등이 진행된다. 이런 메카니즘을 분석한 심리학적 테러리즘 학자 Ariel Merari[37]는 정보차단과 외부와의 격리를 통해 심리적 변화를 유도 강력한 신념체계를 형성하는 과정을 터널에 비유하여 설명하고, 자살테러의 1차 책임이 자원자에게 있다기보다는 테러리스트를 모집하는 조직에 있다고 보았다. 무장테러조직은 보통 카리스마적인 훈련자가 3~6명의 단위 조직을 만들어 이들이 강하게 결속하고 함께 목숨을 바치도록 만든다[31]. 터널처럼 외부와 완전히 차단되고 시야를 출구라는 한점에 일치시키는 중도에 이탈할 수 없는 과정을 통해 평범한 인간이 종교적 세뇌에 의해 선택의 여지가 없는 공동체의 영웅으로 탄생하게 된다[38].

따라서 현재 이슬람 자살폭탄테러 범죄시행의 주된 메카니즘은 종교적 이념에 지나치게 융합되어 자아가 함몰된 영웅적 순교심리, 개인적인 모욕이나 원한에 대한 응징과 복수심에 의한 이타형 자살(altruistic suicide)심리의 자원자이거나 극단적인 무장단체에 의해 외부와 차단되고 사육 세뇌되어 왜곡된 종교적 사생관이 형성된 미소년들로서 영웅적 순교심리와 공동체 문화의 집단양심의 부추김, 테러집단의 심리적 강요와 물리적 협박 등에 의해서 작동하는 자살공격 메카니즘이라고 볼 수 있다.

---

36) 아랍어:فتوى는 이슬람 학자가 이슬람 법에 대하여 내놓는 의견이다. 파트와는 법적인 판결이 아닌 종교적인 의견이지만, 몇몇 나라에서는 법 이상의 권위를 갖고 있다. 파트와는 코란과 샤리아에 입각하여 결정된다.

37) 이스라엘 심리학자. 평범한 사람이 테러리스트가 되는 과정을 터널에 비유하여 설명함

38) 최기남, "이슬람자살폭탄테러범의 심리적 범행동기와 대비책", 「융합보안논문지」 제15권. 제6호, (2015), p 116.

3) 테러 대응정책에 따른 유형

테러리즘에 대한 정책은 사전에 예방하는 것과 테러사건 발생 시 이에 따른 대응책으로 구분된다. 테러조직을 색출하고 거점을 분쇄하며 경찰력을 강화시켜 테러리스트들의 활동을 억제시키는 대책을 반(反) 테러리즘(Anti-Terrorism)이라 하고, 이미 발생해서 진행 중인 사건에 대해 희생자를 줄이면서 구출작전을 성공시킬 수 있는가 하는 대책을 대(對)테러리즘(Counter-Terrorism)이라 한다.

(1) 대(對) 테러리즘(Counter-Terrorism)

대(對)테러리즘(Counter-Terrorism)은 현재 테러사건 진행 중이거나 발생 된 테러에 대한 응징 차원의 대응활동 또는 발생 가능한 테러를 방지하기 위한 전술적·방어적·현장중심의 대응을 의미한다.[39)]

최근 선진국에서 사용하고 있는 Counter-Terrorism은 정부, 군, 경찰기관 그리고 지방자치단체에서 테러의 위협과 행위에 대응하기 위하여 채택된 전술·기법·전략을 의미하는 것으로,[40)] 인질구출작전, 협상 등이 있다.

(2) 반(反)테러리즘(Anti-Terrorism)

반(反)테러리즘(Anti-Terrorism)은 테러에 반대한다는 입장 하에서 테러행위를 미연에 방지하고 원천적으로 근절하기 위한 국가차원의 전략적·예방적 의미로 사용된다.[41)] 테러가 발생할 수 있는 환경요소를 제거 및 개선하거나 사전정보에 의한 테러기도 저지 등 여러 가지 사전예방방법이 사용될 수 있다.

Counter-Terrorism이 정보수집활동, 경찰수사활동, 군사작전 등과 같은 적극적, 공격적 대테러리즘(offensive counter terrorism)이라면, 중요시설의 보호강화, 국경 경비의 강화와 같은 소극적, 방어적 대테러리즘으로서 Anti-Terrorism이라고 할 수 있다. 선진국에서는 최근의 테러리즘 정책으로 Anti-Terrorism의 강화는 물론 보다 공격적이고 적극적인 Counter-Terrorism의 정책을 취하고 있기도 하다.[42)]

39) http://www.tiic.go.kr/service/data/etc.do(검색: 2012.02.21)
40) 이상원, “Counter - terrorism에 있어서 경찰의 전문화 방안”, 「대테러연구」제31집, 경찰청, 2008, p.165.
41) http://www.tiic.go.kr/service/data/etc.do(검색: 2012.02.21)

4) 기타 테러리즘 개념 정리

(1) 백색 테러(white terror)

백색 테러(white terror)는 정치적 목적 달성을 위하여 권력자나 지배자가 반정부 세력 내지 혁명 세력에 대하여 행하는 극심한 탄압으로, 암살·파괴 등을 수단으로 하는 테러의 일종으로서 그 행위 주체가 극우 내지 우파인 경우 좌파에 의한 적색 테러(Red Terror)와 구별하여 사용한다.

역사적으로 1795년 프랑스 혁명 중에 혁명파에 대한 왕당파의 보복탄압에서 시작 된 것으로 '백색'은 프랑스 왕권의 상징인 '흰백합'에서 유래되었다.[43] 백인에 의해서 흑인이나 유색인에게 가해진 가혹한 테러로 미국의 악명 높은 인종차별 테러단체인 KKK단이 현대의 대표적인 백색 테러 단체라고 할 수 있다.[44]

(2) 마약테러(Narco-terrorism)

최근 테러조직들이 테러자금 확보를 위해 국제마약조직과 연계, 마약밀매를 통해 자금을 조달하면서 생겨난 합성어이다. 중남미 좌익 게릴라조직들이 활동자금을 위해 코카인을 판매한데서 유래된 것으로 국제범죄의 성격이 강하나 각국이 테러와 연계된 마약문제를 '마약테러'라 하여 대테러차원에서 대응하고 있는 추세이다.[45]

(3) 반 문명, 반 기술테러

일체의 문명 및 과학기술을 부정하는 자들에 의해 행해지는 폭력을 말한다. 이것은 20년간 은밀하게 문명과 첨단과학기술의 상징인 대학교·항공사를 대상으로 우편폭탄테러를 자행하다 1996년에 체포 된 '카진스키'가 대표적 인물로 일명 유나

---

42) 이상원(2008), "Counter - terrorism에 있어서 경찰의 전문화 방안", 「대테러연구」제31집, 경찰청, p.166.
43) 국가정보원, http://www.tiic.go.kr/service/data/etc.do(검색: 2012.02.20)
44) 위키백과, http://ko.wikipedia.org/wiki/%EB%B0%B1%EC%83%89_%ED%85%8C%EB%9F%AC (검색: 2012.02.20)
45) 국가정보원, http://www.tiic.go.kr/service/data/etc.do((검색: 2012.02.20)

버머(UNA Bumber)라고 호칭하기도 한다. (UNA는 University 와 Airline을 합성하여 언론에 서 붙인 명칭이다.)[46]

(4) 극우테러 · 극좌테러

- ❑ 극우테러는 반공(反공산주의)을 주장하거나 특정 민족·인종의 우월성을 주장하기 위해 다른 민족이나 정부를 공격하는 테러를 의미한다(독일·러시아 '스킨헤드족', 미국의 'KKK' 등).
- ❑ 극좌테러는 공산주의 또는 사회주의 국가 건설이라는 투쟁목표를 달성하기 위해 자행하는 테러를 의미한다(일본·독일'적군파', 페루의 '빛나는 길' 등).[47]

(5) 환경 테러리즘(Eco Terrorism, Environmental Terrorism)

환경파괴를 막기 위한 목적으로 행하는 테러를 말한다.

Eco-Terorr는 환경론자들이 정치적 목적을 달성하기 위해서 행하는 테러이고, Environmental-Terror는 정치적, 군사적 목적달성을 위해서 천연자원 또는 환경 자체에 테러를 가하는 것이다.

- ○ 1986년 '시(Sea) 셰퍼드'라는 단체가 아이슬란드 레이캬비크항에 정박해 있던 포경선 두의 바닷물 흡입구를 열어 침몰시켰다. 그해 미국에서도 6건의 환경 관련 방화·폭파사건이 터지면서 에코 테러가 시작됐다. 대부분 지구해방전선(ELF)과 자매단체 동물해방전선(ALF)이 자기들 소행이라고 했다. 이들은 나무 성장을 촉진시켜 펄프 생산을 늘리는 연구를 하던 대학 유전자조작 연구소를 폭파했다. 도축장, 동물실험시설, 목재공장, 포플러농장, 벌채 트럭들을 습격하고 숙박시설, 스키리조트, 고급 주택과 아파트단지까지 방화했다. 시애틀에서 대저택 다섯 채가 불탔는데 현장에선 ELF 이름으로 '환경친화적 건축? 웃기지 마라'는 쪽지가 발견됐다고 한다.
- ❑ 미국의 에코 테러는 1300건, 피해액 2억달러에 이른다. 부시 대통령도 이 심각한 '국내 테러'를 걱정하고 나섰다. 법원도 강경하다. 석유 소비를 줄여야

46) 국가정보원, http://www.tiic.go.kr/service/data/etc.do(검색: 2012.02.20)
47) 국가정보원, http://www.tiic.go.kr/service/data/etc.do(검색: 2012.02.20)

한다며 트럭 석 대에 불을 지른 21세 젊은이에게 22년8개월 형을 선고했을 정도다. 과격 환경단체들은 합법 소송이나 시위, '그린피스'처럼 가벼운 시민불복종으론 환경 파괴를 막을 수 없다고 주장한다. 그러면서 또 다른 파괴를 일삼는다. 인간 중시라는 환경운동 본질까지 부정하는 '에코 파시즘'이다. 이런 '생태 근본주의'는 환경운동을 보는 일반 시선을 더욱 싸늘하게 만들 뿐이다.[48]

- ❑ 1991년 페르시아 만 전쟁(걸프 전쟁이라고도 함) 당시 이라크에 의한 의도적인 원유 유출이나 쿠웨이트의 유전 방화 작전 등을 환경 테러의 예로 들 수 있다.

  상대방의 전쟁 의사·의욕을 약화시키기 위해 일종의 전술로서 환경을 파괴한 사건이었다. 환경을 인질로 삼아 해양오염과 대기오염 등의 파괴행위는 결과적으로는 인류 전체를 적으로 삼는 것이라고 볼 수 있으며, 따라서 환경 테러 행위는 국제적으로 처벌해야 한다는 의견도 대두되게 되었다.[49]

48) http://news.chosun.com/site/data/html_dir/2008/03/05/2008030501616.html(검색: 2012.02.21)
49) 브리태니커사전, http://100.daum.net/encyclopedia/view.do?docid=rts02h250(검색: 2012.02.21)

제3장 중동테러리즘

>>>

중동지역은 지구적으로 볼 때 가장 치열하고 분쟁이 잦은 불안정한 지역으로 '지구촌의 화약고'라고 일컬어 질 만큼 테러리즘의 다발지역으로 특징지어진다. 분쟁을 조정하고 중재할 수 있는 구심적인 국제기구나 세력이 존재하고 있지 않고, 국제사회관계가 복잡하고, 경제적 이해와 종교 이념적 대립과 갈등이 극심하여 자기의 목적이나 이익을 관철하기 위한 통제불능의 무자비한 폭력이 난무하고 있다.

중동지역은 영토문제, 종교문제, 종족문제, 종파문제 그리고 강대국의 국제정치 체제에 의한 복합적인 요인 등이 작용하여 분쟁의 강도가 심화되고 갈등은 치열한 양상을 보이고 있으며 현재 세계 도처에서 일고 있는 각종 테러리즘과 연관되어 그 형태를 더욱 복잡하게 만들고 있는 것이다.

특히 2001년 9.11테러를 주도한 알카에다를 비롯하여 최근 시리아, 이라크를 중심으로 세력을 장악한 수니파 이슬람 극단주의 무장세력인 IS가 2014년 이슬람국가(Islamic State) 선포 이후 국적과 인종에 관계없이 연일 벌이는 민간인에 대한 공격, 잔혹한 납치, 살인행위, 인신매매 등의 테러리즘과 잔인성으로 악명을 떨치며 세계평화를 압박하며 세계인의 공적이 되고 있는 상황은 국제전으로 비화된 시리아 내전 등 중동 지역에서 작동하고 있는 국제 정치의 역학 관계에 주목해야 테러 행위의 원인으로 파악할 수 있다. 현재 시리아에서 벌어지고 있는 내전에는 석유와 가스의 판로를 두고 빚어진 국제 경제적 이해관계, 외세와 끈을 대고 있는 내부 정치세력 간의 정치적 이해관계, 이슬람교 내부의 종파 갈등까지 온갖 대립과 갈등이 복합적으로 작용하고 있다[1].

따라서 전 세계를 위협하는 대표적인 테러리즘으로 인식되는 중동테러리즘을 이

1) 한겨레신문, 'IS 테러공포' 확산, 국제사회 극우 극단주의 경계를, 2015.11.15

해하기 위해선 우선 전반적인 중동사회의 특징과 중동 아랍지역의 사회전반의 기준, 규율이며 조상 대대로 국민들에게 가치관으로 뿌리박힌 이슬람을 이해하여야 하며, 그러한 특징에서 비롯한 중동테러리즘의 원인과 그 특징을 살펴보아야 한다.

1. 중동(中東, Middle East)의 의미

'중동(中東, Middle East)'이라는 용어는 유럽의 관점에서 본 극동(極東)과 근동(近東)의 중간 지역을 뜻하는 말로 근동, 중동이라는 호칭은 유럽인이 동양(東洋)을 구분할 때 유럽에 가까운 쪽을 근동, 먼 쪽을 중동으로 부른 데서 연유하지만, 오스만투르크 제국을 비롯한 각 지역 지배자의 지배지역의 변천에 따라 근동, 중동의 개념에 포함되는 지역 범위도 바뀌어, 제2차 세계 대전 때까지는 국제적으로 확립된 근동, 중동의 엄밀한 지역적 구별이 없었으며, 또 이슬람권, 아랍권과 같은 뜻으로 쓰이기도 한다.

'중동(中東, The Middle East)'이라는 용어보다 앞서서 제2차 세계대전 이전에 주로 19세기의 유럽과 오스만 제국 간의 관계를 지칭하기 위해 '근동(近東, The Near East)'이라는 용어가 사용되었는데 영국의 '해가 지지 않는 제국(The empire on which the sun never sets)' 시절 영국을 기준점으로 볼 때 그 대척점은 중국(極東, The Far East)이었고 그보다 영국에 가깝다는(nearer) 의미였다.

중동(中東, Middle East)이라는 용어는 1850년경 영국의 동인도 회사에서 최초로 사용되었고, 1902년 미국의 해군제독 알프레드 마한(Alfred T. Mahan)이 페르시아만(灣) 주변 지역을 처음으로 '중동'이라 칭한 데서 비롯되었으며[2], 제2차 세계대전 중 영국이 전시(戰時) 필요상 이 지역에 '중동 보급센터(The middle East Supply Center)'를 설치하면서 공식적으로 사용되기 시작했다. 이 시기는 영국과 러시아 제국이 중앙아시아의 패권을 놓고 경쟁하던 '그레이트 게임'(Great Game)으로 불렸던 시기이다. 마한은 이 지역의 전략적인 중요성뿐만 아니라 이 지역의 중심인 페르시아 만의 중요성을 인식했다. 그는 수에즈 운하와 페르시아만 사이에 위치한

2) 마한은 1902년 9월에 영국의 《National Review》지에 기고한《페르시아만과 국제관계》(The Persian Gulf and International Relations)'라는 글에서 처음으로 '중동'이라는 용어를 사용하였다.

지역을 '중동'(Middle East)이라고 이름 붙였으며, 이러한 마한의 주장은 영국이 인도를 향한 러시아의 야욕을 저지하고 인도를 통제하는 데 큰 도움을 주었다.

중동(中東, Middle East) 지역의 경계선은 뚜렷하지 않지만 일반적으로 동지중해부터 페르시아 만까지의 영역을 포함하는 지역이다. 서아시아로 불리기도 하나, 중동은 북아프리카의 국가들까지도 포함한다.

중동지역에 속하는 나라들로는 일반적으로 이라크, 이란, 이스라엘, 요르단, 레바논, 사우디아라비아, 시리아, 예멘, 쿠웨이트, 아랍에미리트, 바레인, 카타르, 오만, 키프로스, 북키프로스, 터키, 팔레스타인 가자 지구와 요르단 강 서안 지구(웨스트 뱅크)가 있고 넓은 의미의 중동지역 나라들로는 아프가니스탄, 파키스탄, 리비아, 수단, 모로코, 서사하라, 튀니지, 알제리, 모리타니, 소말리아, 지부티, 에리트레아, 코모로, 이집트가 포함된다.[3)]

〈그림 1〉 중동지역의 범위

*전통적으로 인식되는 중동의 범위
*G8에서 정의한 대중동 권역
*중앙아시아 (때때로 대중동 권역에 포함)
*자료: 위키백과(검색: 2015.11.22)

3) 위키백과, https://ko.wikipedia.org/wiki(검색: 2015.11.22)

2. 중동사회의 특징

이슬람 중심의 중동 사회는 크게 3가지의 중요한 특징을 갖고 있는데 그 내용은 다음과 같다[4].

첫째, 종교가 지배하는 사회이다.

이스라엘을제외한 거의 모든 중동 아랍국가가 이슬람을 국교로 채택하고 있으며 이슬람은 아랍세계에 정치, 경제, 사회, 문화 등 전반에 걸쳐 종교적 가치관이 사회의 모든 현상에 대한 기준 척도로 여겨지고 있다.

둘째, 전통적인 특징과 근대화를 모두를 포함하고 있는 과도기적 사회이다. 따라서 정치, 경제, 문화 등 모든 분야가 변화의 한 가운데 있어 혼란과 불안전한 특징을 갖고 있다.

셋째, 중동사회는 불균형과 불안정의 사회이다. 중동의 각 나라들은 국가 간 또는 국가 내에서 각 계층 간에 정치적, 경제적으로 심한 불균형과 불안정한 요소를 내포하고 있고 이로 인해 항상 충돌의 위기 속에 직면해 있다.

3. 중동테러리즘의 발생원인

중동테러리즘의 발생 원인으로 魏鎭旭의 연구와 본서의 저자 최기남의 연구에서 제시한 내용을 종합하여 다음의 8가지 핵심 원인을 제시하였다.

1) 중동사회의 과도기적 특징

중동사회의 과도기적 특징은 테러리즘의 중요한 원인이 되고 있다. 19세기 이후 오토만제국의 붕괴와 함께 서구 열강에 의해 중동지역에 근대국가가 형성되면서 급격한 근대화를 지향하게 되었는데 이것은 정통세력과 근대화세력 간에 심한 갈등을 가져왔고 중동사회가 과도기적 특징을 띠게 되었다. 이러한 과도기적 상황은 각 지역, 계층 간의 갈등과 대립을 가져왔고 테러리즘의 발생 원인을 제공하였다.

4) 魏鎭旭, '중동테러리즘의 特徵에 關한 硏究', 석사학위논문, 國防大學校 安全保障大學院, 2002, p.6.

반면 테러리즘은 이러한 과도기적 중동사회가 근대화과정에서 불안정과 혼란을 더욱 가중시킴으로써 방해하고 있다는 것을 알 수 있다.

2) 영토, 종족, 문화 간 심한 갈등과 대립

중동지역은 영토, 종족, 종교, 문화 간 심한 갈등과 대립으로 끊임없이 크고 작은 분쟁이 발생하고 있다. 이러한 원인들은 복합적이면서도 대립적이어서 그 자체만으로도 중동지역의 불안정과 대립, 갈등, 폭력의 온상이 되고 있으며 현재 중동지역 테러리즘의 원인으로 작용하고 있다.

3) 근대화로 인한 급격한 변화와 심한 불균형

중동지역은 다른 어느 지역보다도 근대화로 인해 급격한 변화가 일어나고 있고 국가와 지역 간에 심한 불균형이 발생하고 있으며 더불어 국가 내에서도 각 계층 간에 불균형이 심화되고 있다. 이와 같이 불균형의 계급사회라는 특징은 테러리즘의 중요한 원인요소로 작용하고 있다.

4) 중동사회의 비민주적 풍토

중동지역은 소수 의견이 무시되는 비민주적 풍토가 남아있는데 이러한 것이 중동테러리즘의 원인이 되고 있다.

역사적, 정치적으로 볼 때 강대국들의 이해관계에 따라 분할되어 정해 진 중동 각 국의 경계는 민족, 종교, 문화 등 그 지역 본래의 특징과 분포와는 전혀 무고나한 것이어서, 중동 각 국에서 다민족, 다종족, 다문화적 사회가 구성되도록 만들어 졌는데 바로 이러한 점이 중동의 비민주적 풍토와 더불어 중동지역의 분쟁과 갈등의 커다란 요인으로 작용하게 되었고, 중동테러리즘의 중요한 특징의 하나가 되고 있다.

5) 제도권의 폭력에 대항하는 非제도권의 폭력

일부 중동국가들은 대다수 국민으로부터 정통성을 인정받지 못함으로써 국민들의 정권에 대한 도전과 변화요구가 끊임없이 일어나고 있는데 집권층은 이러한 요구를 무력으로 강압하고 있다. 이것은 국민들에게 더욱 더 강한 저항을 야기시켜 제도권에 대한 非제도권의 폭력의 한 수단으로 테러리즘을 사용하게 되었다.[5)]

6) 종교적 이념대립과 갈등

인류 역사상 가장 오래된 고대문명을 탄생시킨 아랍지역은 세계최대의 종교 인구[6)] 22억의 신도를 가진 기독교와 두 번째인 16억의 신도를 보유하고 있는

이슬람교의 공동 발상지이다. 같은 지역 동일 문화를 토양으로 서로 경쟁적으로 성장한 두 유일신교는 유태교를 모태로 하고 있으며, 그 출발과 기원이 같아 종교적 유사성을 가지고 있으나 그 행동 양태에 있어서는 현저한 차이를 보이면서 대립과 경쟁의 역사를 가지고 있다[7)].

이와 같이 이슬람교, 기독교, 유태교 간의 끊임없는 대립, 갈등 및 반목이 테러리즘의 원인을 제공하고 있고 이러한 종교분쟁은 중동지역에서 발생하는 모든 분쟁이나 전쟁에 대부분 연관되어 있다. 종교분쟁 양상은 최근 분쟁이 지속되면서 더욱 격렬해지고 있는데 서로의 종교를 인정하고 공존이 가능한 사회풍토가 정착되기 까지는 계속될 것으로 보인다.[8)] 또한 현재 이슬람 종파간의 대립과 갈등은 국가의 법이나 국제적 협약을 초월한 양상으로 대립과 갈등의 새로운 요인으로 심화되고 있다.

---

5) 魏鎭旭, '중동테러리즘의 特徵에 關한 硏究', 석사학위논문, 國防大學校 安全保障大學院, 2002, p.ⅳ.

6) 최근 미국 유명여론조사기관인 퓨리서치센터(The Pew Research Center)가 '글로벌 종교 경관(The Global Religious Landscape)' 보고서를 발표했다. 이는 퓨리서치센터가 전 세계 6개 대륙 232개국을 대상(2010년 기준)으로 종교에 관한 각종 자료들을 조사 및 분석해 발표한 보고서로 가장 최신 버전이다. 종교별로 신도수를 나눠보면 첫 번째로 전 세계 인구 중 22억 명(31.5%)이 크리스천(가톨릭 포함)이고, 두 번째로 많은 종교는 이슬람교다. 16억 명(23.2%)이 '무슬림'으로 가장 빠른 추세로 급성장하고 있다. 이어 '힌두교(10억 명.15%)' '불교(5억5000만 명.7.1%)' 순으로 나타났다. 중앙일보, 2013.1.9(검색: 2015. 11.22)

7) 최기남, '중동테러리즘에 대한 한국경호 안전도 극대화 방안', 박사학위논문, 경기대학교 대학원, 2004, p.27.

8) 魏鎭旭, 전게서, p.ⅳ.

7) 이스라엘의 형성과 중동분쟁

중동테러리즘의 생성 배경에는 중동 분쟁의 원인과 매우 깊은 관계가 있다. 유대인과 팔레스타인과의 전쟁의 의미는 중동테러리즘 형성에 있어서 두 가지 측면으로 살펴볼 수 있는데 첫 번째는 이 전쟁을 통하여 유대인의 국가인 이스라엘이 탄생되었고 국경선이 확정되었다는 것이다. 두 번째는 유대인의 이러한 과정들이 팔레스타인 아랍인들의 희생을 강요했다는 점으로 이것이 현대 중동테러리즘이 형성되는 시발점의 원인이 되었다는 것이다.

그리고 수에즈 분쟁이 이스라엘 측의 일방적 승리로 종결되자 정규 전쟁으로는 승산이 없다고 판단한 이들은 이스라엘과의 투쟁방법으로 테러리즘을 강행하기 위해 PLO를 결성하였다. 또한 6일 전쟁 등 수차례의 중동전쟁을 통해 이스라엘은 1948년 팔레스타인과의 전쟁 당시 보다 약 8배의 영토를 획득하게 되었다. 이는 다시 말하면 이스라엘이 획득한 8배에 해당하는 지역에 거주하던 아랍민족은 사망하거나 그들의 터전을 잃고 난민신세가 됨을 의미하는 것이다. 바로 이러한 이유가 팔레스타인 테러집단의 결속과 실행의 과격성을 조장하는 원인으로 작용하였다고 볼 수 있다. 이후 발생하였던 10월전쟁으로 아랍정치에서 PLO의 존재의 정착과 함께 팔레스타인 민족주의가 국제적으로 정착되었으며, PLO가 지금까지 유지해온 테러집단으로서의 모습이 아니라 정치적실체로 국제사회의 일원임을 증명하였다. 한편 레바논전쟁은 이스라엘에 대항하는 테러조직의 근거를 소탕하고 그들의 세력을 와해시키기 위해 시작하였지만 기존의 PLO라는 테러조직을 레바논지역에서 와해시키기는 했으나 그 지역을 대체하는 새로운 테러조직의 탄생을 가져왔으며, 새롭게 조직된 헤즈볼라와 같은 테러조직은 그들이 추구하는 조직의 목적과 행동 양상에 있어서 기존의 테러조직과는 확연히 대별되는 양상을 보였다.[9]

이스라엘국가 건설을 위해 팔레스타인지역으로의 유대민족의 이주는 종교적 이념과 민족주의적 대립 그리고 서방세계열강들의 이해관계 속에 1882-1903년 제1차 알리야[10]의 2-3만 이동을 시작으로 하여 1948년 제5차에 이르기까지 활발하게 이

9) 조상현, '중동지역 분쟁의 원인과 중동테러리즘 생성 배경에 관한 연구', 박사학위논문, 서울벤처정보대학원대학교, 2008, pp.276-277.

10) 알리야운동은 혈통적 이스라엘인이 예루살렘으로 귀환하는 운동을 뜻하며, 유대인이 팔레스타인지역으로 이주하는 것을 말한다.

루어졌으며, 25만 명에 이르게 되었다. 이런 과정 속에서 폭력과 공포를 동반한 테러, 이스라엘과 팔레스타인 당사자 간의 협상, 국제적 조정 및 UN의 결정 등이 이루어졌으나 평화적 해결과 안정은 이루어지지 못했다. 현재까지도 같은 지역 내에서 자신들의 역사적, 종교적 정통성을 주장하며 치열한 생존권을 건 대립 양상은 서로 양립할 수 없는 목표를 달성하기 위해 상대에 대한 테러리즘과 국가 간의 전쟁을 겪으면서 지속적으로 고조되고 있는 것이다. 유대인의 시오니즘 꿈은 성공적으로 시행되어 사막에 꽃을 피웠고 선진문명에 의해 선진 강국으로 발전하였다. 또한 미국의 무기와 경제적 지원으로 3차에 갈친 아랍동맹국의 연합군을 물리치고 국경을 확장하기도 하였다. 이런 상황이 아랍인들의 시각에는 이스라엘은 서구의 타락한 물질적 풍요와 유태교를 모체로 한 기독교 사상을 자기네 팔레스타인 영토에 옮겨놓은 것처럼 인식되었고, 이러한 반감과 민족주의 충돌은 이스라엘을 지원하는 서방 기독교문명권과 중동지역의 아랍 이슬람민족주의 문명과 충돌 양상으로 발전되어 국제테러리즘으로 확산되었고 한편에선 이에 대한 응징과 예방이라는 명분하에 전쟁의 악순환이 거듭되고 있으며, 중동지역을 전쟁의 화약고라 불릴 정도로 대립과 긴장이 계속되고 있다.[11)]

8) 과격파 이슬람 원리주의에 의한 테러리즘 대두

근대 중동지역의 테러리즘은 초기 유대인들이 팔레스타인지역에 유대 국가를 건설하는 과정에서 생존을 위한 투쟁, 시오니즘[12)]을 수행하기 위해 국가수립에 미온

우상을 섬김으로 약속의 땅을 더럽힌 이스라엘은 로마 장군 티투스에 의하여 예루살렘이 함락되고 성전이 불살라진 A.D. 70년과 A.D. 135년경 바르코크바 반란사건으로 인해 전 세계로 흩어졌다. 이 후 1948년 5월 14일 독립국가로 태어나기 전까지 약속의 땅을 잃어버리고 전 세계에 흩어져 국가 없이 살게 되었다(디아스포라).
이스라엘의 독립과 전 세계의 유대인들이 고토로 돌아오는 알리야 운동은 이미 성경에 예언되어 있다. 디아스포라라는 말은 '흩어진 자'라는 뜻을 가진 헬라어이다 이 명칭은 팔레스타인 밖에 살고 있으면서 이방인들 속에서 하나님의 언약을 믿고 그 신앙을 지키는 유대인들을 가리키는 말이다.
http://seerdeborah.blogspot.kr/2010/09/1_21.html(검색: 2015.11.23)

11) 최기남, 전게서, pp.27-28.

12) 팔레스타인을 유대민족 국가로 만들려고 하는 정치적 운동을 말한다. 19세기 후반 국가건설을 위해 투쟁하던 유대인은 국가건설의 예정지를 성서에서 약속한 땅 팔레스타인으로 정했으며, 팔레스타인의 시온산은 그들 국가건설의 상징이었으므로 시온산이 있는 땅으로 돌아가자는 운동을 '시오니즘'이라고 하고, 그 추진자를 '시오니스트'라고 했다.

적인 영국과 이를 반대하는 아랍세력에 대해 시행된 측면이 있다.

현대에 이르러 중동의 아랍, 무슬림 하면 테러가 연상되는 경우가 많은데 이는 이슬람교에 대한 문화적 편견에 의한 부분이 적지 않다.

이슬람교의 경전인 코란에는 정의는 신이 부여한 최고의 가치이며, 폭력은 코란의 도덕을 위반하는 불법행위라고 규정하고 있다. 이슬람교의 창시자이자 예언가인 마호메트의 구전에서는 전쟁에 참여하는 자가 지켜야 할 행위의 한계를 설정하고 여기에 따르면 군인, 민간인은 물론 심지어 동식물에게도 고통을 가해서는 안 된다며 타종교와 다름없이 생명존중의 교리를 주장하고 있다.[13)]

그러나 중동지역의 아랍 이슬람국가들에서 이루어지고 있는 테러리즘의 특징은 위의 이슬람의 기본 정의 및 가치와는 상관없이 종교적 신념에 의해 이루어지고 있다. 특히 이슬람 일각의 비타협적 집단인 이슬람원리주의 과격파는 현실세계를 이슬람교도와 비 이슬람교도로 구분하고 심지어는 자신들 종파만의 교리상의 순수성을 주장하여 교파와 비 교파의 선과 악의 2분법으로 구분하고 비 교파는 이단인 악으로 규정, 타도해야 할 대상으로 삼고 있다.

17세기 중반 무렵까지만 해도 사회, 문화, 군사, 정치 등 대부분의 면에서 기독교 중심의 서구 사회보다 대등하거나 부강했던 이슬람 세력이 급속하게 쇠퇴하기 시작하자, 20세기 초반 이슬람 사회 안에서는 그 원인을 찾기 위한 변화의 노력이 일어나기 시작했고, 쇠퇴의 근본적인 원인을 이슬람 사회의 왕정 중심의 구시대적 정치구조에서 찾았다. 그리고 서양 기독교 사회로부터 입헌제도를 비롯, 민주주의와 다양한 정치 제도를 도입하여 이슬람 사회의 부흥을 시도했다.

하지만 이러한 노력에도 불구하고, 서구 열강으로 대변되는 기독교 사회와의 격차는 더욱 심화되었을 뿐만 아니라, 2차 대전 이후 이슬람 문화권에 집중된 석유자원을 향한 서구 열강의 침탈이 본격화되면서 이슬람 사회는 더욱 큰 혼란 속으로 빠져들었다. 이와 같은 이슬람 사회의 혼돈 중에 새롭게 등장한 이념이 이슬람 원리주의이다. 이슬람 원리주의자들은 이슬람 사회가 혼란에 빠져드는 원인을 서구 기독교 이념의 수용에서 찾았고, 이슬람 본연의 이념에 충실하게 될 경우 이러한 혼란을 극복하고 새로운 이슬람 번영의 시대를 맞이할 수 있다고 주장하였다.

---

13) 허영식, 「지구촌 시대의 국제테러 어떻게 이해할 것인가」, 서울: 한국문화사, 1999, p.48.

그들은 자유주의건, 사회주의건, 민족주의건 그 무엇이건 관계없이 이슬람교도와 이슬람교도 간에 대립을 초래하는 모든 외세의 이념은 악이라고 간주하고 있으며, 현재 이슬람 사회의 고통은 이슬람의 신(알라)이 명시해 준 율법이 아닌 다른 외세의 법을 따른 것으로 비롯되는 필연적인 결과라고 여기고 있다.

그리고 이러한 문제들을 해결하기 위한 유일한 방법은 오랫동안 지속되 온 무슬림들의 의무인 지하드(Jihad:성전)라고 여긴다. 또한 이러한 성전은 첫 번째로 그들의 사회 속 내부에서부터 비롯해야 한다고 주장하였다. 그들은 성전을 수행해야 할 첫 번째 대상으로 먼저 이슬람 사회 속에 존재하는 개종 이슬람교도 및 신앙이 투철하지 않은 이슬람인을 지목하였는데, 그들의 논리에 따르면, 서구 기독교 사회의 정치제도에 따라 국가를 통치하는 국가의 지도자들은 모두 이슬람교도가 아닐 수밖에 없었고, 이러한 집권자들을 축출하려는 노력을 시작으로 지하드가 시작되었다.[14]

현재 전 세계16억에 달하는 무슬림의 대부분이 평화와 안전을 지향할 지라도 극단주의적 폭력을 사용하여 세계인의 관심을 집중시키고 그들의 이념과 주장을 테러리즘이라는 방법으로 표현하는 이슬람과격 원리주의 세력이 존재하는 한 이러한 종교적, 문화적 및 정치적 편견은 없어지지 않을 것이다.[15]

4. 이스라엘과 팔레스타인 분쟁의 역사

중동테러리즘을 이해하기 위해선 중동테러리즘의 가장 큰 원인 중 하나인 이스라엘과 팔레스타인의 역사를 먼저 이해할 필요가 있지만 여기에선 두 민족의 분쟁의 역사를 간단히 요약해서 그 역사를 정리하였다.

◉ BC 1020경

유대인은 필리스틴(현 팔레스타인)을 비롯한 가나안 원주민들을 제압하고 사울왕이 왕국을 이루고 다윗왕이 왕국통일, 솔로몬왕이 영화를 누림.

---

14) 위키백과, https://ko.wikipedia.org/wiki(검색: 2015.11.23)
15) 최기남, '중동테러리즘에 대한 한국경호 안전도 극대화 방안', 박사학위논문, 경기대학교 대학원, 2004, pp.27-29.

◉ BC 932년경

솔로몬왕 사망 후 북은 이스라엘왕국 남은 유대 왕국으로 분리 후 이스라엘은 아시리아에 멸망, 유대는 신바빌로니아에 멸망

◉ BC 63년경, 로마왕국(폼페이우스)에 의해 점령.

◉ 135년경

팔레스타인지역에 거주하고 있던 유대인들이 로마에 의해 추방. 아랍인들은 사라센제국의 건설 이후 동로마제국을 멸망시키고, 팔레스타인 지역을 장악하여, 예루살렘을 성도로 삼았고, 그 후 아랍 이슬람교도들에 의해 지배됨.

◉ 1897. 8

유럽에서 반유대인 운동이 전개되고 그에 대응하여 유대인들이 스위스의 바젤에서 개최된 제1차 시온주의자회의에서 자신들의 조국을 팔레스타인 지역에 건설한다는 이른바 '바젤계획'을 채택하여 민족주의 운동을 확산.

◉ 1917. 11. 2

영국의 발포어(Balfour) 외상이 영국 국적의 저명한 유대인 로드쉴드(Rothshild)에게 서한을 보내 유대인들의 민족향토를 팔레스타인 지역에 건설하는 것을 지지한다는 이른바 '벨푸어 선언(Barfour Declaration)'을 함.

◉ 1920. 4

영국은 '제1차 세계대전'후 팔레스타인 지역을 통치하면서 상 레모(San Remo)회의에서 팔레스타인 지역으로 이주해오는 유대인에게 유리한 정책을 취하면서 유대인들이 팔레스타인지역으로 대규모 이민 시작.

◉ 1939.

독일의 폴란드 침공으로 '제2차 세계대전'이 발발하면서 나치의 유대인 대학살(Holocaust: 600만명 학살추정)로 유럽전역에 흩어져 있던 유대인들의 팔레스타인

지역으로 이주가 증가됨에 따라 팔레스타인 지역에 유대인 소유 토지가 늘어남으로 인해 아랍민족의 반유대인운동 촉발되면서 아랍민족과 유대인의 분쟁이 빈번히 발발.

◉ 1947. 11. 29

아랍민족과 유대인의 분쟁을 조정하기 위해 제2차 UN안보리총회에서 표결을 통해 팔레스타인 지역을 아랍인구역과 유대인구역으로 구분하는 분할 독립안을 가결.

◉ 1948. 5. 14

텔아비브에서 다비드 벤구리온을 수상으로 하는 이스라엘 국가를 수립. 건국 직후 이집트를 비롯한 7개 아랍국가들이 무력적 항쟁을 벌이면서 이른바 '팔레스타인 전쟁'으로 불리는 '제1차 중동전쟁' 발발.

◉ 1949. 2. 14

UN의 중재로 이스라엘과 이집트 간에 휴전협정이 체결되면서 레바논, 요르단, 시리아 간에도 휴전협정이 성립됨으로써 전쟁은 종결. 이스라엘은 이 전쟁으로 팔레스타인 지역의 80%를 차지하는 전과를 성취하였고, 팔레스타인인들은 300만명이 난민으로 전락.

◉ 1956. 10

이집트 대통령 낫세르가 수에즈 운하의 국유화를 선언함으로써 영국과 프랑스가 이집트를 공격하면서 발생한 '수에즈 전쟁'으로 불리는 '제2차 중동전쟁'에 이스라엘도 합세하여 이집트를 공격하는데 참여. 미국과 구소련이 영국, 프랑스, 이스라엘의 대 이집트 군사공격을 비난하면서 군사력 철수 압력을 가함으로써 전쟁 종료. 이스라엘은 이 전쟁으로 이집트의 시나이반도의 요충지를 점령하는 성과.

◉ 1967. 6. 5

시리아와 이집트는 1966년 10월 군사동맹을 맺고 대이스라엘 군사공격을 준비하였으나 이스라엘이 선제공격을 가함으로써 이른바 '6일 전쟁'으로 불리는 '제3차 중동전쟁' 종결. 이스라엘은 이 전쟁으로 시나이반도, 골란고원, 가자지구, 서안지구 등 본토의 5배에 달하는 광대한 지역을 점령하는 대승을 거둠.

◉ 1973. 10. 6

시리아와 이집트가 연합하여 이스라엘을 기습적으로 공격함으로서 이른바 '라마단 전쟁' 또는 '욤 키푸르 전쟁'으로 불리는 '제4차 중동전쟁'이 발발. 이스라엘은 전쟁 초기의 열세를 만회하고 골란고원에서 일방적으로 승리를 확보한 후 10. 28 UN이 긴급군을 수에즈 지역에 파견하였고, 11. 11 이집트와 이스라엘이 휴전협정을 체결함으로써 이 전쟁도 이스라엘에게 유리하게 종결.

◉ 1973.

OPEC(아랍석유수출국기구)에서 유대인이 팔레스타인지역을 떠날 때까지 석유가격 인상과 석유생산량 감소를 발표함.(세계 1차 석유파동)

◉ 1979. 3. 26

이스라엘은 시나이반도를 이집트로 반환하며 이집트와 국교를 수립. 이집트는 그동안 아랍 측을 대표로하여 전쟁을 하였으나 다른 아랍 국가들과 아무런 상의나 합의 없이 이스라엘과 평화협정을 체결함으로써 아랍세계로 부터 강한 반발을 받음.

◉ 1980 -1981

이스라엘은 '제3차 중동전쟁'과 '제4차 중동전쟁'에서 점령한 동예루살렘과 가자지구 및 골란고원을 자신의 영토로 공식적으로 합병.

◉ 1987. 12

이스라엘의 점령 지역에서 이스라엘군의 지프차에 치여 팔레스타인인(人) 4명이 사망한 사건을 계기로 팔레스타인인들이 이스라엘 검문소를 습격하면서 인디파다(무력항쟁)가 발생(1차 인디파다).

◉ 1993. 9. 13

이스라엘과 팔레스타인해방기구(PLO)는 미국 백악관에서 '팔레스타인 자치 확대에 관한 원칙 선언'에 합의에 따라 가자지구와 서안지구(웨스트뱅크; 요르단강 서안) 일부지역이 팔레스타인 자치 지구가 됨.

◉ 2000. 9

당시 이스라엘 야당 당수였던 샤론이 동예루살렘의 알 아크사원을 방문하자 이에 분노한 팔레스타인인들의 작은 항쟁에 이스라엘 군대가 강경 진압하면서 2차 인디파다 발생.

◉ 2005.8 가자지구의 이스라엘인 정착촌 완전 철수.

이후에도 이스라엘-팔레스타인 양측 간에는 불미스러운 사태가 빈번하게 발생하고 있고, 팔레스타인인의 민간인을 포함한 이스라엘인에 대한 자폭테러를 감행하고 이에 대해 이스라엘에서는 테러분자 색출을 명목으로 팔레스타인 자치지역에 군 병력을 투입하는 악순환이 지속되고 있으며, 2002년에 들어서는 특히 가자지구(팔레스타인 자치지구)내에서 충돌이 격화되고 있고, 이스라엘의 대응이 소규모에서 장갑차와 헬기, 스마트 폭탄, 미사일 등의 대형 살상무기를 동원하고 있어 피의 악순환은 지금도 계속되고 있다.

서안지구(West bank)내의 수자원과 천연자원, 영공마저도 이스라엘이 약 80%를 장악하고 있으며, 서안지구내의 이스라엘인 정착촌을 보호한다는 명목으로 이스라엘의 군대를 주둔시키고, 도시와 도시간의 도로에 촘촘히 박힌 이스라엘 검문소와 인종차별적인 분리장벽의 건설로 인해 팔레스타인인들은 철저한 이스라엘 군인들의 통제 하에 도시와 마을단위로 완전히 갇히게 됐고, 팔레스타인 도시들은 팔레스타인인들을 가둔 거대한 감옥으로 변하게 됐다.

유엔 인도지원국(UN OCHA)의 보고서에 따르면서 이스라엘의 분리장벽이 서안지구 팔레스타인 영토의 14.5%를 잠식해 이스라엘 쪽으로 가져가게 될 것이라고 밝혔으며, 1967년 3차 중동전쟁 이후 국제사회가 인정한 경계선(이스라엘-팔레스타인 국경선)인 그린라인(Green line)에서 대부분 벗어나 겨우 11%만이 그린라인을 따라 건설되고, 총 700Km 에 달하는 분리장벽의 건설이 완료되면 팔레스타인인들의 생활은 더 암울해 질것으로 보인다.

팔레스타인 분쟁지역에서 팔레스타인에 대한 이스라엘의 강력한 대응에는 철저히 미국의 지원 속에서 이루어지고 있다. 이스라엘에 대해 미국은 1999년 해외 원조총액의 약 40%를 지원하고(대 중동 총 원조액의 54%), 정치, 경제, 군사적 원조는 2004년에 27억달러가 책정된바 있다.

미국의 이스라엘에 대한 지원은 중동지역의 석유자원뿐만 아니라 중동에서의 정치, 경제, 군사적으로 이스라엘을 발판으로 다른 국가들을 견제할 수 있다는 점에서도 고도의 정치적 의미를 갖고 있다.

언론에서는 이스라엘의 팔레스타인인에 대한 무차별적인 학살과 보복공격에 대해서는 철저한 묵과 속에서 팔레스타인인의 이스라엘에 대한 테러만 일방적으로 과장보도 하고 있는 것이 사실이다.

UN에서 이스라엘의 팔레스타인인의 학살과 추방의 만행에 대한 규탄 성명서가 결의가 되어도 미국의 반대로 매번 채택되지 못하고, 또 IAEA에서 이스라엘의 핵무기 의혹에도 불구하고 단 한 번도 핵사찰을 받지 않은 것도 미국 내의 유대인들의 파워라 할 수 있다.

이는 미국의 정치, 경제, 금융, 언론, 예술, 학술 등 여러 분야에서 주도적, 중추적 역할을 수행하는 사람들이 바로 유대인들이다. 유대인은 미국인구의 2.2% 에 해당하는 6백만 명의 소수민족에 불과하지만 그들은 미국의 발전에 큰 공헌을 하며, 미국 전반에 걸쳐 강력한 발언권을 행사하고 있어 미국을 주도하여 움직인다고 할 수 있다.

현재 이스라엘과 팔레스타인간의 핵심쟁점 사항은 이스라엘이 팔레스타인에게 양도하는 영토의 범위와 시기, 이를 바탕으로 하는 팔레스타인의 독립국가 선포시기 및 이슬람·기독교·유대교 등 세 종교의 성지인 예루살렘 문제에 대해 타결이 이루어 지지 않고 있다. 미국이 국제사회에서 중립적인 입장에서 공정한 중재자로서 평화적 해결을 위해 행동하지 않는 한 이스라엘-팔레스타인분쟁은 어둡기만 하다.[16)]

16) http://gall.dcinside.com/board/view(검색: 2015.11.24)

〈표 3〉 이스라엘과 팔레스타인의 비교

국명	이스라엘(The State of Israel)	팔레스타인자치정부 (Palestinian Authority : PA)
면적	20,770㎢	6,170㎢ (웨스트뱅크:5,800㎢, 가자지구:365㎢)
수도	예루살렘(Jerusalem) - 국제적으로 수도로 인정받지 못하고 각국 대사관은 텔아비브에 소재.	라말라(Ramallah) - PA측은 동예루살렘이라 주장.
인구	약 678만명(2004) - 유대인(80%) - 아랍계 이스라엘인(14%) - 해외거주 유대인 약 800만명 (미국 약600만명)	약 368만명(2003) - 팔레스타인인(75%) - 유대계 팔레스타인인(17%) - 해외거주 팔레스타인인 약 450만명 (대부분 전쟁 난민)
언어	히브리어 및 아랍어, 영어	아랍어
종교	유대교(77%), 이슬람교(15%), 기독교, 기타	이슬람교(75%), 유대교(17%), 기독교, 기타

*자료: http://gall.dcinside.com/board/view(검색: 2015.11.24)

5. 이슬람의 이해

1) 이슬람의 개요(Islam at a glance)

이슬람은 팔레스타인 분쟁, 유고슬라비아 반도 분쟁, 체첸 분쟁, 수단 내전 등의 사건으로 20세기에 세계인의 관심을 끌어왔으며 21세기에 들어서 미국의 9.11 사태 이후에는 이슬람에 대한 이해의 필요성이 상당히 높아졌다.

이슬람교는 세계 3대 종교의 하나이며 신자 수는 기독교 다음인 제2위이다. 종교분포를 보면 서아시아의 아랍제국과 비(非) 아랍제국(터키, 이란, 아프가니스탄),

북아프리카의 아랍제국, 사하라 이남의 아프리카, 스리랑카, 미얀마는 물론 동남아시아, 소련, 중국, 발칸반도까지 확산되어 꽤 광범위하다. 주로 아랍무슬림은 중동 23개국에 있지만 넓게는 대략 57개국 20억 명 정도로 추산되고 있는데, 터키, 독일, 프랑스 등에도 무슬림 숫자가 많고 활동이 활발하며, 인도네시아는 무슬림이 수적으로 가장 많은 세계 최대 이슬람 국민을 보유한 국가를 형성하고 있으며, 인구가 많은 인도와 중국 내에도 많은 무슬림이 존재한다. 또한 '문명의 충돌'을 쓴 사무엘 헌팅턴이 2050년까지 전 세계 인구 중 3분의1이 무슬림으로 구성될 것이라는 예견을 할 정도로 그 분포가 광범위하게 확산되고 있다.

이슬람의 대표적인 종파로는 사우디아라비아가 대표하는 수니파와 이란이 대표하는 시아파가 있으나, 시아파를 따르는 무슬림은 전체 무슬림 인구의 약 10%를 차지하는 소수이며, 나머지 무슬림은 정통 이슬람을 표방하는 수니파이다. 이슬람 안에서 무슬림 모두는 형제이며 종파 간에도 서로를 무슬림 형제라고 인정한다. 이 종교를 믿는 사람들은 돼지를 불결하다고 믿기 때문에 다른 음식이 없는 극한의 상황을 제외하고는 돼지고기를 절대 먹지 않고 양고기를 주로 먹는다.

이슬람교는 전지전능한 알라의 가르침이 대천사 가브리엘을 통하여 마호메트에게 계시되었으며, 유대교 · 그리스도교 등 유대계의 여러 종교를 완성시킨 유일신 종교임을 자처한다. 유럽에서는 창시자의 이름을 따서 마호메트교라고 하며, 중국에서는 위구르족을 통하여 전래되었으므로 회회교(回回教) 또는 청진교(淸眞教)라고 한다. 한국에서는 이슬람교 또는 회교(回教)로 불린다. 이슬람(Islam, 어원적 의미로 순종 또는 평화)이란 ①신에게 복종한다는 뜻으로, 회교도가 자기 종교를 이르는 말. ②회교를 국교로 삼은 나라들이나 그런 문화권. ③회교도 전체를 의미하며, 유일신 '알라(하나님. The God)'을 믿고 그 분의 뜻에 완전히 순종, 복종하는 종교이다.

이슬람에서 신격은 하나뿐이며, 그 어떠한 인격도 신격화되거나 신성을 가질 수 없는 철저한 유일신 사상을 기반으로 하고 있다. 마호메트는 모하마드의 별칭이다.

무하마드는 모세, 예수 등 많은 예언자들과 함께 하나님으로부터 선택을 받은 사도이며 동시에 마지막 사도이다. 알라의 계시를 모은 것을 '꾸란(코란)'이라고 하는데, 이것은 무하마드가 말한 내용으로서, 그가 죽은 뒤 신도들이 수집 · 정리한 것이다. 현재의 코란은 650년경, 제3대 칼리프인 오스만의 명을 받들어 만들어진 표준본이다. 이 경전은 이슬람의 교의(教義)·제도, 무하마드의 생애와 사상을 알 수 있는 근본 문헌이며, 무슬림들은 이것을 독송할 때마다 법열(法悅)의 경지에 빠져 감격의 눈물을 흘릴 만큼 힘과 미를 갖춘 것이지만 그 진가는 아랍어로 된 원전에 따르지 않고는 매우 이해하기 힘들다.

무슬림(이슬람교도)은 성전에 나타남 많은 선지자들을 인정하며, 이 선지자들 모두를 하나님의 선지자로서 존중하고 존경하며 따르지만 그 누구도 신격을 갖춘 대상으로 따르는 것은 아니고. 이슬람에서 신격은 하나님 알라 한 분 뿐이다.

무슬림의 신앙은 '하나님 외에는 신이 없고, 무하마드는 하나님의 사도이다' 라는 신앙 고백(샤하다, shahada)으로서 시작된다.

무슬림(Muslim)은 하나님을 믿고 하나님이 계시하신 가르침과 예언자의 말씀에 따라 자신의 삶을 완전히 개조하기 위하여 노력하는 사람이다. 무슬림은 또한 같은 기본원리에 의해 인간 사회를 건설하기 위하여 최선의 노력을 다한다. "마호메트교 (Muhammadanism)"는 이슬람에 대한 잘못된 표기이고 이슬람의 진정한 참뜻에 어긋난다.

이슬람교의 특징 중에는 생활과 매우 밀접한 부분을 볼 수 있는데 다른 종교가 추상적인 말로서 도덕을 설득하는데 비해서 이슬람교는 일상생활의 관습까지 구체적으로 설명하고 있다. 알라의 계시를 정리한 성전인 '꾸란(코란)'에는 신도인 무슬림의 신조(信條)·윤리규범·법규범 등이 기술되어 있고, 이를 근거로 설립된 일상생활 규범인 '이슬람법'의 내용은 혼인·상속·계약·재판 등 모든 일상생활에 까지 영향을 미치고 있는데 즉 일반적인 '민법'등에서 규정한 내용까지도 이슬람교에서 지시하고 있다. 결국 이슬람교는 종교와 정치가 깊이 관련되어 있는 종교이다.

2) 이슬람교의 교리 : 육신(六信)과 오행(五行)

이슬람 교리는 매우 단순하게 여겨질 만큼 명료하게 정립되어 있다. 이슬람 교리는 6신(信) 5행(行)이라 부르는 이만(6가지 종교적 신앙)과 이바다(5가지 종교적 의무)를 기본으로 하며, 또한 5행을 무슬림의 신앙생활을 받치는 다섯 기둥으로 보아 아르칸(기둥들)이라 부르기도 한다.

(1) 육신(六信, Iman)

① 창조주에 대한 믿음(하나님, 알라)

창조주 존재에 대한 완전한 믿음이 결여될 때 창조주에 대한 인간의 순종과 복종이 결여되거나 방종하게 된다. 또한 창조주의 속성에 대한 완전한 믿음이 있어야 한다. 이것이 결어 될 때 창조주로부터 부여받은 인간의 미덕과 겸손과 순결, 사랑과 윤리와 도덕이 타락하게 된다. 또 밤과 낮을 보고, 하늘과 대지와 우주를 보고 그리고 그 우주가 질서있게 운행되고 있는 우주 운행 규칙을 통해서도 알 수 있다. 창조주의 존재를 믿되 유일신, 즉 창조주는 하나밖에 존재하지 않는 것에 대한 믿음이다.

② 천사들에 대한 믿음

인간이 한줌의 흙에서 창조되었듯이 천사는 빛으로부터 창조된 가장 고귀한 피조물 중의 하나로 창조주의 명령에 순종한고 복종 할 뿐 거역할 줄 모르는 속성을 부여받았다. 또한 여러 가지 임무도 부여받았다. 양식을 주관하는 임무, 풍우를 주관하는 임무, 선과 악을 주관하는 임무, 천국과 지옥을 담당하고 심판의 날과 부활의 날을 담당하는 임무 등 인간이 다 알 수 없는 임무들이다. 이들 천사들은 하나님의 명령에 순종 할 뿐 거역하거나 그 어떤 것도 명령에서 이탈하거나 어떤 것도 제시 할 수 없으며 하나님의 왕국을 관리하기 위해 선택된 것들이기에 이들 천사들은 하나님의 명령을 정확히 그리고 빈틈없이 수행하며 제 능력에 의하여 행할 수 있는 권한이 없다. 또한 인간과 하나님과의 중재적 역할도 할 수 없다. 그래서 천사들을 숭배하고 찬사들에게 구원을 하는 것을 가장 바보스런 존재다. 왜냐하면 인간을 창조하던 첫째 날에 하나님은 천사들로 하여금 아담에게 허리 구부려 인사를 하도록 하였으며 또한 아담에게 천사들 보다 더 많은 지식과 지혜를 주었을 뿐만 아니라 아담에게는 지상을 관리하는 대리권을 하나님께서 주셨기 때문이다. 인간의 위채 아래에 있는 천사들을 인간이 신의 자격을 부여하여 숭배 한다는 것은 창조주 하나님을 부인하는 것으로 죄악인 것이다.

③ 성전들에 대한 믿음

이슬람에서 말하는 성서는 하나님께서 가브리엘 천사를 통해서 일부 예언자 및 선지자들에게 계시된 말씀이 기록된 책들을 가리킨다. 이 책들은 4권으로 아브라함에게 계시되었던 수흐프, 모세에게 계시되었던 타우라, 다윗에게 계시되었던 자부-르, 예수에게 계시되었던 인질 그리고 무하마드에게 계시되었던 코란이 있으며 그 밖의 예언자들에게 계시된 것은 알려지지 않고 있다. 이슬람에서 말하는 성서들에 대한 믿음이라고 하는 것은 바로 이 4권의 성서를 믿는 것을 말한다. 이 성서들은 유일하신 하나님께서 가브리엘 천사들을 통하여 인간을 위한 복음서로써 그리고 지침으로써 보내어진 하나님의 말씀 이므로 선별해서 믿는다는 것은 하나님의 말씀을 부정하게 된다는 논제가 성립되면서 그 인간은 카-피르라하여 하나님의 존재를 부정하는 자가 되어 버린다. 그러므로 하나님의 존재와 천사들의 존재를 믿는다면 수흐프나 타우라, 자부-르, 인질 그리고 꾸란 모든 성서를 선별함이 없이 완전히 믿어야 한다는 것이 이슬람의 세 번째 근본이 된다.

④ 선지자(예언자)들에 대한 믿음

이슬람에서 정의 하는 선지자 및 예언자에 대한 개념은 창조주 하나님의 말씀을 인류에게 설명하고 해석하는 임무만 받은 인간을 나비라하고 이 나비는 아담을 비롯하여 노아, 후드, 살레, 아브라함, 이스마엘, 이삭, 야곱, 요셉, 아이윱, 슈와이브, 모세, 아론, 롯, 요나, 엘리샤, 줄키플리, 대비드, 솔로몬, 엘리샤, 자카리야, 존, 예수 그리고 무하마드를 최후의 예언자로 각 시대 각 민족에게 보내어진 예언자의 숫자는 약 124,000명으로 전하여지고 있으며 이름이 밝혀진 나비는 코란에서 25명으로 기록되어 있다.

⑤ 부활(내세)에 대한 믿음

인간의 생은 현세에서만 존재하는 것이 아니라 사후도 생이 계속된다는 것이다. 현세의 생명이 유한적 생명이라면 사후의 생명은 영원하며 이 생명은 창조주의 심판을 통하여 천국에서 영원히 사는 생명과 지역에서 영원히 사는 생명이라고 믿는 것이 이슬람의 다섯 번째 근본이다. 우주와 그 안에 있는 모든 피조물은 창조주께서 소멸할 어느 날이 야우물 끼야마 즉 심판의 날이며 이날 창조주는 모든 피조물을 그 분 앞에 모이게 하니 이날은 하샤르 즉 죽은 자들이 다시 살아 모이는 날로 야우물 바흐쓰 즉 부활의 날이라 하며 살아난 인간들은 모두가 창조주 법정에 서게 되니 이때 인간이 현세에서 행하였던 선악이 증감되지 아니하고 그대로 제시되매 창조주는 인간이 실천한 선과 악의 결과를 비유하시니 선행이 많은 자에게는 관용이 베풀어 질 것이요, 악행이 많은 자에게는 그에 대한 벌이 있을 것이며 용서를 받는 자는 곧 천국으로 들어갈 것이요, 벌을 받는 자는 지옥으로 들어간다는 것으로 모든 예언자 및 선지자들이 제시했듯이 무하마드 선지자도 인류에 제시하고 있다.

⑥ 정명(正命, 豫定)에 대한 믿음

인간의 현세생활을 영위하고 구정하며 제한하는 창조주의 법칙에 대한 완전한 순종과 어떤 특정한 기간에 특정한 방법에 의하여 어떤 물체를 창조하는 하나님의 창조를 믿는 것이다. 즉 모든 무슬림은 알라의 절대적인 명령 그리고 선과 악에 대한 명령을 믿어야 한다. 창조주가 기록하여 두지 아니했던 것은 인간에게 절대 발생하지 아니함으로 창조주를 믿는 자들은 하나님께 의지하라는 것이다. 이 정명 즉 까다르는 원래 '역량', '용량'의 뜻이지만 '한계, 한도, 제한'을 내포하고 있기 때문에 이는 곧 '운명'이라 할 수 있다. 알라의 뜻과 섭리에 의하지 않고서는 나무에서 나뭇잎 하나 떨어질 수 없다.

〈표 4〉 이슬람교의 육신(六信) : 여섯 가지 믿음

① 신(神)	◆유일신 알라
② 천사(天使)	◆알라신이 창조하였으며, 알라의 계시를 인간에게 전하는 역할
③ 성전(聖典)	◆알라의 교시를 적은 것
④ 예언자(豫言者)	◆신의 메시지를 전하는 사람
⑤ 내세(來世)	◆천지만물은 영원하지 않고 언젠가는 종말이 오며, 모든 사람은 죽은 후 환생하며, 알라의 심판을 받는다. ◆생전의 신앙과 행위에 따라 천국과 지옥으로 인도된다.
⑥ 예정(豫定)	◆과거, 현재, 미래에서 일어나는 모든 현상은 모두 신의 뜻에 따라 결정

(2) 오행(五行), 오주(五柱)

무슬림에게는 실행해야 할 중요한 의무 다섯 가지가 있다. 이것을 오주(아르칸 알이슬람:Pillars of Islam)라 하며, 이들 의무를 다함으로써 알라에게 봉사하는 일을 '이바다트(奉化 또는 勤行)'라고 한다. 코란에서는 희사와 단식(斷食)을 중요한 봉사로 들고 있으나, 후세에 이르러 다음의 다섯 가지를 가리키는 것이 상례로 되었다.

① 신앙고백(Shahada, 샤하다)

"Asshuhadu an la ilaha ill-Allah, wa asshuhadu anna Muhammadan-Rasulullah"

(나는 하나님 외에 신이 없음을 증언합니다, 또한 나는 무하마드가 하나님의 사도임을 증언합니다)

이 두 구절은 이슬람의 가장 중요한 교리이자 원칙이라고 할 수 있다. 이 두 구절의 내용을 부정하고는 이슬람 자체가 존재할 수 없다. 첫 구절은 알라(하나님)의 유일성을 강조하는 말이고 두 번째 구절은 무하마드가 사도임을 나타내는 말이다. 무슬림들은 예배드릴 때 뿐 아니라 하루에도 몇 차례씩 습관적으로 이 구절의 암송을 반복한다. 또한 비 무슬림이 이슬람교에 입교하고자 할 때는 누구나 이 구절을 선서함으로써 무슬림이 될 수 있다.

② 예배(Salat, 살라트)

어느 종교나 신에 대한 일정한 숭배의식이 존재한다. 일정한 시각에 규정된 형식에 따라 행하는 예배를 말하며, 개인적으로 수시로 행하는 기도는 '두아'라고 부른다. 무슬림들은 매일 5번씩 정해진 시간에 (일출 전 새벽, 정오, 오후, 일몰 후, 밤) 메카를 향해 예배를 드린다. 하루 다섯 차례의 예배가 이슬람이 생활 속의 종교로 자리 잡는데 큰 역할을 했으며, 정확한 예배 시간을 맞추려는 노력과 메카를 향한 예배 방향을 맞추려는 노력이 이슬람의 천문학과 기하학을 발달시키는 요인이 되었다. 예배를 드리기 전에 항상 '우두'라고 불리는 세정(洗淨)을 행하는데 이는 신체의 청결 뿐 아니라, 마음의 청결도 포함한다. 무슬림들은 어디서나 예배드릴 수 있으나, 남자들은 보통 집단으로 모스크에서 행하도록 권장하고 있으며, 여성은 보통 가정에서 한다. 매주 금요일에는 모스크에서 합동예배를 드린다.

③ 희사(Zakat, 자카트)

국가재정의 근간을 이루며, 비 이슬람 국가에서는 선교기반이 이루어지는 데 필요불가결한 무슬림의 의무중의 하나다.

기독교의 십일조와 마찬가지로 이슬람에서는 1/40을 희사로 바친다. 그러나 십일조와 이슬람의 희사제도에는 분명한 차이가 있다. 기독교의 십일조와 달리 이슬람의 희사제도는 자기 수입의 1/40이 아니라 자기 순수입의 1/40을 희사한다는 점이 다르다. 이슬람에서는 꼭 물질적인 희사 뿐 아니라, 정신적인 구호 행위도 희사로 간주한다. 예를 들면, 다른 사람을 올바른 길로 인도한다거나, 언제나 밝은 웃음으로 인사함으로써 공동체에 유익한 행위를 한다거나, 몸이 불편한 장애자들을 돕는 행위 등도 희사에 들어간다. 따라서 수입이 없거나 오히려 부족한 사람들은 물질적 희사보다는 정신적 희사로 대신함으로써 상대적인 박탈감이나 열등의식에서 벗어날 수 있다. 꾸란에는 이렇게 모금된 희사금을 어디에 사용해야 하는지 분명히 명시하고 있다. 가난한 사람들, 재난을 당한 사람들, 여행자들, 이슬람 선교에 종사하는 사람들, 이슬람을 공부하는 유학생들 등이 이에 해당된다.

④ 단식(Saum, 샤움)

성년인 무슬림은 매년 라마단 월간(月間:제9월) 주간(晝間)에 음식 · 흡연 · 향료 · 성교를 금하고, 과격한 말을 삼가며 가능한 한 코란을 독송한다. 단 음식은 흰실과 검은실의 구별이 안 될 만큼 어두워진 야간에는 허용된다.

타종교에서의 금식은 일정 기간 동안 물만 먹고 위를 완전히 비워 신체적 · 물질적 활동을 중지시킴으로써 종교적 · 정신적 성취감을 증대시킨다는 다분히 개인적인 목적을 갖고 있다. 그러나 이슬람에서의 단식은 먹는 일과 굶는 일을 반복함으로써 한 달 동안 매일 비슷한 시간에 배고픔의 고통을 반복해서 느낀다. 즉, 이 배고픔의 고통을 직접 체험함으로써 가난한 자의 고통을 알게 해주고 나아가서 여유 있는 사람들이 부족한 사람들을 돕도록 유도하는 사회적인 목적을 갖고 있다. 따라서 부의 재분배가 이루어지며, 단식 행위를 공유함으로써 무슬림 공동체의 결속을 꾀하는 부수적인 효과도 있다. 라마단 기간에 병에 걸렸거나 장거리 여행 중인 무슬림은 단식의 전부 또는 일부를 적당한 시간이 될 때까지 연기할 수 있다. 노약자, 임산부, 수유 중인 어머니, 월경 중인 여성, 전쟁을 수행하고 있는 병사들, 만성적인 병으로 고통을 받고 있는 무슬림은 면제된다. 라마단월의 단식이 끝난 다음날인 이슬람력 10월1일은 파제절(罷祭節, Eid al-Fitr)이라고 불리는 이슬람의 2대 축제 중의 하나가 거행되는데 화려한 의상을 입은 군중들이 거리로 쏟아져 나와 서로 축하하는 풍습이 있다.

⑤ 성지순례(Hajj, 하주)

다섯 번째 의무는 성지순례(hajj)로서 이슬람력 12월의 메카 순례를 말한다. 순례자는 바느질하지 않은 천 2장으로 몸을 감싸고 순례한다. 메카의 카바 성전 주위를 돌고, 그 벽 모퉁이에 있는 검은 돌에 입을 맞추고, 사파(Safa)와 마르와(Marwa) 언덕을 돌고, 악마를 나타내는 미나(Mina) 근처에 돌을 던지고, 그곳에서 양을 희생으로 바치며, 아라파트(Arafat) 평원에 모이는 등의 일정한 의식이 정해져 있다. 예를 들면, 사파와 마르와 사이를 일곱 번 도는 것은 이스마일의 어머니 하갈이 메카로 이주한 후, 미친 듯이 물을 찾아다닌 것을 기리기 위한 것이며, 양을 바치는 것은 아브라함이 신의 명령에 따라 이스마일(무슬림은 이삭이 아니었다고 믿는다)을 희생으로 바치려 했던 사실을 기리기 위한 것이다. 이 양을 희생으로 바치는 풍습이 이슬람의 2대 축제 가운데 하나인 희생제(Eid al-Adha)를 탄생시켰다.

모든 무슬림은 매년 하주의 달(이슬람력 제12월)에 카바신전 부근 또는 메카 북동쪽 교외에서 열리는 대제(大祭)에 적어도 일생에 한 번은 참가할 의무가 있다. 능력이 없는 자는 하주를 못해도 죄가 되지 않는다고 하며, 해에 따라 일정하지는 않으나 현재도 매년 약 20만 명에 달하는 신도가 하주에 참가하고 있다. 메카 다음가는 성지는 메디나에 있는 마호메트 묘를 중심으로 하는 지역, 예루살렘의 여러 성적(聖蹟) 등이 있으며, 또 시아파(派)의 무슬림은 알리의 묘(廟)가 있는 나자프, 알리의 아들 후세인의 묘가 있는 카르발라, 이란 동부의 마슈하드 등을 순례하는 사람도 많다. 역사를 통해 순례의식은 무슬림을 단결하게 하였고, 그들 사이의 인종적, 언어적, 그리고 정치적 장벽을 허무는데 기여했다.

〈표 5〉 이슬람교의 오행(五行) : 다섯 가지 지켜야 할 행동

① 신앙고백	"알라 외에 신은 없다. 무하마드는 그의 사도이다'라고 외침.
② 예배	예배는 하루 5회(해뜨기 전, 정오, 오후, 일몰 후, 밤) 행하며 금요일에는 집단예배.
③ 희사(喜捨)	일정 이상의 재산 등에 과해진 구빈세, 종교세 등으로 가난한 사람이나 고아 등을 위해 쓰임.
④ 단식(斷食)	이슬람력(曆) 제9월(라마단 월)에 일출부터 일몰까지 단식.
⑤ 성지순례 (聖地巡禮)	이슬람력(曆) 제12월에 신관인 메카의 카바신전(神殿) 등의 성지순례를 하는 것으로 무슬림은 일생에 한번은 해야 하는 의무.

3) 이슬람교의 주요 종파 : 순니파와 시아파

이슬람에는 교리가 상반되는 200여 개의 종파가 있다. 무함마드의 후계자를 칼리프(Caliph)라고 하는데, 후계자 계승에 관한 문제로 이슬람 세계에 분열이 일어났다. 권력 투쟁은 후계자를 선출하는 방법에 있어서 분쟁으로 발전하였다. 즉, 무함마드의 외동딸 파티마(Fatima)의 남편인 알리(Ali)의 가계 혈통에서 칼리프가 계승되어야 한다는 주장과 칼리프는 선거 제도에 의해서 선출되어야 한다는 주장으로 양분된 것이다. 이 분쟁에 의해서 순니파, 쉬아파, 수피파 등의 종파 분열이 일어났다.

그 중 주류는 순니파이다. 전 세계 무슬림의 83% 이상이 순니파에 속한다. 그 외에는 16%의 시아파와 시아파와 순니파에 섞여 있는 수피파 그리고 여러가지 종파들이 존재한다.

(1) 순니파(Sunnites)

순니파(Sunnites)라는 말의 의미는 무슬림 공동체 즉 움마의 "순나"(sunnah 관행)를 추종하는 사람들("선지자의 도를 따르는 자들")이라는 뜻이다. 오늘날 이슬람교도의 대부분이 순니파에 속하며 가장 고전적인 종파로서 무슬림 인구의 80%를 차지하며 사우디아라비아가 대표적이다. 순니파에서는 꾸란(Qu"ranm Korea), 순나

(Sunna: 무함마드의 생애와 교훈), 하디스(Hadith, 전승들과 순나의 해석, 주석)에 표현된 모든 내용들을 다 수용하고 이슬람교의 네 개의 기본적 율법(토라, 수으읍, 자부르, 인질) 샤리하(Shariha)를 인정하고 있다. 샤리하는 꾸란, 하디스, 이즈마(Ijma: 이슬람 공동체의 동의), 쿠야스(Q"yas: 분석적 추리)로 구성되어 있다. 4대 법학파(하나피 · 말리키 · 샤피이 · 한발리)로 나뉜다.

(2) 시아파(Shites)

시아파(Shia)는 이슬람교에서 순니파 다음으로 두 번째로 큰 종파로 전체 이슬람교 신자의 10-20%가 속해 있다. 시아파(Shia)는 빼앗긴 칼리파 자리를 살해당한 알리 가문에 되돌려주려는 운동으로써 시작된 것이다. 시아는 '쉬아 알리(Shia Ali)' 즉 '알리를 따르는 사람들'에서 나온 명칭이다.

소수 종파로서 정통파로부터 이단이라 하여 수난을 가장 심하게 받고 있다. 이란과 이라크에서는 이 종파 교도들이 1년에 한 번씩 예수의 십자가 고난을 연상케 하는 고행을 하고 있다. 이 종파는 제 4대 칼리프(Caliph) 무함마드의 사위 알리(Ali)가 스스로 무함마드의 후계자라고 주장하던 무아위야(Muawiya)에게 암살당한 사건이 계기가 되어 시작되었다. 알리의 지지자들은 무함마드의 직계 후손만이 이슬람 최고 지도자의 정통성이 있으며 그들에게만 통치권이 주어져야 한다고 믿었다. 그러므로 쉬아파는 곧 알리파이며 혈통주의라는 특징이 있다. 알리파의 모든 혈통적 지도자들은 이맘마디(Imam Mahdi)로서 "거룩한 자들"이라고 존경받으며 초자연적 인도를 받는 알라의 특별한 영적 지도자라고 한다.

시아파의 중심은 페르시아(이란)이며, 총수는 호메이니(Ayatollah Khoumeni)이다. 아프리카 일부 지역에도 시아파가 있다.

시아파와 순니파의 큰 차이 중 하나는 '이맘'이라는 인도자의 존재. 순니가 말하는 이맘은, 꾸란을 독경하고 예배를 인도하는 정도의 사람을 가리킨다(전통적으로 이슬람은 신과 인간 사이의 중재자, 즉 '성직자'를 인정치 않으며 모든 신도가 직접 신앙의 힘으로 신과 소통할 수 있다고 믿는다). 그러나 시아파의 이맘은 알리와 후세인의 후계자, 꾸란의 신비를 밝혀주어 신도들을 빛과 은총으로 이끄는 사람으로 격상됐다. 이란의 아야툴라 루홀라 호메이니와 그 뒤를 이은 최고 종교지도자 알라 하메네이 같은 이들이 가장 최고위급의 이맘들이다.

(3) 수피(Sufi) 사상

수피파는 이슬람교의 신비주의. 미시시즘의 종파인데, 보편적으로 매우 널리 알려져 있다. 수피즘은 종교라기보다는 철학, 사상에 가깝다. 현대 서구문명에도 많은 영향을 미친 수피즘은 금욕적인 자기수양을 높이 평가하고 있다. 이슬람의 정통 노선인 순니파에 대한 반발로 일어났는데 환상, 치유, 기도에 치중하고 알라신과 신비적 연합(mystical union) 관계에서 하나가 되는 것을 목표로 한다. 춤이나 마약 등 환각적이고 쾌락적인 것으로 영성 훈련을 함으로써, 이 종파는 이슬람 종교를 넓게 확산시키는 데 가장 큰 공헌을 하였다. 금욕주의, 거룩주의, 율법주의 등을 함께 강조하기 때문에 순니파나 시아파 교도들 중에도 내면적으로는 수퓌파 노선을 따르는 자가 상당히 많다고 한다.

수피파는 민속 이슬람 사상과 신비주의 사상이 결합되어 이슬람 문화의 꽃을 피웠다. 그들은 무함마드를 신격화하고, 점성. 마술을 인정하고, 부적을 사용하며, 알라의 9가지 이름을 외우면 굉장한 신비의 힘이 솟아난다고 믿는다. 그들은 인도나 파키스탄, 인도네시아, 말레이시아, 필리핀 등 주로 아시아 지역으로 진출하였으며, 힌두교. 불교에도 적지 않은 영향을 미쳤다.

교세는 날로 발전을 계속하고 있으며, 신도 수는 약 8억 8,000만에 이른다고 한다. 발상지인 아라비아는 약 1억 6000만, 파키스탄과 인도가 약 2억, 아프리카가 약 2억 6,000만, 인도네시아가 약 1억 5,000만, 중앙아시아 3,000만, 중국이 2,500만 이상이라 한다. 불교와 크리스트교 문화 속에 살아 온 한국인에게는 낯선 이슬람교가 1955년 6.25 전쟁 때 유엔군으로 참전하였던 터키 부대의 압둘라호만 종군이맘(성직자)에 의해서 처음으로 포교가 시작되었다.[17]

4) 이슬람 원리주의(原理主義, Islamic fundamentalism)

(1) 이슬람원리주의 의미

이슬람 원리주의는 이슬람교에서 꾸란의 가르침에 따라 원래의 이슬람 정신으로 돌아가자는 운동. 이슬람 교리를 정치 · 사회 질서의 기본으로 삼아 이슬람교의 원

17) http://cafe.daum.net/noor122/D0fz/34?doci(검색 ; 2012.03.06)

점으로 돌아갈 것을 주장하는 이슬람화 운동을 말한다. 이것은 이슬람 사회가 서양 사회에 예속된 원인을 이슬람교의 타락에서 비롯됐다고 보고, 초기 이슬람의 순결한 정신과 엄격한 도덕으로 돌아감으로써 이슬람사회가 재생할 수 있다는 것이다.

원리주의'란 용어는 이슬람 세계에서는 없다. 이 용어는 1920년 미국에서 일어난 과격한 기독교 복음주의자들의 극단적인 세속화 반대운동에 처음 붙여진 것이다. 이런 맥락에서 '이슬람 원리주의'라는 단어는 1940년대 서구식 정치질서와 세속주의에 반대하는 일체의 이슬람 운동에 대해 서방세계가 일방적으로 붙인 용어라 할 수 있다. 이슬람권에서는 서구의 가치체계에 대항해 이슬람 정신에 입각한 새로운 질서를 창출하고자 하는 일련의 움직임을 '이슬람 부흥운동' '이슬람 개혁운동' '이슬람 자각운동' 등으로 표현한다. 이런 움직임은 오랜 역사적 배경을 가지고 있으며 정신적 가치의 존중, 코란과 하디스(무함마드의 언행록)에 철저히 근거한 이슬람식 삶의 확립이라는 대전제 하에 줄기차게 지속되어왔다. 그러던 중 아랍과 아시아를 중심으로 하는 대부분의 이슬람 국가들이 서구 열강의 식민지 지배를 경험하면서 19세기말~20세기 초에 걸쳐 종교적 민족주의 형태로 본격적으로 발아되었다.

그것도 중세의 찬연했던 이슬람문화를 회상하며 이슬람 세계가 서구에 대항하기 위해서는 앞선 과학과 기술의 습득을 받아들이되 이슬람 정신의 강화와 이슬람식 사회체제를 세워야 한다는 이념적이고 개혁적인 주장이었다.

그러나 이러한 사상은 이슬람 각국의 내부사정으로 인해 현실정치에 뿌리내리는 데 많은 어려움을 겪고 있다. 일부 독재정권 하에서는 심한 탄압을 받고 있으며 이슬람 운동주의자들은 이러한 독재정권과 이들을 지원하는 서구세력에 대항하기 위해 조직화했다. 이들 중 극히 일부가 서구의 끊임없는 경제적 착취와 이슬람 가치체계에 대한 침탈에 극단적으로 반응하면서 과격주의와 폭력주의가 생성되었으나 이들은 대다수 이슬람 국가들에게는 지지를 받지 못하고 있다. 뉴욕 월드 트레이드 센터 테러 사건 이후 사우디아라비아 등 중심으로 UAE등 아랍산유국들이 아프가니스탄의 탈레반 정권과의 단교를 서둘러 선언한 것이 좋은 예이나 일반 국민의 정서 속에 미국에 대한 부정적 인식은 쉽게 지워지지 않을 것이다.[18)]

18) http://www.islamjeju.or.kr/knowledge_9.htm

(2) 명칭의 유래

원리주의자(Fundamentalist)라는 용어는, 1920년 미국에서 복음주의자들 가운데 과격한 일파를 지칭한데서 처음 사용되었다. 이들은 제 1차 세계대전 후에 일어난 미국의 신교파의 일파로서 성경의 창조설을 확신하고 진화설을 전적으로 배격하였는데, 성경을 복음이자 유일한 권위서로 믿고 신앙생활에 몰두하였다.

1940년대에 들어와서 과격한 회교도를 이슬람 원리주의자(Islamic Fundamentalist) 라고 부르기 시작했다. 따라서 이 용어는 소위 이슬람 원리주의자들 자신이 스스로 이름 붙인 것이 아니고, 어디까지나 非이슬람세계, 특히 영어권에서 이들에게 붙여준 이름이다. 이외에도 이슬람 급진주의자(Islamic Radicalists), 이슬람 개혁주의자(Islamic Reformist) 등으로 불리기도 한다. 그러나 이슬람 원리주의(Islamic Fundamentalism)는 정작 무슬림세계에서는 아랍어로 우술리야(usuliyyah)라는 한 단어로 번역하고 있으며, 요즈음 이슬람 원리주의자들은 자신들의 운동을 이슬람 부흥운동(nahdah; 부흥, 재생)이라는 이름으로 불리는 것을 더 선호하고 있다.

(3) 기원

이슬람 원리주의 운동은 전통적 이슬람이 부패무능하여 무슬림 사회가 쇠퇴, 몰락하자, 이를 재생, 부흥해야 하겠다는 개혁차원에서 18세기 중엽에 무슬림들이 자발적으로 시작했다. 그러나 곧 구미열강의 중동 진출 이후 외압에 적절히 대응하지 못하고 무슬림 국가 대부분이 구미열강의 식민지, 반식민지 또는 그 영향권에 들어가 사회적 파탄을 가져오게 되자 이 운동은 더욱 강화되었다. 물론 그 구호는 본래의 이슬람정신으로 돌아가는 것으로, 즉 이슬람의 원점인 코란에서 해결방안을 찾자는 것이다. 따라서 이슬람 원리주의는 역시 이슬람 역사상 유사한 운동과 마찬가지로 '본래(처음의 기본정신)로 돌아가는 것'과 '시대적 상황의 요청'을 조화시키고자 애쓰고 있다. 또한 그 현상도 시대의 변화에 따라 부흥주의, 개혁주의 및 급진주의적 특성을 지니고 있으며, 시대적으로는 18세기 이후에 등장하여 오늘날에 이르기까지 생동하고 있다.

(4) 등장배경

7세기 초 아라비아 반도의 메카에서 이슬람교가 탄생한 이래 오늘날까지 이슬람 세계를 지배해온 것은 전통적 이슬람(Traditional Islam)이며, 이는 역사나 정치에 있어서 이슬람의 주된 흐름이었다. 종교적인 신앙을 초월해서 '전통적 이슬람'은 사회질서이며 인생철학이고, 경제원리 체계인 동시에 또 통치방법인 것이다. 이슬람은 개인을 위한 종교일 뿐 아니라 공동체를 위한 것이다. 이슬람을 공동문화유산으로 생각하는 아랍인들은 지난날의 위대한 이슬람 문화를 창조하였다. 그러나 19세기에 들어와 이슬람 세계는 구조적 성격을 띤 위기를 맞는다. 새로 혁신된 서구의 과학, 기술, 사상제도와 맞부딪힌 이슬람 세계는 일찍이 경험하지 못했던 심각한 도전을 받고, 생각하지도 못했던 패배를 맛보게 된 것이다. 과학·기술적인 개혁의 필요성은 인정하면서도, 무슬림들은 이슬람 문화가 기독교나 유럽문화보다 본질적으로 우수하다고 확신하고 있었기에. 이슬람 세계의 참상을 확인하고 이를 구제하기 위해서는 이슬람 초기의 순수정신으로 돌아가야 한다고 주장하였다. 그러나 이러한 부르짖음에도 불구하고 오늘날 아랍사회는 안팎으로 공격을 받고 있다. 이슬람의 후진성은 서구사회와 비교해볼 때 두드러진 것이며, 서구열강과 내부갈등을 심각하게 겪고 있다. 아랍인들이 꿈꾸는 신이 원하는 이상적인 공동체는 실현되지 못한 채 외부의 문화가 아랍사회의 이슬람 문화보다 우세한 것을 보면서, 아랍인들의 감정은 민감해졌다. 이 민감성이 아랍 민족주의로 변신하고, 이어서 강력한 아랍 민족주의는 이슬람 근본주의로 변신한 것이다. 사실 1960년대만 해도 국제무대에서 이슬람의 영향은 미미했으며, 이슬람은 외면당하고 있다고 전문가들이 지적할 정도였다. 그러나 1970년대에 들어서면서 이슬람 복고주의의 영향을 받은 무슬림들이 이슬람을 부르짖기 시작하였다. 그 후 중동의 여러 지역에서 이슬람 원리주의가 강화되면서 리비아와 파키스탄에서 이슬람법이 강화 적용되고, 이집트와 터키에서 과격단체들이 출현하며, 1979년 이란의 호메이니가 이슬람 혁명을 성공시키는 등 이슬람 원리주의 활동은 세력을 확장하고 활동의 절정을 이루게 된다.

(5) 이슬람 원리주의자들의 반미감정

아시아, 아프리카의 대부분의 나라와 마찬가지로 이슬람 세계의 국가들은 서구 제국주의 세력의 식민지로 오랜 세월 고통을 받아왔다. 현재 대부분 정치적으로 독립했다고는 하지만 경제적으로 예속되어 사실상 식민지나 다름없다 할 수 있다. 서구의 자본은 이들 국가들의 경제를 휘어잡고 있고, 이집트나 사우디 등 주요 아랍국의 정권은 친미적 성향을 띄고 이슬람적 주체성을 잃어가고 있다. 대부분의 이들 국가들 모두 내부로 부정부패가 매우 심하며, 이슬람원리주의가 내세우는 외세 배격에 정면으로 충돌하기 때문에 많은 회교도들에게 지탄받고 있는 정권이 대다수이다. 때문에 사우디의 경우 내부에서는 왕조를 갈아 치워야 한다는 여론이 형성되고 있다. 실례로 사우디는 지난 10년간 GDP가 예전의 10%대로 떨어지는 등 유례없는 경제난을 겪고 있는데 그 이유 중 하나가 미국을 비롯한 서방 국가들의 압력 덕분에 필요만 만큼 유가를 올리지 못하고, 많은 유전을 서구의 석유 메이저 업체들이 쥐고 있어 석유를 캐내도 자국에는 별로 이득을 보지 못하고 있기 때문이다. 이러한 경제적 침탈이 이슬람권 주민들이 서방 세계를 미워하는 주요 이유입니다. 또한 문화석 이질성과 서구의 대표적 종교인 기독교 등이 그 동안의 아랍권의 문화와 정면으로 충돌해 대립하는 문화적인 요인이 두 번 째 이유이다.

마지막으로 미국의 침략 정책을 원인으로 들 수 있는데, 일반적으로 약자는 비정규전을 통해 강자에 저항하게 되어 있는데, 현재 서방 세계는 독립을 위한 이슬람권의 투쟁을 테러리즘이라 일방적으로 규정하고 비난하고 있다. 미국은 테러와의 전쟁이라는 명분하에 아프가니스탄을 초토화시켜 수만의 사상자와 그 몇 배의 난민을 만들었고, 대량살상무기척결이라는 미명하에 이라크를 쑥밭으로 만들어 지금의 혼란을 초래했다. 이와 같이 아랍민족에게 반 서구적·반 제국주의적 사상을 싹트게 하고, 이슬람 원리주의자들의 세력 확장을 야기한 상세한 동기와 배경은 다음과 같다.

① 아랍국가들의 경제사정이 나빠졌기 때문이다.

서구화로 인한 개발계획들은 기대만큼의 성공을 거두지 못하였고, 공업화는 농업을 부진하게 만들어 많은 농민들이 도시로 이동하여 도시의 거대한 하류계층을 형성하였다. 이들은 이슬람 속에서 새로운 세계관과 사회적인 결속을 모색하게 되었다.

② 고유문화의 황폐화 때문이다.

근대화를 추진하면서 서구의 물질문화와 세속문화가 아랍 고유의 문화를 황폐화 시켰고, 결국 천년 이상 내려온 무슬림들의 주체성이 위협을 받게 되었다.

③ 이슬람 원리주의의 득세는 교육적인 요인 때문이다.

서구의 식민지 교육은 이슬람을 외면하거나 무시하였으나, 독립 이후 무슬림의 교육에 있어 종교는 다시 주요 부분이 되었다.

④ 이슬람 원리주의가 하나의 정치적 대안으로 등장했기 때문이다.

예를 들어 이집트의 경우, 1960년대 나세르의 사회주의 노선과 1970년대 사다트의 서구화 정책이 이집트의 근본적인 문제들을 해결하지 못하였다. 따라서 점점 더 많은 수의 아랍인들은 이슬람만이 가장 자연스러운 대안이 될 수 있다고 믿게 되었다.

⑤ 이스라엘의 건국으로 인한 반(反)이스라엘·반(反)서구 감정 때문이다.

아랍인들은 이스라엘의 존재는 서방의 농간으로 완성된 작품으로 생각한다. 또한 팔레스타인 문제도 서방에 의해 불안정하고 위험한 상태로 아랍세계에 내재하게 되었다고 여긴다.

⑥ 서구식 경제 · 정치 제도에 대한 불신 때문이다.

대다수의 이슬람 국가들에게 서구식 경제방식은 가난을 가져왔으며, 서구식 정치제도는 독재를 가져왔고, 심지어 서구식 전쟁은 패배를 가져왔다고 믿으며, 때문에 많은 사람들이 이슬람의 방식을 최선이라고 믿는다. 그러므로 무슬림은 그들을 구원해 줄 유일한 길은 알라가 국민에게 제시한 '진리의 길'이라고 믿는다.

⑦ 근대사에서 당한 쓰라린 식민통치경험 때문이다.

아랍민족의 근대정치사는 피식민지 정치사의 쓰라린 경험이다. 그들은 오늘날 이슬람세계를 분열시키고 타락시킨 장본인은 서구의 제국주의이며, 서구 제국주의에 저항하는 것은 바로 이슬람의 수호라고 믿고 있다. 이는 이슬람 원리주의에 더욱 접근하는 것으로서 서구지역과 거기에 속한 사람들을 '알라의 적'으로 규정하는 것이기도 하다. 예를 들어 미국은 대적, 악마의 화신이며, 모든 선의 표상인 이슬람의 극악무도한 적이라고 여기는 것이다.

(6) 개혁적 이슬람원리주의

와하비운동과 같은 부흥적 성향의 운동은 이슬람공동체 내부의 모순에서 나온 것으로 서유럽열강과 그 문화의 중동침투는 단순히 촉진제 역할을 한 것에 불과하였다. 그러나 19세기 초 오스만터키의 개혁운동은 프랑스원정군이 불과 일주일만에 이집트를 점령하자 그 반응으로 등장하게 되었다. 이 시기의 개혁은 이슬람의 정치체계를 건전한 것으로 보았기 때문에 제국의 기존질서를 유지한 상태에서 군사적, 기술적 분야에 한하여 개혁을 실시하여 그 한계를 드러냈다. 이에 따라 서구식 방법으로 이슬람을 재해석하고 발전시키려는 시도가 나타났다. 즉, 헌정체제 도입과 함께 실시된 탄지마트 운동이 그것이다. 그러나 이것은 민주정치의 미숙으로 政情만 혼란하게 하였다. 이러한 개혁들이 실패로 돌아가자 이슬람 원리주의자들이 등장하여 개혁주의자들에 대한 비판을 하기 시작하였다. 이들의 주장은 유럽의 물질문명은 받아들이되 이슬람 고유의 신학과 사상에 바탕을 둔 정치, 사회체제로 돌아가야 된다는 것이었다. 20세기 전반기, 위와 같은 부흥적, 개혁적 원리주의 운동을 계승, 발전시켜 현대적의미의 개혁운동을 대중적 바탕위에서 본격적으로 추진한 것은 하산 알 반나에 의해 조직된 무슬림형제단이었다. 무슬림형제단은 도덕과 윤리의 틀로 이집트인을 이슬람 정신으로 교화하려고 하였다.

(7) 이슬람원리주의의 폭력화 배경

1950년대와 60년대는 아랍민족주의의 전성기라 할 수 있다. 이집트에서 1952년 군사쿠데타로 나셀이 혜성처럼 나타나 아랍민족주의를 내세우자 그 영향으로 주변아랍국가에도 큰 변화가 계속되어 이라크, 리비아, 튀니지, 알제리, 시리아 등에 민족주의자 정권이 들어섰다. 이 나라들의 국체는 대체로 공화국이었고 지금까지 민족주의자들의 정권이 지속되고 있다. 이슬람 원리주의자들은 더 강력한 민족주의자들임에 틀림이 없다. 단지 그들은 이슬람을 탈피하지 않고 오히려 이념으로 삼고 있는 점에서 민족주의자들과 대립되어 현재 중동각국에서 서로 충돌하고 있는 것이다. 이 충돌은 먼저 아랍 민족주의자들의 장기집권과 부패에 있다. 또 국제적으로 1980년대와 90년대의 미국의 경제력 약화, 소련과 공산권의 와해로 이슬람 원리주의자들이 전통적 가치관인 이슬람에서 새로운 진로를 찾게 된 것이다. 그러나 무엇보다 원리주의자들이 정치투쟁에 나서게 된 직접적 원인은 이슬람 세계의 후진성 탈피와 민족주의자들이 내세운 거창한 공약의 실현불가능이 1990년대 들어와서 명백하게 들어났기 때문이다.

(8) 이슬람원리주의 운동의 현황과 그 목표

오늘날 이슬람 원리주의운동의 특색은 전통적 이슬람 쇄신운동에다 서유럽에서 유래된 국민국가 개념을 접목시킨데 있다. 그리고 이 운동은 실제 각국에서 구체적 운동의 당면과제는 정권쟁취에 있다. 한편 한 이슬람국가에서 이슬람원리주의자들의 정권장악은 다른 이슬람국가의 원리주의자들을 고무하는 효과가 크다. 이란의 이슬람혁명은 1980년대 이슬람세계 도처에 현대 이슬람 국민국가주의자들에게 표본이 되었다. 또 수단의 이슬람정권 수립은 1990년대에 다른 이슬람국가에 그 영향력을 발휘하고 있다. 다른 중동국가에서도 이슬람 정치세력은 전국적 또는 지역적 규모로 세인의 관심사가 되고 있다. 알제리는 1992년 총선에서 이슬람구국전선이 집권당인 민족해방전선을 누리고 대승하였으나 군의 개입으로 총선이 무효화된 후 정국이 불안한 상태이다. 튀니지에서는 나흐다 운동이 반정부활동을 고무하고 있다. 요르단에서는 총선에서 제1야당이 되었으며, 시리아에서는 원리주의자들이 반정부투쟁을 하고 있다. 사우디아라비아, 쿠웨이트를 비롯한 걸프지역의 아랍국가에서는 현재 국가차원의 이슬람문화와 정서가 지배적이고 또 이슬람법이 시행되고 있어도 그 정권이 구태의연하게 전제적이어서 민주주의적 성향의 이슬람 원리주의자들이 상황전환을 모색하고 있다. 이집트의 민족주의자와 원리주의자들 간의 애증관계는 1952년에서 1981년 사다트의 암살까지 약 30년간 지속되었다. 결국 집권 민족세력의 이슬람적 색체가 원리주의자의 욕구만큼 충족되지 않자

1980년대에 들어와서 일부 극단파의 활동은 폭력화되었다. 그러나 일부 무슬림형제단 세력은 상대적으로 온건화되기도 하였다. 한편 이슬람혁명의 진원지 이란에서는 호메이니 사망 후 온건적인 대통령(랍산자니, 하타미)이 당선되어 현재까지 실용주의 노선을 걷고 있다. 오늘날 원리주의자들의 활동은 전 이슬람영역에 그 세력을 확장하고 있으나 통일된 지도부가 없으며 또 그 목표도 각국의 사정에 따라 다양하여 일치점이 결여되어 있다. 원리주의자들은 토착민족주의자들이어서 극단적 일부는 매우 작은 단위의 인종, 또는 지엽단체에 충성을 하고 있으며 또 다른 극단파는 세계적 규모의 범 이슬람국가의 창설을 지지하고 있다.[19)]

5) 이슬람 관련 용어

- 이슬람(Islam) : 무슬림의 종교. 이슬람은 순종, 평화를 뜻하며 유일신을 믿고 그의 뜻에 완전히 순종, 복종하는 종교임.
- 무함마드(571년경~632년6.8) : 이슬람의 예언자이며 창시자이다. 흔히 마호메트, 모함메드(Mohammed, Muhammad, Mahomet)라고 하는데 이는 무함마드를 영어로 쓴 것이다.
- 아랍(Arab) : 아랍은 중동 또는 북아프리카의 사람을 말할 때 쓰인다. 흔히 아랍과 이슬람을 동일 의미로 보는 경우가 많지만 아랍은 '종족적'인 개념이고 이슬람은 '종교적'인 개념이다. 아랍인은 아랍어를 모국어로 사용하고 대다수가 이슬람교를 믿고 있다. 아랍인 중에는 기독교를 믿는 소수도 있다. 기독교를 믿는 아랍인도 아랍인 범주에 속한다. 전 세계 16억 이슬람세계 가운데 아랍인은 30% 미만에 불과하고 나머지 70%는 아시아국가에 더 많이 분포한다.
- 모스크(Mosque) : 무슬림이 알라를 예배하는 장소.
- 무슬림(Muslim) : 이슬람을 따르는 사람. 이슬람교도
- 꾸란(Quran) : 이슬람의 경전(영어식으로는 코란). 마호메트가 612년 경 유일신 알라의 계시를 받은 뒤부터 632년 사망까지의 계시 · 설교를 집대성한 것.
- 라마단(Ramdan) : 이슬람의 9번째 달로서 아랍어로 '더운 달'을 뜻하는데, '꾸

19) http://bbs3.worldn.media.daum.net/griffin/do/country/bbs(검색: 2015.11.22)

란'이 내려진 신성한 달로 여겨 무슬림은 한 달 동안 일출에서 일몰까지 금식하며 기도한다.

- 알라 : 이슬람교의 유일신.
- 순나(Sunnah) : 이슬람교의 전통적 습관 또는 규범으로 무하메드의 가르침과 말로 전해오는 가르침을 기록한 것. '코란'성립 이전에 신도들의 생활규범을 지도 및 규제하는 하나의 불문율이었으며, 경전성립 후에는 이슬람법의 기본을 이루는 제2의 법원(法源)이 됨.
- 샤리아(Sharia) : 코란과 순나(Sunnah)가 포함된 이슬람 법률. 법의 원천으로는 꾸란, 하디쓰, 끼야스 및 이즈마가 있음
- 메카(Makkah) : 사우디아라비아에 있는 이슬람 3대 성지 중의 하나로 무하메드가 출생한 곳으로 이슬람교에서 가장 성스럽게 여기는 곳이다. 제2의 성지는 메디나의 예언자 성전이며, 세 번째 성지는 마호메트가 승천한 장소로 알려진 예루살렘이다.(메카 대참사 : 1987년 7월31일 이슬람교도 최대 성지인 사우디아라비아 서부 연안의 메카에서 일어난 이란 순례단과 사우디아라비아 관헌 간의 유혈충돌 사건. 사우디아라비아 내무부 발표에 의하면 402명(이란인 275명, 사우디아라비아인 85명, 기타 42명)이 죽고, 649명이 중경상을 입었다고 한다.
- 하디스 : 이슬람교의 예언자 무함마드의 언행(言行:순나)의 전승(傳承)
- 하지(Hajj) : 이슬람력 12월10일을 전후로 이슬람 최고 성지인 메카를 방문 및 순례하는 일로, 모슬렘이라면 일생에 한번 이상 참여하는 것이 의무다. 순례일정도 엄격히 정해져 있어 정해진 때 정해진 방법으로 순례해야 한다. '카바'(예배의 방향을 정하는 직사각형의 검은 돌을 모신 이슬람 신전)를 일곱 번 돈다든가, 검은 돌에 입 맞추는 행위, '잠잠'이란 샘물을 마시고 악마를 상징하는 돌에 돌멩이를 던지는 행위 등은 이슬람 발생 이전의 아랍 관습이 반영된 것으로 보인다.
- 히즈라(Hijrah) : 서기 622년 9월 메카에서 메디나로 이주(이슬람력)
- 움마(Ummah) : 이슬람교의 신앙공동체. 즉 이슬람공동체를 뜻한다. 현대 아라비아어에서는 '민족' '국가'의 뜻으로도 쓰인다.

- 이맘 : 이슬람교 교단 조직의 지도자를 가리키는 하나의 직명. 승인된 규범이나 순나의 시발자. 순니에서는 예배 인도자, 시아에서는 가장 고결하고도 절대적인 존
- 이슬람력(Islamic calendar) : 이슬람교국의 正曆. 회교력·무함마드력이라고도 한다. 순태음력으로 1년은 12개월이고, 그 중 11개월은 서로 교대로 30일의 달(6회)과 29일의 달(5회)인데, 12월만은 29일 또는 30일의 어느 쪽이 된다.
- 이슬람 원리주의(Islamic fundamentalism) : 이슬람교에서 꾸란의 가르침에 따라 원래의 이슬람 정신으로 돌아가자는 운동. 이슬람 교리를 정치·사회 질서의 기본으로 삼아 이슬람교의 원점으로 돌아갈 것을 주장하는 이슬람화 운동을 말한다.
- 자카트 : 이슬람법에서의 구빈세(救貧稅). 또는 희사 행위를 의미한다.
- 시아파와 수니파 : 수니파는 코란 해석에 있어 마호메트의 언행인 '수나'(Sunna)를 이상으로 삼는 종파로 이슬람의 정통파로 인정되고 있으며 이슬람권의 90% 가량을 차지한다. 사우디아라비아, 이라크 등 대부분 국가들이 수니파 이슬람 국가다. 마호메트에게는 아들이 없었기 때문에 그가 죽은 후 후계를 둘러싸고 대립이 시작되면서 시아파가 생겨났다. 수니파는 마호메트의 후계자를 정통 칼리프와 세습 칼리프, 즉 역대 칼리프왕조의 칼리프로 보는데 반하여, 시아파는 마호메트의 사위 알리(제4대 칼리프)만을 정통 칼리프로 보고, 그 후계자들을 이맘(종교지도자)으로 보았다. 시아파는 이란을 중심으로 일어났으며 오늘날에도 이란은 대표적인 시아파 이슬람 국가다. 수니파와 시아파 외에도 이슬람교는 수십 개의 크고 작은 분파가 있다.
- 탈레반(Taliban) : 현재 아프가니스탄을 실질적으로 장악하고 있는 이슬람교 원리주의에 입각한 세력이다. 탈레반은 아랍어로 '학생' 또는 '구도자'를 뜻한다. 파키스탄의 아프가니스탄 난민촌에 설립된 이슬람 신학교 출신들이 주축을 이루고 있으며 1989년 옛 소련군이 철수한 뒤 세력을 확장해 1994년 말부터 신흥 세력으로 급부상했다. 99년에는 아프가니스탄의 90%를 장악했으나 국제적으로는 합법적인 정부로 인정받지 못하고 있다. 창설자이자 최고 지도자인 모하마드 오마르는 무자헤딘 출신 전사라는 사실 외에는 알려진 것이 거의 없는

베일에 싸인 인물이다.

- 지하드(Jihad) : 지하드는 원래 '분투하다' '노력하다'의 뜻인데 아랍어로 '성전(聖戰, Holly War)'을 뜻하며 서방국가 및 타종교에 대항하여 무장투쟁 벌이는 성스러운 전쟁이라는 의미를 나타낸다. 최근에는 반드시 공격적 성격만 띠는 것은 아니고 평화를 갈망하는 이슬람교도가 위기에 처하여 부득이 싸움을 하지 않으면 안 되는 방위적 성격의 것으로 보고 있다. '지하드'는 반드시 무력에만 의존하지 않고, 마음에 의한, 펜(논설)에 의한, 지배에 의한, 그리고 또 검에 의한 4종의 지하드로 나뉜다. 오늘날에는 무력에 의한 지하드는 현실적으로 불가능하며 '펜에 의한' 평화적 전투가 강조되고 있다. 그러나 성년이 된 모든 남자 이슬람교도는 지하드에 참가할 의무가 있다고 이슬람법에 규정되어 있는데, 참가자에게는 전리품의 분배가, 순교자에게는 천국이 약속된다. 지하드란 기치를 내걸고 많은 이슬람 단체들이 이란, 팔레스타인, 레바논, 아프가니스탄 등지에서 이스라엘, 러시아 등 서방국가에 대항하여 무장투쟁을 벌이고 있다. 대부분의 단체가 게릴라전을 수행하며 일부는 테러활동을 전개하기도 한다. 일부단체들은 자신을 '이슬람 지하드'라고 부른다. 서방에서 모슬렘들을 부정적으로 바라보는 또 하나의 이유는 지하드(Jihad) 때문이다. 코란에서는 지하드에 대해 자기 자신을 정복하고 유혹을 자제하는 것, 욕심을 버리고 사랑을 베푸는 것, 알라의 적에 대항하여 자신과 재산을 바쳐 이슬람이 승리하도록 하는 것으로 다양하게 설명하지만 타 문화권 사람들에게는 아무래도 세 번째 의미가 가장 크게 다가온다. 이론상 지하드는 이슬람교가 박해를 받을 때 이를 방어하기 위한 것으로 국한되지만 과거에는 적극적인 정복전쟁의 양상을 띠었다. 이슬람교는 창시자인 마호메트 때부터 수많은 전투를 통해 전파되었다. 모슬렘들은 가는 곳곳마다 피정복민들에게 이슬람교로 개종하든가 아니면 이슬람 법률을 지키며 인두세와 토지세를 내도록 요구했다. 상대가 만약 두 가지 모두를 거절하면 지하드를 선포하고 철저히 응징했다. 이렇게 하여 '한 손에는 칼, 한 손에는 코란'이라는 말이 널리 퍼졌지만 엄밀히 말하자면 '칼, 코란, 또는 세금'이었다. 그러나 지하드의 기치를 내걸고 많은 이슬람교 단체들이 이란·팔레스타인·레바논·아프가니스탄 등지에서 이스라엘과

서방 국가 등에 대하여 게릴라전을 수행하며, 일부는 오사마 빈 라덴의 '알 카에다'처럼 테러 행위를 자행하기도 한다.

- 헤즈볼라(Hezbollah) : 레바논의 이슬람교 시아파(派) 무장단체 가운데 가장 규모가 크고 잘 알려진 무장 조직이다. 헤즈볼라는 아랍어로 '신(神)의 당(黨)'을 뜻한다. 이스라엘이 레바논을 2차 침공했던 1980년대 초에 형성됐다. 약 5000명의 게릴라 조직과 '세계피압박민기구' 등 7개 비밀결사조직을 거느리고 있다. 이란으로부터 재정지원을 받고 있으며 시리아 팔레스타인과도 좋은 관계를 유지하고 있다. 레바논으로 납치되었거나 피랍된 서방 인질들의 대부분은 이 단체가 억류하고 있는 것으로 알려져 있다.
- 하마스(Hamas) : 1987년 설립된 이스라엘에 대항하기 위한 목적으로 결성 된 팔레스타인의 대표적인 무장단체. 아랍어로 '열정'을 뜻하기도 하고 '이슬람 저항 운동'의 약자이기도 하다. 1993년 이스라엘과 팔레스타인해방기구(PLO) 사이에 맺은 평화협정을 결렬시키기 위해 일련의 자살테러 공격을 가해 유명해졌다. 이스라엘이 점령중인 팔레스타인 영토를 해방시켜 독립 국가를 건설하는 것이 목표. 최근 인티파다(무장봉기)에서 이스라엘에 대한 테러를 주도하고 있다.
- 알 카이다(al Qaida) : 9.11을 주도한 사우디아라비아 출신인 오사마 빈 라덴이 1988년에 설립한 테러단체. 철저한 점조직으로 운영돼 실체가 베일에 가려 있었으며1998년 탄자니아와 케냐 주재 미 대사관 폭탄 테러사건 재판이 최근 진행되면서 일부가 알려지기 시작했다.
- 무자헤딘(Mujahedin) : 아프가니스탄과 이란에서 활동하고 있는 이슬람 게릴라 조직. 아랍어로 '성전(聖戰)을 행하는 전사'를 뜻한다. 이란의 무자헤딘은 이슬람 사회주의 노선을 따르고 있으며 아야툴라 호메이니의 이슬람 혁명노선에 반대, 무장투쟁을 벌였다. 걸프전쟁 이후에는 이라크의 지원을 받아 이란 정부군과 공방을 계속하고 있다.

6. 중동테러리즘의 특징과 전망

중동테러리즘은 이슬람 원리주의에서 정치·이념적 측면을 강조하는 세력들의 영향을 받아 그 성향이 급진적이고 과격한 양상을 띠게 되었다. 그리고 과거 및 현재 중동지역에서 벌어지고 있는 상황이 미국과 서방세계가 이슬람세계를 위협하는 행위로 인식함에 따라 중동테러리즘을 구성하는 구성요원들이 자발적이고 자체적인 증식성향을 갖게 되었다. 이러한 자체증식성은 이슬람, 아랍이라는 공통분모만 있으면 전 세계 어느 곳에서도 테러를 자행할 수 있는 인적 네트워크와 조직의 전산망체계를 갖추게 하는 주요 요인으로 작용하였다. 그리고 인적네트워크와 조직의 전산망은 중동테러리즘이 세계를 무대로 활동할 수 있는 광역성을 확보하게 되었다.[20] 중동테러리즘의 특징으로는 크게 다음의 세 가지 면에서 살펴보고자 한다.

1) 대 이스라엘 투쟁

팔레스타인에서 유대인의 국가인 이스라엘과의 공존을 인정하지 않는 팔레스타인人이나 아랍인들이 이 지역에서 이스라엘을 몰아내고 팔레스타인人 국가를 세우려는 궁극적인 목표를 가지는 영토분쟁의 성향을 강하게 띠고 있으며 어떠한 대화나 타협도 부정하는 극단적인 성향을 띠고 있다.

2) 이슬람정권 수립

현 중동국가의 정권 전복을 통한 이슬람정권의 수립이다. 이것은 현재 혼란한 중동의 정치·사회구조를 이슬람정권수립으로 타파하려는 데서 나왔으나 기존 정부의 전복 및 새로운 정권을 건설하기 위해 이슬람과 테러를 정치적 수단으로 이용하려는 측면이 강하다.

---

20) 조상현, '중동지역 분쟁의 원인과 중동테러리즘 생성 배경에 관한 연구', 박사학위논문, 서울벤처정보대학원대학교, 2008, pp.277-279.

3) 반미, 반서방 투쟁 및 온건아랍정부 반대

이러한 목표는 현재 이슬람국가들의 정치·사회적 혼란과 낙후된 원인과 책임을 기독교 문화권인 서구와 미국에 두면서 또한 이 세력과 협력을 도모하는 온건아랍정부에 반대하는 특성을 띠고 있다. 이러한 목표를 가진 조직은 테러를 통해서 중동지역 국가들에게 작용하는 서구와 미국의 영향력을 감소시키려 하고 있다.

4) 자살테러의 일반화

중동테러리즘의 특성중 하나로 이슬람교의 종교적 특성으로 인한 자살테러의 일반화를 들 수 있다. 자살테러는 다른 지역의 테러리즘이나 비(非)종교집단의 전통적인 테러리즘과 가장 확연하게 구분되는 중동테러리즘의 보편화 됨 테러양상이자 특징이다. 이슬람의 지하드사상을 중심으로 테러리스트의 모든 행위를 종교적으로 순화하고 미화함으로써 테러조직들은 그들의 테러활동을 정당화하고 있다. 이러한 자살테러의 순교화는 테러리스트들이 그들의 목숨을 아끼지 않고 대규모의 테러가 가능하게 하고 있어 더욱 엄청난 피해를 가져오고 있다.

이상의 원인과 같이 중동지역은 인종, 문화, 종교, 언어 등 다양한 사회 환경을 바탕으로 테러리즘의 풍부한 자양분이 되는 불평등, 갈등, 대립, 폭력, 분쟁 등 수많은 요소들이 혼재되어 있는 불안정한 특성을 띠고 있다. 이러한 요소들의 다양성이 인정되지 않는 중동의 비민주적 풍토는 요소 상호간의 충돌을 가져 왔고 이러한 충돌양상의 하나로 테러리즘이 발생하게 된 것이다. 따라서 이러한 테러리즘이 사라지게 하기 위해선 다양성 인정으로부터 협력과 타협을 통한 공존이 가능하도록 집권층의 정치적 포용성이 높은 민주적인 정치체제가 중동지역의 국가에 형성되어야한다.[21]

---

21) 魏鎭旭, 전게서, pp. ⅳ–ⅵ.

제4장 뉴테러리즘의 특성

>>>

뉴테러리즘의 양상은 21세기 현대사회에 갑자기 나타난 것은 아니다. 따라서 뉴테러리즘을 이해하기 위해선 인류사회와 함께 공존한 테러리즘의 역사를 먼저 살펴본 후 뉴테러리즘의 양상과 그 특징을 살펴야 한다.

1. 테러리즘의 변천과정

테러리즘의 역사는 간단하지는 않지만 인류사회의 발달과 더불어 테러리즘의 변화과정을 연계하여 시기와 특징을 분류해 보면 다음의 〈표 6〉의 내용과 같다.

고대부터 Terrorism이란 용어가 등장하고 사용되기까지를 고전적 테러리즘시대로 본다면 그 이후부터 1960년대까지 근대국가의 형성과 독립 및 민족의식에 의한 민족해방투쟁시기를 근대적 테러리즘시대라 볼 수 있다. 1960년 대 이후부터 1990년대 후반 New Terrorism이 등장하기까지는 미국, 소련을 중심으로 한 냉전시기의 국가테러리즘의 등장과 국제테러리즘이 성행하던 시기를 현대적 테러리즘시대로 구분할 수 있다. 그 이후 2000년대에 들어서서 본격적으로 나타난 대량살상무기나 불특정다수인에 대한 무차별적 공격행위가 나타나는 시기를 New Terrorism시대로 구분할 수 있다.[1)]

19세기에는 무정부주의자(아나키스트)들이 자신들의 정치적 목적을 위해 테러를 일삼았다. 바쿠닌이나 네차예프 같은 러시아의 아나키스트들은 "현실 정치제도를 바꾸는 유일한 수단은 폭력" 이라며 테러리즘을 옹호하기도 했다.

1) 최기남, 전게논문, p.420.

이후 유럽과 러시아 등에서 좌·우익이 서로 적색·백색테러를 감행해왔고 이스라엘이 독립하고 미국의 지원을 받기 시작하면서 이슬람 과격단체들의 반미테러가 잇따랐다. 비행기를 납치하거나 폭탄을 숨겨서 건물을 폭파하는 식의 현대식 테러는 지난 1960년대부터 시작됐다. 당시의 테러는 고전적인 마르크스 레닌주의에 따른 것이다. 테러의 목표는 대중의 지지를 얻기 위한 것으로 명분을 앞세웠다. 따라서 인명 살상을 최소화하고 공격 대상을 분명히 했다. 정치적인 목표도 확실했다. 가령 동료를 석방하라든지, 유럽에서 미국의 영향력을 축출한다든지, 북대서양조약기구(NATO)에 독일의 가입을 차단한다든지 하는 것 등이다.

그래서 테러조직은 테러에 성공하면 반드시 성명을 발표하고 이번 테러는 자신들이 저지른 것이라고 밝혔다. 독일의 바더 마인호프, 프랑스의 '직접 행동', 이태리의 레드 브리게이즈 등이 대표적인 테러조직이었다.

그러나 1990년대에 들어서면서부터 이런 마르크스식 테러는 사라졌다. 대신 종교이데올로기, 종말론에 근거한 테러가 성행했다.

무차별적인 대량 인명살상, 동기가 불분명하고, 대중의 지지를 의식하지 않는 테러라는 점에서 1990년대 이후 번지기 시작한 테러리즘을 '뉴테러리즘' 혹은 '슈퍼테러리즘'이라 부르기도 한다.

1988년에 일어난 팬암103기 폭파사고는 뉴테러리즘의 시작으로 불린다. 이 테러는 테러조직이 처음으로 테러를 했다고 공개하지 않고 자신을 숨긴 테러다.

2001년 9월11일 미국에서 발생한 테러사건은 뉴테러리즘의 전형을 보여준다. 무차별적인 대량 인명살상, 동기가 불분명하고, 대중의 지지를 의식하지 않는 테러라는 점에서 1990년대 이후 번지기 시작한 뉴테러리즘의 특징을 모두 갖고 있다.

워싱턴포스트는 2001년 9월 12일 냉전(Cold War)시대에서 '회색 전쟁'시대로 접어들었다고 보도했다. 이 신문은 제2차 세계대전에 이어 40년간 지속된 냉전과는 달리 회색 전쟁은 적이 누구인지 모르며, 전선도 전쟁 규칙도 없다고 지적했다.[2)]

2) 네이버지식사전, http://terms.naver.com/entry.nhn?docId=73199(검색: 2012.02.29)

〈표 6〉 Terrorism의 시대적 변천과정

시 기	특징 및 사례
◉고전적Terrorism시대 (18세기이전~Terrorism 용어 등장전 까지)	○인류의 등장과 함께 생존권적 이익이나 정치적 대립, 종교적 갈등에서 폭력적 위협이나 암살 등의 원초적 무력이 주로 자행 됨. ○인류역사상 최초의 개인적 Terrorism - 구약성경의 카인의 아벨살인. ○정치적 Terrorism의 대표적 사건 - BC43년 로마 원로원의 줄리어스 시저 암살사건. ○종교적 Terrorism - BC66~77, 팔레스타인 종교집단 시카리(Sicarri)단체가 결성되어 로마통치에 협력하는 유태인 공격. - 11~13세기 이슬람 과격단체가 암살자(Assassins)를 고용하거나 십자군의 군사력에 Terrorism 으로 대항하면서 사령관, 지사 칼리프 등의 주요 요인 암살.
◉근대적Terrorism시대 (18세기~1960년대 이전)	○근대적 Terrorism은 민족국가 형성과정에서 국가독립, 민족해방운동을 위한 폭력적 저항과 국가형성 후 정치적 대립관계에서 국가권력에 의한 관제테러리즘(State Terrorism)이 주로 행해짐. ○미국 남북전쟁 후 극우남부인들의 백인우월주의에 의한 KKK단의 Terrorism. ○러시아 및 서유럽의 무정부주의자들의 정치적 Terrorism - 세르비아계의 가브리엘 로프린체프에 의한 오스트리아 프란츠 페르디난트 황태자 부부살해(1914년 6월28일 사라예보 사건) - 제1차 세계대전의 원인 제공. ○20세기 자국민들의 탄압을 위한 관제 Terrorism. - 소련(레닌,스탈린), 독일(히틀러), 이탈리아(무솔리니) 등의 ○제2차 세계대전과 제국주의에 대한 식민지 독립투쟁

◉현대적Terrorism시대 (1960년대~1990년대, New Terrorism등장 이전)	○현대적 Terrorism의 태동으로 역사상 테러리즘 양상에 커다란 변천시기 - 국가지원 Terrorism, - 국제 정치상황과 연결된 국제 Terrorism의 대형화·정치화 ○이스라엘의 형성과 아랍민족주의의 형성, 이슬람원리주의의 표면화 ○항공기Terrorism(하이재킹)의 등장 및 성행 - 항공기납치, 공중폭파, 승객공격 등 ○Guerrilla international의 형성으로 국제Terrorism의 협력기반 형성. - 1966년, 쿠바, 83개 단체 531명 참가 ○1972년 "검은9월단"테러집단이 뮌헨올림픽의 이스라엘 선수단 살해 - 세계적으로 대(對)Terrorism 특수부대의 필요성 및 양성계기 - 델타포스, GSG-9, SAS, GIGN 등 ○팔레스타인 문제를 중심으로 민족주의적 종교이념대립에 의한 국가지원 Terrorism이 본격화되면서 불특정 다수인에 대한 무차별공격이나 살상무기의 현대화 등 New Terrorism의 양상이 보이기 시작함.
New Terrorism시대 (2001년 9.11테러~)	○종교적 이념대립에 의한 문화적 단층에서 기인한 민족적, 종교적 테러리즘 심화. ○불특정다수인에 대한 무차별적인 대형공격 발생 - 동경 지하철 Sarin gas terror, 9.11 terror 등 ○Terrorism 방지를 위한 선제공격 전쟁발생 - Terrorism과 전쟁의 악순환.

*자료 : 최기남, "중동 Terrorism의 대두와 전망", 경호경비연구 제10호, 한국경호경비학회, 2005, pp.421.

2. 뉴테러리즘의 일반적 양상

세계화의 급속한 진행은 세계에 다양한 영향을 주었다. 때로는 긍정적인 영향을 준 부분도 있고, 때로는 그 긍정적인 부분이 부정적인 결과로 나타나기도 한다.

뉴테러리즘은 이런 맥락에서 나타난 현상이다. 세계화가 급속도로 진행되면서 세계적인 교류가 확대되고, 상호교류 속에서 소외당했다고 느끼는, 국제적인 네트워크를 가진 세력이 생겨났다. 그리고 이들의 테러리즘은 세계화의 흐름 속에서 뉴테러리즘이라는 새로운 특징으로 테러리즘을 개념화 하였다. '뉴 테러리즘'의 개념을 정립한 것은 1999년 미 국방부 등의 후원을 받는 미국의 민간연구소인 '랜드(RAND)연구소'에서 처음 사용한 용어로 최근의 테러가 종래의 테러양상과 비교해 볼 때 대형화, 무차별화 되는 현상을 지칭한 용어이다.[3)]

뉴테러리즘(New Terrorism)은 과거의 테러리즘(Old Terrorism)과는 전혀 다른 양상으로 전개되고 있다. 과거의 테러리즘은 목표와 목적이 분명하였으나, 뉴테러리즘은 전쟁의 한 형태로 자행되고 있어, 오직 승리만이 그들의 최종 목표가 되고 있다.

1990년대에 이르자 미소 냉전(冷戰)구조의 종식으로 국제 테러리즘의 양상(樣相)도 변하였다. 좌익(左翼)테러나 민족해방을 부르짖던 테러는 자취를 감추고 종교나 민족의 근원에 관계된 테러가 세계 각지에서 발생했다.

지금까지의 양극화에서 다극화로 변한 것으로 냉전시대의 동서 이데올로기 대립이 후방으로 밀려나고 종교, 민족에 의한 대립이 전면(前面)으로 나타난 결과라고 할 수 있다. 그러한 가운데 종래의 테러 성격과는 다른 테러 사건이 많이 발생하였다.

지하철 사린 사건을 일으킨 '옴 진리교' 등의 컬트교[4)]에 의한 테러도 그 하나이다.

---

3) 국정원, 테러정보통합센터, http://www.tiic.go.kr/service/data/etc.do?method=list&manage_cd=002003000 (검색: 2012.03.01)

4) 컬트(Cult)라는 의미는 숭배, 예배를 의미하는 라틴어 Cultus에서 파생된 말로서, 원래 '의례, 제사'등의 종교적 활동을 의미했다. 현재는 반사회적인 종교단체, 광신적 교단이란 뜻으로 소종파(小宗派)를 뜻하기도 하며, 1990년대 미국에서 반사회적인 종교단체를 가리키는 말로서 사용되기 시작했다(이 경우, 일반의 종교와 구별하는 의미로 파괴적 컬트라고 불렀다). 불어 Culte는 종교의 종지별을 의미하고, 유럽에서는 일반적인 종교에서 파생된 컬트단체를 세크트라고 부른다.
컬트교는 대개 사회의 급변기에 생기는 현상이다. 전쟁이나 기아, 혹은 급격한 근대화에 기존의 종교나 사회의 이데올로기가 더 이상 한 사회의 정신적 구심점이 되지 못할 때, 새로운 정신적 구심점을 찾기 위해 일어나는 현상이다. 즉 자기 자신의 정체성이 흔들릴 때 인간은 소종파 운동에 가담하기 쉬운 것이다.
소종파 중에는 인민사원, 옴진리교, 천국의 문,백백교,영생교,JMS등의 반(反)사회적 소종파 즉, 사이비종교들도 있다. http://ko.wikipedia.org/wiki/컬트(검색: 2012.02.28)

1994년2월부터 95년4월 동안에 컬트교에 의한 큰 사건이 계속 4건이나 발생하였다. 컬트교단(敎團)은 명확한 체계도 없는 종교로서 신비적인 신(神) 계시 등을 맹목적으로 신봉하기 때문에 일반 상식을 훨씬 벗어난 테러를 행하는 두려움도 있다.

광신적(狂信的)인 사고방식에 의해 실행되는 테러는 예측과 대책이 매우 곤란하며 종래의 테러보다도 그 위험성이 훨씬 높은 그룹이라고 볼 수 있다.

'환경테러'라는 새로운 장르의 테러가 눈에 띄기 시작한 것도 1990년대 이후이다. 환경테러는 자연 파괴의 진행이나 바이오테크놀러지의 보급 등에 반발하는 환경단체나 개인에[5] 의한 테러(혹은 폭력)행위 이다.

예를 들면 동물애호나 환경보호를 이유로 파괴활동을 계속하는 과격파 단체(지구해방전선)가 구(舊) 농지(農地)에 신축 중인 고급 주택 3채를 폭파한 것이다.

이 단체는 폭파 테러 후 범행 성명을 발표하여 주택건설로 인한 환경파괴를 억제하기 위한 의도라는 것을 나타냈다.

이 외에도 미국에서는 바이오테크놀로지를 이용한 작물재배(作物栽培)에 항의하여 실험(實驗) 농장을 파괴하는 사건을 빈번히 일으키는 여러 환경테러 단체가 있다.

1990년 이후, 활발히 움직이고 있는 이슬람원리주의 과격파도 냉전 후의 테러리즘의 흐름을 상징하고 있다. 좌익테러를 대신하여 대두되기 시작한 이슬람원리주의 과격파는 애당초부터 이란혁명의 성공에 크게 기인한 것이다.

이란혁명은 근대화에서 제외된 이슬람 세계의 사람들에게 희망을 주었고 온 세계의 이슬람교도들에게 본보기가 되었다. 그러나 동시에 이란혁명의 강렬한 반미(反美)주의는 과격파에게 극단적인 이슬람원리주의를 각성(覺醒)시켜 놓았다.

이집트의 나세르 대통령이 병사(病死)하고, 후계(後繼)인 사다트 대통령이 친미(親美)노선으로 전환한 것도 반미(反美)노선인 과격파에게 테러의 빌미를 주게 된 것이다. 아랍권의 맹주(盟主)로서 팔레스티나 해방을 위해 4번의 중동 전쟁을 치

---

5) 유나바머(Unabomber)-미국에서 1978년 5월~1995년 4월 사이에 16건의 우편물 폭발테러를 일으켜 3명을 사망하게하고 23명에게 부상을 입힌 연쇄폭탄테러범의 명칭이다. 범인이 노린 주요 범행 대상은 대학교(University)의 연구자, 항공회사(Airlines)와 폭발물(Bomb)의 머리글자를 따서 미 연방수사국(FBI:Federal Bureau of investigation)이 붙인 미름이다. 1996년 FBI는 몬태나 주의 링컨 산속에서 버클리 캘리포니아 대학교의 수학교수였으나 20년 전에 사직하고 혼자서 은둔생활을 해온 시어도어 J,카진스키를 연쇄폭탄 테러범 용의자로 체포했다. 카진스키가 1995년 6월 '뉴욕 타임즈'와 '워싱턴 포스트'에 과학기술에 편중 된 현대문명을 비난하는 장대한 논문을 게재하게 된 것이 체포와 연결이 되었다.

르면서 단독으로 이스라엘과 평화를 결성한 것은 내외(內外)의 과격파 조직이나 일반인들에게는 배반 행위로 인식되었던 것이다.

그리고 1981년 10월, 사다트 이집트 대통령은 제4차 중동 전쟁 기념 군사 퍼레이드 도중, 반미(反美)·반(反)이스라엘을 내세우는 이슬람원리주의 과격파 지하드에 의해 암살된다.

구소련의 침공으로 시작된 아프가니스탄 전쟁이 종료된 후, 귀국한 다수의 병사가 이슬람원리주의 과격파에 가담한 것이 가속화의 큰 요인으로 되었다. 알·카에다의 빈 라덴도 이 안에 있었으며 그 당시 종교는 매우 심한 증오로 대립관계에 있었다. 이것이 종교 테러리즘이 되어 나타난 것이다.

이슬람원리주의 과격파의 입장에서는 이스라엘은 말소(抹消)시켜야만 하는 존재였고 이스라엘을 지지하는 미국은 절대적인 악(惡)으로 간주되었던 것이다.

그들은 각지에서 반(反)서양 문명에 대한 테러 활동을 전개하게 되었다. 그 결과, 동시다발 테러라는 대참사를 일으켰다.

민족이나 종교에 의한 공동체가 독자적인 길을 추구할 수 있는 사회에서는 종교 테러리즘이라는 흐름은 점점 가속화 될 것이다.

지금도 세계도처에서 진행 중인 각종 형태의 분쟁을 합친다면 대체로 4개국 중 1개국의 비율로 발생하고 있는 셈이다. 그러므로 무장평화시대의 신저강도전쟁(新低强度戰爭)으로 대표되는 현대 테러리즘은 "다른 수단에 의한 전쟁의 연속"이 되었다.

가장 적은 인원, 가장 좁은 공간, 가장 짧은 시간, 가장 적은 재정, 가장 큰 효과로 표현되는 것처럼, "한 명을 죽이고 만 명을 위협하라"는 테러리스트들의 슬로건은 이제 인공위성의 등장으로 "한 명을 죽이면 60억을 위협"하는 시대로 접어들었다. "공포 그 자체를 무기로 정치·사회적 목적달성을 노리는 수단"인 테러는 단 한 번의 행동이 수천 가지의 팸플릿보다 더 유효한 선전이라는 발상에서 시작, 온갖 폭력수단을 행사하여 상대를 위협하거나 공포에 빠뜨리는 비합법적 행위는 정치적 목적을 위한 협박의 제도적 사용, 전쟁의 시녀, 기존의 전면전쟁을 대체하는 유효한 저강도 전쟁 수단, 선전포고 없는 전쟁 등 무자비한 폭력을 통해 공포를 확대 재생산하는 테러리즘에 초점이 맞추어져 있다.

특히 9·11테러 이후부터 현재까지 크고 작은 수많은 테러가 발생, 테러는 신문의 헤드라인, 저녁식사의 테이블, 각종 학회의 토론 등 의식·무의식적으로 현대생활의 한 부분이 됨으로서 국가와 세계의 안전을 위협하는 최대 요인으로 등장했다.

이에 따라 세계안보전략도 눈에 보이는 가시적인 적을 상대로 한 봉쇄와 억제전략에서 보이지 않는 적을 상대로 한 선제저지전략으로 변화하고 있다. 그러나 각양각색의 대의명분과 이데올로기와 방법론상의 다양화로 표현되는 오늘날의 테러현상학에 있어서는 이러한 일반적 정의나 단순화가 어려운 실정이다.

기본적으로 테러는 전면전쟁에서부터 게릴라전쟁에 이르기까지 그 어떤 범주에도 속하지 않는 보다 더 하위에 위치한 다양한 폭력적 제어수단들 가운데 하나다. 이것은 전면전쟁이 불가능해진 상태에서 출현한 '다른 수단에 의한 전쟁의 대명사'로서 여기에는 전·평시가 따로 없고 전후방이 따로 없다.

또한 희생자가 무작위로 선택된다는 점도 대중의 관심을 끄는 대목이다. 상가에 설치된 폭탄이 터져 죽거나 다치는 사람의 수는 몇 십 명에 그치지만, 수백만의 사람들이 상가에서 물건을 사기 때문에 자신들도 희생자가 될 수 있다고 생각한다. 비행기에 대한 공격의 경우 1931년 페루 혁명분자들이 팬암 항공기를 납치한 이래 지금까지 약 900여 회의 항공기 납치가 발생했으며 100여 차례의 항공기 폭파로 2000여 명의 이용객이 희생됐다. 지난 2000년부터 2004년까지 5년 동안에만도 25건의 공중납치가 있었다.

특히 9·11테러는 테러의 3대 유형인 인질납치, 항공기납치, 폭탄공격 등이 모두 포함된 신종 수법으로서 이제 테러라고 하면 항공기 납치를 생각할 정도로 하이재킹을 테러의 대명사가 되게 만들었다. 이러한 현상은 그러잖아도 비행기 타기를 겁내는 사람들에게 엄청난 두려움을 준다. 이렇게 테러는 핵심 기반시설을 공격하여 큰 피해를 입히기 보다는 대중의 신뢰를 해침으로서 발생하는 간접 효과를 노린다.

예를 들어 미국의 식품공급체계에 테러가 가해질 경우 인명 피해는 소수에 그치지만, 후속테러를 예방하거나 억제할 적절한 수단이 없다면 미국 GDP의 10% 이상을 차지하는 식품산업은 붕괴할 것이다. 또 컨테이너를 밀수입하여 더러운 폭탄으로 폭발시킬 경우 직접적 피해는 연안지역 일부 오염에 한정되겠지만 정부는 다른 컨테이너들은 안전하다는 대중의 믿음을 회복시키기까지 각종 운송시스템을 폐쇄하라는 엄청난 정치적 압력과 함께 위협을 제거하기 위해 수많은 운송수단을 검색할 경우 컨테이너 운반 중단으로 인한 공장 조업 중단과 재고 고갈로 인한 실업의 만연 등 3주 이상 조업 중단사태가 지속되면 세계경제는 불황에 빠져들 것이다.

이렇게 되면 테러리스트들은 세계 최강의 미군에 직접 맞서지 않아도 그에 상응하는 충분한 효과를 거둘 수 있다. 이처럼 테러는 다수 대중들에게 심리적 영향을 미침으로써 작은 힘을 증폭시킨다. 그렇기 때문에 테러는 통상 힘없는 자들의 투쟁도구가 된다.

이제 테러는 새로운 형태의 전쟁(A New Form of Warfare)으로서 1980년대 이후부터 국제사회는 테러의 증가로 인해 공포 분위기에서 벗어나기 어렵게 되어가고 있다.

지금까지 우리는 전쟁에 대한 학술적 개념을 '국가 간의 폭력적 정치투쟁'으로 정의해 왔다. 이에 따라 대량살상 행위도 국가만의 전유물로 생각하였다. 그러나 이제는 개인이나 단체도 자신들의 정치구상을 실현하기 위해 최악의 경우 국가나 세계를 상대로 폭력투쟁을 전개할 수 있는 시대가 되었다. 테러를 매개로 한 이와 같은 투쟁방식에는 암살 같은 고전적 방법은 물론이고 사이버테러나 화생방테러 같은 가공할 만한 요소들까지 포괄하는 것이다.

따라서 이러한 전쟁의 민영화현상은 전적으로 과학기술과 언론의 발달에 기인한 것으로서 과거에는 상상할 수도 없는 일이었다.

결국 이러한 현상은 테러리즘에 일대 혁신을 가져왔다. 특히 매스미디어의 발달은 테러리스트들에게 상상을 초월하는 효과를 제공했다. 그들은 TV를 통해서 수백만을 위협할 수 있다. 고도화된 전자통신 수단의 발달은 과거에는 거의 알려지지 않았던 정치적 폭력의 모든 충격을 전 세계의 안방까지 실시간으로 전파함으로써 즉시 인지할 수 있게 만들었다. 테러가 국경을 넘어 세계화됨으로써 대중매체를 이용한 의사소통전략으로 변질되어가고 있는 것이다.

만약 이것이 보도되지 않는다면 테러리스트들의 행동은 "침묵의 숲 속에 쓰러져 있는 나무"와 같은 존재일 것이다. 따라서 언론은 어떤 경우에는 의도적으로 또는 무의식적으로 테러리스트들의 선전자가 되어왔다. 부언하다시피 국제 테러리스트들의 목적은 충격적 사건을 연출해 일반 대중에게 공포와 불안감을 확산시킴으로써 자신들의 요구사항과 대의명분을 국제사회에 알리고자 하는 것이다. 그러자면 이를 전달할 매개체, 즉 효과적인 뉴스미디어가 필요했다.

반면 미디어는 테러리즘이 갖는 스펙터클한 장면과 긴장감, 극적인 요소 등으로 영화보다 더 흥미진진한 드라마를 시청자들에게 제공할 수 있어 테러리즘 보도에 적극적일 수밖에 없다. 말하자면 오늘날 국제 테러리스트들에게 가장 중요한 것은 미디어의 보도며 미디어는 높은 시청률을 보장하기 위해 테러리즘을 필요로 하는 공생관계로 연결돼 있다고 할 수 있다.

신문의 표제가 되고 그에 의하여 그들의 명분에 대한 공중의 인식을 제고하기 위해 테러리스트들은 정부지도자의 암살, 하이재킹, 대사관과 기업에 대한 폭탄투척, 군사시설에 대한 습격, 주요시설의 사보타지, 외교관과 상인의 유괴 및 몸값요구, 대사관 점령, 민간인 인질 납치 등의 전술을 사용한다. 즉 테러리스트들은 전자 미디어와 국제 언론의 관심을 끌기 위해 테러리즘의 대본을 쓰고 연기를 해야 한다. 미디어는 이들에게 연극의 무대를 제공하고 관객들을 동원하는 역학관계를 형성시킨 것이다.

그러나 테러리즘은 미디어의 조명을 받기 위해 더더욱 그럴 듯한 명분을 찾아야 하고 쇼를 방불케 하는 극적 효과를 낳기 위해 흉포화 하는 추세에 있으며 잔인성과 무차별성에 있어서도 빠르게 확대되고 있다. 소수의 고위급 인물을 노리던 기존의 테러가 대량살상수단을 이용해 엄청난 인명을 노리는 Macro Terrorism으로 변화한 것은 미디어의 범람으로 테러에 대한 감수성을 마비시켜 한사람의 희생만으로도 목적달성이 가능하던 것이 이젠 백 사람의 희생으로도 불가능해 졌기 때문에 테러리즘은 마약처럼 강한 내성과 중독성을 가지고 있는 것이다.

이에 따라 국제사회의 고민은 21세기형 뉴테러리즘의 대응에 있다. 정보화 혁명으로 컴퓨터 및 통신기술이 국가경쟁력을 결정짓는 핵심요소로 부상하면서 국방이나 금융전산망 등 국가의 중요기능 파괴를 노리는 Cyber-terror 또는 Techno terror가 바로 눈앞에 닥쳤음을 실감한 것이다.

사이버 테러와 함께 21세기형 뉴테러리즘의 또 다른 형태는 파괴력에서 지금까지와는 비교조차 불가능한 화생방테러이다.

전 세계 핵물질의 90%를 차지하는 구소련의 붕괴로 인한 화생방기술의 부적절한 통제는 팽창하는 암시장이나 불량국가들로부터 치명적인 무기를 구매하고자 하는 구매자의 홍수를 낳았다. 이러한 불안정 혼탁양상에 덧붙여 과학자와 기술자들은 최고 입찰자에게 그들의 기술을 판매할 태세를 하고 있다.

한 예로 옛 소련은 '80년대 4,500명의 과학자를 동원해 400개의 대륙간탄도탄 탄두에 흑사병 세균을 장착했던 것으로 알려졌다. 그러나 소련 해체 후 이 계획에 참여했던 과학자 중 3천명이 고액의 보수를 받으며 리비아의 연구소 또는 거대 테러집단에 매수됐다고 미 정보기관은 파악하고 있으며 러시아는 1997년 007가방 크기의 소형 핵무기 132기 가운데 84기가 분실됐다고 시인한바 있다.

제2차 세계대전 후부터 화생방무기는 약소국이 재래식 군사력의 열세를 만회할 수 있는 유일한 수단이었다. 그러나 이것은 강대국들 간의 공포의 균형과 대량살상무기의 확산방지를 통해 철저히 통제됨으로서 세계가 파국으로 치닫는 것만은 예방되고 있었다. 하지만 탈냉전 이후 화생방무기의 급속한 확산은 기존의 상호확증파괴 원칙을 무너뜨리면서 국제사회의 전략적 안보환경을 근본적으로 변화 시켰다.

과거의 경우 테러리스트들은 제한적 폭력밖에 행사할 수 없었다. 기껏해야 여기서 몇 명 죽이고 저기서 건물을 파괴하는 정도였다. 대규모 폭력을 가하기 위해서는 대규모 군사력이 있어야 했다.

그러나 대량 살상무기의 출현과 그 무기의 설계와 제조를 가르치는 개인적 훈련 가능성은 9·11테러가 보여주는 것처럼 개방화와 정보화 물결을 타고 더욱 지능화되고 있다. 수많은 사람이 있는 건물에 대한 살상과 전대미문의 대폭발로 황폐화시킬 수 있는 잠재력은, 이제 국가단위에서 단체나 개인으로 빠르게 이전되고 있다.

따라서 개인 또는 집단에 의해 자행되는 화생방무기의 사용 위협은 국가 정치권력의 상대적 위치를 극도로 약화시키는 반면 테러리스트들의 극적인 영향력은 더욱 증대되고 있다. 이러한 현상은 전통적으로 세계정치무대의 변두리에서 서성거리던 테러리스트들을 세계정치무대의 중심에 서게 하는 것을 허용케 한다.

그러므로 대량파괴를 할 수 있는 임시변통 무기는 세계 권력의 중요관심에 직접적인 타격을 가해 냉전체제가 무너지고 생긴 힘의 공간에 새로운 세력으로 뿌리내려 반정부적 교란책동의 수단을 제공함으로서 내일의 강력한 균형자로서의 역할을 하고자 할 것이다.

20세기의 테러리즘이 단순한 인명살상과 특정목표에 대한 공격을 통해 정치적 목적을 추구한 차별적 테러였다면 21세기의 뉴테러리즘은 대량살상은 물론 테러 이후에도 파급효과가 지속되는 슈퍼테러리즘, 포스트모던테러리즘, 메가테러리즘, 재앙적 테러리즘, 종말론적 테러리즘, 대량살상무기테러리즘 등으로 불리는 뉴테러리즘이다.[6)]

3. 뉴테러리즘의 특징

① 요구조건 및 공격주체가 불분명하여 추적이 곤란

과거의 테러는 뚜렷한 목표를 가지고 있었으며, PLO나 IRA와 같은 테러단체는 테러를 자행한 뒤에도 통상 성명을 통해 자신들의 얼굴을 알리면서 요구조건을 떳떳이 밝혔으나, 뉴테러리즘에서는 테러집단 자신과 비호세력을 보호하고 공포효과를 극대화하기 위해 요구조건도 제시하지 않고 정체도 밝히지 않는 소위'얼굴없는 테러'를 자행하여, 정체를 파악하기가 어렵다는 것이다.

② 전쟁수준의 무차별 공격으로 피해가 막대

과거의 테러는 요인암살, 항공기나 인질 납치, 중요시설 점거 등 상징성을 띤 대상을 공격함으로써 많은 희생자를 내기 보다는 극단적 수단을 동원한 의사소통 행위의 측면이 강했으나, 뉴테러리즘은 전쟁의 한 형태로 자행됨으로 인해 막대한 피해를 초래한다는 것이다.

---

6) http://www.ohmynews.com/articleview/article.(검색: 2012.12.24)

③ 테러조직이 그물망 조직으로 되어 있어 무력화가 곤란.

과거의 테러조직은 수직형 체제로 되어 있었으나, 뉴테러리즘 조직은 여러 국가와 지역에 걸쳐 그물망 조직으로 연결된 이념결사체로서, 인터넷 비밀사이트, 전자메일, 채팅룸 및 첨단 이동통신 등을 연락수단으로 사용하고 있다.

④ 테러의 긴박성으로 인해 대처시간 부족

사전 치밀한 계획과 준비를 거쳐 단시간에 작전이 종료됨에 따라, 상황 대처시간이 절대 부족함으로, 더욱 신속하고 효율적인 대테러 대응체계의 확립이 필요하다.

⑤ 첨단 과학장비 및 생활 속의 다양한 테러장비로 방어와 색출 곤란

과거의 전통적 테러장비뿐만 아니라, 우리 생활 주변의 온갖 문명의 이기들이 테러에 사용됨으로 인해 방어와 색출이 지극히 어렵다. 실제로 9.11테러에서는 서류절단용 칼만으로 비행기를 납치하였다.

⑥ 대량살상무기(WMD)를 사용한 무차별적 공격으로 대량살상 위협

아직까지 핵무기는 사용되고 있지 않으나, 1995년 옴진리교에 의해 동경 지하철에 살포된 사린가스나, 9.11테러 이후 미국에서 탄저병 환자가 잇달아 발견된 것과 같이 생화학무기의 사용이 점차 가시화되고 있다.

⑦ 언론매체의 발달로 공포의 확산이 용이

Global Communication 시대인 지금, 미국 9.11 테러도 CNN이 24시간 전 세계에 상황을 보도함으로써 테러범들이 노리는 공포가 여과 없이 확산된 바 있다. 특히, TV는 테러사건 현장의 생생한 동영상 화면을 방영함으로써 절실한 공포감을 유발하고 있다.

⑧ 테러사건이 대형화됨으로써 정치적 부담 가중

과거의 테러사건은 소형의 국지적 사건이 대부분이었으나, 뉴테러리즘에서는 사건이 국가적 재난으로 인식될 만큼 대형화됨에 따라 통치권자의 정치적 부담이 증대하기에 이르렀다.

⑨ 테러리스트들이 중산층의 인텔리들로, 테러가 지능화・개인화

과거의 테러리스트들은 사회적 소외계층이 대부분이었으나, 뉴테러리즘시대의 테러리스트들은 비교적 여유 있는 중산층 출신들로 대부분 대학생 재학 이상이고, 이공계 전공자들이 선호되고 있다. 또한 뉴 테러리스트들은 전혀 범죄 전력이나 정치적 활동이 없어 정보기관의 감시망에 전혀 잡히지 않으며, 이들은 정신병적인 종교적・정치적 신념으로 무장하고 있어 그 위험성이 더욱 크다 하겠다.[7)]

4. 뉴테러리즘의 최근 추세

미국 국무부는 2003년에 내놓은 "세계 테러리즘의 패턴"보고서에서 최근 테러리즘에 나타나는 추세를 다음과 같이 진단하였다.

1) 테러조직의 변화(소규모화, 개인화, 자생적 테러)

최근 테러의 유형이 자생적으로 형성된 극단주의자들에 의해 이뤄지는 경우가 많은데 9・11테러처럼 조직형 테러는 적발이 쉽고 실행에 어려움이 많은 반면, 외로운 늑대형(lone wolf) 자생테러는 쉽게 포착이 힘들다는 점에서 큰 위협으로 받아들여지고 있다. 이슬람 극단주의단체 같은 조직의 온라인 교육을 통해 영감을 받지만 외부적으로 드러나는 지시는 없고 스스로 범행에 나선다.[8)]

21세기 테러의 특징은 강대국을 위한 대리전이 아니라, 바로 초강대국을 겨냥한 직접적・전면적 투쟁이다. 또한 테러조직이 재원이 든든한 거대 조직이나 테러 지원국가의 예속적 관계에서 벗어나 소규모화 되고 있다. 아울러 기존 테러조직과 연계되지 않고, 테러지원국가의 공작원도 아닌 개인 테러리스트의 등장 가능성이다. 이는 인터넷의 발달로 독자적인 정보(수집 및 전파), 무기 및 테러방법에의 접근이 가능해짐에 따른 것으로, 이에 따라 테러조직의 추적이나 테러에 대한 대응조치가

---

7) "뉴테러리즘의 특징과 외국의 대테러 동향", 국가정보원, 2001. 11
8) 한겨레뉴스, 2012.03.23, "프랑스 테러범,외로운 늑대형",
http://www.hani.co.kr/arti/international/europe/524973.html(검색 : 2012.03.26)

더욱 어려워진다. 또한 자생적 테러 증가세가 앞으로 지속될 가능성이 크다.

미국 조지워싱턴 대학교 국토안보정책연구소(HSPI)는 9 · 11테러 10주년을 맞아 56개 대도시 경찰정보담당자들을 대상으로 실시한 설문조사 결과를 토대로 이런 내용을 담은 '대(對)테러 정보' 보고서에 따르면 자신이 속한 지역에 가장 큰 위협으로 작용하는 개인이나 단체를 묻는 질문에 가장 많은 경찰 정보담당자들이 알-카에다 등 국제 테러단체가 아닌 자생적 테러리스트를 꼽았다.

자생적 테러리스트란 미국이나 유럽에서 나고 자랐지만 이슬람 극단주의에 빠져 자국에 대한 테러 공격을 도모하는 이들을 말한다. 실제로 2011년 7월 노르웨이에서 77명을 숨지게 한 안데르스 브레이빅의 테러, 2012년3월22일, 프랑스 남서부 툴루즈 일대에서 7명을 살해한 연쇄 총격사건, 2015년 11.13일 파리 연쇄테러로 프랑스뿐만 아니라 전 세계에서 '자생적 테러리스트'에 대한 공포가 커지고 있다. 자생적테러 사건은 '테러의 한 단계 진전된 모습'으로 분석하고 있고, 알카에다, IS 추종자들이 지도부 도움 없이 자력으로 테러를 성공하게 할 수 있다는 메시지를 전달한 것이며 또한 거리, 극장, 레스토랑 등 시민의 일상생활 공간에서 자행된 테러는 전 세계인 누구나 공격대상이 될 수 있다는 공포와 두려움에 떨게 하는 것이 진짜 테러리스트의 목표가 되는 것이다.

자생적 테러리스트들은 전 세계 곳곳에서 분산돼 움직이기 때문에 추적이 쉽지 않다는 특징이 있다. 또한 서방 국가의 국적을 가지고 있어 총기류를 구입하는 것도 상대적으로 쉽다. 이 때문에 유럽에서는 아프가니스탄과 파키스탄, IS 등에서 테러 교육을 받고 돌아온 젊은 2세대 무슬림들이 큰 위협이 되고 있다. 서방에 살면서 종교 · 인종적 차별과 실업난을 겪은 젊은 무슬림들이 아프가니스탄과 파키스탄의 이슬람신학교(마드라사)에서 미국 · 이스라엘과 서방 때문에 이슬람 사회가 뒤처진 것이라는 의식화 교육을 받고 돌아와 분노를 담은 테러를 자행한다는 것이다.[9)]

2015년11.13일 IS가 벌인 프랑스 파리연쇄테러는 이슬람 극단주의에 동조하는 개인들의 '외로운 늑대' 유형 테러와도 구분된다. 무차별 살상을 추구한다는 점에서

---

9) 조선일보, '佛유대학교 총기 난사범, 경찰특공대가 사살', http://news.chosun.com/site/data/html_dir/2012/03/23/2012032300146.html(검색 : 2012.03.26)

는 유사하지만, 이슬람국가 자체와 동조세력의 조직적 협업을 통해 대규모 살상이 이뤄졌다는 점이 다르다는 것이다. 결국 알카에다와 외로운 늑대 유형을 혼합시켜 좀더 기동성 있게 움직이면서 상징성보다는 보안의 취약성과 대량살상 그 자체를 노리는 최악의 테러 유형을 이슬람국가가 만들어낸 것이라 볼 수 있다.[10)]

또한 최근 IS는 외국인 참수나 테러 등 주요 공격을 저지를 때마다 트위터 등에 메시지를 올리고, 공격 장면이 적나라하게 담긴 동영상을 유포하는데 이는 IS의 과격성을 드러내는 동시에, 전 세계의 '외로운 늑대'들을 끌어들이는 유인 요소가 된다. 특히 좌절감에 빠진 유럽의 일부 무슬림 청년들에게는 이슬람 극단주의라는 종교적 이념과 유사 국가라는 소속감을 부여하는 계기가 된다. 실제로 프랑스, 벨기에 등 유럽 각국에서 인터넷을 통해 IS를 접한 뒤 가담하는 사례가 늘고 있다.[11)]

2) 테러재정의 변화[12)]

테러조직 및 테러리스트들은 자금이 없으면 테러리즘을 실행할 수 없다는 것은 자명하기 때문에 테러목적을 위해서 막대한 자금을 필요로 한다.

테러조직들이 테러목표를 달성하기 위해서는 테러리스트 모집, 훈련, 무기조달, 항공료와 숙식비, 은신처와 연락망 유지 등 많은 경비가 소요될 것이다.

1970년대 활발한 활동을 전개한 팔레스타인의 테러조직은 아랍 산유국들로부터 풍부한 자금을 제공받았으며, 냉전(冷戰)시대에는 소련과 그 밖의 테러지원국가로부터 자금을 제공받았다. 그러나 21세기 테러지원 국가들에 대한 국제적 제재 및 공격 등으로 테러조직의 활동자금 확보가 점점 어렵게 되면서 테러조직들은 그들의 활동자금을 확보하기 위해 마약조직과의 연계는 물론, 마약밀매에 직·간접적으로 개입하는 경향도 보이고 있다. 전형적인 예가 스페인의 좌익계 과격파그룹인 ETA(바스크조국과 자유)는 납치나 유괴에 의한 몸값 갈취, 합법적인 사업경영 등도 하면서 자금을 조달하고 있지만 자금원으로서 가장 중요한 것은 바스크지방의 중소기업, 경영자, 변호사, 의사 등 유명 인사들을 협박하여 자금을 갈취하는 '혁

10) http://blog.naver.com/PostView.nhn?blogId=moo8795&logNo=220541811184(검색: 2015.11.23)

11) 경향신문. 2015.11.16(검색: 2015.11.23).

12) 권창기 · 강영숙, 「테러학」, 2012, 도서출판 진영사, p.143

명세'가 큰 몫을 차지한다. 콜롬비아 도시게릴라였던 M-19와 메데진 카르텔의 합작품인 1985년 대법원청사 점령, ETA와 메데진 카르텔의 연계에 의한 1989년 콜롬비아 항공기 폭파사건 등이다. 90년대 들어 테러조직들의 재정은 단시일 내에 가장 많은 불법자금을 획득할 수 있는 직접적 마약밀매로 전환하였다. 콜롬비아의 FARC, 페루의 센데로 루미노소, 중동의 하마스와 헤즈볼라의 헤로인 밀매, 아프간 탈레반의 아편 밀매 개입이다. 이들은 이러한 불법마약밀매를 초국가적 범죄조직들과 연계하여 판매망을 확보하고 있다.[13)]

최근 중동지역을 주 활동무대로 삼았던 IS가 점점 세력을 넓힐 수 있었던 가장 큰 요인은 IS의 재정상태가 알카에다와 달리 영토를 갖춘 국가 행세를 하는 데다, 막강한 돈줄을 바탕으로 병력을 증강하고 있기 때문이다. IS는 2014년 6월 칼리프를 지도자로 하는 'IS(Islame State:이슬람 국가)' 수립을 공식 선언한 이래 눈에 띄게 세력을 키워왔다. 우선 이라크와 시리아의 주요 도시를 점령하며 물리적인 경계를 확장해 이라크 영토의 3분의 1이 IS 수중에 들어갔고, 시리아 북부와 동부도 사실상 IS의 영향권 아래 있다. 2014년 시리아 동부지역 유전지대를 장악한 뒤에는 석유밀매를 통해 전투에 필요한 자금을 충당하고 있다. 점령한 영토에서 도굴한 문화재를 팔아넘기며 추가 수입도 확보하고 있다. 자금력은 기존 조직의 확대는 물론 새 조직원들을 영입하는 데도 유리하게 작용한다. 빈곤과 높은 청년실업에 시달리는 중동과 북아프리카 지역 청년들에게 IS 가입은 생존수단이 되기도 한다. IS에 들어오면 월급과 집을 제공하기 때문이다. 2014년 말 미국 상원은 IS에 속한 병사가 3만-5만 명에 이르는 것으로 추산했다.[14)]

3) 이슬람 과격세력의 실제적 위협 지속(알카에다, 보코하람, IS 등)

미국은 현재까지도 아프가니스탄, 파키스탄, 예멘, 소말리아, 북아프리카 등에서 여전히 알카에다 연결조직과 싸우고 있다.

2001년 9·11테러 이후 미국이 작성한 알카에다 10대 주요 간부 중 현재 살아있는 사람은 2011년 5월 빈 라덴이 파키스탄에서 사살된 후 최고 지도자 자리를 승

13) 조성권, '9월 테러의 국제정치학적 분석', 정세와 정책 2001년 2월호, 세종연구소
14) 경향신문. 2015.11.16(검색: 2015.11.23),

계한 아이만 알자와히리 뿐으로 많은 지도자들이 제거되었지만,[15] 알카에다가 미국과 파병국가들을 대상으로 한 보복테러를 공개 촉구하고 있는 가운데, '알카에다 사상'에 동조하는 이슬람 과격세력들이 전 세계에서 반미 · 반 서방 테러를 자행하고 선동함으로써, 이슬람 대 기독교간 대립구도는 계속될 것이다.

특히 최근 새롭게 부상한 극단주의 이슬람 수니파 무장단체 인 IS(Islame State)가 2015.11.13일 프랑스 파리연쇄테러 등의 잔인한 테러행위로 세계의 평화를 위협하며 전 세계의 공적이 되어 실체적 위협을 계속하고 있는 상황이다.

최근 IS 테러의 특징은 전선 없이 민간인들의 대규모 살상을 노리고 있다는 점이다. 시리아와 이라크 일부 지역을 근거지로 자국 정부 및 미국 등 서방국들과 싸우던 방식에서 전 세계에서 민간인을 공격하는 새 전략을 구사하고 있다는 것이 전문가들의 분석이다. 2015.10월 러시아 항공기를 공중 폭발시켜 224명을 숨지게 한 것을 시작으로 지난 12일 베이루트 쇼핑가에서 자살폭탄 테러로 43명을 희생시키고, 파리 시민을 살해한 것이 그 증거다.

4) 민족과 종교적 갈등에 따른 테러의 지속 가능성

테러리즘의 동기가 종교화 · 이념화(religiously or ideologically motivated)되면서 급진적인 이슬람 근본주의자 조직이나 종교를 표면에 내세우는 조직들이 다양한 방법의 테러위협을 가하고 있다. 냉전 종식과 더불어 존재이유를 상실한 정치적 · 이념적 테러리즘이 쇠퇴하고, 뿌리 깊은 민족적 · 종교적 테러리즘이 전면에 등장하고 있다. 오래된 민족갈등(북아일랜드, 바스크족, 팔레스타인, 쿠르드족) 뿐만 아니라, 최근의 종족 갈등(위구르족, 티모르족)문제도, 구소련의 붕괴 이후 민족주의-분리주의-민족통일주의 등과 맞물려 테러의 주요 요인으로 여전히 작용하고 있다. 팔레스타인 테러단체들의 對이스라엘 테러 투쟁과 이스라엘의 보복 공격의 악순환이 반복되고 있으며, 분리주의 운동이 활발한 스페인과 러시아 연방을 비롯하여 네팔과 콜롬비아 등지에서의 반정부 좌익테러도 빈발할 것으로 예상된다.

---

15) 이들은 대부분 미국의 무인전투기가 발사한 미사일로 사망했다. 연합뉴스, http://app.yonhapnews.co.kr/YNA/Basic/article/new_search/YIBW_showSearchArticle_New.aspx?searchpart=article&searchtext=%ed%85%8c%eb%9f%ac&contents_id=AKR20120126172100009(검색: 2012.03.01)

이념문제도 종교의 영향 아래 완전히 덮여 있는 것이 아니다. 터키의 혁명인민자유당전선(DHKP-C), 페루의 빛나는 길(Shining Path)과 인도의 낙살당원(Naxalites) 등과 같은 좌익운동 단체들과 더불어, 동물보호단체나 환경운동단체들과 같은 이슈그룹들도 정치적으로는 좌파적 경향을 띠고 있다.

또한 미국의 KKK, 영국의 Combat-18(C-18) 및 스킨헤드 단체들은 우익운동의 핵을 이루고 있다.

5) 테러목표와 방법의 변화 가능성

테러리즘에 대한 국제공조체제와 외교군사시설에 대한 경비 강화 등으로 테러분자들의 목표와 방법상에 변화가 생겼다. 경제 기반시설, 에너지 공급시설, 교통시설, 은행 및 관광지 등에 대한 무차별적 공격이 예상된다. 테러분자들은 정보에의 접근 및 획득, 선전, 기금 모금, 통신수단, 그리고 작전계획의 전파수단으로 인터넷을 빈번히 사용할 것이다.

총기와 폭탄은 테러공격수단으로 여전히 애용될 것이다. 차량폭탄은 특히 매력적인 수단으로, 대량 살상, 목표의 무차별성과 더불어 제조와 운반의 용이성, 다량의 운반능력과 높은 살상력, 인터넷상에서 사용방법을 익힐 수 있고, 획득이 용이한 장점이 있다. 자살테러는 중동과 스리랑카 등지에서 크게 증가하였으며, 여전히 사용될 가능성이 높으며, 최근에는 여성 테러리스트도 증가 추세에 있다.

또한 WMD(대량살상무기)가 확산되려는 경향이 나타나기 시작하였다. 강화된 보안조치로 인해 새로운 공격방법을 모색하고자 하는 테러분자들에게, 또는 좌절과 무기력감으로 자포자기 상태인 테러조직의 마지막 수단으로 이들 생화학무기나 방사능물질이 사용될 가능성이 있다. 가장 강력한 테러지원국가인 이란은 공격적으로 핵무기능력을 모색 중이고, 북한은 생화학무기를 보유 외에 은밀하게 우라늄 농축 프로그램을 추진하고 있다. 알카에다 조직도 CBRN 무기를 획득하려고 시도하고 있는 것으로 보인다. 그 외 사이버테러와 유전자공학 발전으로 인한 다양한 세균 및 바이러스를 이용한 바이오테러도 상상할 수 있고, 개개인이 첨단화로 손쉽게 이동가능한 포터블 대량살상무기를 가지고 테러를 자행할 수도 있다. 9.11이나 런던 지하철폭파 등과 같이 이젠 일반인들이 테러를 감행하는 세상이 되었다.[16)]

이슬람 극단주의 무장단체 이슬람국가(IS)가 자행한 프랑스 파리 테러에 대한 서구 정보기관과 테러리즘 전문가들의 평가다. 그동안 이슬람 무장세력이나 동조자들이 선보여온 테러 행태와 구별되는 새롭고도 한층 더 위험한 테러의 양상을 드러냈다는 것이다. 불특정 다수의 민간인을 노린 이런 방식의 테러를 막기는 더욱 어려워질 것이라는 전망이 나온다.

실례로 2015.11.13일 IS의 프랑스 파리 연쇄테러는 목표대상 선정과 사용무기, 실행방식 등에서 기존의 흐름을 벗어난다. IS출현 이전까지 이슬람테러의 대명사로 불려온 알카에다는 물론, 한동안 새로운 위협으로 떠올랐던 '외로운 늑대' 유형의 테러와도 다른 특징을 띤다. 알카에다는 2001년 9·11 테러에서 보여줬듯이 서구사회를 상징하는 장소를 테러 대상으로 삼아왔다. 오랜 기간의 준비를 통해 세계무역센터에 비행기를 충돌시켜 마치 미국 패권주의가 붕괴되는 것 같은 느낌을 창출했다. 하지만 IS의 파리 연쇄테러는 장소의 상징성보다는 저항이나 제지없이 매우 쉽게 다중에게 접근해 대량살상을 할 수 있느냐를 가장 우선적으로 고려한 것으로 보인다. 미국 '워싱턴 포스트'는 "파리 테러범들은 '소프트타깃'을 배타적으로 겨냥했다"며 "상징적 의미를 담는 권력구조의 접속점을 공격한다는 겉치레 따위는 안중에 없었다"고 지적했다. 소프트타깃 테러는 상대적으로 경비가 허술한 장소나 대중을 겨냥한 것으로, 침투나 공격이 어려운 정부기관이나 공공기관을 대상으로 한 '하드 타깃' 테러와 대비되는 개념이다.[17]

16) 권창기 · 강영숙, 전게서, pp.77~82.
17) http://blog.naver.com/PostView.nhn?blogId=moo8795&logNo=220541811184(검색: 2015.11.23)

제5장 >>> 국제테러단체[1]

1. 테러단체의 전략과 전술

1) 정치적 선전

테러리스트 단체가 테러를 통해서 얻고자 하는 핵심은 단순한 파괴보다는 행위를 통한 정치적 목적을 달성하려는 전략적 시도의 선전이다. 팔레스타인 테러단체들은 일련의 테러리즘 캠페인을 통해서 그들이 처해있는 정치상황을 전 세계에 알림으로써 국제사회의 여론을 환기시키고자 했다. 1972년 뮌헨 올림픽 당시 선수촌에 침입하여 이스라엘 선수들을 살해한 사건은 전 세계에 알려져 그들이 목표하는 바를 달성하였다. 이 사건 이후 국제사회는 팔레스타인들이 누구인가? 팔레스타인 문제가 무엇인가? 팔레스타인이 원하는 것이 무엇인가? 라는 물음에 대한 관심을 기울이는 계기가 되었음은 물론이다.

2) 공포의 확산

공포의 확산이란 전술목표를 달성하기 위해 테러조직은 민간인에 대한 무차별적 공격을 감행한다. 팔레스타인인민해방전선(PELP)의 설립자인 조지 하바시가 "전시에 전투원 수만 명을 사살하는 것보다 평화 시에 민간인 1명을 살해하는 것이 효과면에서 더 우수하다"고 언급한 것은 테러조직이 공포의 확산을 위해 민간인에 대한 무차별 공격을 자행할 수 있다는 논리근거로 작용하고 있다.

---

1) 국가정보원, http://www.nis.go.kr/AF/1_6_2_2_2/list.do(검색: 2015.11.23)

3) 인간무상 심리 메시지 전달

테러범들은 아무런 죄도 없는 무고한 사람들을 선택하여 살해 등 무자비한 공격을 감행함으로써 "너도 공격의 대상이 될 수 있다"라는 메시지를 통한 인간무상 심리를 전달하려고 한다. 그렇게 함으로써 결국 평화를 추구하는 모든 사람들에게 공포심을 심어 주고자 노력하는 것이다.

4) 자신들의 집단 및 테러단체 과시

테러사건을 통하여 자신들의 주의. 주장. 목표. 이념 등을 널리 선전하고 과시하며 홍보하려는 전략을 추구하게 되는 것이다. 이러한 점에서 테러사건 발생 시 언론매체의 역할은 중요한 위치에 놓이게 되는 것이다. 또한 군소 테러단체의 알카에다, 탈레반 등의 테러단체에 충성심을 보이거나 자신의 정체성, 선명성, 투쟁의지를 과시하기 위한 행위 등이다.

5) 정부의 무능유도

정부의 무능을 부각시킴으로 정부와 국민 간의 신뢰를 떨어트림으로 정부의 기능과 정책의 효율성을 저하시킨다. 1979. 11. 4~1981. 1. 20까지 444일 동안 이란의 미 대사관 점거사건에서 효과적으로 대처하지 못한 지미 카터(Jimmy Carter)대통령의 위기관리능력 부재는 대선에서 로널드 레이건(Ronald Reagan)에게 패하는 결정적인 원인이 되었다. 테러사건 대응과정에서 나타난 실수로 인한 인질의 부상 및 살해, 위기관리 능력의 부재노출 등으로 결국 정부의 무능함을 노출시키고 정치적 부담을 가중시켜 국민의 불신을 만들려는 테러조직의 전술은 카터 정부를 무너지게 만들었다. 이는 전면전의 초기단계로 정부의 전쟁수행능력을 저하시키는 단계로 자행된다.

6) 동료 테러리스트의 석방 및 자금조달

테러단체는 인질극 혹은 폭탄공격에 대한 위협을 통해 작전에 투입되어 체포된 동료 테러리스트의 석방을 꾀하거나, 인질의 석방에 대한 대가로 현금을 요구하여 그들 단체의 원활한 활동을 위한 자금을 충당하고 있다.[2] 이는 테러단체의 활동 자금의 확보나 투쟁동력을 충전하는 전략적 행동이다

2. 국제테러단체 종류

전 세계적으로 국제테러단체의 수는 매우 많지만 대륙별로 분류해 보면 다음의 〈표 7-1〉, 〈표 7-2〉의 내용과 같다. 그 가운데에서 주요 테러조직에 대한 간단한 현황만 나열하였다.

〈표 7-1〉 국제테러단체(대륙별 분류)

아태	
네팔	네팔 공산 반군(CPN-M), 네팔 방위군(NDA)
미얀마	카렌민족연합(KNU), 카친독립군(KIA)
방글라데시	자마툴 무자헤딘 방글라데시(JMB), 자마테 이슬라미(Jel)방글라데시
스리랑카	타밀엘람 해방 호랑이(LTTE)
아프가니스탄	탈레반(Taliban), 알카에다(AQ), 하카니 네트워크(HQN), 히즈비 이슬라미 굴부딘(HIG)
인도	인도 마오이스트 공산당(CPI-M), 아삼해방전선(ULFA), 反포스코 투쟁위원회(PPSS), 인도 무자헤딘(IM)
인도네시아	제마 이슬라미야(JI), 자마 안샤루트 타우히드(JAT), 자유파푸아운동(OPM)
중국(중화인민공화국)	東투르키스탄 해방기구(ETLO), 東투르키스탄 이슬람운동(ETIM)
태국	바리산 민족혁명전선(BRN), 파타니연합해방기구(PULO)
파키스탄	파키스탄 탈레반 운동(TTP), 발로치스탄 해방군(BLA), 라쉬카르 에 타이바(LeT), 라쉬카르 에 장비(LeJ), 제이쉬 에 모하메드(JeM), 하라카툴 지하드 알 이슬라미(HUJI)
필리핀	아부 사야프그룹(ASG), 신인민군(NPA), 모로 이슬람 해방전선(MILF), 뱅사모로 이슬람자유전사(BIFF)

2) 특수경비원 교육교재, 사단법인 한국경비협회, 2012. p.267.

〈표 7-2〉 국제테러단체(대륙별 분류)

중동	
레바논	헤즈볼라(Hezbullah), 파타 알 이슬람(FAI), 준드 알 샴(JAS), 아스밧 알 안사르(AAA), 압둘라 아잠 여단(AAB)
리비아	리비아 이슬람 전투그룹(LIFG)
시리아	알 누스라 전선(Al Nusrah Front)
알제리	알 카에다 마그렙지부(AQIM), 무장 이슬람그룹(GIA), 알 무라비툰(Al-Mourabitoune)
예멘	후티 반군(Al Houtis), 예멘군 여단(SBY), 예멘 알 카에다(AQAP), 아덴-아비안 이슬람 軍(AAIA)
이라크	이라크 알 카에다(AQI), 이라크 마흐디 軍, 안사르 알 이슬람(AAI), 안사르 알 순나(AAS), 이슬람국가(ISIL), 아사이브 알 하크(AAH), 약속의 날 여단(PDB) , 카타이브 헤즈볼라(KH)
이란	준드 알라(JA)
이집트	무슬림 형제단(MB)
팔레스타인	하마스(HAMAS), 팔레스타인 해방인민전선(PFLP), 아부니달 기구(ANO), 알 아크사 순교자여단(AAMB), 팔레스타인 이슬람 지하드(PIJ)
아주	
나이지리아	니제르델타 해방운동(MEND), 니제르델타 자경단(NDV), 보코하람(BokoHaram), 안사루(ANSARU)
니제르	니제르 정의운동(MNJ)
말리	안사르 알 딘(AAD)
소말리아	알 샤바브(AS)
우간다	신의 저항군(LRA)

*자료: 국가정보원, http://www.nis.go.kr/AF/1_6_2_2_2/list.do(검색: 2015.11.23)

〈표 7-3〉 국제테러단체(대륙별 분류)

구주	
그리스	혁명투쟁(RS), 11.17혁명기구(N17)
러시아	특수목적 이슬람 연대(SPIR), 이슬람 국제평화유지 여단(IIPB), 카프카즈 에미레이트(Caucasus Emirate)
스페인	바스크 조국해방(ETA)
아일랜드	Continuity 아일랜드 공화군(CIRA)
영국	리얼 아일랜드 공화군(RIRA)
우즈베키스탄	이슬람 지하드연합(IJU), 우즈벡 이슬람운동(IMU)
터키	쿠르드 노동자당(PKK), 인민혁명해방군/전선(DHKP/C)
미주	
콜롬비아	민족해방군(ELN), 콜롬비아 무장혁명군(FARC)
페루	빛나는 길(SL)

*자료: 국가정보원, http://www.nis.go.kr/AF/1_6_2_2_2/list.do(검색: 2015.11.23)

1) 탈레반(Taliban: 학생)

◉테러단체 지정 : UN('99.10), 캐나다('13.5), 아프간, 러시아

◉투쟁목표 : 도덕적으로 엄격한 이슬람 정부 수립

◉결성년도 : 1994년 8월

◉지도자 : 물라 모하메드 오마르(Mullah Mohammed Omar)

□파슈툰 호탁 부족(Hotak tribe)출신

□1980년대 對蘇항쟁 참전 중 4번 부상(한쪽 눈 실명)

□1994년 자신의 '마드라사'(이슬람종교학교) 학생들로 '탈레반'을 구성하여 지역 군벌 소탕

□'96.9 카불 점령, '96년~'01년 까지 아프간의 실질적 지도자로 활동(사우디, 파키스탄, UAE가 탈레반 정부를 인정)

□'01.1 알카에다 지도자 오사마 빈라덴 등에 은신처 제공 및 지원 혐의로 UN

제재리스트에 등재, '01.10 미국은 1천만 달러 현상수배

□'01.10-'13.10 현재, 아프간 내 對서방 게릴라전 지휘

□아프간-파키스탄 접경 부족지역에 은신 중인 것으로 추정

◉이념 · 성향 : 이슬람 극단주의

◉활동지역 : 對정부 무장투쟁 및 연합군 · 외국인 대상 폭탄테러 · 인질납치

◉조직규모 약 36,000여명

◉활동수법 : 對정부 무장투쟁 및 對美 · 對서방 폭탄테러, 인질납치

◉생성배경 : 아프간에서 '나지불라' 공산정권이 붕괴(92.4)된 이후 민생 안정을 목적으로 이슬람 율법학교 학생들이 중심이 되어 결성

◉최근동향 :

□'01년 9 · 11 테러 이후 미국 등 연합군이 아프간을 침공하자 파키스탄 국경 산악지역으로 철수, 반정부 테러 및 게릴라 공격 자행

□'07.7 가즈니州에서 차량으로 이동 중이던 분당 샘물교회 신도 23명을 납치한 후 배형규 목사 등 2명을 살해한 후 석방

□'10.5 탈레반 조직원 10여명이 파르완州 소재 美 바그람 공군기지에 침투하여 자폭 공격, 총기난사 등을 전개하여 연합군 5명 부상

□'11.2 와르닥州에서 미군헬기를 격추, 특수부대(SEAL) 대원 22명 포함 탑승자 30명 전원이 사망

□'11.9 카불에서 정부 평화협상단 대표인 「랍바니」 前대통령을 자폭테러로 살해

□'13.6 카타르 도하에 정치사무소를 개설, 아프간정부와 평화협상을 시도. 하지만 외국군 전면철수와 수감 중인 동료석방을 전제조건으로 내세우고 있어 전망 불투명

2) 알카에다(Al Qaeda : the base, 基地)

◉테러단체 지정 : UN('01.10), 미국('99.10), 캐나다('02.7), 영국 · 호주 · 인도 · 러시아

◉투쟁목표 : 전 세계 이슬람 근본주의 확산 및 이슬람 신정국가 건설

◉결성년도 : 1988년

◉지도자 : 아이만 알 자와히리, '11.6 빈 라덴의 사망('11.5)으로 지도자 직위 승계
◉이념 · 성향 : 수니파 이슬람 극단주의
◉활동지역 : 중동 전역 및 아프간, 파키스탄 등 서남아시아
◉조직규모 : 아프간-파키스탄 접경지역 핵심부는 약 20-250명 추정, 추종세력은 수만명 추정, 9.11 테러 이후 소그룹 단위로 전 세계 60여개 국에 분산 · 잠복
◉활동수법 : 對美 · 對서방 자폭테러 및 요인 암살, 과격사상 전파
◉생성배경 : 80년대 아프간을 침공한 소련에 대항하기 위해 참전한 全세계 무슬림 전사들을 규합하여 '빈라덴'이 결성
◉최근동향 :
- '01.9. '아타'등 19명의 조직원들이 여객기 4대를 납치, 뉴욕 세계무역센터 · 워싱턴 펜타곤 등 건물에 충돌시켜 2,996명이 사망(9 · 11 테러)
- '05.7. 4명의 조직원들이 영국 런던 지하철과 버스를 대상으로 폭탄테러를 자행, 56명이 사망하고 770명이 부상
- '11.5 美 특수부대가 파키스탄에서 지도자 빈 라덴을 사살함에 따라 2인자였던 '알 자와히리'가 이를 승계, 反서방 보복공격 지속 선동
- 美무인기 공습으로 '11.8 2인자 '알 라흐', '12.2 파키스탄 내 조직 책임자 '바드르 만수르', '12.6 선전 · 선동 전문가 겸 작전지휘관 '알 리비' 등이 사망
- 구심점을 잃은 알카에다 지휘부는 과격사상 전파, 자생테러범 양성 등 간접활동에 주력하고 있으며, AQAP, AQIM 등 연계세력들은 對서방 직접공격보다는 정정 불안지역에서 영향력 확대를 모색하며 외국인 대상 테러 빈번 자행

3) IS(Islamic State)

◉별칭 : 이라크 알카에다(AQI), 이라크이슬람국가(Islamic State of Iraq, ISI), 이슬람국가(IS)
◉테러단체 지정 : 미국('04.12), UN('04.10), 캐나다('12.8)
◉투쟁목표 : 이라크內 서방세력 축출 및 수니파 이슬람 국가 건설
◉결성년도 : 2004년 4월
◉지도자 : 아부 바크르 알 바그다디(Abu Bakr al Baghdadi)

□ 바그다드 이슬람대학교 졸업 후 종교학교 교사로 활동

□ '03년 이라크戰 발발 이후 對美무장활동 전개하다 '05-'09수감

□ '10.4 이라크 티크리트에서 미군 및 이라크군과 교전 중 AQI지도자 '알 마스리'가 사망하자 지도자직 승계('10.5)

□ '11.10 UN이 국제테러분자로 지정, 미 국무부도 현상수배(1천만 달러)

□ '14.6 '알 바그다디'를 칼리프로 하는 이슬람국가(IS) 수립 선언

◉이념 · 성향 : 수니파 이슬람 극단주의

◉활동지역 : 이라크 중북부(바그다드, 카르발라, 니나와, 안바르, 디얄라 등) 및 시리아 동부 지역

◉조직규모 : 약 3만5천명, 외국인 전투원(FTF)은 2만2천여명, 서방국 출신자는 약 4,400명

◉활동수법 : 이라크 정부 및 시아파 대상 폭탄테러, 프랑스 파리 연쇄테러 등 자행

◉생성배경 :

□ '90년대末 '알 자르카위'('06.6 사망)가 아프간에서 이라크로 귀국 후 현지 급진세력을 규합, 팔루자에서 '유일신과 성전' 결성

□ '04년 '알 자르카위'가 알카에다와 연대를 선언하고, 조직 명칭을 '이라크 알카에다'(AQI)로 변경

□ '06.10 이라크 이슬람국가(ISI)로 조직명 변경 선언

□ '13.4 이라크 · 시리아 이슬국가(ISIS/ISIL)로 명칭변경 및 시리아 반군 '알 누스라 전선'(AQ 산하조직)과의 합병 선언

□ '14.2 알 카에다(AQ)는 'ISIL이 AQ분파가 아니라는 성명'발표

◉최근동향 :

□ '04.6 팔루지 지역에서 아국인 근로자 '김선일' 납치 · 살해를 주도

□ '10.10 바그다드 소재 기독교 교회를 점거하여 인질극을 벌이다 이라크 군 · 경과의 대치과정에서 58명이 사망하고 75명 부상

□ '11.5 '빈 라덴' 제거에 대한 보복으로 힐라에서 자폭테러 자행, 경찰 96명 사상

 '12.7 수도 바그다드 및 중남부 주요도시(25개)에서 시내 중심가, 경찰서 등 대상 동시다발 폭탄테러를 자행, 102명 사망 · 264명 부상
 '13.9 바그다드 시아파 집단 거주지 사드르 시티에서 추모객으로 붐비는 장례식장 겨냥 자폭테러를 자행, 72명 사망 · 120명 부상
 '14.1 이라크 서부 안바르주, 6월 모술 장악 후 이라크 군 · 경과 공방전을 거듭하면서 바그다드 · 아르빌 등 대도시 후방 테러 자행
 '14.8-'15.1 미군 주도 연합군의 공습에 반발, 인질로 잡고 있던 미국인 3명, 영국인 2명 및 일본인 2명을 잇따라 참수, 요르단 조종사 공개화형
 '14.8 시작된 연합군 공습으로 '15.5까지 조직원 10,000여명이 사망(6.3 미 국무부부장관 '블링큰'이 파리에서 개최된 ISIL 대책회의에서 발표)
 '15.11 ISIL은 프랑스 파리 동시다발(스타드 드 프랑스 축구장, 바타클랑 극장, 캄보디아 식당) 테러사건 관련 '총 8명의 지하디스크'가 범행을 자행했다고 발표(11.14)

4) 하카니 네트워크(HQN : Haqqani Network)

◉테러단체 지정 : UN('12.11), 미국('12.9)
◉투쟁목표 : 아프간 내 서방세력 축출 및 샤리아에 근거한 이슬람국가 건설
◉결성년도 : 1970년대
◉지도자 : 잘랄루딘 하카니(창설 및 최고 지도자)

 '70년대 공산혁명(다우드 정권)으로 국왕이 축출되자 파키스탄으로 망명, 이슬람 운동에 참여하던 중 파키스탄 ISI 후원 하에 '하카니'결성
 '80년대 파키스탄과 사우디 등 중동국가는 물론 미국으로부터 막대한 지원을 받으며 팍티카州를 중심으로 對蘇항쟁을 주도
 '95년 탈레반과 연대, '96년 탈레반 정권시 국경부족부 장관 역임
 '01.10 미군의 아프간 공격시 남동부 지역 군 총사령관으로 임명 되었으며, 이후파키스탄 부족지역(미람사)을 중심으로 연합군 대상 공격 지속
 '01.10 미군의 추적을 회피하려는 '빈 라덴' 등 알카에다 고위간부들에게 도피처 제공

 현재 고령으로 활동이 어려우며, 큰아들 '시라주딘 하카니(1973년생)'가 실질적 지도자

◉이념 · 성향 : 이슬람 원리주의(수니파)

◉활동지역 : 파키스탄을 근거지로 아프간 동부 3개州(팍티야 · 팍티카 · 코스트州)를 중심으로 활동하며 카불 공격을 주도

◉조직규모 : 약 10,000-15,000명

*'11.9 '시라주딘 하카니'는 약 10,000명 주장(아프간 정보부는 약 500명 추정)

◉활동수법 : 주요도시 정부청사와 연합군 기지를 대상으로 차량 · 자폭조끼를 활용한 자폭테러 등 동시다발 복합공격 구사(공격이 시작되면 사망할 때까지 싸움)

◉생성배경 : 아프간 親蘇정권('73~'78년)의 이슬람 박해에 대항하기 위해 결성

◉최근동향 :

 '08.1 카불 소재 세레나 호텔에서 자폭공격을 자행하여 6명 사망 및 6명 부상

 '08.7 카불에서 인도 대사관 차량 대상 자폭테러로 58명이 사망하고 140여명 부상

 '09.10 카불 소재 UN 게스트하우스에서 자폭테러로 9명 사망

 '10.5 파르완州 소재 미 바그람 공군기지 대상 자폭 등 동시다발 복합공격, 미군 계약자 등 1명이사망하고 9명이 부상

 '10.8 코스트州 미군기지 2곳(살레르노, 채프먼)을 습격하여 4명이 사망하고 7명 부상

 '11.6 카불 소재 인터콘티넨탈 호텔 기습공격으로 11명이 사망하고 2명이 부상

 '11.9 와르닥州 연합군 기지 대상 차량 자폭테러로 5명이 사망하고 90여명 부상

 '11.9 카불 소재 고층건물을 19시간 동안 점거하며 美대사관 및 NATO군 본부를 RPG 등으로 공격, 16명이 사망

 '12.4 카불 도심에 건축 중인 고층건물을 17시간 동안 점거하며 각국 공관과 연합군 기지를 로켓 등으로 공격, 8명이 사망하고 44명이 부상

- ’12.6 카불 외곽 카라가댐에 위치한 ‘스포즈마이’ 호텔을 점거, 투숙객을 인질로 12시간동안 교전, 17명이 사망하고 21명이 부상

5) 제마 이슬라미야(JI : Jemaah Isamiyah)

◉테러단체 지정 : UN(’02.10), 미국(’02.10), 캐나다(’03.4)

◉투쟁목표 : 동남아 전체를 아우르는 이슬람 원리주의 국가 건설

◉결성년도 : 1993년

◉지도자 : 아리스 수마르소노(일명 줄카르나)

- 인도네시아 대학에서 생물학 학위를 이수
- JI 창설자 중 한명인 ‘압둘라 숭카르’의 후계자로 숭카르가세운 이슬람 기숙학교에서 공부한 후 아프간에서 군사훈련
- 90년대 인니 말루쿠의 기독교도-무슬림간 폭력사태에 개입하였으며 ’02년 발리 폭탄테러 · ’03년 메리어트 호텔 폭탄테러 주도
- ’05.5 UN 국제테러분자로 지정됐으며, 미국은 현상수배(5백만불)
- 알카에다의 동남아 접촉망으로 알카에다와 직접적인 라인을 유지하고 있는 소수의 인물 중 하나인 것으로 알려짐

◉이념 · 성향 : 이슬람 원리주의

◉활동지역 : 인도네시아 · 말레이시아 · 필리핀 등 동남아 전역

◉조직규모 : 500여명

◉활동수법 : 미국 · 서방 시설 겨냥 폭탄테러 및 군 · 경 공격

◉생성배경 : 인니 정부가 네덜란드로부터 독립투쟁을 전개했던 이슬람 원리주의자들을 탄압하자 주요 지도자들이 말레이시아로 도피하여 결성

◉최근동향 :

- ’02.10. 휴양지 발리에서 나이트클럽 등을 겨냥한 3차례의 연쇄 폭탄테러로 호주인 88명 등 202명이 사망하고 300여명 부상
- ’05.10 발리 소재 식당 등 3곳에서 JI의 연쇄 폭탄테러가 발생하여 호주 · 일본인 등 26명이 사망하고 우리 관광객 6명 등 90여명 부상
- ’09.7 자카르타 소재 메리어트 · 리츠칼튼 호텔 대상 연쇄자폭테러로 7명이

사망하고 50명 이상이 부상

□'10.2-5월간 인니 보안당국은 아체지역 테러훈련 캠프급습 및 대대적인 소탕 작전을 전개, JI 조직원 60여명 체포

□'10.6 인니 경찰은 자카르타에서 덴마크 대사관 대상 폭탄테러를 기도하던 JI 간부 '압둘라 수나타'를 체포

□'11.1 파키스탄 보안당국은 아보타바드에서 발리 폭탄테러에 가담한 JI 핵심 조직원 '우마르 파텍'을 체포(인니로 이송되어 '12.6 20년형 확정)

6) 파키스탄 탈레반 운동(TTP:Tehrik I Taliban Pakistan)

◉테러단체 지정 : UN('11.7), 미국('10.9), 파키스탄('08.8), 영국('11.1), 캐나다 ('11.7)

◉투쟁목표 : 파키스탄 북서부 부족지역에서 정부군 철수 및 親美 정책 중단

◉결성년도 : 2007년 12월

◉지도자 : 물라 파즈룰라(최고 지도자, '13.11 선출)

*前 지도자 '바이툴라 메수드'('09.8), '하키물라 메수드'('13.11) 및 부사령관 '왈리레흐만'('13.5)은 美 무인기 공격으로 사망

◉이념 · 성향 : 이슬람 극단주의

◉활동지역 : 파키스탄 북서부 및 아프간 접경지역

◉조직규모 : 5,000여명

◉활동수법 : 친정부 부족지도자 · 파키스탄 정부 및 치안전력 · 서방국 시설 등을 겨냥한 암살 · 자폭테러 · 매복공격 등

◉생성배경 :

□FATA(부족자치州)지역 13개 소규모 이슬람 무장단체들이 연합, TTP결성

□알카에다 지휘부가 '파키스탄 보안당국의 FATA 지역내 무장단체 소탕작전에 저항 및 파키스탄 내 무장투쟁 강화'를 위해 TTP 조직결성을 적극 지원

◉최근동향 :

□'07.12 라왈핀디 지역에서 유세 중이던 '베나지르 부토' 前 파키스탄 총리 겨냥 자살폭탄 테러로 총리 사망

 '09.12 아프간 코스트주 미군기지(채프먼)에 자살폭탄테러 자행(CIA 요원 7명 등 10명 사망, 前 지도자 '바이툴라 메수드' 사망에 대한 보복이라고 주장)
 '10.5 뉴욕 타임스퀘어 차량폭탄테러 기도를 배후 조정
 '11.5 페샤와르 국경수비대에 자폭테러를 자행, 80명이 사망하고 150명이 부상
 '11.5 카라치 체류 사우디 영사 총격 살해 및 페샤와르 美 영사관 폭탄 테러
 '11.5 페샤와르 경찰청사(CID) 대상 차량 폭탄테러로 경찰관 8명 사망
 '11.5 카이버팍툰콰州 항구지역 경찰서 차량 폭탄테러로 36명 사망
 '12.9 카이버팍툰콰州 페사와르에서 美영사관차량에 자폭테러를 자행, 19명 부상
 '12.10 카이버팍툰콰州 스왓에서 여성교육 옹호 블로그를 운영하던 학생 '말라라'가 탑승한 학교버스에 총기를 난사, 중상(국제적 비난 초래)
 '12.12 카이버팍툰콰州 페샤와르에서 군 초소 2곳을 기습, 군인 24명을 납치 · 살해

7) 아부 사야프그룹(ASG : Abu Sayyaf Group : 칼의 아버지)

◉테러단체 지정 : UN('01.10), 미국('97.10), 캐나다('03.2)
◉투쟁목표 : 필리핀 남부 민다나오 등 무슬림 밀집지역에 이슬람 국가 건설
◉결성년도 : 1991년
◉지도자 : 라둘란 사히론(Radulan Sahiron)
 '70년대 정부군과 전투 중 부상으로 오른팔 절단
 '98년 '압두라작 잔잘라니'에 이어 '06.9 '카다피 잔잘라니'가 사망하자 ASG 지도자로 선출
 '05.12 UN은 同名을 알 카에다 연계 국제테러분자로 지정
 '12년 미국은 同名을 '주요 테러 수배자'(Most-Wanted Terrorist)에 등재하고 현상수배(1백만 달러)
 필리핀 당국은 同名이 민다나오지역에 은신하며 외국인 납치테러를 주도하고 있는 것으로 평가
◉이념 · 성향 : 이슬람 극단주의, 민족 분리주의

◉활동지역 : 필리핀 남부(민다나오섬, 술루제도 등)

◉조직규모 : 300여명

◉활동수법 : 군 · 경 겨냥 폭탄테러 및 매복공격, 외국인 · 사업가 등 납치

◉생성배경 : 80년대 후반 알 카에다 과격사상에 영향을 받은 '잔잘라니'형제가 정부와의 평화협상에 불만을 품은 '모로민족해방전선'(MNLF)내 강경파 등 이슬람급진주의자들을 규합하여 결성

◉최근동향 :

- '01.5 남부 휴양지 팔라완에서 미국인 3명 등 20명 납치
- '02.4 남부 민다나오 제너럴 산토스市의 한 백화점 앞에서 연쇄 폭탄 테러를 자행, 16명이 사망하고 60여명이 부상
- '04.2 마닐라 인근 해상에서 '수퍼페리 14호' 대상 폭탄테러를 자행하여 승객 116명이 사망
- '09.1 남부 민다나오 술루州에서 스위스 · 이탈리아 · 필리핀 국적 국제 적십자사(ICRC) 요원 3명을 납치
- '11.7 남부 민다나오 잠보앙가 델 노르트州에서 필리핀계 미국인 2명 납치
- '12.7 남부 바실란州에서 고무농장 근로자들이 탑승한 차량을 매복공격, 근로자 5명과 군인 1명이 사망하고 22명이 부상
- 외국인은 물론, 부유층 현지인을 겨냥한 납치테러를 지속 시도하고 있으며 JI, BIFF 등과 연계 군 · 경 공격 및 주요시설 폭탄테러 첩보 계속 입수

8) 헤즈볼라(Hezbullah : Party of Allah : 神의 黨)

◉테러단체 지정 : 테러단체 지정 : 미국('97.10) · EU('13.7) · 캐나다('02.12) · 호주('05.6)

◉투쟁목표 : 레바논內 시아파 이슬람국 건설 및 중동에서 서구세력 축출

◉결성년도 : 1982년('85.2 단체결성 공식 발표)

◉지도자 : 하산 나스랄라(사무총장)

- '82.7 이스라엘의 레바논 침공을 계기로 헤즈볼라에 가입
- '87-'89년 이란 콤(Qom)소재 종교학교에서 이슬람 공부

□ '92.2 이스라엘의 공습으로 「무사위」 헤즈볼라 사무총장이 피살되자 뒤를 이어 취임(3代 사무총장)

□ 2004년 이스라엘과 포로교환 협상주도, 수백명의 레바논·팔레스타인 출신자 귀국

□ '13.5 시리아 내전 공식 참전 선언

□ 나임 카셈(Naim Qassem, 副사무총장, 1982년 이후 연임)

◉이념 · 성향 : 시아파 이슬람 극단주의

◉활동지역 : 레바논 베이루트, 베카계곡 및 남부 지역

◉조직규모 : 정규군 5,000여명, 예비군 15,000여명

◉활동수법 : 남부 국경지역 이스라엘軍 및 주요 도시 소재 서방시설 대상 중화기·폭발물 공격

◉생성배경 : 이스라엘의 레바논 침공('82.7)을 계기로 시아파 이슬람 단체인 '이슬라믹 아말'과 '다와'당이 연합하여 결성

◉최근동향 :

□ 1980년대 對이스라엘·對美 투쟁을 주로 전개

□ '83.4 美 대사관 공격(63명 사망), '83.10 美 해병대 캠프 공격(241명 사망), '84.9 두번째 美 대사관 공격(20명 사망), '85.6 TWA 여객기 납치

□ '92.3 부에노스아이레스 주재 이스라엘 대사관 공격(22명 사망), '94.7 부에노스아이레스 소재 유태인센터 공격(80명 사망)

□ 1992년 총선에서 12석 획득

□ '06.7-8간 헤즈볼라의 이스라엘 병사 2명 납치로 제2차 레바논 전쟁 발발

□ '11.1 UN과 레바논 정부가 '하리리' 前 총리 암살혐의로 조직원 4명을 기소하려하자 내각 사퇴를 유도하고 親헤즈볼라계 '미카티'를 새 총리로 선출

□ '12.7 사이프러스 당국은 이스라엘 관광객 테러 기도혐의로 헤즈볼라 조직원 1명 체포

□ '12.7 불가리아에서 이스라엘 관광객 탑승 버스에 폭탄테러를 자행, 5명이 사망하고 32명이 부상('13.7 EU는 同 사건계기 헤즈볼라를 테러단체로 지정)

□ '13.5 시리아 내전에 공개적으로 참전, 전략 요충지 쿠사이르지역 탈환 지원

9) 리비아 이슬람 전투그룹(LIFG: Libyan Islamic Fighting Group)

◉테러단체 지정 : 테러단체 지정 : UN('01.10), 미국('04.12), 영국('05.10)

◉투쟁목표 : 레바논內 시아파 이슬람국 건설 및 중동에서 서구세력 축출

◉결성년도 : 1995년

◉지도자 :

 아부 레이트 알 리비(Abu Layth al-Libi, 설립자, '08.1 사망)

 아나스 알 리비(Anas al Libi))

- '94 수단에서 발생한 대규모 폭력사태 이후 알카에다에 가입
- '95 알카에다의 이집트 '무바라크' 대통령 암살기도 실패 후 영국에 정치적 망명
- '96 영국 정보기관(MI6) 지원 하에 리비아 '카다피' 대통령 암살기도
- '99 영국 경찰청에 테러연계혐의로 체포되었으나 증거 불충분으로 석방
- '01.10 미 국무부는 '98.8 발생했던 케냐 및 탄자니아 주재미대사관 폭탄테러 연계 혐의(알카에다 전산전문가로 활동하며 아프리카 주재 미국, 영국 등 서방대사관 사전정찰)로 현상수배(5백만 달러)
- '13.10 리비아 트리폴리에서 미 특공대(CIA · FBI 및 델타포스로 구성)에 의해 체포, 미국으로 이송되어 재판 중

◉이념 · 성향 : 수니파 이슬람 극단주의

◉활동지역 : 리비아

◉조직규모 : 500여명

◉활동수법 : 對정부 무장투쟁 및 요인 암살

◉생성배경 : 아프간 내 對蘇항쟁이 끝난후 리비아로 돌아온 무슬림주의자들이 '카다피'정부를 타도해야할 反무슬림 억압정권으로 규정, 동부지역에서 지지자들을 규합하여 결성

*카다피 축출을 위해 美 · 英 등 서방 각국이 지원했다는 의혹

◉최근동향 : 리비아 정부의 강력한 소탕작전으로 세력이 약화되었으나 '알 카에다'와 연계되어 대정부 무장투쟁 지속 전개

10) 알 누스라 전선(Al Nusrah Front)

◉테러단체 지정 : UN('13.5), 미국('12.12), 영국('13.7)

◉투쟁목표 : 시리아 '아사드' 정권 타도 및 샤리아法 근거 이슬람 국가 건설

◉결성년도 : 2012.1 (Youtube에 비디오 성명 발표)

◉지도자 : 아부 모하마드 알 고라니(지도자, 가명 추정)

□ 이라크 알카에다를 창설한 '알 자르카위' 부하출신으로 이라크內 對美 전투 경험 풍부

□ 시리아內 反아사드 저항운동이 시작되었을 당시 이라크에서 '알 누스라' 창설을 위해 '이라크 알카에다' 고위 조직원들과 함께 시리아로 잠입

□ '12.1 '알 누스라 전선' 결성 및 최고 지도자로 활동

□ '13년 미국(5월)과 UN(7월)은 同名을 국제테러분자로 지정

□ '13.10 시리아 정부는 소탕작전 중 同名을 제거했다고 발표했으나 '알 누스라 전선'은 이러한 주장을 부인

◉이념 · 성향 : 수니파 이슬람 극단주의

◉활동지역 : 수도 다마스쿠스, 알레포, 하마 · 이들립州 등 시리아 북동부

◉조직규모 : 7,000여명('13.7 이코노미스트紙)

◉활동수법 : 무장 공격 외 자폭테러, IED공격, 암살 등 자행

◉생성배경 : 알카에다의 시리아內 거점 확보 전략에 의거, 이라크 알카에다(AQI)주도로 결성

◉최근동향 :

□ '12.2 알레포에서 보안기관 대상 차량폭탄테러 자행(28명 사망 · 235명 부상)

□ '12.4 다마스쿠스 '마이단'에서 자폭 테러 자행(10명 사망 · 20여명 부상)

□ '12.5 다마스쿠스 발생 대규모 자살 폭탄테러(350여명 사망) 배후

□ '12.9 다마스쿠스 소재 군 기지를 대상으로 연쇄 차량자폭테러를 자행, 군인 등 4명이 사망하고 14명이 부상

□ '12.10 알레포에서 4건의 폭탄테러를 자행, 50여명 사망

□ '12.10 다마스쿠스 소재 공군기지 대상 자폭테러를 자행, 사상자 100여명 발생

□ '13.5 사린가스 2kg을 소지한 同단체 조직원 2명 터키에서 체포

*시리아 북부 소재 석유 · 가스전 등 주요 국가시설뿐만 아니라 송유관 · 댐 · 발전소 · 곡물 저장소 등을 통제하면서 얻은 이익을 조직원 생계유지 · 무기구매 · 주민지원 등에 활용

11) 후티반군(Al Houtis)

◉투쟁목표 : 예멘 북부 사다지역 차별 타파 및 자치권 확대

◉결성년도 : 2004년 6월

◉지도자 :

 압둘 말릭 알 후티(창설자의 동생, 후세인 뒤를 이어 現 지도자로 활동)

 시아 Zaidiyyah파 종교지도자, Zaidiyyah파는 '후세인 알리의 손자의 이름을 딴 분파

 '04.9 정부군과 교전으로 지도자였던 형 '후세인 바레딘알 후티' 사망 이후 지도자직 승계

 '09.12 사우디 공군의 폭격으로 사망했다고 발표되었으나 후티반군은 비디오 영상을 통해 생존했다고 주장

 예멘 사다州를 근거지로 TV, 인터넷 등을 통해 빈번하게 코란 강의와 성명서를 발표

◉이념 · 성향 : 시아파 이슬람 원리주의

◉활동지역 : 사다 · 알조프 · 암란州 등 예멘 북서부지역

◉조직규모 : 3,000여명

◉활동수법 : 예멘 정부군 대상 게릴라식 무장공격, 親정부 부족인사 살해

◉생성배경 : 예멘 정부의 親美정책과 사다 지역에 대한 차별 정책에 불만을 품은 시아파 지도자 '후세인 바레딘 알 후티'가 결성

◉최근동향 :

 '05.4 사다州에서 정부군을 공격, 280여명 사망

 '08.5~7 사다州에서 후티반군과 정부군간 교전으로 1,000여명 사망

 '10.7.18-22간 암란州에서 親정부 부족과의 총격전으로 양측에서 69명 사망

 '10.11 알조프州에서 AQAP가 후티반군 겨냥 차량 폭탄테러(23명 사망)를 자

행하는 등 양측 간 관계악화

□'11.3 후티반군 세력이 反정부 시위정국에 따른 치안불안을 틈타 사다州 대부분 지역 장악

□'13.6 수도 사나 소재 국가보안부 청사 앞에서 후티 부족 시위대가 수감 부족민 석방 요구타 무력 진입(자동소총·수류탄 사용)을 시도, 후티 부족원 7명 사망 및 30여명 부상

12) 보코하람(Boko Haram)

* '예언자의 가르침과 지하드 전파를 위해 최선을 다해야 한다'는 의미

◉테러단체 지정 : 미국('13.11), 나이지리아('13.6)

◉투쟁목표 : 이슬람 샤리아 법에 의한 나이지리아 북부지역 통치

◉결성년도 : 2002년

◉지도자 : 아부바카르 세카우(지도자)

□보코 하람 창설자 '유수프' 사망(2009년) 전까지 부관으로 활동

□'10.7 비디오 성명을 발표, 보코하람 지도자로 자처

□'12.6 美 국무부, 同名을 현상수배(700만불)

□'13.8 나이지리아 정부는 31만2천불 현상수배

□'13.8 일부언론이 同名이 사망했다고 발표했으나 9.25 보코하람은 同名이 직접 출연한 동영상 공개

-아부 자미라 모하메드(Abu Zamira Mohammed, 2인자)

-리만 이브라힘(Liman Ibrahim, 정신적 지도자, 이맘)

◉이념·성향 : 이슬람 극단주의

◉활동지역 : 카노·바우치·보르노·플래토州 등 나이지리아 중·북부 지역

◉조직규모 : 1,500여명('12.6 나이지리아 보안당국 추산)

◉활동수법 : 정부시설·관리 및 기독교도 겨냥 무장공격

◉생성배경 : 2002년 이슬람 극단주의자인 '모하메드 유수프'('09.7 사망)가 서양식 민주주의와 교육체계 전면 폐지를 주장하며 결성

◉최근동향 :

- '10.9 바우치州 소재 교도소 습격, 동료 조직원 등 800여명 탈옥
- '10.9 바우치州 소재 교도소 습격사건을 계기로 활동 급증, 2011년부터는 남부지역에 침투하여 알카에다式 자폭테러 전술 구사
- '10.12 크리스마스를 계기로 플라토州 및 보르노州 소재 교회 겨냥 연쇄 폭탄테러 및 무장공격으로 기독교도 40여명 사망
- '11.6 수도 아부자 소재 경찰청 대상 나이지리아 최초의 자살 폭탄테러를 자행하여 23명 사상
- '11.8 수도 아부자 소재 UN사무소 대상 차량 자폭테러를 자행하여 UN직원 등 20여명이 사망하고 80여명 부상
- '12.1 북부 카노市에서 州 경찰청·국가보안부 지부 등 8개 정부기관을 대상으로 동시다발 차량폭탄테러(20건)을 자행, 경찰 등 215명 사망
- '12.6 카두나州에서 교회 3곳을 대상으로 연쇄테러를 자행, 50명 사망
- '12.8 코기州에서 교회에서 예배 중인 기독교인 대상 총기를 난사, 19명 사망
- '13.5 북서부 3개州에 비상사태 선포 이후 정부군의 강력한 소탕작전으로 보코하람에 의한 주요 목표 및 도시들에 대한 동시 다발적인 테러는 감소
- '13.9 북동부 요베州 중심도시 다마투루 인근 농업학교 기숙사에 난입 후 총기 난사, 40여명 사망

13) 안사르 알 딘(AAD)

◉테러단체 지정 : UN('13.3), 미국('13.3)

◉투쟁목표 : 말리 북부에 샤리아에 근거한 민족(투아렉족)국가 건설

◉결성년도 : 2011년 말

◉지도자 : 이야드 아그 갈리(설립자)

- '80-'06년 까지 자신이 조직한 '아자와드 인민 해방운동'(MPLA,'88년) 등을 지휘하며 투아렉족 반군 활동
- '03년 알제리 살라피스트그룹(이후 AQIM)에 납치되었던 독일 관광객 14명 석방 협상 중재자로 참여(이후 '08년,'10년, '11년에도 인질석방 중재자로 활동)
- '07년-'10년 駐사우디(제다) 말리 영사관에 외교관으로 근무

□'10년 사우디는 테러분자 접촉혐의로 同名을 PNG
□'13.2 UN과 美 국무부는 同名을 국제테러분자로 지정
□'14.8 프랑스대상 테러를 선동하는 비디오 공개
◉이념 · 성향 : 이슬람 극단주의
◉활동지역 : 말리 북부(키달, 데살리트, 가오, 팀북투 등)
◉조직규모 : 400여명
◉활동수법 : 말리 북부를 중심으로 군과 직접적인 교전을 통해 지역 장악
◉생성배경 : 지도자 '갈리'가 사우디(대사)에서 추방(2010년)된 후 알카에다(AQIM)와 연계, 말리 북부 독립을 위한 투쟁세력 구축
◉최근동향 :
□'12.4 지도자 '이야드 아그 갈리'는 말리 북부 팀북투를 점령한 뒤 라디오 방송을 통해 '샤리아의 적에 대한 지하드'를 선포
□'12.6 '안사르 알 딘'이 '아자와드민족해방운동'(MNLA)과 교전, 승리함으로써 북부 3대도시인 팀북투 · 가오 · 키달 점령
□'12.6 '안사르 알 딘' 무장세력들이 북부 팀북투 소재 UNESCO 지정 세계문화유산인 이슬람 사원 등 지역 유적들을 도끼 · 삽 · 칼 등으로 파괴
□'12.11 AQIM에 대한 지지를 공개적으로 표명
□'13.1 정규군이 '안사르 알 딘'에게 패퇴하자 '트라오레' 과도정부 대통령은 국가 비상사태 선언과 동시에 프랑스에 도움 요청
□'13.1 '안사르 알 딘'은 프랑스의 군사 개입과 관련해 '프랑스 국민들이 비참한 결과를 맛보게 될 것'이라며 보복을 다짐
□'14.2 말리 북부 데살리트소재 UN 캠프를 로켓(9발)으로 공격(사상자 미발생)
□'15.6 말리 남부 미센시에서 국경초소 3곳을 기습공격, 군인 3명 사상

14) 하마스(HAMAS : 이슬람 저항운동)

◉테러단체 지정 : 미국('97.10), EU('03.9), 캐나다('02.11) 등
◉투쟁목표 : 팔레스타인 해방 및 팔레스타인 지역에 이슬람 국가 건설
◉결성년도 : 1987년 12월

◉지도자 : 칼레드 마샬(現 지도자)

□'71년 쿠웨이트 거주 중 '무슬림 형제단' 가입

□'70년대 후반~'80년대 초반, 쿠웨이트大 졸업(물리학전공) 및 교사로 생활

□'87년 하마스 창설 이후 쿠웨이트 지부 책임자로 활동

□'90년 이라크의 쿠웨이트 침공 시 요르단으로 이동

□'96년 하마스 정치국 위원장으로 선출

□'99.8 요르단에서 추방되어 카타르, 시리아에서 은신

□'04년 전임자 Abdel Aziz al-Rantissi 암살 이후 하마스 정치 부문 지휘

□'12년 시리아 내전 발발로 카타르로 근거지 이전

◉이념 · 성향 : 수니파 이슬람 극단주의, 민족주의

◉활동지역 : 팔레스타인 가자, 서안지구 및 레바논지역 난민캠프

◉조직규모 : 약 9,000여명

◉활동수법 : 對이스라엘 군 · 민 대상 폭탄테러, 총격, 로켓공격 및 납치

◉생성배경 : 이집트 '무슬림 형제단'의 팔레스타인 지부소속 강경세력들이 팔레스타인 독립을 위해 활동해 오다 1987년 제1차 '인티파다(對이스라엘 팔레스타인 민중봉기)'를 계기로 결성

◉최근동향 :

□'00.9. '제2차 인티파다'가 발발하자 자폭테러와 요인암살 등을 집중 자행

□'04.1 이스라엘 '에레즈' 공업지구에서 하마스 여성 조직원의 자폭테러로 7명 사망

□'06.1 개최된 팔레스타인 의회 선거에서 하마스가 전체 132석 중 76석을 획득(집권당인 파타는 43석을 차지)

□'08.12-'09.1 이스라엘군과 하마스 간 '가자 전쟁'이 발발, 800여명 사망

□'11.5. 파타 '압바스' 수반과 하마스 '칼레드 마샬' 최고지도자는 이집트 카이로에서 통합정부 구성을 목표로 '화해협정'을 체결

□'11.8. 이스라엘 남부 휴양지 '에일라트'에서 하마스 연계단체 '인민저항위원회'(PRC)가 3차례의 연쇄 폭탄테러를 자행, 30여명이 사상

□'11.10. 수감 중인 팔레스타인 재소자 1,027명과 이스라엘 병사 '길라드 살리

트'('06.6 하마스에 납치) 교환 협상 타결

□'12.11. 이스라엘과 하마스 간 전쟁 재발, 하마스는 로켓 1,400발을 발사하며 저항

□'12.11. 텔아비브에서 PIJ조직원과 합동으로 버스 폭탄테러를 자행, 29명 부상

15) 리얼 아일랜드 공화군(RIRA : Real Irish Republican Army)

◉테러단체 지정 : 미국('01.5), 영국(1998년)

◉투쟁목표 : 北아일랜드에서 영국軍 완전 철수, 아일랜드 통일정부 건설

◉결성년도 : 1997.11

◉지도자 : 마이클 맥케빗(창설자)

□ 원래 'IRA' 간부(물자, 재정 담당)였으나 동 조직이 평화협상을 통해 무장투쟁중지를 선언하자, 불만을 품고 RIRA 창설

□'98.8 '오모' 테러 자행 등의 혐의로 '03.8 20년형 선고

◉이념 · 성향 : 민족 분리주의

◉활동지역 : 北아일랜드, 영국, 아일랜드

◉조직규모 : 100여명

◉활동수법 : 北아일랜드 주둔 영국軍 및 경찰 총격 · 폭탄테러

◉생성배경 : IRA가 영국, 아일랜드 정부와 평화협상을 진행하자 이에 불만을 품은 극렬 무장세력이 IRA에서 분파되어 결성

◉최근동향 :

□'98.8 北아일랜드 오모에서 차량 폭탄테러를 자행하여 29명이 사망하고 200여명이 부상

□'00.9 英 복스홀 소재 정보기관(SIS) 건물대상으로 로켓포 공격을 시도하였으나 인명피해 未발생

□'09.3 北아일랜드 안트림 소재 영국軍 숙소를 공격, 2명 사망

□ 2010년 이후 軍위원회(Army Council) 집단 의사결정 체제로 운영 중으로 '英여왕의 北아일랜드 방문('11.5.17～20)을 반대하고 가톨릭 출신 경찰 대상으로 테러를 계속 하겠다고 위협

□'12.4. 북아일랜드 南아마에서 경찰 순찰대 공격을 위해 수로에 다량의 폭발물(약 300kg)을 설치하였으나 사전 적발, 무산

□'12.7 '反마약 공화행동'(RAAD) 및 중소 무장단체들이 RIRA와 통합, 스스로 본인들을 '아일랜드 공화군'으로 지칭

□'12.9 북더블린에서 RIRA 간부 '앨런 라이언'이 미상세력의 총격을 받고 사망

16) 쿠르드 노동자당(PKK : Kurdistan Worker's Party)

◉테러단체 지정 : 미국('97.10), EU · 호주('05.12) 등

◉투쟁목표 : 터키 남동부지역에 쿠르드族의 독립국가 건설

◉결성년도 : 1978년 11월

◉지도자 : 무라트 카라일란(Murat Karayilan)

□'79년 직업학교(기계) 졸업 직후 PKK에 가입

□'99년 '오잘란' 체포 이후 PKK의 실질적 지도자(사령관)로 활동

□'12.10 알자지라와의 인터뷰에서 PKK는 수니-시아파간 종파분쟁이 아닌 쿠르드族의 독립을 위해 투쟁한다고 주장(시리아 내전 가담설 부인)

◉이념 · 성향 : 극좌, 쿠르드族분리주의. 사회주의

◉활동지역 : 터키 전역 및 이라크 북부, 시리아 접경지역

◉조직규모 : 4,000～5,000여명(이중 3,000～3,500여명은 이라크 북부에서 활동)

◉활동수법 : 터키 정부 · 치안전력 공격 및 외국인 대상 테러

◉생성배경 : '오잘란'이 사회주의 국가건설을 위해 좌익단체 '혁명청년당'을 결성하자 터키 군부가 탄압, 시리아로 이전하여 PKK 창당

◉최근동향 :

□'99년 PKK 창시자인 '오잘란'은 케냐에서 체포되어 사형선고를 받았으나 현재 무기징역형으로 감형되어 복역 중

□'99.7. 이라크 하시움란 지역 마을에 대한 총격테러로 5명 사망, 29명 부상

□'08.7. 이스탄불 소재 쇼핑센터 대상 연쇄테러로 17명 사망, 154명 부상

□'08.1. 남부 디야바키르에서 정부군이 탑승한 버스 대상 폭탄테러로 4명 사망, 68명 부상

□'11.10 남동부 하카리州 소재 군기지에 대한 동시다발 총격테러로 병사 24명 사망

□'12.8 중남부 가지안테프州카르스야카에서 폭발물이 적재된 트럭으로 경찰서를 공격, 9명이 사망하고 69명이 부상

□'12.12. 터키정부의 쿠르드族관계자들의 '오잘란' 면회허용 등 유화정책으로, PKK는 정부와의 평화협상을 재개

□'13.3 '오잘란'은 정전을 선언하고 반군 조직의 터키 철수를 발표

□'13.5 PKK는 약속대로 터키에서 이라크로 철수 개시.

17) 콜롬비아 무장혁명군(FARC)

◉테러단체 지정 : 미국('97.10), EU('02.6), 캐나다('03.4)

◉투쟁목표 : 콜롬비아內 공산주의 국가 건설

◉결성년도 : 1964년

◉지도자 : 로드리고 론도뇨 에체베리(지도자)

□조직 내 마약 및 무기 밀매 협상담당, 방첩분야 전문가

□1982년 FARC에 가담하여 9전선(칼다스州)에서 활동하다 1988년 동부지역 책임자로 선출

□'08년 이후 베네수엘라 접경지역에서 주로 활동,

□'11.10경 노르테데 산탄데르州에서 120여명의 조직원들과 함께 목격

□'11.11 前지도자 '알폰소 카노'가 교전 중 사망한 이후 지도자로 선출

◉이념 · 성향 : 극좌, 反제국주의

◉활동지역 : 콜롬비아 및 베네수엘라, 에콰도르 접경

◉조직규모 : 8,000~9,000명

◉활동수법 : 콜롬비아 군 · 경 무장공격, 외국인 납치 및 사회기간시설 폭파

◉생성배경 : '47년 창단된 '콜롬비아 공산당' 산하 무장조직으로 조직되어 쿠바혁명 등을 거치면서 지방자치 방어군을 통합 · 결성

◉최근동향 :

□'11.7 남서부 카우카州 알 카구에르市 시장 납치

- '11.11 콜롬비아 정부군은 남서부 카우카州에서 '08년부터 조직을 이끌어 오던 '알폰소 카노'를 사살(작전명 '오디세오')
- '11.11 FARC는 조직 내 마약 · 무기 밀매 협상 담당 및 방첩분야 전문가인'티모첸코'를 새 지도자로 선출
- '12.2.1~2. 남서부 나리뇨 · 카우카 등지에서 FARC의 연쇄 차량 폭탄테러로 민간인 · 경찰 등 16명이 사망하고 86명이 부상.
- '12.5 수도 보고타에서 오토바이에 탑승한 FARC 조직원이 前내무장관 '론도뇨'의 차량에 부착한 자석식 폭탄이 폭발, 경호원 2명이 사망하고 54명이 부상
- '12.8 북동부 아라우카州 등지에서 송유관 · 송전탑 등 인프라 시설 대상 테러
- '12.11 쿠바 아바나에서 정부-FARC간 평화협상 개시
- '13.8 對정부 평화협상이 지지부진한 가운데 FARC는 북동부 아라우카州를 중심으로 활동하며 소규모 단위로 테러를 자행

18) 빛나는 길(SL : Sendero Luminoso)

◉테러단체 지정 : 미국('97.10), EU('02.5), 캐나다('03.2)

◉투쟁목표 : 페루 내 공산주의 국가 건설

◉결성년도 : 1969년

◉지도자 : 콤라데 아르테미오(Comrade Artemio,前 지도자))

- 페루는 同名을 Jose Florez Leon으로, 미국은 Gabriel Macario라고 지칭
- '79~'80 남부 타그나州소재 221 기갑대대에서 군복무
- 언론을 통해 '페루 정부는 수감 중인 SL조직원들을 석방하고 평화협상에 임하라'고 주장('06.9), '정부군의 공세에도 불구하고 무장투쟁을 계속 하겠다'고 협박('08.9)
- '11.12. 투쟁에서 패배했다고 인정하며 정부에 평화협상제의
- '12.2. 정부군과 전투 중 부상을 입고 체포, 복역 중('13.7. 무기징역)

◉이념 · 성향 : 극좌(마오쩌둥 사상 추구

◉활동지역 : 페루(중부 VRAEM 지역 : Apurimac, Ene, Montaro river Valley)

◉조직규모 : 300~500명

◉활동수법 : 정부요인 암살, 관공서 폭탄테러 등 對정부 무장공격 및 외국 기업인 납치테러

◉생성배경 : '69년 前대학교수 '아비마엘 구스만'이 페루 공산당 내 강경분파를 이끌고 중부 농촌지역을 근거지로 결성

◉최근동향 :

- 90년대 '후지모리' 대통령('90~'10)의 '테러와의 전쟁' 및 공산주의 이념 퇴조 등 영향으로 세력이 급격히 약화
- SL 지도자 '아비마엘 구스만' ('92.9) 및 후임자 '오스카 라미레스' ('99.7) 체포
- '02.3. 부시 美 대통령 페루방문 3일전 駐페루 미 대사관 인근에서 대형 차량폭탄 테러 자행, 9명 사망 30여명 부상
- '09.4. 남부 아야쿠초 지방 밀림지역에서 순찰작전을 수행 중이던 군용차량(2대) 공격, 13명 사망 4명 부상
- '12.4. VRAEM지역 까미시아 가스 파이프라인 공사 현장을 급습, 근로자 36명을 납치(5일후 석방). 구출작전에 나선 군·경 8명이 사망하고 20명이 부상
- '12.8. VRAEM을 순찰 중인 군 차량을 매복공격, 군인 5명이 사망하고 6명 부상
- '12.10. 중부 쿠스코(Cusco) 지역에서 까미시아(다국적 콘소시움) 가스파이프라인 공사현장에 주기 중이던 헬기 3대를 폭파
- 2013년 들어 조직을 10여명 내외의 20여개 그룹으로 세분화하여 개별조직의 무장 강화

PART Ⅱ

국가위기관리 체계와 전략

제6장 위기관리기본개념

현대사회는 위기의 시대라 할 만큼 우리는 다양한 위기에 직면하면서 살아가고 있다. 위기는 인간 개인의 육체적·정신적인 면에서부터 한 국가의 정치·사회체제, 나아가서는 국가 간의 관계에서도 발생하며, 각각 다른 상황의 변화를 충격적으로 표현하는 말로 널리 쓰이고 있다. 쿠바위기,·에너지위기,·식량위기 등은 잘 알려진 예이며, 북한의 핵실험으로 인하여 한반도와 국제사회에 조성되었던 위기상황, 스리랑카와 인도네시아 일대에 발생했던 지진해일, 세계경영을 외치던 국내 재벌기업의 부도위기, 그리고 개인생활에서 맞게 되는 위기 등 우리는 실로 다양한 위기상황에 직면하거나 목격하면서 살아가고 있다. 2006년 말 형장의 이슬로 사라진 사담 후세인 전 이라크 대통령은 이라크가 직면했던 위기를 제대로 관리하지 못해 결국 그가 이끌던 체제는 물론, 그 자신도 위기를 맞이하였다. 위기관리(crisis management)란 이처럼 다양한 위기를 슬기롭게 관리함으로서 위기상황에서 벗어나는 것이다. 위기관리는 학문적으로 뿐만 아니라 정치·경제·사회·문화 및 군사분야에 이르기까지 다양한 분야에서 보편적으로 이루어지고 있어 그 의미 또한 다양하게 사용되고 있다. 국가의 위기나 체제의 위기란 앞의 이라크의 예에서 보는 것처럼 국가경영상 맞게 되는 체제나 정책으로 인한 위기, 그리고 전략적 위기를 뜻하고, 세부적으로는 안보상의 중대현안 및 문제점을 지칭한다. 일반적으로 위기는 국내적인 위기와 국제적인 위기로 구분하여 설명한다. 우리가 오늘날 직면하는 위기는 이러한 두 가지 특성을 모두 가지고 있으며, 두 가지 위기는 서로를 심화시키는 상호관계를 가지고 있다.[1)]

1) http://blog.naver.com/PostView.nhn?blogId=yydu&logNo=220404715579(검색: 2015.11.30)

1. 위기의 개념

위기(危機)라는 글자는 위태롭다는 말(危 : danger)과 기회라는 말(機 : chance)이 합쳐져서 만들어진 것이다. 위태롭기는 하지만 사태를 정확히 파악하고 옳게 대처해 가기만 한다면 좋은 기회(chance)가 올 수 있을 것이라는 뜻으로 풀이해 볼 수도 있는 말이라서 대비와 응전이 매우 중요함을 시사해 주는 말이다. 서양에서 위기(crisis)라는 말의 어원이 판단, 결단, 선택, 식별 등의 의미를 함축하는 희랍어 'krisis[2)]'였다는 점을 감안하면 보다 명확해진다.[3)]

위기를 정의하는데 있어서 많은 학자들의 정의가 있지만 위기는 위험(risk, danger), 재난(disaster), 재해(hazard), 위협(threat), 사건(incident), 사고(accident) 재앙(calamity, catastrophe), 우발상황(contingency), 비상사태(emergency) 등의 유사개념을 내포하는 용어로서 일반적·사전적·광의적 의미로 볼 때 '중요한 변화가 절박하게 요구되는 불안정한 상태이거나, 하나의 사건이나 행동과정이 계속 진행되어야하는지 아니면 수정 또는 종결되어야 하는지의 여부가 결정되는 순간으로서의 전환점'이라고 폭넓게 정의된다.[4)]

즉 위기란 심히 어려운 난관에 봉착하여 즉각적인 대처행동이 요구되는 아슬아슬한 상황, 또는 어떤 사건의 전개과정에서 사태악화로 인해 파국이나 종언으로 치닫게 되려는 결정적인 국면전환의 고비를 말하며, 위기는 극박함과 상황적 위태로움을 특징으로 하는 중대한 전환기적 상황을 의미한다. 위기란 한 행위자가 자신이 위협을 받아 위험한 상황에 처했음을 인식하고 즉각적인 대응책을 강구해야 할 필요성을 느끼는 상황을 말한다. 즉, 위기는 당면한 상황에 대한 행위자의 '주관적인 인식과 판단'이 개입된 것이라는 점에서 객관적인 상황을 지칭하는 위험과는 구별되는 것이다.[5)]

Herman(Charless F. Herman)교수는 위기를 ①의사결정 단위의 최우선 목표가 위

---

2) 위기는 '분리하다'를 뜻하는 그리스어의 'Krinein'에서 유래되었으며, 본래는 회복과 죽음의 분기점이 되는 갑작스럽고 결정적인 병세의 변화를 가리키는 의학용어로 사용되었다.

3) 이극찬, 「정치학」, 법문사, 1999, p.94.

4) 손영수, '의학분야에서의 국가위기관리에 대한 논의', 국가위기관리의 학문적 발전방안에 고나한 학술대회논문집, 2005, p.87.

5) 이동훈, 「위기관리의 사회학」, 집문당, 1999, p.41.

협받고 있고(high threat), ②반응을 취하는데 소요되는 시간이 제한되어 있으며(short time), ③정책결정자들이 전혀 예기치 못한 상황(surprise)에서 일어난 사건이라고 정의하고 있다.

미국의 헤리티지 영어사전(America Heritage Dictionary of English Language)은 위기란 ①어떤 사건과정에서 결정적인 시기 또는 상황, ②전환점, ③불안전한 상황, ④갑작스런 변화, ⑤저항의 긴장상태라고 정의하고 있다.[6)]

위기는 사전적 의미에서 중요한 변화가 절박하게 요구되는 불안전한 상태이거나 혹은 하나의 사건 또는 행동과정이 계속 진행되어야 하는지 아니면 수정 또는 종결되어야 하는지의 여부가 결정되는 순간으로서의 전환점으로 정의된다.[7)]

우리나라 '국가위기관리기본지침'에서는 국가위기를 '국가주권 또는 국가를 구성하는 정치 · 경제 · 사회 · 문화체계 등 국가의 핵심요소나 가치에 중대한 위해가 가해질 가능성이 있거나 가해지고 있는 상태'로 정의하고 있다.[8)]

2. 위기의 특성[9)]

위기는 다양한 환경과 조건에 따라 발생하지만 다음과 같은 일반적 특징을 가지고 있다.

첫째, 위기는 체계의 일상적인 능력으로 해결하기 어려운 상황을 유발하기 때문에 관련기관 및 사람들의 협조와 노력이 필요하다.

둘째, 위기는 사회구성원 어느 누구도 원치 않는 상황으로 돌발하는 사건적 성격과 사회 제반가치와 규범·문화 그리고 관계들을 변화시키는 역할을 한다.[10)] 그

---

6) 조영갑, 전게서, p.37.

7) 위기는 비상사태(emergency), 재난(disaster, hazard), 위험(risk, danger), 위협(threat), 사건(incident), 재앙(calamity,catastrophe), 우발상황(contingency), 사고(accident) 등의 유사개념을 지니고 있다.
이종열 · 박광국 · 조경호 · 김옥일, '국가위기관리 통합적 체계 구축에 관한 연구', 「한국사회와 행정연구」,15(2): 2004, pp.347-367.

8) 국가안전보장회의 사무처, 국가위기관리 기본지침, 2004.

9) 조영갑, '전통적 안보위기와 위기관리학의 정립', 국가위기관리의 학문적 발전방안에 관한 학술대회 논문집, 2005, pp.146-147

10) 노화준. '위기발생의 의사결정경로와 위기관리', 「행정논총」, 29(1). 서울: 서울대학교 행정대학원, 1991, pp.122-145.

러나 동일한 위기라고 할지라도 위기의 긴급성을 인지하는 사람들의 차이에 의해 위기의 결과는 대응능력에 따라 긍정적이거나 혹은 부정적으로 나타날 수 있다.

셋째, 위기대상은 한정되어 있지 않고 어떤 국가나 사회, 조직, 가정, 그리고 개인까지 위기로부터 자유로울 수 없다.[11] 특히 오늘날 국제관계가 세계화, 도시화, 정보화됨에 따라 다양한 위기가 다양한 집단을 대상으로 발생하고 있다.

넷째, 위기는 반복적으로 발생하는 특징이 있다. 과거에 발생했던 위기에 대한 학습과 관리가 미흡할 경우 동일 유형의 위기의 발생가능성이 높다.

다섯째, 예측과 예상을 뛰어넘는 기습적인 특성이 있으며, 시공간적 제약을 받지 않는다. 위기는 언제, 어디서 발생할 것인지를 예측할 수 없으며 발생요건만 갖추면 시간과 장소에 관계없이 발생한다. 위기가 발생하면 긴급한 대응책을 필요로 하지만 위기의 발생요건을 잘 인지하고 관리하면 사전에 예방하거나 적절한 조치가 가능하다는 긍정적 결과를 가져올 수도 잇다.

여섯째, 위기는 발생 원인이 복잡·다양하다. 하나의 원인으로 위기가 발생할 수도 있으나 대부분의 위기는 그 원인이 복잡하고 다양하다. 이와 같이 위기는 고도의 불확실성과 복잡한 여건 하에서 긴급한 대응책을 요구하기 때문에 효과적인 위기관리를 위해서는 예방 · 대비 · 대응 · 복구 등의 복합적이고 총체적인 관리가 필요하다.

3. 위기의 유형

위기의 유형은 여러 가지 기준에 따라 다양하게 분류될 수 있다. 위협에 사용된 폭력성의 정도에 따라 고강도 또는 저강도 위기, 지속정도에 따라 단기적 또는 장기적 위기, 위협내용의 성격에 따라 군사적 위기 혹은 비군사적 위기, 위협요소의 발생소재에 따라 인위적 또는 자연적 위기, 유발원인의 종류와 개수에 따라 단일적 또는 복합적 위기, 발생빈도에 따라 일회적 또는 반복적 위기 등으로 분류할 수 있다. 특히 현대국가의 안보위협은 군사적 위협뿐만 아니라 비군사적 위협에서

11) Barton, Laurence, *Crisis in Organizations: Managing and Communicating in the Heat of Chaos*. Cincinnati, OH: South-Western Publishing Co. 1993, p.3.

발생하는 불안이 국가를 붕괴시키는 직·간접적 요인이 됨으로써 안전보장의 대상을 군사적 위협뿐만 아니라 비군사적 위협에도 관심을 가지고 이에 대응하여야만 한다. 이와 같은 국가의 포괄적 안보개념의 기능을 고려하여 국가위기를 정치·외교적 위기, 경제적 위기, 사회·심리적 위기, 과학·기술적 위기, 군사적 위기의 5가지로 분류하기도 한다.[12)]

이외에 위기의 유형을 분류하면 다음과 같다.[13)]

1) 발생원인에 따른 분류(자연재해, 인위재난)

자연재해(natural disaster)는 비정상적인 자연현상에 의해 발생하는 가뭄, 홍수, 태풍, 폭설, 지진 등을 들 수 있고, 인위재난(man-made disaster or technological disaster)은 인간의 무관심, 부주의, 실수 등으로 발생하는 화재, 폭발, 방사능오염, 통신망마비, 건물붕괴 등을 들 수 있다. 그러나 자연재해나 인위재난은 관리과정이 유사하고 또한 최근 재해의 복잡성으로 인하여 천재와 인재의 성격을 동시에 띤 재해가 빈번하게 발생하고 있어 재해와 재난을 구분하여 사용하는 것은 실익을 찾기 어렵다. 이러한 인식에서 주요 선진국은 재해·재난관련법이 일원화되어 있고, 재난을 일상적 비상 상황을 넘어서 피해의 영향이 다방면에 미치고 피해가 대규모인 경우로 정립하여 자연재해와 인위재난의 구분 없이 통합 운영하고 있는 실정이다.

미국의 연방위기관리부(FEMA)는 재난이란 통상 사망과 상해, 재산피해를 가져오고 또한 일상적인 절차나 정부의 자원으로는 관리할 수 없는 심각하고 규모가 큰 사건으로 이러한 사건은 보통 돌발적으로 일어나기에 정부와 민간조직이 인간의 기본적 수요를 충족시키고 복구를 신속하게 하고자 할 때 즉각적이고 체계적으로 효과적인 대처를 해야 하는 사건으로 포괄적으로 규정하고 있다.

일본의 재해대책기본법 제2조1항에서는 재해를 태풍·호우·폭설·홍수·해일·지진 등 과 같은 자연현상 또는 대규모 화재·폭발 기타 피해가 큰 방사능 물질의

12) 조영갑, 전게논문, p.145.
13) 이종열 · 박광국 · 조경호, 「국가 위기관리 시스템 구축 방안」, 학술진흥재단 연구보고서자료, 2003, pp.11-14.

대량방출, 선박침몰, 항공기 추락 등으로 생기는 피해로 정의하여 자연재난 및 인위재해를 구분하여 사용하고 있지는 않다. 그러나 우리나라는 재해·재난관련법령의 구분으로 인하여 재난개념이 미정립 상태이다. 즉 실정법상으로 자연재난대책법 제2조1항에는 "태풍·홍수·호우·폭설·폭풍·해일 기타 이에 준하는 자연현상으로 인하여 발생하는 피해"라 규정하여 자연재난만을 규정하고 있다. 재난관리법 제2조 1항에서는 재난을 "화재·폭발·붕괴·교통사고 ·화생방사고 ·환경오염사고 등 국민의 생명과 재산에 피해를 줄 수 있는 사고"로 정의하여 자연재난을 제외한 인위재해만을 규정하는 등 재해발생 원인을 중심으로 자연재해와 인위재난으로 분류하고 있다.

최근에는 자연재해와 인위재난 외에 사회재난(social disaster)이 추가되고 있다. 사회재난은 종교적·정치적·이념적인 목적달성을 위하여 개인이나 집단이 인간의 생명과 재산을 위협하거나 사회질서를 파괴하기 위한 의도적·고의적인 범죄일 뿐만 아니라 인종적·종교적·지역적 이익을 위한 집단행동으로 발생하는 재난상황으로 2001년 9월 11일 미국 무역센터에 가해진 테러사건을 예로 들 수 있다. 사회재난은 자연현상에 의해 발생되지 않는다는 점에서 자연재난과 구별된다. 인간에 의해 발생한다는 점에서 사회재난은 인위재난과 유사한 점이 있으나 사회재난은 고의성과 의도성, 즉 정치적·이념적·종교적인 목적달성을 추구한다는 점에서 인간의 부주의, 실수, 무관심에서 발생하는 인위재난과 차이가 있다.[14]

2) 체계별 위기 분류

위기의 종류를 정치체계, 경제기술체계, 사회화체계, 자연체계 등 위기발생 체계별로 나누어 살펴볼 수 있는데 각 체계별로 나타나는 위기의 종류를 살펴보면 다음의 〈표 8〉과 같다.[15]

---

14) 이종열·박광국·조경호, 「국가 위기관리 시스템 구축 방안」, 학술진흥재단 연구보고서자료, 2003, p.12.

15) 박영옥, 「전·평시 비상대비 및 재난재해의 효율적인 관리방안 연구」. 2001, 비상기획위원회.

〈표 8〉 체계별 위기분류

체 계	위 기 종 류
정치체계	전쟁, 무력시위, 쿠데타, 테러 및 파괴활동, 비행기 납치
경제·기술체계	위험물질유출, 해양오염, 수질오염, 대기오염, 오존층 파괴, 방사능 오염 · 유출, 산성비, 일반 · 핵폐기물 매립, 구조물 붕괴, 폭발
사회·문화체계	인종 · 민족 · 지역 간 폭력적 갈등, 전염병 · 괴질의 출현, 폭력적 파업, 폭동
자연체계	홍수, 태풍, 지진, 가뭄, 폭염, 냉해, 한해, 우박, 해일, 화산폭발

*자료 : 박영옥, 2001.

3) Curtis Link의 진행 양상별 위기 분류16)

위기 발생을 인지하고 대응할 수 있는 시간의 정도에 따라 분류하는 것으로서 다음과 같이 네 가지로 분류할 수 있다.(김재범, 1998: 10)

첫째, 폭발적 위기(exploding crisis)이다. 화재와 같이 비정상적이고 즉각적인 영향을 미치는 사태이다. 9.11 미국 무역센터 테러사건, 삼풍백화점 붕괴사고 등과 같이 인위재난을 들 수 있다.

둘째, 즉각적 위기(immediate crisis)이다. 현대의 자연재난의 경우 어느 정도 일기예보가 가능하고 약간의 대처할 시간이 주어진다는 측면에서 이에 포함될 수 있다.

셋째, 점진적 위기(building crisis)이다. 노사 갈등과 같은 미리 예측이 가능한 문제를 방관한 채 시간이 흐르면 점차 대형화되거나 인접 문제로까지 번져 나갈 수 있는 가능성을 지닌 위기를 말한다.

넷째, 만성적 위기(continuing crisis)이다. 만성적인 위기가 시간이 흐른 후에 겉으로 드러나는 경우로 건설부조리, 안전점검의 소홀, 방만한 풍수해 관리 등이 위기로 이어질 가능성이 있다.

---

16) 이종열 · 박광국 · 조경호, 전게논문, p.11.

4) 한국 국가안전보장회의(NSC)의 국가위기 분류

우리나라의 국가안전보장회의(NSC)에서는 〈표 9〉와 같이 국가위기의 종류를 전통적 안보분야위기, 국가핵심기반분야 위기, 재난분야 위기로 구분하고 표준대응 절차를 실용적으로 적용할 수 있도록 하였다.[17)]

〈표 9〉 국가안전보장회의(NSC)의 국가위기 분류

전통적 안보분야 위기	국가핵심분야 위기	재난분야 위기
• 국가외교관계에 따른 위기상황 • 북한의 군사적 위협 • 전쟁, 폭동, 쿠데타, 테러 등	파업 및 태업, 원자력사고, 해킹/사이버테러, 전산망 및 통신망 파괴, 주요 국가시설· 산업시설 화재 및 폭발, 금융위기, 주요시설에 대한 테러공격 등	홍수, 태풍, 지진, 가뭄, 폭염, 냉해, 한해, 우박, 해일, 화산폭발, 산사태, 폭설·폭우, 이상기온, 황사, 적조, 각종 공해, 생태계 파괴행위, 건물붕괴, 식량위기, 대형교통사고, 산불, 대형화재 등

*자료: 조영갑, 전게논문, p.146.

① 전통적 안보분야 위기

전통적 안보분야 위기란 외부의 군사적 위협으로부터 영토와 주권 등 국가의 생존을 지키는 것과 관련된 위기를 의미하며, 이것을 통일, 외교, 군사 분야에서 북한으로부터의 위기와 주변국가 등 외부로부터의 위기로 구분한다. 북한으로부터의 위기는 군사력의 사용위협 및 대량살상무기의 개발과 확산 등이 있으며, 외부로부터의 위기는 한국과 주변국가 등과 갈등 및 충돌, 테러, 주변국가 간의 충돌 및 전쟁으로 인한 위협 등이 있다.

② 재난분야 위기

재난분야 위기는 자연재해, 인위재난, 질병 등으로 구분한다.

자연재해는 자연현상에 의한 대규모의 피해로서 태풍 · 폭풍 · 호우 · 해일 등으로

---

17) 조영갑, 전게논문, p.146.

인한 풍수해, 폭설·가뭄·적조 등으로 인한 기상재해, 산사태·해안침식·지진·화산 등으로 인한 지질재해 등이 있다.

인위재난에는 안전요인이나 인위적 요인에 의해 발생하는 대규모 피해로서 대규모의 화재환경오염사고, 교통사고화생방사고 등이 있으며, 질병에는 전염병과 가축질병 등이 있다.

③ 국가핵심분야 위기

국가핵심분야 위기는 테러, 대규모 시위, 파업, 폭동, 재난 등의 원인에 의해 국민의 안위, 국가경제 및 정부핵심기능에 중대한 영향을 미칠 수 있는 인적, 물적 기능체계가 마비되는 상황을 말한다.

제 7 장 >>> 국가위기관리 체계와 전략

1. 국가위기관리(National Crisis Management) 체계

1) 위기관리(Crisis Management)의 개념

위기관리란 당면한 위기의 악화를 방지하기 위해 가용한 모든 수단을 동원하여 사태를 수습함으로써 원상회복 또는 상황개건을 추구하는 행위이다.[1)]

또한 조직의 위기에 대처해 조직에 바람직하지 못한 결과를 최소화시키고 그에 따른 신속한 조치를 취하는 일련의 행위로서 위험요소 확인, 측정, 통제를 통해 최소한의 비용으로 불이익을 극소화하는 활동 전반을 의미한다. 위기관리는 조직구조의 재편성과 위기관리팀 선정 및 교육개발. 위기 가능성 평가 비상계획 마련 위기관리 실행의 순으로 이루어진다.[2)]

위기관리는 위기로부터 국민의 생명과 재산을 보호해주고 위험을 극복하기 위한 사업계획을 집행하는 일상화된 과정으로도 이해할 수 있다.[3)]

국가위기관리란 군사적·비군사적 위기를 사전에 예방하거나 효과적인 대응 및 복구를 통하여 그 피해와 영향을 최소화시키고, 조기에 위기이전 상태로 복귀시키는 모든 활동이라고 정의 할 수 있다. 따라서 국가위기관리는 적의 침공이나 테러 및 대량살상무기, 자연적 재해 및 인위적 재난, 마약 및 범죄 등으로부터 국가의

---

1) 이동훈, 전게서, p.46.
2) 백과사전, http://100.daum.net/encyclopedia/view/31XXXXX11364(검색: 2015.12.3)
3) Cigler, Beverly A. (1988). Emergency Management and Public Administration. in Michael Charles, and John Choon K. Kim(eds.). *Crisis Management: A Casebook*. Springfield, IL: Charles C. Thomas Publisher.
이재은, 「한국의 위기관리정책에 관한 연구」. 연세대학교 대학원 박사학위논문. 2000.

기능이나 국민의 안위를 위태롭게 하는 군사적· 비군사적 위기가 발생했을때 그 피해를 최소화하기 위한 정책개발 및 준비계획, 훈련, 응급 및 복구 등의 조치 활동을 포함한다. 특히 국제관계에서 국가와 국가 간에 발생한 위기관리는 더욱 중요하고 복잡한 관계를 갖게 된다.

국제관계의 국가 간 위기관리는 양국가간 또는 다수 국가 간의 국가이익이 상충되는 곳에서 발생하는 갈등과 분쟁상태가 전쟁으로 돌입하느냐 아니면 평화회복으로 향하느냐를 결정하는 분수령이 되는 급변상황에서 분쟁당사국들의 위기확대를 방지하고 이를 수습하기 위하여 위기통제와 확대방지에 노력하는 모든 것이라고 정의 할 수 있다.

따라서 국가가 군사적·비군사적 위기상태에서 국가이익을 침해하지 않고 전쟁으로의 확대를 방지하기 위한 분쟁의 평화적 해결을 둘러싼 노력들은 국가위기관리의 기본이 된다.

2) 위기관리의 범위

(1) 국가안보위기: 공공테러, 북핵

미국의 9.11일 사태는 테러가 국가안위에 있어 얼마나 큰 위기상황을 발생시킬 수 있는가를 보여준다. 이러한 테러는 전쟁과 같은 영향을 미치는 위기상황을 한 국가에 가져올 수 있는 위험 요소이다. 테러는 무고한 사람이나 정치적 적대자 또는 단체나 기관에 대하여 파괴, 구타, 방화 따위의 다양한 폭력수단을 행사하여 상대를 위협하거나 공포에 빠뜨리는 비합법적 행위를 모두를 포함한다. 따라서 테러의 개념은 테러(terror), 테러리즘(terrorism), 게릴라전(guerrilla), 비정규전, 준테러리즘(quasi-terrorism), 저강도분쟁(low intensity warfare) 등 다양한 형태로 사용되며(손동권외, 1995: 397) 합의된 정의는 없지만 일반적으로 4가지 공통적인 요소들을 포함하고 있다. 즉 폭력의 사용 혹은 위협을 내포하고 있으며, 목표 지향적 행위이며, 직접적인 피해자들 이외의 사람들에게도 충격을 주도록 계획되어 있고, 테러분자들이 피해자 선택에 있어 그들의 수단적 가치보다는 상징적인 가치를 고려하여 선택한다는 것이다. 이러한 테러의 발발은 국가안보의 위기에 직접적인 영향을 줄 수 있다. 이러한 테러의 위협과 함께 우리나라에서는 최근 북한의 핵 보유

문제로 인하여 정치, 사회, 경제적 측면에서 많은 부담을 가지고 있으며 북핵문제가 언제, 어떻게 한국의 안위에 영향을 미칠지 촉각을 세우고 있다. 이 또한 국가의 위기관리 체제 내에서 문제의 발생과 진행에 대한 대비가 절실히 요구되는 문제로서 위기관리의 대상이 된다.

(2) 재난관리위기: 자연재해, 인위재해

현실 생활에서 상존하고 있는 위기 중 풍수해, 설해, 해일, 병충해 등 기상재난과 지진, 해일의 지질재난 등과 같은 자연현상에 기인하여 발생하는 자연재해와 간헐적으로 발생하는 가스폭발, 화재, 건설 및 교통사고, 붕괴사고 등과 같이 인간의 실수나 기술 실패의 결과로서 혹은 인간에 의해 설계된 어떤 구조나 체계의 부작용으로서 나타나는 인위 재해(man-made hazards)가 있다.

현대사회는 사회적으로 각종 조직이 복잡해지고 있으며 교통·통신의 발달과 아울러 파생적으로 여러 형태의 부작용이 시·공간을 넘어 발생되고 있을 뿐만 아니라 인위재해와 자연재해를 유발하고 있어 커다란 문제점으로 대두되고 있다. 이러한 자연재해 및 인위재해 또한 위기로서 발생 시 피해를 최소화하기 위해 종합적인 관리시스템이 필요하다.

〈그림 2〉 위기관리의 범위

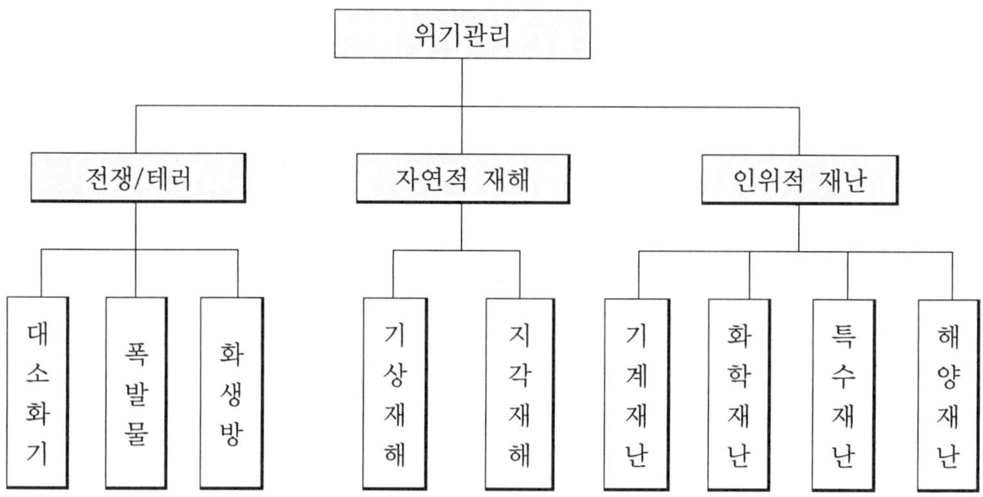

자료 : 이종열 외, 2004.

3) 위기관리의 유형[4)]

'위기관리'란 당면한 위기악화를 방지하기 위해 가용한 모든 수단을 동원하여 사태를 수습함으로써 원상회복 또는 상황개선을 추구하는 행위이다. 그런데 국가위기의 성공적 관리에는 잠재적으로 상충되는 두 가지의 목표 즉 위협을 가하는 상대방을 제압하거나 아니면 적어도 자신이 확연한 패배자가 되지 않도록 해야 한다는 목표와 전쟁발발과 같은 파국으로의 확대상황을 방지해야 한다는 목표를 동시에 추구해야 한다는 어려움이 있다(James A. Richardson, 1988:15).

따라서 위기관리의 본질은 전쟁을 회피하면서 동시에 자신의 이익을 최대화하거나 손실을 최소화할 수 있도록 강압과 회유 두 가지의 전략을 최적의 비율로 혼합하여 구사하는 데 있는 것이다(Gilbert Winham, 1988:4).

다시 말해서 위기란 위협을 받아 위기에 처했음을 인식한 상황으로서 위기관리란 결국 위기의 발단이 되는 위협의 근원을 해소 또는 제거하는 작업이라고 할 수 있다. 따라서 위기관리의 종류도 바로 이 위협의 근원을 해소하는 방식에 따라 다음과 같이 ①교섭적 위기관리, ②수습적 위기관리, ③적응적 위기관리로 유형화해 볼 수 있다.

(1) 교섭적 위기관리

교섭적 위기관리란 위협의 근원(sources of threat)이 상충된 이해관계에 있는 상대의 고의적이고 직접적인 도발행위(act)로부터 기인된 위기상황을 해결하려는 노력을 말한다. 따라서 이 경우 위기관리 업무의 요체는 성공적인 위기협상(successful crisis bargaining)의 수행이다. 다시 말해 교섭적 위기관리란 이익의 양보, 관철 또는 상호조정을 위한 흥정이나 협상을 통한 상호작용적인 위기의 해결을 시도하는 것이다.

(2) 수습적 위기관리

수습적 위기관리의 대상이 되는 위기상황은 타국의 실수나 오류 또는 무의식적

4) 이동훈, 전게서, pp.46-47.

인 행위로 인해 발생한 우발적인 사건(event)에서 위기가 연유된 경우와 자연적·인위적 재난, 재해 또는 대형사고로 인해 발생된 긴급사태에서 위기가 야기된 경우의 두 가지로 분류된다. 이 경우 위기관리의 궁극적 요체는 조속하고 효과적인 사태수습이라고 할 수 있는데, 물론 사태수습의 최종목표는 때에 따라서 원상회복 차원을 넘어 원래보다 발전되거나 개선된 상태를 지향하는 경우도 있다.

수습적 위기관리에 포함되는 구체적 조치내용을 살펴보면, 우선 첫째로 타국의 실수나 오류에 의한 우발적인 사태로 야기된 위기의 경우는 ①유관국가들과 상황통제와 대책논의를 위한 직접적인 대화채널의 설치, ②동맹국이나 관련국제기구와의 긴밀한 협조 및 공조체제 확립, ③사태수습을 위한 관련정보의 교환과 공동노력에 의한 신속하고 효과적인 사태 해결방안 강구, ④사후 보상 또는 재발방지를 위한 대책 마련 등이 주된 위기관리의 업무내용으로 포함된다(이동훈, 1999).

둘째로 자연적·인위적 재해재난으로 인한 비상사태 발생 시에는 ①신속하고 체계적인 사태수습을 위한 일원화된 상황통제지휘소의 설치와 비상연락을 위한 통신망의 구축, ②유관기관들의 협조와 지원을 받아 피해확산 방지를 위한 사태진압조치와 응급구호 및 구난조치를 위한 인원·장비 및 물자의 투입과 활동 전개, ③상황발생 지역의 주변정리 및 질서 유지, ④사태수습 후 분석 및 평가와 개선방향 검토 등을 주요 위기관리업무로 들 수 있다.

(3) 적응적 위기관리

위기관리의 세 번째 유형인 '적응적' 위기관리는 위협의 근원이 국제 및 지역주변질서나 구조의 갑작스런 변화 즉 상황적 변화(situational changes)에서 발단된 경우에 대처하는 것이다. 이러한 경우의 예로는 새로운 무기체계의 개발이나 도입, 지역 또는 세계적 세력분포나 판도의 변화, 주요 동맹관계의 변화, 새로운 종류의 국제적 행위자의 등장, 국제적 행위를 규정하는 원칙이나 규범의 변화, 또는 인접국가의 정치·경제·사회적 질서의 급작스런 변화 등이 있다.

적응적 위기관리의 핵심은 당면상황에 대한 신속하고 정확한 실체파악과 의미분석, 그리고 이에 대한 장·단기적 대응방안의 수립을 통해 변화된 새로운 환경과 질서에 효과적이고 효율적이며 원만하게 적응하도록 하는 것이다. 정확히 말하면, 상황적응적인 위기관리 노력으로서 보다 능동적이고 주체적인 대응책의 마련을 위한 적응노력을 의미한다고 할 수 있다.

상황적응적 위기관리업무에 해당되는 구체적인 조치내용은 ①새로운 상황변화나 사태추이에 관한 신속·정확한 정보의 수집, ②향후 전망에 대한 면밀한 관찰과 분석, ③정책적 대응방향정립과 구체적인 실천방안 모색, ④결정된 대응방안 집행과 실시에 대한 감독 및 분석·평가 등이 해당된다(이동훈, 1999).

4) 국가 위기경보체계[5)]

국가위기경보란, 자연재해, 대형사고, 전염병 등으로 인해 비상사태 시(또는 징후가 나타날 때) 발령되는 위기경보이다. 2004년 국가안전보장회의(NSC)가 구축한 국가위기관리시스템에 따라 청와대 국가안전보장회의(NSC)가 발령하고 있다.

위기경보는 〈표 10〉의 내용과 같이 위기상황 정도에 따라 관심(Blue)→주의(Yellow)→경계(Orange)→심각(Red)의 4단계로 구분되어 시행되고 잇으며, 단계에 따라 순차적으로 발령되거나 위기의 수준에 따라 전 단계를 거치지 않고 곧바로 높은 단계로 발령할 수도 있다

5) 조영갑, 전게논문, p.147.

〈표 10〉 국가위기경보 체계

구분	내용	비고
관심 (Blue)	징후가 있으나 그 활동수준이 낮으며 가까운 기간 내에 국가위기로 발전할 가능성도 비교적 낮은 상태 *영문표기: MODERATE	징후감시활동
주의 (Yellow)	징후활동이 비교적 활발하고 국가위기로 발전 할 수 있는 일정수준의 경향성이 나타나는 상태 *영문표기: SUBSTANTIAL	협조체제가동
경계 (Orange)	징후활동이 매우 활발하고 전계속도, 경향성 등이 현저한 수준으로서 국가위기로의 발전가능성이 농후한 상태 *영문표기: SEVERE	대비계획점검
심각 (Red)	징후활동이 매우 활발하고, 전개속도, 경향성 등이 심각한 수준으로서 위기발생이 확실시 되는 상태 *영문표기: CRITICAL	즉각 대응태세돌입

*자료: 조영갑, 전게논문, 144.

5) 위기관리 활동 4단계[6)]

위기관리는 재난의 시간대별 진행과정을 중심으로 대략 4단계로 나누어진다. 재난에 대처하기 위한 위기관리는 재난의 시간대별 진행과정을 중심으로 대체로 네 단계로 나누고 있다. 재난의 발생을 중심으로 재난발생 전(pre-disaster) 국면과 재난발생 후(post-disaster) 국면으로 나누고, 재난발생 전 국면은 예방과 완화(prevention and mitigation)단계와 대비(preparedness)단계로, 재난발생 후 국면은 대응(response)단계와 복구(recovery)단계로 분류한다. 이 과정들은 서로 독립적이라기보다는 상호 유기적이며 순환적인 관계를 갖고 있다(McLouglin, 1985: 166; Petak, 1985: 3). 이러한 위기관리 4단계에서 제시된 전략은 기본적으로 시간별 재난의 진행상황에 맞춘 관리전략을 제시할 뿐 아니라 위기관리전략의 기본전제에 대한 논의도 담고 있다. 따라서 이러한 4단계 위기관리 대응전략이 비록 자연적 재난을 염두에 두고 전개된 것이기는 하나 위험의 특성이 다소 다른 인위적 재난에 대한

6) 이종열 · 박광국 · 조경호, 전게논문, pp.23-26.

위기관리의 논의에도 많은 시사점을 준다. 이러한 국가 위기관리의 대응 단계의 정부 활동 내용과 위기의 진행상황은 다음의 〈표 11〉의 내용과 같이 나타낼 수 있다.

〈표 11〉 위기진행에 따른 국가위기관리 대응체계의 단계별 활동

위기의 진행		활동 단계	활동 내용
배 양	⇔	예 방	위험성 분석 및 위험지도 작성, 건축법 정비 제정, 재해보험, 토지이용관리, 안전관련법제정, 조세유도
발 발	⇔	준 비	비상작전계획, 비상경보체계구축, 통합대응체계구축, 비상통신망구축, 대응자원분비, 교육훈련 및 연습
진 행	⇔	대 응	비상계획가동, 재해진압, 구조 구난, 위급상황에 대한주민 홍보 및 교육, 긴급의료지원, 사고대책본부가동, 환자수용, 간호, 보호, 수색, 구조 및 후송
소 멸	⇔	복 구	잔해물 제거, 전염병 예방, 이재민 지원, 임시주거지 마련, 시설복구

*자료: 이종열 · 박광국 · 조경호, 전게논문, p.26

위기관리의 4대 기능은 예방(prevention, mitigation), 대비(preparedness), 대응(response), 복구(recovery)로 연결되어 있다. 위기관리의 4대 기능은 1980년대 국제시정관리협회(ICMA: International City Management Association, 이하 ICMA)의 선구적 활동에 의해 정립되었고, 연방위기관리청(FEMA: Federal Emergency Management Agency, 이하 FEMA)이 이를 수용하여 위기관리 기능으로 공식화되었다.

(1) 완화 및 예방 업무 단계(prevention, mitigation)

완화 및 예방 업무는 위기피해 감소계획을 결정 · 집행하고, 각종 재난으로부터 인간의 생명과 재산에 대한 위기피해의 정도를 감소시키려는 장기적인 활동이다. 위기가 실제로 발생하기 전에 위기촉발 요인을 제거하거나 위기요인이 표출되지

않도록 억제 또는 예방하는 활동을 의미한다.

구체적인 활동에는 법적·행정적 규제, 관련 법령의 정비, 위기상황 판단 및 분석, 위기관련 유관기관 협조 및 조정, 홍보전략 및 방향 수립 등이 해당된다. 완화 및 예방활동을 통해 국가 주요 기반시설보호, 국가 주요기관의 재산상 손실 예방이나 감소, 사회적 혼란과 스트레스의 최소화, 사회 기반시설의 보호, 국민의 정신적 건강 보고, 정부와 공부원의 법적 책임 감소, 정부 활동을 위한 긍정적인 정치적 결과의 제공 등과 같은 성과나 편익을 가져다준다.

(2) 대비 및 준비업무 단계(preparedness)

준비업무는 위기발생시의 대응활동을 사전에 준비하기 위한 대응능력 개발활동을 의미한다. 준비단계의 활동으로는 사회적 갈등 및 위기 조정능력 배양, 위기관리 전문인력의 양성, 평시 각 위기유형별 대응 시나리오 준비 및 교육·훈련, 위기 촉발 가능성이 있는 분야에 대한 체계적인 공공관계 전략수립 등이 있다.

준비단계의 세부 활동에는 위기 종류별 대응훈련, 표준운영절차(SOP)의 확립, 위기종류별 유관기관 파악 및 확인, 인적·물적 자원 보유기관의 확인 및 협조, 자원의 수송 및 통제계획 수립 등이 있다.

(3) 대응업무 단계(response)

대응업무는 위기가 발생한 경우 위기관리 기관들의 각종 임무 및 기능을 실제 적용하는 활동을 의미한다. 대응단계의 활동은 완화, 준비단계의 활동과 연계하여 제2의 위기 및 손실발생 가능성을 줄이고, 위기 피해를 최소화시키는데 초점을 두고 있다. 특히, 향후 복구 단계와 유사 쟁점 및 사건의 추가적 발생을 예방하고 그 피해범위를 최소화시키는 활동을 의미한다.

대응단계의 구체적 활동으로는 위기관리 유관 대응기관의 긴밀한 협조 및 조정, 선의의 피해자 보호 및 관리, 쟁점분석 및 대응책 마련, 현장수습 및 관리, 이해관계자 집단 및 대국민 공공관계 수행 등이 있다. 세부활동에는 위기관리 상황실 운영, 위기관리 대응 전략과 유관 기관별 역할의 명확성, 접촉점 확보 및 신속 대응 전략의 전개, 수용시설 확보 및 관리, 긴급복구계획의 수립 등이 있다.

(4) 복구업무 단계(recovery)

복구 업무는 피해지역 및 영역이 위기발생 직후부터 위기발생 이전상태로 회복될 때까지의 장기적인 활동 과정으로서, 초기 위기상황으로부터 정상상태로 돌아올 때까지 지원을 제공하는 지속적인 활동을 의미한다.

복구단계의 활동으로는 복구상황의 점검 및 관리, 피해파악 및 긴급지원, 위기발생 원인에 대한 분석 및 평가 등이 있다. 세부적인 활동으로는 중장기 복구지원 계획 수립, 복구 우선순위의 결정, 복구장비 및 복구예산 확보를 위한 방안 마련, 복구지원을 위한 관계기관들과의 협조, 피해상황집계, 피해자 보상 및 배상관리 등이 있다.

6) 위기관리 일반원칙

위기의 근본적 특징은 사태진전이 불확실성이기 때문에 모든 위기에 적용될 수 있는 효과적이고 구체적인 위기관리의 원칙은 있을 수 없다. 그러나 여러 종류의 위기관리사례를 연구한 학자들 사이에 대체적인 합의가 이루어진 위기관리의 일반적 원칙을 리차드슨은 다음의 7가지 사항으로 제시하고 있다(Richardson, 1988: 7-29).[7)]

(1) 다양한 의견수렴

위기상황의 규정과 대응방안 판단에 관해 가능한 다양한 의견을 듣고 많은 토론을 유도해야 한다. 그래서 될 수 있는 한 다양한 경로와 논의를 통해 상이한 견해들을 수렴하고 고려한 후에 정확한 판단으로 최종적인 결정을 내려야 한다.

(2) 철저한 통제력 발휘

결정된 정책을 집행할 때에는 시행착오나 오류가 발생하지 않도록 철저히 통제해야 한다. 특히 일사분란하고 효율적인 정책의 집행이나 단합된 힘의 과시를 위해서도 위기 시 정책결정자는 평소보다 더욱 강력한 정치적 통제력을 행사해야 한다. 그래서 취해진 조치가 원래 의도한 대로 실행에 옮겨져 소기의 효과를 달성해야만 한다.

---

7) 이동훈, 전게서, pp.56-57.

(3) 명확한 목표제시

최고정책결정자는 분명하고 구체적인 목표를 설정하고 제시해야 한다. 그래야 위기협상의 경우나 방안선택에 있어서 양보와 타협이 가능하고 최적의 선택을 할 수 있게 된다.

(4) 유연하고 점진적인 전략선택

성공적인 위기관리를 위해서는 가능한 범위 내에서 되도록이면 유연하고 점진적인 위기관리 전략을 선택하고 유지해야 한다. 특히 교섭적 위기관리의 경우 표면적으로는 강력하고 완강한 결의를 견지하는 것처럼 보일 필요가 어느 정도 있지만, 실제 협상에 임했을 때는 유연서이 요구될 때가 많다.

(5) 여유 있는 응급 대응

위기관리는 가능한 한 시간적 여유를 갖고 주어진 시간을 최대한 활용해야 한다. 위기라고 해서 무조건 서둘러 대응조치를 취해야만 하는 것은 아니다. 극심한 시간제약은 긴장도를 증가시켜 선택의 폭이 좁아지고, 시간에 쫓겨 대안들을 충분히 검토하지 못하거나 강구하지 못한다면 성공적인 위기관리는 그만큼 어려워질 수밖에 없게 된다.

(6) 상대의 의도와 입장고려

상대방의 의도를 정확히 파악하고 상대방의 관점과 입장을 고려해야한다. 그래야만 문제가 되는 이해관계의 상충부분과 상호간의 최후 양보선을 정확히 파악하고 대처할 수 있기 때문이다.

(7) 정확한 의사소통

정확한 의사전달과 절차상의 오해방지에 유의해야 한다. 흔히 위기 시 소위 직통전화나 특사의 파견을 통한 의사소통을 시도하는 것이 도움이될 때가 많다. 궁극적으로는 같은 입장을 취하면서도 서로가 상대의 행동이나 신호를 잘못 파악하여 위기가 더욱 악화되는 경우는 피해야 한다. 이 밖에도 상대의 기득권 인정, 지나친 모험적 행동자제, 미래지향적인 결정 등이 위기관리의 원칙들로 제시되고 있다.

3. 국가위기관리체계

현대 국가에서 국가안보의 영역은 군사분야 뿐만 아니라 비 군사분야까지 포함한 포괄적 안보개념으로 확대되었다. 이에 따라 국가위기의 개념도 정치 · 군사적 중심의 군사적 위기는 물론 테러 · 대량살상무기 · 마약 및 범죄 · 재해 및 재난 · 무질서와 심각한 인권유린 등에 의한 비군사적 안보위기로 까지 확대되었다.

국가차원에서의 위기관리란 정치, 경제, 사회, 외교, 안보 등 각 분야에서 국가 전체를 아우르는 관리체제의 내실을 다질 수 있는 총체적 국가경영능력을 제고함으로써 대내외적인 국가위기 상황에 효과적으로 대처해 나가는 것을 의미한다. 따라서 예측불허의 위기상황에 대비한 사전준비와 신속한 사후대응방안에 따라 위기를 기회로 전환할 수 있는 전략적 국가위기관리 시스템(strategic national crisis management system)을 개발할 필요가 있다.[8)]

1) 국가위기관리 대응방침

'국가위기관리 기본지침(대통령 훈령124호)'과 '위기관리 표준 매뉴얼'은 각종 위기상황에 대한 정부의 대응방침을 총망라하고 있다.

'국가위기관리 기본지침'은 대통령 훈령 형식으로 제정됐으며, 향후정부 부처와 기관은 국가 위기관리체계 구축 및 업무 수행의 기본문서로 활용하게 된다.

또한 '위기관리 표준 매뉴얼'은 국가 위기관리제도 구축을 위해 대통령 지시문서 형식으로 만들어졌으며, 30개 위기유형에 따른 정부 부처. 기관의 임무, 역할, 협조관계 등을 담고 있다.

이와 같은 기본지침과 매뉴얼을 근거로 정부의 유관 부처. 기관은 앞으로 국가 위기상황이 발생할 경우 현장에서 신속하게 적용할 구체적 조치사항을 목록화한 '위기대응 실무매뉴얼'을 작성하게 된다.

---

8) 이종열 · 박광국 · 조경호, 전게논문, p.15.

(1) NSC(국가안전보장회의) 위기관리센터

NSC 위기관리센터는 청와대 지하실에 설치된 회의실이다. 보통 청와대 지하벙커라고 부른다. 2003년 노무현정부에서 만들었으며, NSC가 관리한다.

국가적 위기의 체계적 관리를 목적으로 만들었고 상황실에는 모든 통신장비가 구비됐으며 화상회의를 할 수 있다. 벙커는 긴급 상황 발생 시 주요지휘관 혹은 재난관리자들과 화상회의를 하며 관계 장관회의를 주재하는 곳"이라며 "통신장비가 모여 있는 국가위기상황센터의 별칭이다. 연평도 포격 이후 국가위기관리실로 명칭이 변경되었다. 박근혜정부는 국가안보실로 명칭을 변경하였다. 청와대 비서실장, 국가안보실장, 외교안보수석이 생기고, 국가안보실장이 청와대 지하벙커를 담당한다고 한다. 대한민국의 경우, NSC 자체가 대통령에 대한 자문(advice)기관이지만, 미국 국가안전보장회의는 대통령 지시에 대한 조언과 동의권을 갖고 있다.

전 세계 원조 NSC로서, 전 세계 언론에 자주 보도되는 것은 1947년 창설된 미국 NSC이다. 주로 백악관의 지하에 마련된 백악관 상황실에서 소집된다. 한국은 대한민국 헌법 91조에 의해 설립되어 있으며, 역시 미국과 같은 청와대 지하벙커가 있다. 한국도 처음엔 미국처럼 청와대상황실이라고 부르다가 명칭이 자주 변경되고 있다. 백악관상황실에서는 미국 국가안전보장회의인 NSC가 전시에 소집되며, 전시작전권을 행사한다. NSC의 핵심은 대통령, 국무장관, 국방장관 3명이다. 여기에 백악관 비서실장, 안보수석, 안보부수석 등 3명의 비서가 NSC 위원으로 추가되나, 핵심은 국무장관과 국방장관이다. 한국은 국무총리가 따로 있지만, 미국은 국무총리가 없는 대신 국무장관이 최선임장관이다.[9]

(2) 국가위기관리 기본지침

국가위기관리 기본지침은 국가위기관리시스템을 구축하는데 있어 가장 기본이 되는 문서다. 기본지침에는 `국가위기'의 개념 및 분야, 분야별 중점 활동, 위기관리 의사결정기구 등에 대한 내용을 담고 있다.

기본지침은 포괄적 안보개념을 적용해 `국가위기' 개념을 정의하고 있으며, 국가

---

9) 위키백과, https://ko.wikipedia.org/wiki/NSC(검색: 2015.12.3)

위기를 전통적 안보, 재난, 국가핵심기반 등 세 가지 분야로 구분하고 있다.

이 가운데 국가핵심기반분야는 에너지, 식·용수, 의료·보건, 정보·통신, 사이버, 금융, 수송, 원자력, 주요 산업단지, 정부 중요시설 등 국민의 생명·재산·안전보호와 국가경제 및 정부의 기본기능 유지에 중대한 영향을 미치는 인적·물적 기능체계 10개 분야를 일컫는다.

전통적 안보 분야의 경우 분쟁방지 및 통일·외교·국방분야 대비계획의 연계성 강화에, 재난분야는 예방·피해 최소화 및 현장중심의 대응체계 강화에, 국가핵심기반 분야의 경우에는 어떤 상황에서도 최소한의 기능을 유지하고 대체자원 관리체계를 구축·운영하는데 각각 중점을 두고 있다.

또한 국가위기에 해당하는 각 분야에 따라 위기관리 의사결정 구조를 달리한다.

통일·국방·외교 등 전통적 안보분야는 NSC가, 재난분야는 중앙안전관리위원회가, 국가핵심기반분야는 국정현안 정책조정회의가 각각 최고 의사결정기구로서 역할을 하게 된다.

(3) 위기관리 표준 매뉴얼

정부는 기본지침이 구분한 3개 안보분야를 세분화해 총 30개 위기유형을 대상으로 현재 작성을 완료한 상태이며, 현재 2개 유형에 대한 작성작업이 진행중이다.

전통적 안보 분야와 관련, 서해 북방한계선(NLL) 우발사태를 비롯한 군사분야 3개, 남북 교류협력분야 4개, 테러 등 사회. 치안분야 4개 등 총 11개의 매뉴얼이 작성됐다. 특히 '테러 및 재외국민보호' 매뉴얼은 정부의 이라크 파병방침 결정 직후 노대통령 지시에 따라 작성돼 현재 시행 중에 있으며, 해외 파병부대와 관련해 범정부적으로 대처해야 할 위기상황이 발생했을 경우를 상정한 매뉴얼 등 2개 유형이 현재 추가 작성중이다.

재난 분야와 관련해서는 태풍, 지진, 산불, 고속철도 대형사고, 다중밀집시설대형사고, 대규모 환경오염, 화학유해물질 유출사고, 지하철 대형화재사고, 공동구화재사고, 전염병 분야, 가축질병 분야 등 총 11개 위기유형에 대한 매뉴얼이 만들어졌다.

또한 국가핵심기반 분야의 경우에는 식.용수 분야, 보건의료 분야, 전력수급,원유수급, 원전안전 분야, 육상 화물운송(트럭) 분야, 금융전산 분야, 사이버안전분야 등 8개로 세분화했다.

이같이 세분화된 매뉴얼은 유형별 위기원인과 전개양상, '예방→대비→대응→복구'의 위기관리 활동체계, 정부 유관기관의 임무 및 역할, 위기경보 수준과 그에 따른 조치사항 등을 규정하고 있다.

2) 국가위기관리 조직[10)]

조직은 유형별 위기관리 활동에 관한 직간접적인 책무와 역할을 수행하는 위기관리활동의 주체이다. 이러한 조직의 종류로는 범정부 차원의 총괄조직, 유형별 위기관리 주관기관과 유관기관, 실무기관, 초기대응반을 포함한 비상대책기구 등이 있다.

〈표 12-1〉 국가위기관리 조직

구분	내용	비고
범정부 총괄조직	범정부 차원의 의사결정 및 조치의 총괄기능을 수행하는 기구 또는 기관	❑ 안보분야 -국가안전보장회의 ❑재난/핵심기반 분야 - 중앙안전관리위원회
주관기관	해당 위기에 대한 위기관리활동에 있어 주책임을 지는 중앙행정기관	❑ 테러 -국가정보원 ❑ 풍수해 -소방방재청 ❑ 전염병 -보건복지가족부(질병관리본부)

*자료: 국가위기관리지침(대통령훈령)

10) 안철현, '국가 위기관리체제의 발전을 위한 연구과제의 개관', 국가위기관리학회 창립기념 학술회의 자료 2009, p.164.

〈표 12-2〉 국가위기관리 조직

구분	내용	비고
유관기관	해당 위기에 대한 정부의 위기관리활동에 있어 주관기관의 활동을 지원하고 협조하는 중앙행정기관 및 지방자치단체	❑ 테러 –국방부, 경찰청 ❑ 풍수해 –국토해양부, 농림수산식품부 ❑ 전염병 –농림수산식품부, 식품의약부안전청
실무기관	위기관리의 대상이 되는 시설·기능을 직접 관리하거나 그 지역을 관할하는 지자체, 각 공공기관 및 단체	❑ 테러 –인천공항경찰대, 인천공항공사 등 ❑ 풍수해 –한강홍수통제소, 농어촌공사 등 ❑ 전염병 –인천공항검역소, 광역시
비상대책 기구	해당유형의 위기상황 발생 시 한시적으로 주관기관 내에 설치되어 가동되는 비상기구	❑ 테러 –국가테러대책회의 ❑ 풍수해 –중앙재난안전대책본부 ❑ 전염병 –중앙방역대책본부

*자료: 국가위기관리지침(대통령훈령)

현재 국회에서 논의 중인 테러방지법이 제정 시행되어 현재의 대통령 훈령인 국가위기관리지침이 폐기되면 국가위기관리의 기본개념과 대응체계가 바뀔 가능성이 있다. 현행의 국가테러대응체계는 아래와 같다.

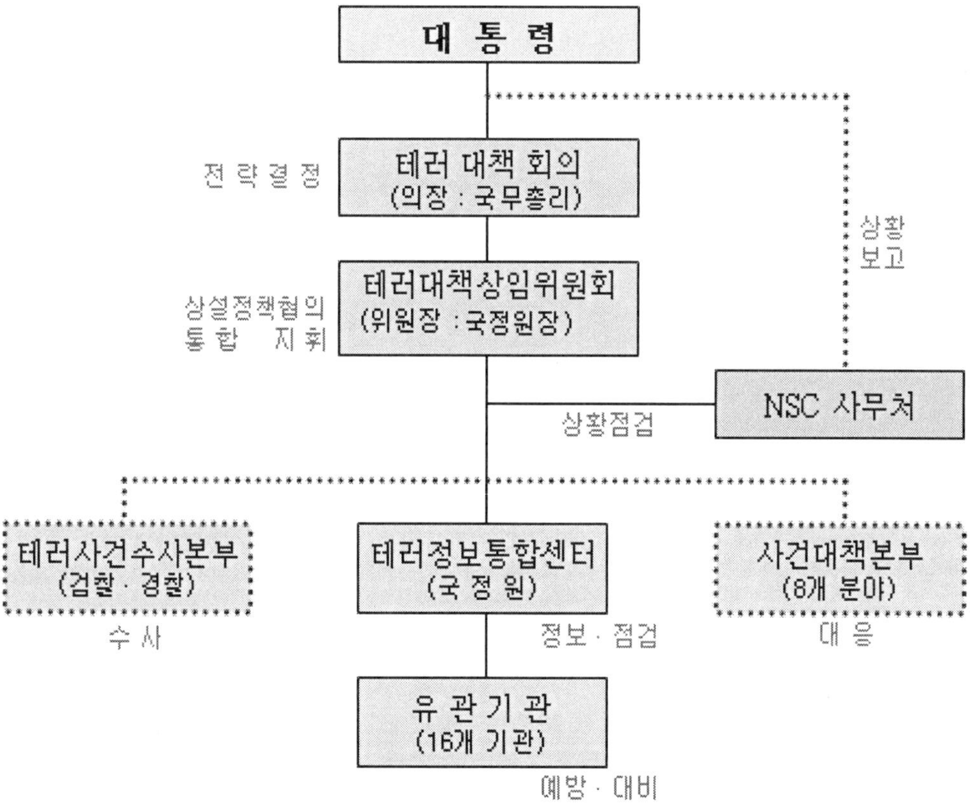

국가 테러 대응 체계

관련법령에 의해 현재 운용 중인 국가정보원 중심의 테러현장 테러위기관리 체계는 아래와 같다.

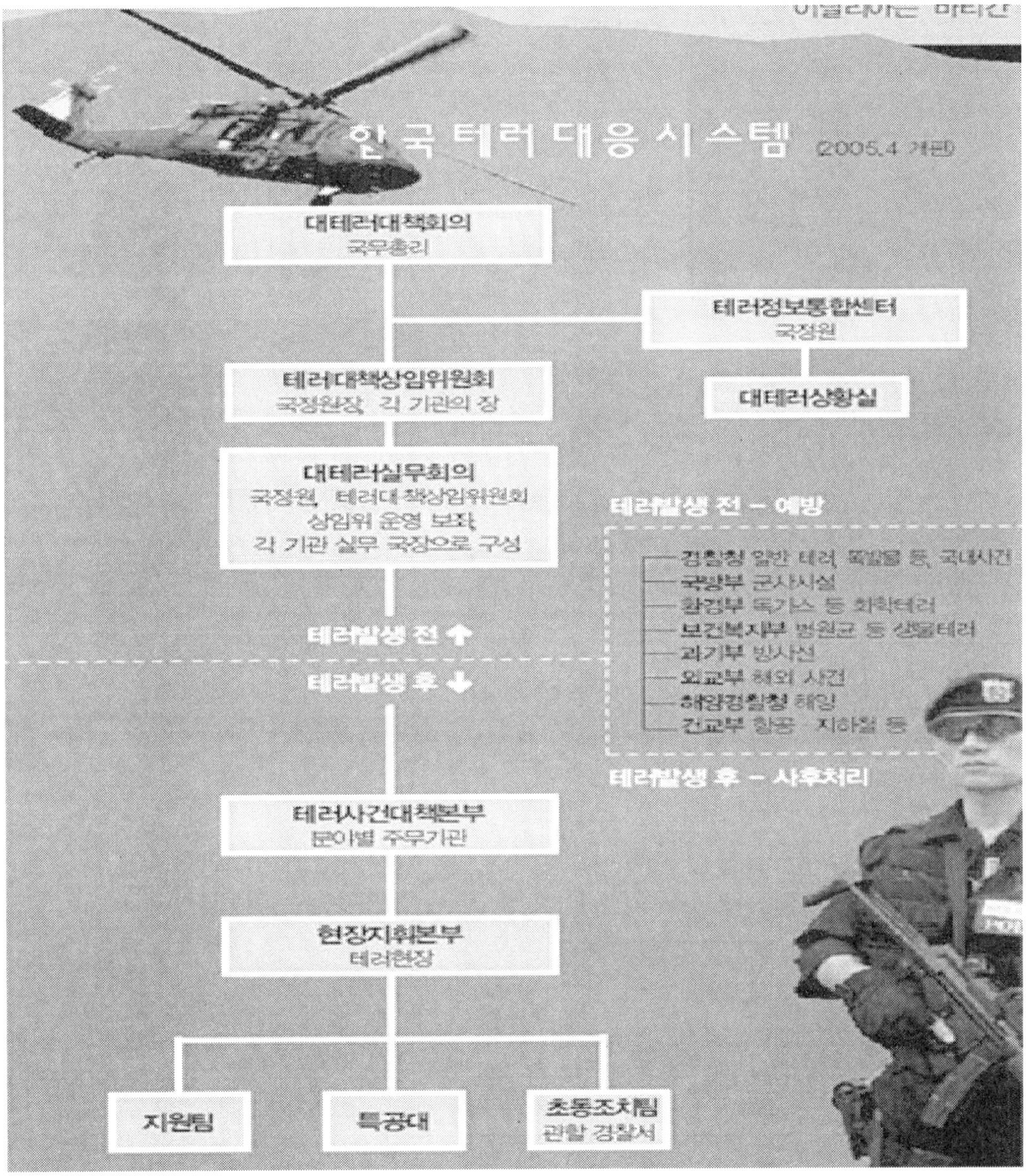

사이버테러는 국가기능의 마비와 테러에 대한 대응능력을 저하시킬 수 있다. 사이버테러대비 국가위기관리체계는 아래와 같다.

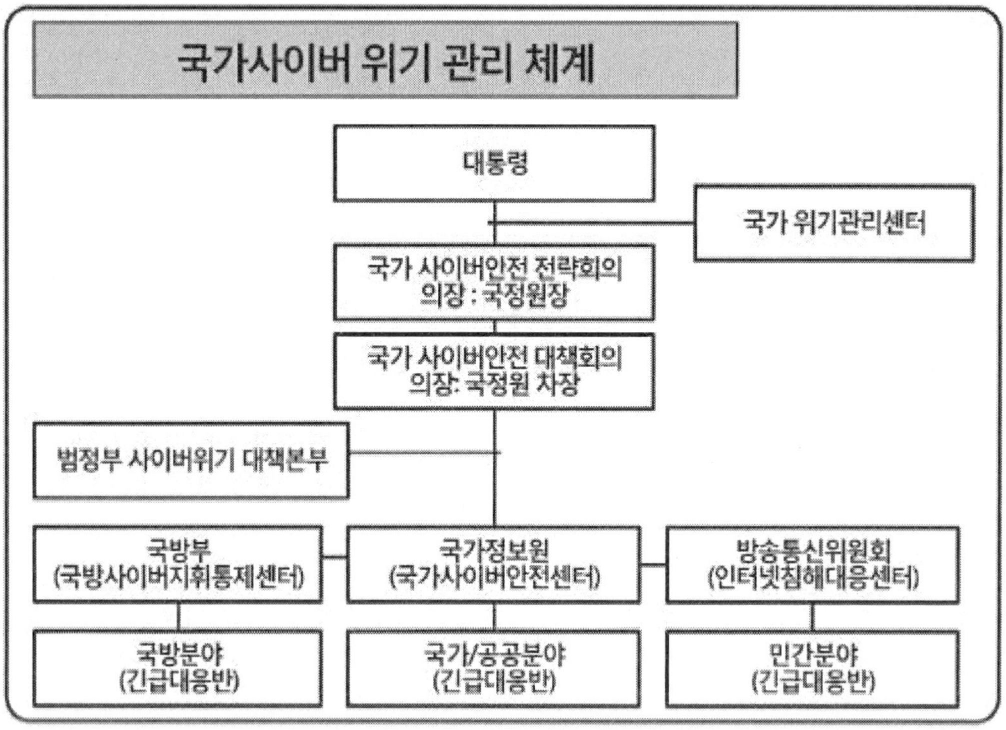

PART Ⅲ

테러대응전략과 작전

제 8 장 >>> 테러대응(對테러) 기본원칙과 전략

1. 테러대응(Counter-terrorism) 기본원칙

1) 테러대응(Counter-terrorism) 활동의 개념

테러대응(Counter-terrorism)이란 현재 진행 중이거나 발생된 테러에 대한 응징 차원의 대응활동 또는 발생 가능한 테러를 방지하기 위한 전술적·방어적·현장중심의 대응을 의미한다.

反테러(Anti-terrorism)는 테러에 반대한다는 입장 하에서 테러행위를 미연에 방지하고 원천적으로 근절하기 위한 국가차원의 전략적·공격적·예방적인 의미로 사용한다.[1)]

대테러 활동이라 함은 테러관련 정보의 수집, 테러혐의자의 관리, 테러에 이용될 수 있는 위험물질 등 테러수단의 안전관리, 시설·장비의 보호, 국제행사의 안전확보, 테러위험에 대응한 무력진압 등 테러예방. 대비와 대응에 관한 제반활동을 말한다.[2)]

2) 테러대응(대테러) 기본 원칙과 지침

21세기 9.11테러 이후 '테러리즘에는 안전지대가 없다'는 인식이 전 세계적으로 확산되면서 테러리즘 예방과 대응에 대한 대책을 마련하기 시작했다. 특히 미국, 이스라엘 등 테러집단의 주 공격목표가 되고 있는 국가들은 테러리즘 근절을 위

1) 국가정보원, http://www.nis.go.kr/AF/1_6_4/list.do(검색: 2015.11.24)
2) 국가대테러활동지침 제2조 3.

한 가장 효과적인 대책 방향을 '불양보 정책'을 기본원칙으로 삼아 각종 테러리즘에 강경한 입장을 취하면서, 유사시를 대비해 대테러 특공대를 운용하는 한편 국제적 협력을 높이는 등의 정책을 추구하고 있다.[3)]

그 중 국제적으로 대테러정책의 주축 역할을 하고 있는 미국의 다양한 대테러 정책 중 '불양보 정책(no concession policy)'과 '법의 정의 실현' 정책은 테러대응의 가장 기본 원칙이 되고 있다.

불양보 정책(no concession policy)은 테러범에게 결코 굴복하지 않으며 어떤 협상도 하지 않는다는 원칙을 표방한 것이다. 인질석방 대가로 테러범에게 몸값을 지불하거나 작전 중에 체포된 테러범을 석방하지 않는다는 의지의 표현으로 어떠한 희생을 치르더라도 테러범이나 테러조직이 원하는 목적을 달성할 수 없도록 하겠다는 것을 명백히 선언하고 있다. 이러한 정책의 시작은 1973년 수단에서 미국의 외교관이 아랍 테러리스트에게 인질로 잡혀 살해당한 사건이 계기가 된 것으로, 당시 닉슨 대통령은 테러리스트의 협박에 매번 굴복하거나 협상하는 것은 오히려 테러리즘을 조장하는 결과를 초래하므로 테러리스트와의 협상은 없다고 선언했던 것이다. 즉, 미국의 '불양보 정책'은 테러범에게 양보는 더 많은 정치 목적 달성을 위한 테러리즘만을 유발시킬 것이라는 신념에 기초하고 있다.

또한 '법의 정의 실현'원칙은 미국인과 미국의 자산에 대한 테러행위는 끝까지 추적하여 법의 심판대에 세우겠다는 의지의 표현이다. 이러한 정책 목표를 달성하기 위해 국제협약을 통해서 협약 당사국들이 테러범을 기소하도록 외교적 노력을 하고 있으며, 동시에 미국으로의 송환이 가능하도록 양자 간 혹은 다자간 범죄인 인도 조약 등을 강화해 왔다.[4)]

우리나라는 그동안 테러리즘에는 안전하다고 믿고 있었지만 해외에서 한국인이 납치되고, 피살되는 크고 작은 사건들 중 국가와 국민에게 큰 경각심을 불러일으킨 사건은 2007년 아프간 탈레반에 의한 샘물봉사단 23명 인질 납치사건이었다.

우리나라도 국제적으로 추구하는 테러대응의 기본원칙을 따른다고 천명하며 같이 동조했지만 아프간 인질 납치사건에서는 국가가 지켜야 할 기본 원칙도 지켜

---

3) 최진태,「테러, 테러리스트 & 테러리즘」, 도서출판 대영문화사, p.211.
4) 최진태,「테러리즘의 이론과 실제」, 도서출판 대영문화사, 2006, pp.342~344.

지지 못할 때도 있다.

2007년 아프간 탈레반에 의한 한국인 23명 피랍인질 사건 발생 시 국내의 저명한 전문가들이 '탈레반 피랍사태의 본질과 바람직한 대처방안'이라는 긴급 정책 간담회에서는 지금까지의 언론 보도내용과 마찬가지로 결론 역시 '테러에는 굴복하지 않는다'는 강력한 원칙고수 만이 가장 바람직한 해답이지만 그게 제대로 이루어지지 않는다고 했다. 그동안 테러라는 범죄에 대응하는 피해 당사국이 보여준 원칙을 준수하고 굴복하지 않는 것뿐이라는 것이다.

테러가 일명 '자유의 투사'와 구분되는 것은 여자와 아이 같은 약자를 죽이고 비겁한 행위를 하는 것에 있다면서, 아프다는 사람에게 총을 10발이나 쏴서 죽이고, 압도적으로 여성들로 구성된 봉사단을 버스채로 납치한 탈레반은 테러리스트의 전형이라고 규정하고 테러리스트들을 대하는 기본 원칙대로 대해야 함을 강조했다.

그리고 사건이 잘 풀리지 않는 과정은 대체로 '테러와는 협상없다'라는 원칙을 제대로 지키지 못한 결과라고 말하며. 현재의 테러리즘은 '과거의 정치적 편의주의의 결과' 라고 비판하고 '정치가들이 현재의 정치적 편의에 의해 테러리스들의 요구에 굴복하는 것이야말로 테러리즘이 지속적으로 세계를 더럽힐 수 있게 하는 것' 이라고 테러대책 전문가 게일 리버스의 말을 인용하기도 했다.(Konas)[5)]

우리나라에서 테러사건이 발생하면 우선은 국가의 관련기관들이 '국가대테러활동지침'에 의해 합동으로 대응을 하게 되는데 국가의 대테러활동을 위한 기본지침은 다음과 같다.

① 국가의 대테러업무를 효율적으로 수행하기 위하여 범국가적인 종합대책을 수립하고 지휘 및 협조체제를 단일화한다.

② 관계기관 등은 테러위협에 대한 예방활동에 주력하고, 테러 관련 정보 등 징후를 발견한 경우에는 관계기관에 신속히 통보하여야 한다.

③ 테러사건이 발생하거나 발생이 예상되는 경우에는 테러대책기구 및 사건 대응조직을 통하여 신속한 대응조치를 강구한다.

④ 국내외 테러의 예방·저지 및 대응조치를 원활히 수행하기 위하여 국제적인

5) 이춘근, "테러 대응 원칙은 굴복하지 않는다는 것", 바른사회시민회의, 탈레반 피랍사태 긴급 정책간담회 2007.08.13.http://jayusuho.com/article/zboard(검색: 2015.11.24).

대테러 협력 체제를 유지한다.

⑤ 국가의 대테러능력을 향상·발전시키기 위하여 전문인력 및 장비를 확보하고, 대응기법을 연구·개발한다.

⑥ 테러로 인하여 발생하는 각종 피해의 복구와 구조활동, 사상자에 대한 조치 등 수습활동은 「재난 및 안전 관리기본법」등 관계법령에서 정한 체계와 절차에 따라 수행함을 원칙으로 한다.

⑦ 이 훈령과 대통령훈령 제28호 통합방위지침의 적용여부가 불분명한 사건이 발생한 경우에는 사건 성격이 명확히 판명될 때까지 통합방위지침에 의한 대응활동과 병행하여 이 훈령에 의한 대테러활동을 수행한다.[6]

테러리즘에 대한 대응문제는 일반적으로 테러집단이나 테러리스트에 대한 경찰 혹은 군사적 대응에 초점을 맞추고 있으나 좀 더 종합적인 대응을 하여야 한다. 일반적으로는 위기가 계속되고 있는 경우에는 위기를 해소하고, 테러공격 목표가 시민들일 경우 이들에 대한 폭력과 위협의 충격을 완화시키며, 시민들의 건강과 안전에 대한 위험을 감소시키며, 부상자들에 대한 응급구호 제공 등이 포함되어야 할 것이다. 정부가 테러대응을 위해서 취한 다양한 방법과 조치가 모든 사건에 적용할 수는 없으며, 그 중 몇 가지는 특정상황에서 부적절 할 수도 있지만 주어진 상황 하에서 정부가 취할 수 있는 다양한 방법들을 예시하면 다음과 같다.[7]

① 비상계획들의 준비, 정보수집능력이 향상, 특수대테러부대 창설, 테러대응 주관기관을 정하고 대테러기관을 지원하기 위한 자원을 할당, 테러사건에 의해 초래 될 위협과 그 수준 결정 등으로 발생 가능한 테러에 대비한다.

② 테러리즘현상에 대한 국민의 인식증대와 정부 정책들에 대한 국민들의 지지 제고, 선택된 정부의 대응방안들을 위한 법률적·국민적인 여론 형성, 폭력 및 테러에 대한 정부의 시각에 부합되는 양자 간 혹은 다자간 협정체결 권장, 테러리즘을 묵과하지 않는 국가적 분위기 조성 등으로 테러리즘의 실행이 불리하고 또한 그에 대한 지원이 불가능하도록 환경을 조성한다.

③ 테러리즘의 폭력행위들을 조장하거나, 혹은 그들의 의견을 표현할 수 있는 대안적인 수단이라는 극단적인 풍토를 완호시킨다.

---

6) 국가대테러활동지침, [대통령훈령 제337호, 2015.1.23., 일부개정], 제3조.

7) William L. Waugh, Jr, 李黃雨 · 韓相岩 共譯, 「對테러 政策論」, 진명문화사. 1996, pp.92~96.

④ 최소한의 실행 가능할 때까지 피해가 예상되는 모든 목표(인간, 재산 및 시설 등)에 대한 안전을 강화함으로써 테러리스트의 테러실행 기회를 제거한다.

⑤ 테러리즘의 영향과 피해를 감소시키기 위해 피해지역 내의 신속한 잔해 제거, 사상자 치료 및 정상기능의 회복을 도모함으로써 테러리즘에 의해 발생된 물리적 파괴를 최소화한다.

⑥ 테러집단 및 테러리스트의 성명서 발표, 혹은 방송을 제한하거나 체계화함으로써 테러리즘 폭력에 내재되어 있는 정치적 선언을 제한한다.

⑦ 테러리스트들이 역선전을 하거나, 실제적이거나 보다 광범위한 동기들을 폭로, 혹은 테러리스트의 정치적 목적 등에 대한 주의를 환기시키기 위하여 생명의 위협이나 파괴에 대한 관심에 초점을 맞추는 등의 방법에 대응하여야 한다.

⑧ 테러리스트의 은신처의 제거, 수배되거나 용의자로 지목된 테러리스트들을 발견하기 위하여 공공지역에 대한 감시강화, 잠재적 후원자들에 대한 경찰력 강화, 무기나 다른 물자들을 숨기기 어렵도록 하는 등의 방법으로 테러리스트들이 활동하기 어려운 상황을 조성하도록 한다.

⑨ 테러범행에 사용될 수 있는 무기, 자금 기타 중요 보급물품들을 국경 외부로 운송하기 어렵게 하고, 테러활동의 지원에 대한 형벌을 가중시키고, 혐의가 있거나 수배된 테러리스트들이 국가 간 이동을 하기 어렵도록 국내 및 국제적 지원이나 후원으로부터 고립시키도록 한다.

⑩ 인질들의 몸값, 죄수의 석방, 정치적 메시지 발표 혹은 방송, 정치적 망명 또는 타국으로의 안전한 이동로 보장 혹은 기타 요구사항들에 대한 대응.

3. 테러대응 전략

테러는 국가안보를 위협하는 새로운 전략적 도구로 기능하고 있으며, 전통적 전쟁으로는 도저히 대항할 수없는 적대국가에 대항할 수 있는 효과적인 폭력 수단이다.

테러가 국제적·국가적으로도 큰 위협으로써 주목을 받고 있는 원인은 ①테러공격은 인터넷 등 전 세계적인 매체를 이용하여 실시간으로 선전 kf 수⊤있어 전 세계적으로 공포심을 줄 수 있으며, ②테러후원국가나 준 국가적 후원자를 대신해서 은은밀히 테러를 실행할 수 있고, ③잠재적으로 대규모 혼란이나 대량살상을 초래할 다양한 수단(재래식 수단 및 최첨단 수단)이 있으며, ④특정목적을 경제적으로 쉽게 달성할 수 있기 때문이다.[8)]

테러는 표적, 시간, 사건의 속도를 다양한 유형으로 은밀하고 유리하게 진행시킬 수 있기 때문에 피해를 줄이기 위해선 국제적·국가적·국지적 차원의 종합적이고 실질적인 대테러전략을 수립해야 한다.

테러위협에 대한 테러대응 및 대테러전략은 테러가 발생하기 전 이를 저지·예방하기 위한 방어적 대테러전략(Anti Terrorism)과 테러발생 후 제압·대응하는 공세적 대테러전략(Counter Terrorism)으로 구분할 수 있다.

1) 방어적 대테러전략

방어적 대테러전략은 테러리스트와 테러조직을 사전에 예방하고 파악하여 테러조직의 와해, 테러리스트의 접근 차단, 테러대비 준비계획 및 교육훈련 등의 방법으로 테러를 방어하는 사전적 저지·예방활동 개념이다.

효과적인사전 예방활동을 위한 구체적인 방법으로는 ①테러발생 원인의 환경요소 제거, ②테러활동 근거지 봉쇄 및 무력화, ③테러를 스스로 포기하도록 유도활동, ④테러리스트의 공격목표 접근 차단계획 및 교육훈련 등이 포함된다.

2) 공세적 대테러전략

공세적 대테러전략은 테러예방활동인 방어적 대테러전략(Anti Terrorism)에도 불구하고 테러가 발생했을 때 현장에서 테러를 처리하고 대응하는 사후적 제압·대응관리 개념이다. 효과적인 사후적 대응활동을 위해서는 ①테러에 의한 피해를 최소화하기 위해 현장대책의 즉각 조치단계, ②국제적 협력과 국가적 위기관리체계

---

8) Robert H. Kupperman, Dabra Van Opstal, "Terrorism", Trevor N. Dupuy, International Military and Defense Encyclopedia, Brassey's Inc. 1993. pp.2724~5.
The Joint Chiefs of staff, U.S.A. Joint Tacties, Techniques, and Procedures for Antiterrorism, 1998,
조영갑,「테러와 전쟁」, 북코리아, 2004, pp.32.

발동단계, ③테러 사후관리의 우선순위 결정단계로서 피랍자의 안전한 구출, 대테러 특수부대와 같은 물리적 강경진압, 테러리스트와의 협상 등 신축성 있는 대응 중 어느 한 가지 방안을 선택하는데, 이때는 인도주의적 고려·국제적 압력·국내 여론·테러집단의 저항력 및 위협정도 등을 고려하여 결정한다. 또한 ④테러의 원인과 유형에 따른 요구조건 약화 또는 폭력행위 확대에 따른 대응책 시행 단계, ⑤테러의 종결단계를 거치게 된다.

그러나 테러 위기관리 실패로 테러와의 전쟁이 확대되면 국제적 분쟁 혹은 군대가 동원된 국가 간의 전쟁으로 발전된다.

방어적 대테러전략과 공세적 대테러전략을 효과적으로 수행하기 위해서는 평시부터 ①국제적·국가적인 첩보 및 정보에 의한 테러위협 분석 및 협조, ②국가적 전략시설 및 장비로써 국가통치 및 C4I[9]체계, 교통기관, 전력시설, 댐시설, 대

형건물, 유류 및 가스시설, 국방시설 그리고 국민보호 등에 대한 위험상태 및 취약점 평가, ③인원보안, 시설방호, 경계 및 대처교육 훈련의 예방활동, ④테러에 대응하기 위한 위기관리체계를 계획하고 시행할 수 있어야 한다.

테러현장 대응조직 편성은 다음의 〈표 13〉의 내용과 같이 초기조치·대응 및 관리·지원요소로 편성하여 운용한다.

〈표 13〉 테러현장 대응 조직 편성

초기조치(초기대응)	대응·관리(지휘관리)	지원(필요조치 지원)
▪ 수사·보안기관 ▪ 경찰·군 특수부대 ▪ 폭발물·대량살상무기 처리반 ▪ 경비 ▪ 기타	▪ 지휘부 ▪ 협상요원 ▪ 연락요원 ▪ 공보·법무기관 ▪ 기타	▪ 정보·대정보 ▪ 소방 ▪ 군 부대(필요 시) ▪ 의료·통신요원 ▪ 기타

*자료: 조영갑,「테러와 전쟁」, 북코리아, 2004, p.34.

9) C4I Strategy System은 지휘(Command), 통제(Control), 통신(Communication), 컴퓨터(Computer) 그리고 정보(Intelligence)를 약칭한 단어로서 지휘통제 및 통신시스템이 되는 것이다.
미 국방성의 군사 및 관련용어사전에 있는 것과 같이 C4I에서 지휘통제 기능은 지휘자가 자신에게 부여된 임무를 완수하기 위해서 병력과 작전을 계획하고, 지시하고, 협조하고, 통제함에 있어서 구사되는 인원조정, 장비, 통신시설 및 절차 등을 통해서 이루어진다는 데서 의미를 찾을 수 있다.

또한 테러 대응전략을 효과적으로 수행하기 위해서는 테러 무력화에 필요한 예방·방호·대응요소와 임무분야 4가지 핵심목표를 관련시켜 민·관·군이 통합된 협조체제로 대응하고 사후관리 및 복구가 체계적으로 이루어 질 수 있도록 세부적인 기능별 대응조치를 실시해야 한다. 임무분야를 제외한 테러무력화에 필요한 기능적 대응조치를 표시하면 다음의 〈표 14〉의 내용과 같다.[10)]

〈표 14〉 테러무력화에 필요한 기능적 대응조치

● : 강력지원　　○ : 보통지원

기능적 대응능력	작전능력요소									
	예방				방호		대응			
	징후·경고	억지	거부	선제공격	시설	인력	위기관리	사후조직	특성파악	보복
1. 테러상황인식	●	●	○						●	
2. 테러리스트 감시·검색	●	○	●	●	○	○			●	
3. 위협 및 취약성 평가·전파	●	○	●		●	●	○			
4. 인적 물적 방호·실시		○	○		●	●				
5. 유형별·원인별 테러발생			●	●	●	●	●	●	●	
6. 정밀진입·진압·무력화작전		●	●	●	●	●	●	●	●	●
7. 사태분석					○	○	●	●		○
8. 사상자치료파괴시설조치					●	●		●		
9. 사건분석		○	○	○	○	○	●	●	●	●
10. 사후회복		○	○		○	○		●		

*자료: 조영갑, 「테러와 전쟁」, 북코리아, 2004, p.35.

10) 문관건 외,「초국가적 테러리즘에 대한 군사적 · 비군사적 대비방향」, 서울: 국방연구원, 2002, pp.116~124. 조영갑, 전게서, p.35.

4. 테러예방[11)]

1) 테러예방의 기본전략

(1) 정보수집 및 전파

① 관계기관은 테러사건의 발생을 미연에 방지하기 위하여 소관업무와 관련한 국내외 테러 관련 정보의 수집활동에 주력한다.

② 관계기관은 테러 관련 정보를 입수한 경우에는 지체없이 센터장에게 이를 통보하여야 한다.

③ 센터장은 테러 관련 정보를 종합·분석하여 신속히 관계기관에 전파하여야 한다.

(2) 테러경보의 발령

① 센터장은 테러위기의 징후를 포착한 경우에는 이를 평가하여 상임위원회에 보고하고 테러경보를 발령한다.

② 테러경보는 테러위협 또는 위험의 정도에 따라 관심·주의·경계·심각의 4단계로 구분하여 발령하고, 단계별 위기평가를 위한 일반적 업무절차는 국가위기관리기본지침에 의한다.

③ 테러경보는 국가전역 또는 일부지역에 한정하여 발령할 수 있다.

④ 센터장은 테러경보의 발령을 위하여 필요한 사항에 대한 세부지침을 수립하여 시행한다.

(3) 테러경보의 단계별 조치

관계기관의 장은 테러경보가 발령된 경우에는 다음 각 호의 기준을 고려하여 단계별 조치를 취하여야 한다.

① 관심단계(Blue) : 테러위협수준은 낮으나 테러 발생 가능성이 있는 상태

---

11) 국가대테러활동지침 제34조-제39조

- 테러 관련 상황의 전파
- 관계기관 상호간 연락체계의 확인
- 비상연락망의 점검 등

② 주의단계(Yellow) : 테러가 발생할 수 있는 일정수준의 테러위협 징후가 나타나는 상태

- 테러대상 시설 및 테러에 이용될 수 있는 위험물질에 대한 안전관리의 강화
- 국가중요시설에 대한 경비의 강화
- 관계기관별 자체 대비태세의 점검 등

③ 경계단계(Orange) : 테러위협이 현저하여 테러발생 가능성이 높은 상태

- 테러취약요소에 대한 경비 등 예방활동의 강화
- 테러취약시설에 대한 출입통제의 강화
- 대테러 담당공무원의 비상근무 등

④ 심각단계(Red) : 테러위협이 심각한 수준으로 테러발생 가능성이 매우 높은 상태

- 대테러 관계기관 공무원의 비상근무
- 테러유형별 테러사건대책본부 등 사건대응조직의 운영준비
- 필요장비 · 인원의 동원태세 유지 등

(4) 지도 및 점검

① 관계기관의 장은 소관업무와 관련하여 국가중요시설 · 다중이 이용하는 시설 · 장비 및 인원에 대한 테러예방대책과 테러에 이용될 수 있는 위험물질에 대한 안전관리대책을 수립하고, 그 시행을 지도 · 감독한다.

②국가정보원장은 필요한 경우 관계기관 합동으로 공항 · 항만 등 테러의 대상이 될 수 있는 국가중요시설 · 다중이 이용하는 시설 및 장비에 대한 테러예방활동을 관계법령이 정하는 바에 따라 지도 · 점검할 수 있다.

(5) 국가중요행사에 대한 안전 활동

① 관계기관의 장은 국내외에서 개최되는 국가중요행사에 대하여 행사특성에 맞

는 분야별 대테러 · 안전대책을 수립 · 시행하여야 한다.

② 국가정보원장은 국가중요행사에 대한 대테러 · 안전대책을 협의 · 조정하기 위하여 필요한 경우에는 관계기관 합동으로 대테러 · 안전대책기구를 편성 · 운영할 수 있다. 다만, 대통령 및 국가원수에 준하는 국빈 등이 참석하는 행사에 관하여는 대통령경호안전대책위원회의 위원장이 편성 · 운영할 수 있다.

(6) 교육 및 훈련

① 관계기관의 장은 대테러 전문능력의 배양을 위하여 필요한 인원 및 장비를 확보하고, 이에 따른 교육 · 훈련계획을 수립 · 시행한다.

② 관계기관의 장은 제1항의 규정에 의한 계획의 운영에 관하여 국가정보원장과 미리 협의하여야 한다.

③ 국가정보원장은 관계기관 대테러요원의 전문적인 대응능력의 배양을 위하여 외국의 대테러기관과의 합동훈련 및 교육을 지원하고, 관계기관 합동으로 종합모의훈련을 실시할 수 있다

2) 테러예방 요령

(1) 테러예방의 중요성

현재 세계적으로 수많은 테러단체와 테러리스트가 자신들의 목적을 위해 무고한 시민들을 희생시키고 세계평화와 안전을 위협하고 있다.

이들은 점점 발달하는 현대 첨단기술을 무기로 보안이 취약한 다중이용시설을 공격하는 등의 공통점을 갖고 있다. 따라서 테러는 복잡하고 대하기 까다로운 형태로 발전중이기 때문에 테러발생 시 국가가 신속하게 대응을 하기 위해서는 테러가 일어나기 전에 예방하는 것이 가장 중요하다. 테러예방을 위해서는 정보가 가장 중요한데 우리나라에는 아직 테러관련 정보를 통합할 수 있는 대테러관련법도 없다.[12)]

---

12) 박동균, '테러, 왜 일어나는가, 막을 수는 없나', 매일신문, http://www.imaeil.com/sub_news/sub_news_view.php?news_id=66087&yy=20152015.11.28. (검색: 2015.11.28)

테러예방을 위해선 테러가 발생할 가능성이 있는 취약한 대상을 사전 점검하여 안전시설을 보강하는 등 테러 취약요소를 사전에 제거할 수 있으며 생명과 재산에 대한 피해를 미연에 방지하고 피해를 최소화 할 수 있다.

(2) 사전 테러 예방법

시설보호활동이나 경계태세 시 경비원을 눈에 잘 띄는 지역에 배치하고 순찰을 통해 경계가 이루어지고 있음을 적극적으로 보여주어야 하며 중요 위험물 반입을 차단하기 위하여 모든 출입구에 금속탐지기 등을 설치하고 출입자는 반드시 탐지기 등을 통과하도록 하여야 한다.

침입자 방지장비를 설치한 후 주기적으로 유지, 보수하고 테러범의 침입의도를 사전에 차단하기 위해 각종 보안장비가 설치되어 있다는 것을 표지판 등으로 나타내어 범행의사를 사전에 포기 및 제지할 수 있도록 한다.

(3) 차량 및 인원 검색절차

① 차량 검색절차

○미 협조 차량 및 방문자는 관계자에게 신원확인 후 출입거부 조치
○검문검색 시 불상의 공격 등 우발사태 대비
○출입근거 유지, 필요시 물품 보관조치, 출입자격 확인
○출입자의 인상착의 숙지 및 퇴출여부 확인

일단정지		탑승자 확인		차량검색 (동의필요)
▪차단기 이용 차단 ▪차량출입 비표 확인	⇨	▪출입증 확인	⇨	▪검색경 이용 하부검색 ▪트렁크 개방 확인

② 인원검색 절차

○미 협조차량 및 방문자는 관계자 및 관계자에게 신원확인 후 출입거부 조치
○검문 · 검색 시 불상의 공격 등 우발사태에 대비 하며 검색

○출입근거 유지, 필요 시 물품 보관, 출입자격 확인 등

○출입자의 인상 숙지 철저 및 퇴출 여부 확인

방문사유 질문	⇨	방문객 확인 및 검색	⇨	소지품 검색 (동의필요)
▪출입자 일시 정지 ▪검문 · 검색고지		▪출입증 확인 ▪필요시 금속탐지기		▪의심물품 위해성 확인 ▪필요 시 개방 확인

(3) 사후조치를 위한 대책기구 편성 운용

대책기구는 상설로 안전관련 전담팀을 구성하여 비상계획 수립 및 교육. 훈련을 전담하게 하고 사건 발생 시 조직 전체를 활용한 비 상설 긴급대책본부를 조직하여 운용해야 한다. 상설 안전관련 전담부서로는 총괄팀, 대응팀, 예방팀을 두어야 하고 테러 발생 시 초기대응 및 인명구조 등 응급조치를 위하여 비상대기조를 편성 운영하며 대피계획을 수립, 사전교육이 필요하다. 또한 테러발생에 대비하여 발신번호 표시 및 대화녹음이 가능한 전화기를 준비하고 건물 주요지점에 녹화 가능한 CC TV를 설치해야 한다.[13)]

13) 일반경비 신임교육교재, 사단법인 한국경비협회, 2010, pp.170~172.

제 9 장 테러 상황별 현장대응 요령

>>>

1. 테러 대응활동[1]

1) 상황전파

① 관계기관의 장은 테러사건이 발생하거나 테러위협 등 그 징후를 인지한 경우에는 관련 상황 및 조치사항을 관련 기관의 장 및 국가정보원장에게 신속히 통보하여야 한다.

② 테러사건대책본부의 장은 사건 종결시까지 관련 상황을 종합처리하고, 대응조치를 강구하며, 그 진행상황을 테러대책회의의 의장 및 상임위원회의 위원장에게 보고하여야 한다.

③ 법무부장관과 관세청장은 공항 및 항만에서 발생하는 테러와 연계된 테러혐의자의 출입국 또는 테러물품의 반·출입에 대한 적발 및 처리상황을 신속히 국가정보원장·국민안전처장관 및 경찰청장에게 통보하여야 한다. 〈개정 2015.1.23〉

2) 초동조치

관계기관의 장은 테러사건이 발생한 경우에는 사건현장을 통제·보존하고, 후발사태의 발생 등 사건의 확산을 방지하기 위하여 신속한 초동조치(初動措置)를 하여야 하며, 증거물의 멸실을 방지하기 위하여 가능한 한 현장을 보존하여야 한다.

초동조치 사항은 다음과 같다.

---

1) 국가대테러활동지침 제40조-제43조

① 사건현장의 보존 및 통제
② 인명구조 등 사건피해의 확산방지조치
③ 현장에 대한 조치사항을 종합하여 관련 기관에 전파
④ 관련 기관에 대한 지원요청

3) 사건대응

① 테러사건이 발생한 경우에는 상임위원회가 그 대응대책을 심의·결정하고 통합지휘하며, 테러사건 대책본부는 이를 지체없이 시행한다.
② 테러사건대책본부는 필요한 경우에는 현장지휘본부를 가동하여 상황전파 및 대응체계를 유지하고, 단계별 조치사항을 체계적으로 시행한다.
③ 법무부장관은 테러사건에 대한 수사를 위하여 필요한 경우에는 검찰·경찰 및 관계기관 합동으로 테러사건수사본부를 설치하여 운영하며, 테러정보통합센터·테러사건대책본부와의 협조체제를 유지한다.

2. 일반적인 대피요령

테러 발생 시에는 대피 및 안전 담당팀의 지시에 따라 질서있게 대피하는 것이 중요하다. 비상계단을 이용하여 신속히 지상으로 대피하는 것이 원칙이며 평상시 비상대피로의 위치, 잠금 여부 등을 확인하여 대피가 용이하도록 사전에 조치하여야 한다.

1) 대피 시 공통 주의사항

① 엘리베이터 사용은 정전으로 인해 엘리베이터 내부에 갇힐 우려가 있으므로 사용을 금지한다.
② 계단은 가급적 한쪽만 이용하여 폭발물 처리팀이 사용할 수 있도록 한다.
③ 지하 주차장은 건물 붕괴 시 매몰될 위험성이 매우 높아 지하주차장으로 가

서 차를 가져가려는 것은 매우 위험하다.

④ 건물 붕괴로 인한 후폭풍 등을 감안하여 건물 높이 2배 이상 거리로 탈출하여야 한다.

2) 실내에서 폭탄으로 추정되는 물건이 발견되었을 때

① 즉시 안전담당관이나 현지 경찰에 연락하고 어떠한 경우에도 운반하거나 손을 대지 않도록 각별히 유의해야 한다.

② 최단시간 내 대피하고 동료들에게도 알려 대피하도록 하여야 한다.

③ 폭탄이 장치된 방향과 반대방향의 비상계단을 이용하여 건물 밖으로 빠져 나오되 엘리베이터는 어떠한 경우에도 사용해서는 안 된다.

④ 대피도중 폭탄이 폭발할 경우 인근 빌딩에서 유리 파편이나 건물 잔해가 떨어질 수 있으므로 유의해야 한다.

⑤ 테러범들은 안전지역에도 2차 폭발물을 설치하는 경우가 있으므로 주변에 의심스러운 물체가 있는지 확인이 필요하다.

⑥ 만약 폭탄이 창가나 현관에 놓여져 있다면 폭발시 유리파편이 날아오므로 가시거리 밖으로 대피해야 한다.

3) 폭탄차량을 이용한 테러징후가 포착되었을 경우

① 대피명령이 내려지면 즉각 창가로부터 멀리 떨어지도록 하고 전등, 배관 등 천장 시설물 낙하로부터 보호 받을 수 있는 곳으로 피신한다.

② 강당이나 로비 등 기둥간격이 너무 넓은 곳은 폭발로 인해 무너질 가능성이 있음으로 대피장소로는 적절치 않다.

③ 대피 시 휴대전화 등 비상 통신망과 라디오 등을 확보하여 관련 상황을 파악한다. 특히 다음과 같은 차량은 조심해야 한다.

○ 상징성이 큰 건물 주변에 버려진 차량

○ 분실된 차량이나 가짜 번호판을 부착한 차량

○ 주차장이 아닌 곳에 주차한 차량

○ 창문이 가려졌거나 테이프로 봉해진 차량

○ 드럼통 등을 적재한 차량

④ 차량의 크기나 폭발물의 양에 따라 약간씩 차이가 있으나 대체로 문제의 차량으로부터 최소한 4~5블럭(530m 이상: 대형승용차) 떨어져야 한다.

4) 폭발로 화재가 발생하였을 경우

① 비상구를 이용하여 건물 밖으로 빠져 나오되 이동시 유독가스를 마시지 않도록 최대한 자세를 낮추고 젖은 천으로 코와 입을 가려야 한다.

② 비상구 문을 열기 전에 손등으로 비상구 문의 상. 중. 하단부의 온도를 측정하여야 한다.

③ 비상구 문이 뜨겁지 않으면 몸을 이용하여 서서히 열도록 하고 뜨거울 경우에는 절대로 문을 열어서는 안 된다.

④ 화재가 난 방향과 반대방향의 비상계단을 이용한다.

⑤ 몸에 불이 붙으면 절대 뛰지 말고 바닥에 몸을 굴려 불을 꺼야 한다.

5) 폭발로 건물이 붕괴되었을 경우

① 건물 잔해에 깔렸을 경우에는 불필요한 행동으로 먼지를 일으키지 말아야 한다.

② 만일의 경우에 대비하여 천으로 코와 입을 가려 먼지를 마시지 않도록 한다.

③ 가능하다면 손전등을 휴대하고, 배관을 두드리거나 휴대폰 등을 이용하여 자신의 위치를 알려야 한다.

④ 호각을 가지고 있다면 규칙적으로 호각을 불어 자신의 위치를 알리되 고함은 마지막 수단으로 사용해야 한다.

3. 테러 상황(유형)별 대응요령

1) 일반 폭탄테러 발생시

① 폭탄으로 추정되는 물건을 발견했을 때는 절대 손을 대지 말고 경찰에 신고한 후 신속하게 대피해야 하며 휴대폰이나 라디오는 전자파가 폭발물 기폭장치를 작동시킬 수 있으므로 사용하지 않는 것이 좋다.

② 폭발음이 바로 옆에서 들리면 즉시 바닥에 엎드려 정황을 살피되 엎드릴 때 양팔과 팔꿈치를 옆구리에 붙여 폐. 심장. 가슴을 보호하고 귀와 머리를 손으로 감싸 목덜미와 두개골을 보호해야 하며 폭발이 2~3회 연쇄적으로 일어날 수 있으므로 몇분 정도 엎드려 있다가 개활지 쪽으로 피하는게 좋다.

③ 경비원은 폭탄 의심물체가 발견되면 즉시 관계기관에 신고한 후 통제구역을 설정하여 출입자를 통제하고 신속히 대피토록 조치해야 한다.

④ 사제 폭발물은 일상생활에서 흔히 볼 수 있는 물품으로 위장하므로 수상한 물체를 발견하면 만지거나 이동시키거나 충격을 주지 말아야 한다.

※ 사제 폭발물의 특징

○ 다양한 형태로 제작이 가능하므로 식별곤란(편지, 소포 등)
○ 소형으로 은익설치 가능(쓰레기통, 화장실, 청소도구함, 조명시설 등)
○ 군용 폭발물에 비해 비교적 불안정.
○ 제조사 의도 파악곤란(스위치, 폭약, 뇌관, 위력 등)
○ 일상생활에서 습득 가능한 재료로 폭발물 제조 가능

2) 자살 폭탄테러 발생시

신속하게 현장을 탈출, 넓은 공간이나 보호받을 수 있는 지역으로 대피하여 추가적인 폭발에 대비해야 한다.

3) 우편폭탄 테러 발생시

① 경비원은 의심스러운 우편물을 발견한 경우 즉시 경찰에 신고하고 어떠한 경우에도 운반하거나 손을 대지 않고 우편물이 있는 방 주변에 있는 사람들을 신속히 대피시킨다.

② 폭발물로 의심되는 우편물인 경우 폭발효과를 최소화하기 위해 가능한 모든 창문과 출입문을 개방하고, 전자파가 폭발물에 설치된 기폭장치 일 수 있으므로 휴대폰사용을 자제하여야 한다.

※ 의심스러운 우편물 확인요령

○ 겉봉에 “00만 개봉할 것”, “비공개” 등 표시가 있을 때
○ 주소가 틀리거나 조잡한 필체 등으로 쓰여진 경우
○ 내용물이 출렁거리는 소리가 들리는 경우
○ 소포에서 시계소리 등 이상한 소리가 들릴 경우
○ 끈. 비닐테이프 등이 지나치게 많이 붙어있는 경우
○ 우편물에서 화학약품 등 이상한 냄새가 날 경우

4) 협박전화 테러 발생시

① 협박전화를 받으면 침착하게 대처하면서 관계기관에 신고하는 한편 녹음할 수 있으면 녹음한다.

② 전화를 끊지 말고 상대방이 계속 말을 하도록 시간을 끌어야 한다.

③ 전화를 건 사람이 무의식중에 제공하는 단서 즉, 성별, 연령, 발음, 억양 등 신상정보와 기적, 뱃고동, 공단기계음 등 배경소리에 주목한다.

④ 전화를 건 사람의 의도나 협박동기 등에 관한 단서는 즉시 기록하여 해당기관에 신고한다.

5) 항공기 테러발생시

① 항공기 테러는 고전적인 납치. 폭파방식의 테러에서 9. 11테러와 같이 항공

기 자체를 무기로 사용하는 새로운 형태의 테러로 발전하고 있다.

② 항공기가 납치된 경우에는 테러범의 관심을 끌만한 행동을 하지 말고 테러범의 목소리, 언어, 신체상 특징을 신중히 관찰한다.

③ 인질구출작전이 개시될 경우 특공대가 납치범과 인질을 구별하기 어려우므로 상황종료 시까지 움직이지 않아야 한다.

6) 시설점거 및 인질납치테러 발생시[2)]

납치와 관련된 오해 중의 하나는 납치되면 살해될 위험이 높다고 생각하는 것이다. 사실 납치된 자들이 납치범에 의해 살해되는 경우는 드물다. 납치된 경우 먼저 납치범들이 죽이려고 하였다면 인질로 납치하지 않았을 것이라는 사실을 이해하는 것이 중요하다. 또한 인질 자신이 어떻게 행동하느냐가 생사에 크게 영향을 미친다. 납치된 순간이나 감금기간 중 감정을 어떻게 통제하느냐가 중요하다. 납치 시 가장 위험한 순간은 최초의 몇 분간과 구조작전 때이다. 이때 저항과 격렬한 감정을 보이는 것은 절대 금물이다.

(1) 납치의 기본적 세 단계

① 포획(Capture)의 단계: 납치되면 일단 순응하라.

지시받은 것은 그대로 하고 지시받지 않은 것은 하지 말아야 한다. 말도 먼저 걸지 말고 허락된 경우에도 부드럽고 존중하는 태도로 말해야 한다. 결론적으로 피랍자는 무리 가운데 한 이름 없는 사람이 되어 납치범들의 주의를 끌지 않도록 주의해야 한다.

② 억류(Detention)의 단계: 규칙적인 생활을 통해서 건강을 유지하라.

이때 억류자들은 피랍자들을 심문하며 절망감을 주려고 노력하지만 크게 위험한 기간은 아니다. 이때 가능한 한 동료들에게 관심을 가지면서 서로 의사전달을 하려고 노력해야 한다. 또한 억류자들과 다양한 화제로 대화할 수 있고 일상 생활

2) 국정원, 테러범 식별요령, pp.37~39.

용품을 요청할 수 있다. 이때 논쟁의 소지나 억류자의 자존심을 건드리는 대화는 하지 말아야 하며 건강을 무시하거나 자포자기에 빠져서는 안 된다. 동료를 배반하는 말이나 일을 해서는 안 된다.

③ 구조(Rescue) 또는 석방(Release) 단계: 끝까지 신중하라.

인질들이 석방되었다고 해서 상황이 완전히 종료되었다고 생각해서는 안 된다. 재난후유장애(post-traumatic stress disorder)의 처리 등 사후처리 사항들이 남아있다는 것을 염두에 두어야 한다.

(2) 인질 납치 시 대처 요령

놀라거나 자제력을 잃지 말고 침착해야 한다.

외부에서 모든 구출수단을 강구하고 있다는 점을 잊지 말아야 하며, 휴대폰을 켜 두면 위치추적이 가능하여 구출활동에 크게 도움이 될 수 있다.

경우에 따라서 살해될 위험이 있으므로 함부로 저항하지 말고 감시가 엄격할 경우에는 절대 도망치려 해서는 안 된다.

눈이 가려지면 주변의 소리 · 냄새 · 범인의 억양 · 이동시 도로상태 등 특징을 기억하려고 노력한다.

납치범을 자극하는 언행은 삼가고, 몸값요구를 위한 서한이나 육성녹음을 원할 경우 응하도록 한다.

버스나 비행기 탑승 중 인질이 된 경우, 순순히 납치범의 지시에 따르고 섣불리 범인과 대적하려 들지 말아야 한다. 섣부른 행동은 자신의 생명은 물론 다른 인질들의 생명도 위태롭게 할 수 있다.

인질로 억류되었거나 납치감금을 당했다면 저항하지 말고 순순히 시키는 대로 행동한다.

납치범의 눈에 잘 띄지 않도록 행동하고 위협적인 인상을 쓰거나 눈이 마주치는 것도 피해야 한다.

납치범들이 무언가를 물어 볼 때는 가능한 짧게, 자연스러운 자세로 답하고 화를 내서는 안 된다.

납치범들의 지시에 공손하게 순응하고 그들을 자극할 수 있는 언행을 삼가며 육성녹음 요구 시 기꺼이 응하도록 해야 한다.

구출을 위한 모든 수단이 동원되고 있으므로 자제력을 잃지 말고 탈출로 등 자신이 유리하게 활용할 수 있는 여건을 파악해야 한다.

건강유지를 위해 운동을 계속하고 주는 것은 모두 먹는다.

납치범과 대화가 가능하다면 그들과 대화를 하는 것이 좋으며 우호적 관계를 유지하도록 노력해야 한다.

(3) 무력 진압 시 대처요령

당국은 인질구출을 위한 협상이 실패하거나 구출전망이 희박하다고 판단 시 마지막으로 무력진압을 단행하게 됨,

이때 특공대원들이 문을 박차거나 갑작스런 섬광탄으로 폭파시킨 후 순간적으로 진입하여 납치범들을 제압하므로 갑작스런 소리나 빛 또는 섬광이 나면 구출작전이 시작된 것이므로 즉시 엎드려야 한다.

상황이 완전히 끝나고 특공대원이 일으킬 때 까지 움직이지 말아야 한다.

7) 생화학 테러 발생 시 대처요령

① 생물테러의 증상은 고열, 구역질, 복통, 설사, 콧물, 인후염, 피부발진 및 피부염, 안구충혈, 무기력증 등 여러 증상이 시일을 두고 나타나므로 조기에 발견, 의사 등 전문가의 도움을 받는다.

② 화학테러의 증상으로 근육경련, 피부 화끈거림, 호흡곤란, 균형감각 상실 등 신체에 이상 징후가 나타나거나 주변 동물이나 나무의 갑작스런 죽음 등이 나타날 수 있는데 이때에는 오염 원인이 무엇이고 오염지역이 어디인지 확인하면서 그 지역을 벗어나야 한다.

③ 방사능테러 정보가 발령될 경우 신속히 코와 입을 가리고 방사능에 오염되지 않은 건물과 내부지하지역으로 피신하여야 한다.

5. 테러범의 식별요령

1) 일반적인 테러범의 특징[3)]

(1) 외관

○ 마스크나 수염 등으로 얼굴을 가리거나 모자 또는 짙은 색깔의 안경을 착용하고 다른 사람들과 접촉을 피하려고 하는 사람(테러범은 자신의 용모를 변형시키거나 다른 사람과의 접촉을 피하기 위해 노력).

○ 신체의 다른 부위에 비해 지나치게 배가 나왔거나 계절에 맞지 않는 두껍고 긴 상의를 입고 땀을 많이 흘리거나 눈초리가 불안한 사람(자살폭탄테러범의 경우 주로 복대형식으로 다량의 폭탄을 상의 안에 착용하고 이를 두꺼운 옷을 은폐).

(2) 행동

○ 공항만. 호텔. 철도역사. 백화점 등 다중이용시설 쓰레기통이나 화장실, 휴게실 등에 가방이나 봉지를 방치하고 현장을 급히 이탈하는 사람.

○ 위의 시설 인근에 오토바이나 차량을 방치하고 현장을 급히 이탈하는 사람.

○ 경찰 등 보안요원을 의도적으로 피하거나 갑자기 뛰는 등 비정상적인 행동을 보이는 사람

○ 지불수단으로 신용카드나 수표대신 다량의 현금을 사용하는 사람(테러 후 당국의 추적을 피하기 위해 흔적을 남기지 않으려는 의도로 의심)

○ 국적이나 숙소를 묻는 질문에 거부감을 보이거나 신경질적인 반응을 보이는 사람(신분노출과 당국의 추적을 피하기 위한 본능적인 행동으로 의심).

---

3) 국정원, 테러범 식별요령, pp.4~7.

2) 폭탄 테러범과 장비의 특징[4)]

(1) 폭발물 적재차량 운전자

○ 변덕스런 운전을 할 때(천천히 또는 빨리)
○ 정지명령을 무시하고 검문소 우회를 시도할 때
○ 불안한 모습이나 비정상적인 언어를 사용할 때
○ 트럭 또는 장비를 서투르게 다룰 때
○ 운전자의 나이가 통상 20대 정도

(2) 폭발물 적재차량

○ 차량바퀴가 눈에 띄게 내려앉았을 때
○ 창문이 어둡거나 가려져 있을 때
○ 차량 안에 의심스런 물건(스위치. 송신기. 기폭장치나 전선줄 또는 밧줄) 등이 실려 있을 경우
○ 차량에 보조안테나가 달려 있을 경우
○ 주차할 장소가 아닌 곳에 방치되어 있는 경우
○ 앞뒤 번호판이 다르거나 미등록 임시번호판을 달고 방치된 차량

(3) 자살 폭탄테러범

○ 계절에 맞지 않는 복장 착용
○ 젊은 남녀가 일행이 아니면서도 복장과 행동을 맞추어 행동
○ 비정상적으로 허리나 아랫배가 불룩한 복장
○ 스트레스를 받은 듯이 소심한 모습에 비정상적으로 땀을 흘림
○ 천천히 걷다 주위를 두리번거리며 살피다 갑자기 뛰는 행동
○ 의도적으로 보안요원들에게서 멀리 떨어지려고 시도
○ 가방이나 의복 속에서 전선이나 전기장치가 보일 경우[5)]

---

4) 국정원, 테러범 식별요령, pp.7~10.
5) 외교부, 해외안전 위기상황별 대처메뉴얼, http://www.0404.go.kr/contentView(검색: 2012.02.12)

(4) 우편폭탄

○ 알지 못하는 사람이 보낸 우편물
○ 인편으로 직접 배달되었거나 낯이 익지 않은 우편배달부가 가져온 우편물
○ 발송자나 소인이 없는 우편물
○ 내용물이 금속류나 전선 등의 느낌이 나는 우편물
○ 부피에 비해 지나치게 무겁게 느껴지거나 과대 포장된 우편물
○ 아몬드 냄새 등 독특한 냄새가 나는 우편물
○ 봉투나 포장종이에 기름자국이 묻은 우편물

3) 장소별 테러범 식별 요령[6)]

(1) 공항만

① 항공권 발급 및 입출국 수속 시 직원과 눈을 마주치지 않으려 하거나 대화를 기피하는 사람(테러범의 불안한 심리의 표현 또는 위조 신분증일 경우 사진과 실물의 대조를 방해하려는 행위)
② 신규. 임시 발급. 재발급 여권을 소지하고 있는 사람(정상적으로 수차 검색을 거친 여권에 비해 첫 검색대상인 신규 여권과 상대적으로 위조가 용이한 임시 여권 소지자에 대해서는 철저한 검색이 필요)
③ 타 여행객에게 접근하여 가방 또는 서류(봉투)를 건네는 사람(테러범이 선심성관광 또는 긴급한 용무로 귀국이 곤란하다거나 통관 시 휴대물품이 많다는 등 갖가지 이유를 대면서 폭탄등 테러 수단을 일반 수하물로 위장 타인을 통하여 반입·출 의도로 의심
④ 여권 상 여행국 출입국 날짜. 횟수 등에 대해 전혀 기억을 못하거나 반대로 몇 년이 지난 여행 기록까지 정확하게 기억하는 사람(테러범이 위조된 여권에 대해 미처 숙지하지 못하고 있거나 반대로 의도적으로 암기 했을 가능성 의심
⑤ 중동, 북부 아프리카, 동남아, 서남아등 국제 테러조직 활동지역 여권 소지자

6) 국정원, 테러범 식별요령, pp.11~18참조.

⑥ 여권기재 직업관련 전문용어에 무지하거나 소지자의 직업연령이 불일치하는 자

⑦ 실물과 사진이 현저히 다르거나 유럽 .영국. 미국. 호주 여권을 사용하면서도 영어가 서툰 사람(테러범의 경우 다수의 가명과 위조 신분증 소지)

⑧ 직항로가 있음에도 불구하고 제3국을 경유하여 입국하는 사람(정정과 치안이 불안하고 테러조직이 왕성한 국가로 부터 직항로가 있을 경우 검색 강화 대상이 되는 것을 회피하기 위해서 또는 검색이 허술한 제3국 CIQ에서 공범으로 부터 테러 물품을 전달받아 입국 가능

⑨ 불안한 눈초리로 누군가를 찾거나 의도적으로 공항 대(對)테러팀이나 관련자들을 회피하는 행동(공범과의 접선 의도 및 범죄 의도자로서 불안 심리 표출)

(2) 철도(일반철도. 고속철도. 지하철)

① 철도승차권 발급 시 직원과 눈을 마주치지 않으려 하거나 대화를 기피하는 사람

② 승차권 발급 시 별 생각 없이 목적지를 번복. 변경하는 사람(테러범에게 중요한 것은 테러 공격이므로 여행목적지를 즉흥적으로 결정하고 변경. 번복할 수 있다)

③ 성인, 특히 외국인이 철로 주변에서 사진을 찍거나 줄자 등으로 측량을 하는 사람(테러범이 폭발물 설치를 위해 사전 정찰중인 가능성 의심)

④ 물품 보관함의 물품 영치자와 회수자가 다를 때(테러범들이 물품보관함을 연락 또는 물품 전달 수단으로 이용 가능)
임시 물품 보관함은 만일의 사태에 대비, 사람의 왕래가 적은시설물 구석에 배치하는 것이 바람직함

(3) 호텔

① 체크인. 체크아웃 절차 시 프론트 데스크 종업원과 가급적 눈을 마주치지 않으려고 하고 다른 곳을 주시하며 대화 하는 사람

② 중동. 북부 아프리카. 동남아. 서남아등 국제 테러조직 활동지역 여권 소지자

(호텔 내규임을 내세워 자발적 신분증 제시 유도 및 검사 필요)

③ 신규. 임시 발급. 재발급 여권을 소지하고 있는 사람

④ 일을 보기 위해 외출하는 경우를 제외하고는 주로 방안에 머물러 있는 사람 (테러범은 자신이 목적하는 바(테러행위)와 관련 없는 물의를 야기. 의혹을 원천차단하기 위해 불필요한 외출, 타인 접촉 등을 기피함)

⑤ 객실 전화는 내선을 제외 하고는 거의 사용하지 않는 사람(공안 당국의 추적을 피하기 위해 통화 내역을 숨기려는 행위로 의심)

⑥ 여권기재 직업관련 전문용어에 무지하거나 소지자의 직업연령이 불일치하는 자

⑦ 처음 방문 하는 지역인데도 렌트차량이 아닌 일반차량, 픽업트럭 등을 이용하는 사람(훔친 차량이거나 현지 공범으로부터 제공 받은 차량일 가능성)

⑧ 차량을 렌트했음에도 불구, 이용치 않고 장기간 방치 하는 경우(차량 렌트가 관광이 목적이 아니라 특정 목적(테러)을 위한 준비단계임을 의심)

⑨ 손가방 등 수하물을 객실로 옮겨 주겠다는 벨 데스크 직원의 제의에 대해 과민하게 반응하며 수하물에 집착하거나 화를 내는 사람(수하물에 폭탄 등 테러 수단 은닉 가능성 의심)

⑩ 장기간에 걸쳐 룸 메이드의 청소를 거부하고 룸서비스도 문 밖에서만 받는 등 외부인의 출입을 철저히 차단한 사람(방안에서 폭발물 제조 등 테러 모의 가능성 의심)

○ 호텔 종사자는 의심자의 여권번호. 생년월일. 국적등 신상정보를 정확히 기록해 두어야 하며 의문점이 있을시 면밀한 수사를 위해 여권을 복사 후 경찰에 협조해야 한다.

○ 경비원과 청소부는 호텔을 탐색하는 외국인, 객실에서 전선 등 의심스런 물픔이 발견 될 경우 즉시 관계자에게 알려야한다.

(4) 백화점

① 중동. 북부 아프리카. 동남아. 서남아등 국제테러조직 활동지역 국가의 신용카드나 신분증을 소지하고 있는 사람(9.11 테러 이후 이슬람 과격 단체가 국

제 테러를 주도하고 있는 현실을 감안, 이들 국가 국민에 대해서는 일단 행동거지에 예의 주시가 필요하다

② 화장실. 휴게실. 쓰레기통 등에 가방 등 물품을 방치하거나 출입구 등 왕래가 많은 곳에 차량을 주차하고 황급히 떠나는 사람

(5) 음식점, 유흥주점, 나이트클럽

① 술을 주문하지 않거나 주문해놓고도 거의 마시지 않고 구석자리에 앉아서 주위를 유심히 살피는 외국인(테러범이 테러 전단계인 사전 정찰중임을 의심)

② 화장실. 휴게실. 쓰레기통 등에 가방등 물품을 방치하거나 출입구등 왕래가 많은 곳에 차량을 주차하고 황급히 떠나는 사람

③ 시설 주변을 어슬렁 거리면서 관광객을 가장해 인물이 아닌 시설물의 사진을 찍는 사람

④ 일반 관광객의 도를 넘어 시설물에 대해 지나치게 관심을 보이거나 유심히 살펴보는 사람(테러범의 경우 통상 테러 전 목표지점에 대한 사전 정찰을 통해 테러 효과를 극대화 할 수 있는 방안 강구)

제 10 장 테러대응조직 (세계의 주요 對테러부대)

인질 납치·테러 등 극악한 범죄가 지구촌 전역에서 끊이지 않고 있다. 테러리스트들은 소총이나 수류탄처럼 화력이 작은 무기는 물론 장갑차나 대공포 나아가 미사일 같은 대형 살상무기까지 동원해 평화를 위협하고 있다.

인질사태가 발생하여 희생자가 발생하고 데드라인을 넘어서게 되면 향후 정부의 선택의 폭은 극히 제한되고 상황전개의 주도권은 테러집단이 완전히 장악하게 됨에 따라 협상시간이 많지 않으며 시간이 갈수록 매우 불리해진다.

세계 역사 속에서 많은 인질테러사건이 보여주는 것처럼 테러집단은 일단 데드라인을 넘어서면 그 다음은 거침이 없다. 자신들의 요구사항을 확고하게 관철시키기 위해 시간을 끌면서 인질의 축차적 희생을 강행할 가능성이 크다.

따라서 정부는 협상의 병행과 함께 최악의 시나리오에도 대비해야 하는데 그것은 특수작전능력이 결여된 외국의 보안군이나 나토군에 의존하는 것이 아닌 자국의 특수부대에 의한 인질구출작전을 의미하는 것이다.

이에 맞서 싸울 대테러특수부대는 어떤 것이 있는지 살펴본다.

미국의 그린베레, 델타포스, SEAL, 러시아의 스페츠나츠, 알파부대, 프랑스의 헌병특공대(GIGN),영국의 SAS 등은 세계적으로 널리 알려진 특수부대이다.

이들은 그레나다, 파나마 침공, 아프간 내전 등 국지전과 여객기 납치 같은 대형사건에서 막강한 전투력과 테러 제압능력을 과시, 명성이 결코 과장된 것이 아님을 입증했다.

1. 미국의 주요 대테러부대

미국은 강경한 정책을 고수하고 있는 만큼 사후적 대책에도 노력하고 있다. 특히 테러리스트에 의한 인질대치상황이 벌어졌을 때의 신속한 대응과 인질구출을 위해 특수부대의 양성에 주력하고 있다.

육군에 속하는 부대에는 특수작전 임무를 맡는 7개 그룹의 21개 대대와 심리전에 투입이 가능한 4개 그룹의 12개 대대가 있으며, 별도로 2개의 레인저 대대가 있다. 이 가운데 그린베레는 베트남전쟁에서 많은 전과를 올렸고, 대 테러 비밀특수부대인 델타포스(Delta Force)는 다른 특수부대와 달리 합동특수전사령부(JSOC)의 지휘를 받는데, 가장 비밀이 요구되는 임무만을 수행한다. 레인저 부대는 미국 최초의 특수부대로, 적진 침투 및 기습과 목표물 장악 등 게릴라전에 뛰어나고, 인질구출 및 대 테러 등 비정규전 임무도 수행한다.

해군에는 특수작전을 담당하는 2개의 그룹이 있는데, 특히 네이비 실(Navy Sea-Air-Land)은 상륙작전에 뛰어나 정찰 및 수중 장애물 제거 등의 임무를 수행한다. 공군에는 5개 중대의 특수작전 항공단으로 일컬어지는 공군특수부대(AFSU)가 있는데, 이들은 적진 깊숙이 침투해 사람들을 빼내 오는 임무를 수행한다.

이들 특수작전부대는 육군·해군·공군 할 것 없이 특수전사령부(USSOCOM)의 통제를 받지만, 델타포스와 해군의 네이비 실 6팀, 육군의 160항공단, 공군의 제2항공사단 일부만은 특수부대 중의 특수부대로서 합동특수전사령부의 통제를 받는다.

평상시에는 배치된 나라에서 그 곳의 안전보장 활동을 후원하며, 유사시에는 통상 전투에 참가하여 대 테러작전과 배치된 나라의 방위 지원, 심리전 실시, 정보활동 등의 임무를 수행한다. 2001년 10월 미국이 아프가니스탄을 공격할 때도 이 특수부대원들이 적진에 침투해 탈레반군을 교란하고, 적정을 탐지해 적의 비밀기지 등에 대한 정보를 제공함으로써 미국이 탈레반 비밀기지를 폭파시키는 데 중요한 역할을 하였다. 뿐만 아니라 아프가니스탄 북부동맹군에게도 정보를 제공하고, 후방에서 지원하는 등의 임무를 수행함으로써 북부동맹군이 수도 카불에 입성하게 하는 데에도 이바지하였다. 그러나 1979년 이란혁명 때는 테헤란 주재 미국대사관에 억류된 미국 인질 66명을 구하려다 실패한 예도 있다. 2001년 현재 전군에 걸쳐 4만 7000여 명의 특수부대원이 있으며, 부대원들은 미군 전체에서 최상위

2% 안에 드는 최고 정예들로 구성되어 있다.[1] 대 테러 전문 비밀특수부대인 '델타포스(Delta Force)' 특히 게릴라전에 능한 육군 '레인저(Ranger)' 상륙작전 시 정찰 및 수중 장애물 제거 등을 수행하는 해군 특수부대 'SEAL(Navy Sea-Air-Land)' 공군 특수부대(AFSU) 등이 대표적인 미군 특수부대다.

1) 델타포스 (Delta Force)

정식명칭이 '미 육군 제1특수작전부대(1st Special Forces Operational Detachment)로' 델타포스라는 별칭으로 통용된다.

주로 해외에서 활동하며, 대사관 및 항공기 인질 구출 작전, 마약 및 핵물질 밀매단 와해 공작 등을 수행한다. 노스캐롤라이나주 포트 브랙(Fort Bragg)에 본부가 있으나 미국은 이 부대의 존재 자체를 부인하고 있다. 1979년 이란 혁명 때 수도 테헤란 주재 미국대사관에 억류된 미국 인질 66명을 구하려다 실패한 뼈아픈 전력을 갖고 있기도 하다.

델타 포스는 1977년 미 육군 대령 찰스 벡위드(Charles Beckwith)가 1970년대 급격히 상승하는 테러 발생에 대비하여, 그는 1962부터 1년간 영국의 특수부대인 SAS에서 교환 프로그램을 완수한 경험을 바탕으로, 영국 특수부대 SAS를 델타포스의 기본 모델로 삼아 창설하였으며, 부대의 신조는 '기습 · 스피드 · 성공'이다[2].

창설이래, 델타포스 요원들은 인질 구출을 주 임무로, 테러리스트 소탕과 같은 가장 민감한 군사 작전을 성공적으로 완수하면서, 전 세계 최고의 특수부대로 알려져 있다. 또한 델타포스 요원들은 미 특수부대 중에서도 가장 진보한 무기와 장비를 갖춘 정예 부대로도 유명하며, M4카빈총, H&K MP-5 패밀리, H&K OWHS, 45구경 권총, 베레타 9mm 권총, 식-소어 P-228 권총, 모스버그 크루저 500 샷건, H&K PSG-1 저격용 소총, M40A1 저격용 소총 그리고 바레 50구경 저격용 대구경포와 같은 무기들을 사용한다. 이들 델타 요원들은 미국 내 다른 어떤 부대에서도 허용되지 않는 최첨단 무기를 처음으로 사용하는 특혜를 누리기도 한다.

델타포스 요원은 최고의 특수 정예군으로서, 제82 공수부대, 특수군 그린베레 및

1) http://www.encyber.com/search_w/ctdetail.
2) 박준석, 「뉴테러리즘 개론」, 백산출판사, 2006, PP257-258.

아미 레인저처럼 특히 뛰어난 특수 부대원들의 지원 선발이 대부분을 차지하고, 군관계자의 강력 추천에 의해서 소수가 선발되기도 한다. 선발 후, 요원들은 대원간의 완벽한 의사소통과 개인 자질에 대하여, 개별적으로 실전 대처 능력 평가를 치르는데, 이는 가장 까다롭고 힘든 최종 테스트로 정평이 나있다. 실제 훈련에 들어가면, 테러리스트에 의해 점령된 건물을 개별 혹은 팀을 이루어 통과하는 미션을 수행해야 된다. 이때 건물자체가 효율적인 공격을 감행하도록 디자인되었기 때문에 요원들은 최단거리 및 효과적인 공격에 대해 배우게 된다.

또 한 가지 델타포스 요원들이 훈련해야 되는 것으로는 목표물에 대한 선별 발사이다. 임무를 수행하다 보면 민간인이 섞여 있는 상황에서 작전을 수행하거나 인질 구출시, 적군 내에 아군이 포함되어 있을 수도 있다. 이러한 상황에서 사격 목표에 대한 선별능력을 기르는 것은 대원들이 갖추어야 할 필수적인 자격 조건이 된다. 마지막으로 델타 포스 요원들이 몸에 익혀야 할 것은 더블 탭이다. 한 번의 사격으로 표적의 사망여부를 알 수 없기 때문에 두 번 사격을 몸에 익힘으로써, 목표물 제거에 한 치의 오차도 줄이는 것이 중요하다.

이렇게 발탁된 델타 포스 요원들은 3개의 작전 기병중대로 나뉘며 이들은 다시 특수 능력 즉 고공 낙하, 잠수 등의 기술을 가진 소규모 부대로 나뉘어진다. 이들 소규모 부대들 또한 특수 미션의 필요성에 따라 더 작은 세부 부대로 나뉘어 미션을 수행하게 된다.

델타포스 본부는 캐롤라이나 북부의 미 육군 포트 브랙에 있다. 이곳에는 근접전 및 저격술에 대비한 슈팅 설비가 완벽하게 갖추어져 있고, 올림픽 구장크기의 대형 수영장이 구비되어 있다. 또한 요원들의 잠수훈련에 필수적인 다이빙 탱크와 암벽타기 훈련을 위한 3층 높이의 벽도 갖추어져 있다. 이곳에서의 지옥 훈련은 테러리스트와의 실전에서 조그만 실수도 용납하지 않는 위력을 발휘할 수 있게 만든다. 델타 포스 요원들은 자신들의 작전 투입에 대해 시간, 장소, 상황 등을 예측 할 수 없기 때문에, 전 세계 모든 특수 훈련 프로그램을 필수적으로 이수해야 한다. 영국의 22 SAS, 프랑스의 GIGN, 독일의 FSF-9, 이스라엘의 세이어렛 맷칵/유닛 269 그리고 호주의 특수 공수 부대등과 긴밀한 공조 체제를 이룬다. 이러한 훈련 교환 프로그램으로, 델타 요원들은 전 세계 새로운 전술 및 최첨단 무기 사용법을 습득하여 테러리스트의 사용 가능성에 철저히 대비하게 된다.[3)]

2) 씰(Navy SEAL)

케네디대통령은 1961년 4월, 쿠바 전복 작전인 피그만 사건의 실패로 특수전능력의 부재를 알고 특수부대와 비정규전 부대를 증가 재정비할 계획을 결정하였고, 당시 UDT-21팀 지휘관이던 빌 해밀턴 소령은 대통령의 결정을 듣고 예전에 구상했던 UDT가 이제까지 수행하였던 상륙작전에 얽매이지 않는 새로운 해군부대의 창설을 제안하였는데, SEAL은 바다(SEa)와 하늘과 육지(Air and Land)의 머리글자를 따서 합성된 약자이다[4]. 이 단어들은 이러한 해군 특수부대가 침투 가능한 경로를 일컫기도 한다. SEAL요원들은 스쿠버다이빙과 낙하산, 항해와 폭약을 다루는 일 등에 능통하다. 소규모 활동 대원들의 팀을 중대라고 하는데 각각의 중대는 해양 환경뿐만 아니라 사막, 정글 그리고 도시 환경 등이 SEAL의 활동 무대이다.

SEAL 팀은 해상에서 발생하는 여러 군사적 목적을 위하여 훈련되고 미국의 여러 특별활동 임무를 수행할 수 있도록 훈련된 병력들이다.

베트남전쟁에서 정보 수집, 군사 시설 폭파 등 주요활동을 하였고, 적 후방에 침투하여 아군 작전에 도움을 주었다. SEAL팀이 군사업무차원에서 대테러리즘 활동을 시작한 것은 444일간이나 계속 된 테헤란 미국대사관 점거사건 이후이다. 1979 년 11월4일 이란 주재 미국 대사관 점거 사건으로 억류된 인질 100여명을 구출하기 위해 투입되었으나 작전 중 헬리콥터가 추락하여 대원 8명이 사망하면서 구출에 실패하자 미국정부는 대사관 점거 444일(1979.11.4~1981.1.20) 만에 이란 인질범들의 요구를 무조건 받아들이는 합의각서에 서명하는 치욕적인 수모를 당했다.

사건 직후 미국은 100명 규모로 군사 지원을 배제한 테러 진압 특공대 SEAL-6팀을 창설하였다. SEAL-6은 델타포스와 함께 합동특수전사령부(Joint Special Operations Command)에 소속되어 있으며, 대원선발과 훈련은 혹독하기로 알려져 있다.

SEAL-6 대원은 SEAL팀 내에서만 선발하여 약 20일간 신체검사와 체력단련 훈련을 이수한 자 중에서 합격자를 엄선한다. 합격한 대원은 공수훈련 해안 상륙 및

3) http://www.clubsniper.com/bbs/view.php
4) 해군본부, 「해군특수전 훈련교범, 해군본부」, 1977, pp.11-19.

파괴 훈련, 잠수정 훈련 등을 약 8개월 간 받으며, 모형항공기와 건물 등에서 다양한 테러 상황에 대비한 반복훈련을 실시한다. SEAL-6은 우방국의 해상테러리즘 특공대의 능력향상에 커다란 도움을 주고 있으며, 이들은 한국 등 우방국 간 테러 예방에 긴밀히 협조하고 있다.

3) SWAT(Special Weapon and Tactics)

SWAT은 경찰특공대를 의미한다. 그들은 경찰인 만큼 테러리스트뿐만 아니라 오히려 강력범죄를 상대하는데 더욱 크게 활약하고 있다. 또한 용의자의 사살을 목적으로 하는 게 아닌 체포를 목적으로 임무를 수행한다는 점에서 법 집행기관으로서 다른 대 테러리스트 특공대와 차이를 보여준다. 초기 SWAT의 창설목적은 도시 내의 빈번하던 강력범죄를 상대하기 위함이었다. 1960년대에 총기를 이용한 강력범죄가 성행하자 보통 경찰들로는 상대하기가 힘들어지자 보다 강력한 무장과 도심이라는 시가지에 맞는 새로운 전술을 갖춘 새로운 경찰특공대의 필요성이 주장되기 시작한 것이다.

최초의 SWAT은 LAPD SWAT이다. 60년대 LA시의 치안상태는 그야말로 최악의 수준을 자랑하던 터라 LAPD에서는 보다 강력한 경찰특수부대의 창설계획을 강구하지 않을 수 없었다. 초기 SWAT은 준(準)군사적 조직으로서의 특수부대로 계획되었으므로 Special Weapon Attack Team의 약자였다. 이것이 흑인 과격파단체인 블랙 팬더(Black Pander)와의 총격전 사건이 SWAT의 활약으로 성공적으로 종결되자, 1974년 최초의 SWAT으로서 Special Weapon and Tactics로 개칭된 것이다.

SWAT이 대 테러리스트 특공대로서 그 능력을 갖추기 시작한 것은 LA올림픽의 안전을 전적으로 LAPD SWAT이 책임지게 된 이후부터였다. 그때부터 LAPD는 테러리즘이라는 특수한 상황에 맞는 전술을 연구하기 시작했고 각 국가의 대 테러리스트 특공대의 조언을 얻어 훈련을 거쳐 성공적이라는 평가를 받게 된다. 지금까지 SWAT은 경찰내의 대 테러리스트 특공대로 인정받고 있다.[5)]

미국의 테러리즘에 관한 전문기구인 연방위기관리청(FEMA)의 임무는 주정부 및

---

5) '미국과 테러리즘에 대한소고', http://cafe319.daum.net/_c21_/bbs_search

지방정부를 위한 단일 접촉창구를 제공하고, 자연재해·인위재해 및 테러에 대한 모든 유형의 기획 및 대응활동의 이점을 취함으로써 테러대응에 최대한 활용하고 있다.

4) HRT(Hostage Rescue Team)-FBI

미국은 국제적인 대테러작전이나 인질구출작전에서는 델타포스나 미해군의 씰6팀을 동원하지만 미국 내에서의 작전에서는 FBI소속의 HRT를 동원한다.

HRT(Hostage Rescue Team)는 FBI소속 특수부대 중의 최정예 특수부대 인질구출팀(Hostage Rescue Team)이다.

이 팀은 뮌헨 올림픽게임에서 일어났던 테러와 같은 발생 가능한 테러에 맞서 1982년 L.A 올림픽게임을 대비해 창설되었다.

FBI의 긴급사건대응반(CIRG)에 소속된 인질구출팀(HRT)은 버지니아주 콴티코에 그 본부를 두고 있으며, 미국 전역을 대상으로 하는 전문적인 전술 팀이다.

HRT의 임무는 FBI국장 및 국장지정대리의 지시가 있으면 미국 내 어디든지 4시간 이내에 파견될 수 있도록 준비상태를 유지하는 한편, 테러리스트나 범죄자 등의 적대적인 세력에 의해 불법적으로 구속되어 있는 미국 시민과 기타 사람들을 성공적으로 구출하는 것이다. HRT는 또한 사건 현장으로 파견되어 관할 당국의 지시에 따라 그 외의 법집행활동을 수행할 수 있다. HRT는 FBI 지국을 지원하기 위해 파견되며, 다양한 정황과 환경에서 법집행을 위한 여러 가지 전술적인 기능을 수행한다.

창설 이래 지난 17년 동안, HRT는 FBI가 담당했던 대테러 활동, 과격한 범인 검거, 해외 대 정보활동 및 기타 수사 등을 지원하며 200여 건이 넘는 임무를 수행해 왔다. HRT는 또한 인질 구출, 무장 농성 용의자 검거, 위험한 수색 및 체포 영장 집행, 그리고 잠수수색 등과 관련된 임무들을 맡아 왔으며, 또한 태풍 복구 작업이나 요인 경호 임무, 전술적인 수색과 더불어 올림픽 경기, 대통령 취임식 및 정당 집회 등의 특별한 행사를 지원하기 위한 사전 배치 활동을 수행하였다.

현재 HRT는 총 91명의 인가된 특수요원으로 이루어져 있으며, 위기 상황의 심각성에 따라 팀원 일부 내지는 전체를 파견할 수 있도록 구성되어 있다. 또한 다른 CIRG(긴급사건대응반)부서로부터 협상, 행동과학 및 통신과 관련한 훈련을 받은 전문가들을 지원 받을 수도 있다.

HRT에의 배속은 지원제이며, FBI의 모든 특수요원을 그 대상으로 하는데, HRT 요원은 2주간에 걸친 혹독한 선발 코스에서의 수행 평가와 더불어 지원자의 배경과 경험을 바탕으로 선발되며, 합격자는 4개월간의 기초 훈련 프로그램을 거치게 된다.

임무 파견시가 아닐 때 HRT는 항상 콴티코를 비롯하여 미국 전역에 있는 훈련장에서 훈련을 받는다. 훈련은 다양한 임무와 미국 영토 내에서 있을 수 있는 모든 기후 조건에 적응하는 것을 목표로 한다. 본 훈련은 고도로 전문화된 전술적 법집행 작전으로 구성되어 있는데, 구체적으로는 인질구출 및 무장 농성 용의자 검거, 위험한 체포 및 수색영장 집행, 기동 타격 임무, 용의자 추적 및 지방에서의 작전, 해상 작전, 헬기 작전, 대량 살상무기 관련 임무 및 혹한기 작전 등이 있다.[6]

2. 영국의 주요 대테러부대

1) SAS(Special air service)

현대 특수부대의 원조 격으로 미국의, 델타포스나 영국의 Navy SEAL 조차도 일단 존경심부터 표한다는 영국 육군의 특수부대인 SAS(육군공수특전단)이다.

제2차 세계대전 중인 1941년 독일 로멜원수가 지휘하는 아프리카 군단을 무력화하기 위한 보급로 차단, 정보수집, 공군기지 파괴 등의 기습작전을 펼치기 위해 '사막의 기습특공대'라는 이름으로 '용감한 자가 승리 한다'라는 모토로 데이비드 스털링(david stirling)에 의해 창설된 최초의 육군 대 테러리즘 전문부대로, 전쟁 후에는 반란진압과 대테러리즘 작전에 투입되었다[7].

2차 세계대전 중 4784명의 적을 사살하고 장갑차와 트럭 등 각종 작전용 차량

6) http://oldmarine.co.kr.
7) Tony Geraghty, 「Who Dares Wins: The Story of the SAS」, 1950-1982(London; Fontana & Collins,1990), pp. 1-17.

700대를 파괴하는 등의 전과를 거뒀지만, SAS는 잠시 해체되는 비운을 겪기도 했다. 그러나 이후 아시아와 중동 각지에서 영국 식민지의 독립열풍과 공산 게릴라의 난동, 특히 보르네오, 말레이시아, 오만, 아덴 등지의 반란을 계기로 SAS를 제22 SAS연대로 재편성하여 오늘에 이르렀다.

일반에게 알려진 가장 큰 사건은 1980년 5월 런던 주재 이란대사관 인질사건 구출을 통해서였다. 대원들은 대사관의 지붕에서 레펠로 진입하는 등 전광석화 같은 작전을 전개하여 진입 전에 이미 테러리스트에게 살해당한 1명을 제외한 19명의 인질을 구출하고 테러리스트 6명 중 5명을 사살하는 전과를 거두었다. 또한 SAS는 북아일랜드, 발칸반도, 걸프전쟁 등에 참전했었고, 특히 걸프전 당시에는 이라크 후방에서 파괴 작전을 수행해 그 공로를 인정받았다.

현재 SAS는 현역인 제22 SAS연대와 예비연대격인 제21, 23연대로 구성되어 있다.[8)]

선발은 각 군에서 지원자 중 엄격히 심사하여 선발하며, 훈련은 16명 단위로 실시하며, 작전 시에는 4명이 1개조로 세분화하여 실시하며, 특히 모의시설에서 폐쇄지역에서의 전투능력과 각종 화기 및 폭발물 처리능력, 낙하, 잠수, 생존술, 격투기 등 각종 훈련을 받고 칼부터 소형 핵무기 까지 모든 종류의 무기에 달통한 정예요원들로 구성돼 아무리 어려운 작전이라도 완수해낸다.

대원이 되면 베레모와 유명한 날개 달린 배지를 받게 되며, 부대의 특징으로 실제작전 시 4명 중 1명은 투입지의 언어를 완벽히 구사하고, 부대 내에 작전연구팀을 운용하여 대 테러리즘 특수 장비를 개발 및 지원한다.

독일의 GSG-9와 미국의 델타포스 창설에 직접적인 도움을 주었으며, 전 세계 각국의 대테러 특공대 창설 시 기본모델이 되었다.

2) SBS(Special Boat Service)

SBS는 제2차 세계대전이 한창일 때 영국 왕립 해병대 산하의 부대로 창설되었다. 영국 공수특전단 SAS와 맞수로 비교되기도 하는 SBS는 정예의 해병 가운데에서 손꼽히는 정예대원만을 선발해 구성, 운용되고 있는 영국 해병대의 특수전 부

8) http://blackberet.org/technote/read.

대이다. 영국 언론들은 이 SBS가 9.11테러참사 직후부터 SAS와 함께 아프가니스탄 내에 투입되어 첩보수집 등의 활동을 하고 있는 것으로 보도하고 있다.

SBS는 영국해병대 정찰파견대를 모체로 하고 있는 SBS(Special Boat Section)로 출발하여 1940년 당시 창설된 영국 육군 제1공수특전연대(SAS)의 일부가 되었다가 'Special Boat Squadron'으로 부활한 후 1944년부터 지금의 SBS(Special Boat Service)가 되어 오늘에 이르렀다.

제2차 세계대전 중에 프로그맨(Frogman)으로 불리기도 했던 그들은 독일군 수중에 있던 프랑스의 보르도항 등에 대한 기습공격과 에게해에 산재한 도서들을 중심으로 한 정찰, 정보수집 및 현지 게릴라들과의 합동기습특공작전을 전개, 혁혁한 전과를 올렸다. 전쟁 후 SAS가 일시 해체되었다가 재창설된 것과는 달리 SBS는 그 존재의 필요성을 널리 인정받아 부대형태를 유지해 왔다. 우리나라 6.25전쟁에도 참전하여 미군과 합동작전을 전개하였으며, 1960년대 보르네오, 도파르, 오만, 포클랜드, 걸프전 등의 세계 각지의 분쟁과 전쟁 등에 참전하여 전쟁을 승리로 이끄는 견인 역할을 하였다.

SBS대원은 2년 이상 근무한 여러 특공대 중에서 근무성적이 우수한 지원자들이 체력 및 심리측정을 받아 선발되는데, 이때 70%가 탈락하고 30%만이 남아 12개월간 카누조작훈련, 스쿠버다이빙 저격술, 낙하산 강하(고공강하 포함), 정글 및 시가지전 훈련, 생존술, 수색 및 정찰, 통신술, 폭파술 등 집중훈련 및 전문 훈련과정을 받는다. 이와 같이 SBS는 엘리트만 뽑아 구성한 정예 특수부대로 제복은 해병대의 제복과 같으나 SC 배지를 착용하게 되는데 SC는 Swimmer & Canoeist의 약자이다. 부대 구조는 보통 지휘부와 수중침투 위주의 'C'작전대, 대테러 및 해상 선박작전을 펼치는 'M'작전대, 소규모 선박침투의 'S'작전대 3개로 구성된 것으로 알려졌다. M작전대 경우는 지상1만m가 넘는 고공에서 항해 중인 선박위에 강하할 수 있도록 특별히 제작된 조향 낙하산과 폐쇄 회로형 잠수기, 민잠수정 등을 갖추고 있다.

SBS는 오랜 전통, 뛰어난 임무수행에 비해 델타포스나 그린베레, SAS 등에 비해서는 널리 알려져 있지 않으며, 그들이 세운 혁혁한 전적조차도 자랑하지 않는 오랫동안 베일에 가려져 왔던 특수부대이다.[9)]

SBS 요원들은 보르네오, 오만, 포클랜드 전쟁 등에서 눈부신 활약을 하기도 했으며 걸프전에서는 다국적군의 주요 공격을 이라크가 눈치 채지 못하도록 쿠웨이트 해안에서 양동작전을 펼치기도 했다.

3) 낙하산 부대 파라스(Paras)

'파라스'로 알려진 낙하산 부대. 1940년 당시 윈스턴 처칠 수상의 명에 의해 창설되었다. 현재는 4개 대대를 갖춘 1개 연대로 편성돼 1개 대대는 항시 준비태세를 갖추고 있으며, 정찰 및 공중강습 임무를 수행하는 특공대가 구성돼 있다.

영국의 낙하산 부대는 세계 제2차대전 등 영국이 참전한 모든 전쟁에 빠짐없이 참가해왔다. 92년 포크랜드 전쟁 때는 막대한 손실을 입기도 했다[10].

4) 왕실 해병대(Royal Marines)

영국 해군의 보병여단인 왕실 해병대는 주로 수륙양병장전이나 공습작전에 참여한다. 왕실 해병대는 긴급 상황에 전 세계 어디에라도 파병할 수 있도록 상비태세를 갖춘 특공대를 운영하고 있다.

왕실 해병대원들은 30주의 훈련과정을 거친 후에 정식 대원이 될 수 있다. 왕실 해병대는 1940년 윈스턴 처칠 수상의 명령으로 창설되었다. 왕실 해병대는 노르망디 상륙작전에 참전했으며 1956년 이집트에서는 세계최초의 헬리콥터 특공작전을 선보이기도 했다.[11]

---

9) http://blackberet.org/technote/read.
10) 박준석, 전게서, p265
11) 박준석, 전게서, p266.

3. 한국의 대테러 특수부대

1) 707특임대

707 특임대는 대중에게 가장 널리 알려진 대테러 부대로서 모든 활동과 인적 사항은 일체 극비로 부쳐진다. 707 특임대는 86 아시안 게임과 88 서울 올림픽에 대비하여 1981년에 약 120여명의 인원으로 창설된 것으로 알려졌으며, 특전사(특수전투 사령부) 직속의 특수부대로서 특전사 중의 특전사로 손꼽히고 있다.

707 대원들은 특전사 내에서 자질이 우수하고 사격, 공수, 레펠, 무술에 뛰어난 기량을 가지고 있는 대원들을 선발하여 운용하고 있는 것으로 알려지고 있다.

1980년대와 1990년대까지만 해도 707 특임대는 일반에 거의 모습을 드러내지 않았다. 그러나 1990년대 후반 이후로 군의 인식이 바뀌어 대민 홍보 차원으로 테러진압 훈련 등으로 자주 그 모습을 드러내고 있으며, 대한민국의 모든 국가 행사에는 경찰특공대와 함께 빠짐없이 경계 임무를 수행하고 있다.

707특임대는 1개의 고공지역대와 1개의 해상지역대, 2개의 특공지역대로 구성되어 있으며 평시 대테러 임무를 수행한다. 각 지역대는 다시 팀으로 나뉘어져 있다.

이들에게 있어 널리 알려진 대테러작전은 특임대대임무의 극히 작은 한 부분일 뿐 전시작전, X파일이라고 부르는 특수임무가 있으며, 다른 중요 목표는 바로 응징 보복이다. 특임대와 다른 특전사의 차이는 임무만이 아니다. 보유하고 있는 개인화기도 전술목표에 맞는 세계유명 화기들로 이루어져 있다. 개인화기조차 노출을 꺼리는 것은 바로 이런 이유다. 대테러부대가 사용하고 있는 기관단총은 한국군에서는 유일하게 특임대만이 보유하고 있다. 특히 저격수가 사용하는 저격용 소총은 유효사격거리만도 1천m가 넘는 것으로 알려지고 있다. 이외에도 석궁, 독침발사용 플루트 등이 있고 개인적으로는 젓가락까지도 언제든 살상용 무기로 활용할 수 있는 능력을 보유하고 있다. 고공지역대, 스쿠버지역대, 대테러지역대 등에 운용되고 있는 수십 개의 팀 하나하나는 1개 사단과 맞바꿀 수 없다고 할 정도로 막강 전술을 자랑한다. 고공지역대는 초고도 강하를 통해 50km까지 수평이동을 할 수 있는 능력을 보유하고 있다

특임대대의 특수 전 수행 능력은 매년 외국의 특수 부대들이 요원들을 파견해 특수 전 능력을 전수받아 갈 정도로 정평이 나 있다. 707 특임대는 정기적으로 외국의 특수부대와 교류 및 교환 훈련을 갖는다. 미국의 델타 포스 및 그린베레, FBI HRT, 영국의 SAS, 독일의 대테러부대 GSG-9, 프랑스의 GIGN, 싱가포르의 STAR 등이 있으며, 이 외에도 오스트레일리아나 동남아시아 국가들의 특수부대들이 707부대 내에서 훈련을 받고 있는 것으로 알려져 있을 정도로 세계적으로 그 명성을 인정받고 있다.

2) 헌병특별경호대

헌병특별경호대는 77년 12월의 최초 훈련 시 부터 독일의 GSG-9을 모델로 특화된 대테러부대이다(다만 본격적인 대테러 훈련은 81년 2월부터로 알려져 있다). VIP경호, 인질범 및 무장탈영병 체포가 주 임무이며 유사시에는 역시 제한적 특수작전부대가 된다. 현재 육군 헌병대 중앙수사단, 수방사 헌병단, 군단 헌병대, 향토사단 헌병대 등에 배치돼 있으며. 특성상 전국이 작전구역인 관계로 가장 빠른 대응이 가능하다.

특경대는 지휘관의 신변을 경호하고, 특수범(인질난동범)의 조기타격 및 피해확대 방지와 전시 하에서 병참선 고립 시 특공대로 활용하며, 이에 추가해 5분대기조 임무를 수행하는데 주 임무가 있다. 창설 당시 특경대의 편성은 전국을 지원하는 중앙 특별경호대가 육군본부 헌병대에서 운영하였고, 각 사단급 이상 헌병부대는 독자적인 지역 특경대가 있다.

3) 대 해상 테러리스트 지역대

한국이 지정학적으로 반도 국가이며 해상 교통에 대한 의존도가 높은 관계로 언제든지 한국 선박에 대한 테러리즘의 발생 가능성이 높다는 판단 하에 창설되었다.

1993년 해군의 특수부대인 UDT(Underwater Demolition Team-UDT)내에 대해상 테러리스트 지역대로 명명되고 있는 특공대가 창설되어 운영되고 있다.

대해상 테러리스트 지역대는 미국의 NAVY SEAL팀과 정기적으로 합동 훈련을 실시하고 있으며, 막강한 대테러리스트 진압 능력을 갖추고 있는 것으로 알려지고 있다.

4) 경찰특공대(SWAT)

경찰특공대는 영어약자로 KR-SWAT(Korea Police Special Weapon And Tactics)라고 불리기도 하는 경찰 특수 부대이다. 한국 경찰의 대테러리스트 특공대는 '1986년 아시안 게임'과 '1988년 서울 올림픽' 유치가 확정되면서 북한 특수부대에 의한 테러리즘과 국제 테러리즘에 효과적으로 대처하기 위해 경찰청에 의해 1983년에 창설되었다. 각종 테러사건 예방 및 진압, 인질사건 발생 시 진압 및 인질구출, 총기·폭발물·화생방사건 등 특수범죄 진압, 건물불법점거·난동 진압 등의 임무를 수행한다. 현재는 서울지방경찰청 직할부대로 소속되어 있으며, 1997년에는 지방에도 지방경찰특공대를 창설하였다. 2000년 2월부터 여성관련 테러사건의 처리를 위해 여경특공대원을 모집하여 대테러활동을 강화하고 있다.

이후 2002년 월드컵에 대비하여 지방 경찰청에도 대테러리스트 특공대를 창설하여 운영 중에 있다.

그 내부조직을 보면 특공대장을 선두로 전술제대, 폭발물 처리대, 교육대, 행정지원과로 구성되어 있으며, 복장은 위아래 검은 옷에 빨간 베레모를 쓴다.

경찰특공대가 보유한 장비는 헬기, 특수 진압차, 지휘차 등 기동장비와 권총, 기관총 등 여러 가지 총기를 보유하고 있으며, 또한 야간에도 적외선을 이용해 관찰할 수 있는 주, 야간 투시경을 비롯하여 광섬유 내시경, X-Ray 촬영기 등 특수 장비와 무전기 등 통신장비를 보유하고 있다.

4. 독일의 대테러 특수부대

1) GSG-9 (Gresz Schutz Gruppe-9)

독일의 국경수비대이자 대테러부대로서 루프트한자 비행기 납치사건 때 그 명성을 떨친 부대이다. 1972년 뮌헨 올림픽 기간 중에 팔레스타인 테러리스트에 의해 이스라엘 선수 11명이 살해되자, 서독 정부는 특공대의 필요성을 절감하게 되었고 브란트(willy brandt) 수상은 특공대 창설을 지시하여 연방국경경찰 (federal border police) 예하에 특공대를 창설하기로 결정되었다.

GSG-9는 88명의 대원으로 구성되었다. 본(born)의 외곽에 자리한 세인트 오거스틴(ST. Augustin)에 기지를 두고 있는 GSG-9는 테러리즘 관련 임무를 수행하며, 위기상황하에서의 VIP 경호, 테러리스트의 공격이 예상되는 독일 주재 외국 대사관 방어, 국가의 주요 시설물에 대한 수비 등을 담당하고 있다.

2) KSK(Kommando Spezia Kraft)

1994년 아프리카 르완다에서 내란이 발생했을 때 그곳의 자국민들을 위해 특별히 군사적 활동을 보일 수 없었다. 외국에 상주 또는 활동하고 있는 자국민을 보호할 만큼 충분히 훈련 된 특수부대가 없었던 까닭이다. 당시 독일에는 대테러작전이 가능한 GSG-9 등 특수팀이 3개 있었지만 이들은 군이 아닌 연방수사국 또는 경찰의 일부로서 당시 르완다에 있던 독일인 11명을 구출해 낸 것은 벨기에와 프랑스의 공수특전대원들이었다. KSK(Kommando Spezia Kraft)는 이런 사건을 계기로 1994년에 창설되었다.

미국, 영국, 프랑스의 특수부대가 KSK 창설 초기 훈련과정에 관계해 왔으며. 정글과 사막 등 세계 어느 곳의 전투전개가 가능하여 특수작전의 범주에 드는 모든 작전을 수행할 수 있는 부대로 선장한 것으로 평가받고 있다. 냉전시대가 끝나기 전에는 동독 항만의 정찰, 나토의 수륙양면 공격 및 적국 항만의 주 함선을 폭파하는 등의 임무를 띠고 있었다.

현재 KSK의 임무는 영국의 SAS나 미국의 그린베레와 매우 비슷하다. KSK는 기본적으로 북대서양조약기구(NATO)의 영역방어와 위기상황 억제에 기여함은 물론 유엔의 평화유지군(PKF)을 지원하는 임무를 맡으며, 이를 위해 전략적 정찰, 기습타격, 인질구조 및 대테러작전 등을 수행한다.

KSK의 대원이 되기 위해서는 선발당시 장교는 30세미만, 부사관은 32세 이하이어야 하며, 대원이 된 후 최소한 6년간 복부가 가능한 지원자로서 공수자격을 갖춘 지원자여야 한다는 조건이 따른다. 초기 기초훈련은 약3개월 정도이지만 고공강하와 스쿠버 훈련 등이 포함된 전 훈련과정을 모두 마스터하는 데에는 3년여 정도가 걸리는 것으로 아려져 있다.[12)]

5. 프랑스의 대테러특수부대

1) 외인부대

'외인부대'는 1831년 당시 프랑스 국왕 루이 필립 1세가 식민지였던 알제리의 반란을 진압하기 위해 5개 대대 규모의 용병(傭兵)을 창설한 것이 효시이다.

이후 외인부대는 프랑스군의 일원으로 전 세계 분쟁지역에 동원됐으며, 최근의 걸프전을 비롯하여 전 세계에서 3만5천회 이상의 크고 작은 전투를 치러오면서 '용기를 버리기보다는 차라리 목숨을 버리겠다'는 부대 정신을 구축했다. 때문에 모험심에 불타는 전 세계 젊은이들이 동경하는 '최강의 특수부대' 중 하나로 꼽힌다.

현재 전 세계 138개국 출신 8500여명으로 구성돼 있는 외인부대에는 한국인도 수십여명이 있는 것으로 알려져 있다. 특히 IMF경제난 때에는 외인부대에 지원하려는 한국인들이 급증하기도 했다.

외인부대는 국적에 상관없이 만 17~40세의 남자를 대상으로 신체검사 등 일련의 테스트를 거쳐 선발한다. 어학능력, 개인 신상 등은 문제가 되지 않는다. 하지만 선발 및 훈련과정이 혹독해 지원자의 90%가 탈락하는 것으로 알려져 있다.

제대하면 프랑스국적과 함께 프랑스 내 각종 공공요금의 70% 할인혜택이 주어진다.

2) DINOPS(Detachement d'Intervention Operationnelle Subaquatique)

DINOPS는 공수훈련을 마친 잠수전문가들로 구성되어 있으며 수중침투 및 폭파를 전문으로 한다. 프랑스 외인부대의 제 6 공병연대 정찰지원중대 소속인

12) http://blackberet.org/technote/read.

DINOPS는 수중폭파, 해안정찰, 와해공작, 도하지원 등의 임무를 수행한다.

걸프전 당시에는 美 육군 82공수사단을 지원하여 폭발물 설치를 도왔으며 종전 후에는 호주 해군의 기뢰 제거팀과 공동으로 걸프 만에 설치된 기뢰를 제거하기도 했다.

3) 지젠느(GIGN)

지젠느(GIGN)는 groupement d'intervention de la gendarmerie nationale의 약자.

1973년 11월 프랑스 정부는 대 테러리리스트 특공대 지젠느(GIGN)를 창설했다. 창설 초기에는 제 1 GIGN과 제 4 GIGN의 2개의 부대로 구성되어 있었으나 1976년에 통합되었고, GIGN의 임무가 점차적으로 늘어나자 1979년에는 핵심 요원을 15명에서 42명으로 보강했고, 1984년에는 58명(장교 6명)으로 증원했다.

GIGN은 12명으로 구성된 4개의 타격대(Strike Unit)로 되어 있으며, 4개의 타격대 중 1개 타격대는 비상 대기조로 언제 어디로든 출동할 수 있는 태세를 갖추고 24시간 대기하고 있다.

GIGN은 인질 구출작전이 주된 임무이지만, VIP에 대한 경호, 주요 시설물에 대한 방어, 극악범 호송 임무도 아울러 수행하고 있다.

다른 나라의 특공대와는 달리 GIGN은 전투 수영훈련을 강조하고 있다. 이것은 해상에서 선박납치 사건이 발생하거나, 해안에 있는 호텔과 같은 위락 시설의 점거와 인질 억류에 철저하게 대비하고 있음을 보여주는 것이다.

창설이후 지금까지 GIGN은 작전에서 실패한 적이 없는 것으로 알려져 있다.

1976년 지부티에서의 발생한 스쿨버스 인질구출작전, 1979년 사우디아라비아의 회교 원리주의자들이 일주일간 장악하고 있던 회교성지 메카사원 진압작전, 1983년 파리의 오를리 공항 납치범 제압작전 등이 대표적인 작전이다.

그중에서 가장 널리 알려진 구출 작전은 1994년에 발생한 에어 프랑스 항공기 납치사건의 구출작전이다. 알제리의 우아리 부메디엔 공항에서 알제리 회교 원리주의 테러리스트 4명이 자국의 항공기를 납치하여 프랑스의 마르세이유 마리난 공항에 강제 착륙시키고 프랑스 정부와 대치하자, GIGN이 투입되어 납치범 4명을 사살하고 인질 1백 70명을 성공적으로 구출했으며 17분간의 작전 중 사용한 총탄은 모두 1,500여발 이었다.

GIGN은 사우디아라비아를 비롯한 제 3세계 국가의 대 테러리즘 특공대원들의 훈련을 지원하고 있으며, 한국의 특수부대 역시 GIGN부대를 방문하여 대테러리트 특공대 훈련에 필요한 기술과 정보를 얻고 있는 것으로 알려지고 있다.

6. 이스라엘 대테러 특수부대 : 샤레트메트칼(Sayeret Mat' Kal)

1967년 6일 전쟁이 이스라엘의 일방적인 승리로 끝나게 되자 정규전으로 이스라엘에 대항할 수 없음을 자각한 팔레스타인 해방기구(PLO)의 대 이스라엘 테러리즘 캠페인이 시작되었다. 이에 이스라엘 정부는 정보국 산하에 샤렛트 매트칼이라는 대테러리스트 특공대를 창설하게 되었다.

이스라엘 당국은 자국 내에서 발생한 사건인 경우 자국민의 희생에 관계없이 무력으로 진압하고 국외에서 발생했을 경우에도 협상이 원활치 못하면 직접적 타격을 가한다는 것이 기본 방침이다.

1970년대까지 샤레트메트칼의 대원은 200여명 정도로 추정되고 있으며, 대원 선발은 육해공군의 우수한 복무기록을 가지고 있는 자에 한해서 이루어지고 있다.

특수부대하면 떠올리는 영국의 SAS, 미국의 델타포스 만큼이나 유명한 사렛트 매트칼 특수부대의 훈련은 밀폐공간 전투, 낙하, 레펠훈련 등 다른 대테러리즘 특공대와 비슷하지만, 이스라엘을 둘러싸고 있는 아랍국의 적진에 직접 투입되어 실전을 많이 쌓아 특공대원으로서의 자질이 매우 높은 것으로 평가 받고 있다.

샤레트메트칼은 빈번하게 발생하는 자국 비행기의 하이재킹에 대항하기 위해서 항공기 보안요원으로 모든 엘 알 여객기에 탑승하여 항공기 납치 예방에 크게 기여하고 있다. 1968년 12월 PFLP에 의한 엘 알 항공기 납치에 대한 보복으로 40명의 샤렛트 매트칼 정예 요원들이 베이루트 공항에 대한 공격을 단행하여 13대의 비행기를 폭파하기도 했다. 샤렛트 매트칼은 1972년 5월에 발생한 사베나(Sabena) 여객기 납치사건을 성공적으로 진압하여 최초로 대 테러리즘 능력을 검증 받았다.

검은 구월단(Black September Organization) 소속의 테러리스트 4명이 사베나 여객기를 이스라엘의 로드 공항으로 공중 납치하여, 탑승객 100명을 인질로 억류하고 이스라엘 정부당국과 대치했다.

납치범들은 이스라엘 감옥에 투옥된 371명의 팔레스타인 테러리스트들의 석방을 요구했고, 이에 이스라엘 정부는 국제적십자의 대표자를 협상 중개인으로 활용하여 시간을 벌었고, 그 동안에 구출작전을 준비했다.

항공기 정비 기술자로 위장한 사렛트 매트칼 요원들이 납치된 항공기에 은밀히 접근하여 테러리스트 2명을 사살하고 2명은 생포하는데 성공했다.

사렛트 매트칼의 구출작전은 최초의 성공적인 항공기 납치 구출작전으로 기록되어 있다. 또한, 인질구출작전의 대명사로 알려진 1976년의 엔테베 작전도 인질 구조팀이 제35공수여단과 골라니 코만도 대원들의 합동으로 구성된 것으로 알려져 있지만, 핵심적인 역할을 담당했던 것은 사렛트 매트칼이다.[13)]

7. 러시아 대테러특수부대

러시아의 대 테러 전문부대로는 1974년 유리 안드로포프에 의해 창설돼 현재 연방보안국(FSB) 예하에 있는 알파(Spetsgruppa Al-fa), 지금은 MVD로 전환된 암살 납치 전문의 '빔펠(Vympel)', 모스크바올림픽 당시 창설된 내무부의 대테러팀 '오몬(OMON)' 등이 있다.

러시아 최악의 초등학교 인질극을 불과 40분 만에 진압한 것은 러시아 최정예 특수 부대다. 지난 1일 체첸 반군 테러범들이 학교를 점령하고 어린이들을 인질로 잡은 직후 현장에 급파 된 대(對)테러 특수부대인 '알파 부대'와 '오몬 부대'다. 사흘간 현장에서 대기하던 이들은 3일 전격적으로 작전을 개시, 테러범 5명을 사살하고 인질 수백명을 구출했다.

1) 알파(Spetsgruppa Al-fa)부대

알파(Spetsgruppa Al-fa)부대는 러시아가 자랑하는 대테러 부대다. 한국의 국정원에 해당되는 연방보안국(FSB) 차장의 지휘를 받는다. 1979년 아프가니스탄 침공

13) http://dev1.top.blog.kr1.yahoo.com/1000

때는 대통령궁을 습격, 대통령을 비롯해 100여명을 사살하는 악역(惡役)을 맡기도 했다. 특히 1995년 10월에는 모스크바에서 발생한 '현대그룹' 연수생 버스 인질 사건을 깔끔히 해결한 것으로 유명하다.

그러나 같은 해 체첸 변경 부드요노프스크의 한 병원에서 벌어진 인질 사건에서는 자체 병력과 민간인을 포함해 100여명의 희생자를 내는 뼈아픈 실패를 맛보기도 했다. 1개 부대가 250명가량으로 편성된 알파 부대는 모스크바와 하바로프스크 등에 지부를 두고 있다.

2) 오몬(OMON)부대

일명 '검은 베레'로 알려진 오몬(OMON)부대는 내무부 산하 기관으로 한국의 '경찰 특공대'에 해당한다. 마약 밀매단 같은 조직범죄 소탕이 주 임무이기 때문에 마피아가 가장 겁내는 부대이다. 주요 사건 때는 알파부대와 공동작전을 수행한다. 오몬부대는 종종 뇌물문제를 일으켜 명성에 흠을 내고 있다. 박봉에 시달리는 요원들이 마피아로부터 돈을 받고 출동 계획을 귀띔해주는 등 문제를 일으킨다.

3) 빔펠(Vympel) 특수부대

빔펠(Vympel)의 창설의 결정은 소연방의 중앙 위원회에서 하였으며 최초 부대의 지휘관은 Evald Kozlov의 제독이었다.

이 부대의 임무 및 정찰은 파괴 활동, 투쟁, 시민 보호 소련 사회주의 연방공화국 해외 진출한 상대국의 (수력발전, 원유사업. 원자력, 화학제품 등 및 기업활동) 정보수집 및 그 밖의 국내 테러리스트와 게릴라들의 중요한 목표, 상대의 파괴 활동가능성이 있는 중요한 목표의 보호의 감시등의 임무를 가지고 있다.

아프가니스탄의 전쟁 동안에 부대원들은 조사, 자료 수집, 사보타주의 임무를 수행하였으며, 1991년에 對 테러리스트 임무가 추가되었다.

맨투맨 전투를 위하여 호신술, 단검, 도끼 등을 사용하며, 수송장비로는 각종 자동차 및 기갑 차량, 헬기, 비행기로 출동한다. 폭발물 제거 및 설치와 외국어는 어느 나라든 외국 언어와 학문, 전통 및 관례 등을 사전에 완벽하게 배우며 언어는 완전 독해할 수 있는 능력을 갖고 있다.

러시아는 FSB 산하에 해외 특수임무 전담 부대인 '빔펠'과 내무부 산하 '비챠스' 등의 특수 부대도 운용하고 있다. 두 부대의 요원 규모는 합쳐서 1만~1만5000명 선으로 알려졌다.

4) 스페츠나츠(Spetsnaz) 특수부대

1950년대 초에 창설되었으며, 소속은 구(舊) 소련 참모본부 첩보부(GRU)로 베일에 쌓인 특별임무부대인 스페츠나츠(Spetsnaz)는 1990년대 초에 서방측에 알려졌다.

스페츠나츠의 정식명칭은 Spetsialnoye nazranie 로 "특별 임무부대"라고 하며 "양동부대"라고 불려지고 있다. 80년대에 그 대원수가 3만명을 헤아렸다는 스페츠나츠는 미국이나 영국의 특수부대와 마찬가지로 제2차 세계대전 당시 유격전의 시작으로 알려져 있다.

이 부대의 주요 임무는 하늘과 바다, 육상으로부터 적에 잠입하여 사보타지, 테러, 적의 정부, 군부요인 암살, 폭파, 정보수집, 적후방의 핵 기지와 지휘센터 등 주요목표물의 공격과 적을 혼란하게 만들어 전투력을 약화시키는 일이다.

스페츠나츠 군인의 대다수는 5.45mm AKS-74 자동소총 및 5.45mm PRI 소음기가 부착된 자동 권총, 컴배트 나이프, 수류탄 6발, 7.62mm 구경 유탄발사기 등으로 무장을 하며 임무에 따라 SA-7휴대용 지대공 미사일 발사기, 지향성 지뢰, 폭약 등으로 무장하기도 한다. 그리고 스페츠나츠 부대는 외국의 모든 형식의 무기를 사용할 수 있도록 훈련된다. 과거 舊 소련당시 징병제에서 현재는 지원제로 하고 있으며, 내무부 소속과 軍소속의 지원 방법에 있어서 다소 차이는 있다.

스페츠나츠의 훈련은 목숨을 거는 화학병기와 실탄을 사용하여 죽음에 이를 정도의 훈련을 실시한다. 훈련과목은 잠입술, 정찰, 가상목표 포착술, 목표국의 언어와 습관, 가혹한 환경인 적 후방에서의 생존, 위장술, 추적술, 다양한 수단의 사보타지, 격투기, 낙하산 강하 등의 특수훈련과 스키, 등산, 심한 기본 체력훈련을 실시한다. 낙하산 강하훈련은 고정익 및 회전익기 등에서 스카이다이빙에 고도낙하, 저고도낙하를 300번 반복하며 필요시 100회 추가 훈련을 행해지며 이 기술을 마스터하면 적 후방 약 50km 까지 발견되지 않고 잠입할 수 있을 정도가 된다.

사격훈련은 정지한 표적에 있어서는 소총은 480m, 기관총은 400m, 권총은 25~30m까지 정확하게 맞출 정도이며, 이동표적은 소총의 경우 550m의 거리 표적을 명중시킬 정도로 훈련을 감행한다. 또한 은밀한 작전을 위하여 단도 훈련을 실시하는데 8m 이상의 거리의 적을 단도를 던져서 무력화 시킬 정도라고 한다.

이들이 공공연히 처음 모습을 보인 것은 1968년이었다.

당시 '프라하의 봄'으로 일컬어지는 체코슬로바키아에서의 자유주의 물결을 잠재우기 위해 소련이 바르샤바조약국의 군대들을 앞세워 프라하를 점령했다고 하지만 사실 프라하는 이미 스페츠나츠가 장악하고 있었다.

그해 8월20일 밤, 스페츠나츠는 안티노프 수송기를 타고 프라하에 들어와 밤새 공항과 방송국 등을 점령했다.

프라하 시민들은 아침이 되어서야 창문을 통해 점령 사실을 알았고, 소련 탱크들이 시내에 들어올 때 시민들은 베레모에 가로줄무늬 셔츠를 군복 안에 받쳐 입은 특이한 모습의 군인들을 보았다.

그들이 스페츠나츠 대원들로 프라하에서 소련에 저항할 만한 인사들을 사전에 제거했다. 20년이 지나고 민주화 물결이 다시금 일어나던 1980년대 말, 1940년후 재합병된 발트 연안국들은 독립의 목소리를 높이기 시작하였는데, 발트 연안국 중 하나인 라트비아의 수도인 리가에서 소비에트연방의 주둔 부대와 현지 경찰 사이에 충돌이 생겨 유혈사태가 일어나자 스페츠나츠가 즉각 투입되어 1960년대의 프라하에서처럼 주요 도로와 시설물을 점령하고 현지 경찰들과의 전투를 벌이면서 서방 세계에 그들의 건재함을 다시 한 번 확인 시켜줬다.

이렇듯 스페츠나츠에게는 적으로 간주하는 상대국에 침투, 깊은 정찰과 함께 시설들을 파괴하는 임무가 주로 부여됐다. 정치선전(프로파간다), 요인 암살과 납치 또한 그들의 주요 임무에 포함된다.

사격술을 비롯해 각종 무기운용법을 익히며 추적, 정찰, 위장, 감시를 위한 테크닉과 거칠고 다양한 환경에서의 생존술, 사보타주, 낙하산 강하 및 레펠, 언어훈련을 받으며 죄수 심문방법도 배워야 한다. 해군의 스페츠나츠는 여기에 플러스적으로 해양 작전을 위한 전투수영, 카누, 수중무기사용법 등을 추가하여 훈련병들을 교육시키고 있다. 전투용 칼로서, 칼날이 손잡이에서 발사되도록 특별히 디자인된

NR-2를 소지하고 그들은 '삼보(Sambo)'라는 그들만이 익히는 격투기도 체득한다.

효도르를 프라이드의 챔피언으로 등극하게 만든 이 삼보는 스페츠나츠의 한 장교가 몽골과 한국의 씨름, 유도, 합기도, 레슬링 등 세계 무예들의 각 기술별 장단점을 연구해 만든 전투형 격투기로서 현존하는 군사 무술 중 가장 실전적인 것으로 알려져 있다. 구소련이 해체되면서 스페츠나츠는 독립한 일부 공화국들의 소속이 되기도 했지만 현재 러시아연방에 스페츠나츠 부대들은 여전히 존재한다. 1968년 체코 침공과 1979년 아프가니스탄 침공 때 일어난 정치 지도자 암살과 납치, 군 지휘소 공격 등의 특수 임무를 수행해온 것으로 밝혀졌으며, 소련이 붕괴된 이후 일부 스페츠나츠 부대는 민족·종교분쟁·대 테러전 쪽으로 임무를 수행할 수 있도록 재편성된 것으로 전해지고 있다. 스페츠나츠 UIN는 법무부에 소속된 특수부대이며 교도소 폭동진압 및 구조 수색, 무정부 상황의 진압 그리고 반란 억제가 그들의 중요 활동 목표이다. 이들의 특징적이며 상징적인 모습으로는 러시아 깃발이 박혀져 있는 까만색 베레모를 착용하는 것이다.

5) 자슬론

2006년 6월 러시아가 이라크 주재 자국 대사관 직원들을 납치, 살해한 테러리스트를 보복 공격하기 위해 최정예 비밀특수부대인 '자슬론'을 동원한 것으로 알려졌다.

1998년 설립된 자슬론은 해외정보국(SVR) 소속으로, 연방보안국(FSB) 산하 특수부대로 국내 대테러 작전을 담당하는 '알파'나 핵시설을 방어하는 '빔펠'과 달리 그동안 완전히 베일에 가려져 왔다.

해외 특수작전 경험이 풍부한 300여 명의 요원이 대테러 정보수집과 신속타격을 주로 하는 최정예 부대로만 알려졌다.

FSB와 SVR은 소련시절 악명 높았던 국가보안위원회(KGB)가 95년 기구 개편으로 둘로 나뉘면서 각각 탄생한 조직이다.[14)]

14) '비밀특수부대 '자슬론' 투입', 중앙일보, 2006년 7월 5일.

8. 일본의 대테러부대

세계의 특수부대를 거론할 때, 우리는 일본에 대해서는 거의 신경을 쓰지 않는 편이다. 세계 제2차 대전 시 원죄가 있어 정식적으로 '군대'라는 용어도 사용을 꺼려하여 '자위대'라는 애매모호한 명칭을 갖고 있는 곳이 일본이다. 그러나 누구나 알고 있다시피 이러한 일본에도 특수부대는 엄연히 존재하며, 그 수준도 90년대 이후에는 비약적으로 발전하여 결코 함부로 평가할 수 없을 정도로 레벨이 급상승하여 세계의 우수한 특수부대들을 추격해 가고 있는 것이 최근의 상황이다. 그 가운데 대표적이라고 할 수 있는 경시청, 해상보안청, 해상자위대, 육상자위대에서 각각 보유하고 있는 4개 조직(SAT-SST-SGT-서부방면대 보통과 연대)이 있지만, SAT-SST-SGT를 중심으로 기술해 보고자 한다.

1) SAT(Special Assault Team) - 일본 경시청

일본에서는 1972년 일본적군파(JRA) 행동대원에 의한 8건의 테러가 있었으며, 1995년에는 동경 지하철 사린(Sarin)가스 살포사건이 발생하였다. 이러한 테러공격을 효과적으로 차단하고 범인을 체포하기 위하여 1996년 4월SAT(Special Assult Team)라는 특수부대가 창설되었다.

일본의 특수부대에서 가장 일찍 편성된 부대는 일본경시청의 SAT(Special Assault Team)로, 'Special Assault Team'이란 명칭에서 보이듯이 인질구출 등을 위한 공격적인 활동의 성격을 갖고 있다.

처음 창설된 계기는 1977년 방글라데시에서의 일본적군에 의한 항공기 납치사건(이른바 다카납치사건)이었고, 원래는 하이재킹 대책을 위한 특수부대의 용도로 1970년대 후반에 창설되었다.

1995년 6월, 全日 항공기 납치사건이 일어나자 하코다테 공항에서 항공기 내로 진입했을 때에야 비로소 그 실체가 공식적으로 알려졌고, SAT(Special Assault Team)라는 정식명칭은 이 사건 직후인 8월 5일에야 제정되었다.

예산의 배정은 팀의 정식명칭이 제정된 1996년부터 비약적인 확대가 이루어져 그 이후 현재까지 매년 50억엔의 예산배정이 되고 있으며, 장비 및 무기 또한 신형헬기 등 최신의 것으로 지급하고 있다.

2000년도 일본에서 있었던 한 고교생의 버스인질극 사건에 투입되었다는 소식으로 비로소 널리 알려졌지만, 여기에서는 실제로는 경시청 기동대가 투입되었고 SAT는 작전지도만 담당했습니다.

사격 및 격투기 무술에 뛰어난 25세 이하의 극히 성적이 우수한 독신 경찰관 중에서 심사를 거쳐 편성되며, 경시청 제6기동대 7중대의 1개 중대 (3개 팀), 오사카府警 제2기동대의 1개중대(2개 팀)를 비롯해 홋카이도 道警, 후쿠오카 縣警 등 다섯 곳의 도경과 현경에 모두 합쳐 2백명이 배치되어 있다. 부대의 구성은 기내 및 실내로 진입하는 진입반과 저격반, 지원반으로 분할 구성되어지며 이 중 저격반은 실제상황이 생기면 2교대의 철야감시체제로 전환한다. 그리고 도청을 비롯한 감청작전을 담당하는 대원들도 1개조가 편성상태에 있다.

SAT의 대원이 되면 기존의 경시청에 있던 모든 신상정보를 말소시켜 그들의 신분은 철저히 기밀로 유지되고, 경찰관 인사 정보에도 이름은 삭제되어 어디에 소속되어있는지 사회에서는 물론 경찰학교의 동기생에게 까지 그 신분을 전혀 노출시키지 않고 같은 SAT대원들 이외에는 아무도 알지 못하며. 제대 후에도 이전의 입대경력과 활동내역을 발설하는 것은 금지되어 있다.

이렇게 철저한 보안을 유지하는 이유에는 대원 개개인에 대한 테러방지 및 실제상황에서 SAT 대원이 테러범이나 범죄자를 사망시켰을 시에 대원에 대해 '특별공무원법상의 폭행치사혐의'로 고소를 당해 법적책임문제가 야기되는 것을 예방하기 위함이라고 한다. 이와 관련하여 히로시마의 선박납치사건 때 납치범을 저격한 대원의 신분노출로 고소가 제기되었다가 정당방위로 고소가 각하된 실제 케이스가 있었다.

팀의 주요임무는 역시 하이재킹사건, 인질납치사건 발생 시의 처리 및 해결에 있으며, 그 외의 대테러 임무도 병행한다. 팀의 핵심인원은 도쿄의 하네다 공항 주변에 상주하고 있다. 평상시의 근무는 3교대체제로서 훈련 중에도 필히 1개 소대는 긴급출동을 상정하여 24시간 대기체제를 유지한다. 대체로 훈련-대기-비번의 타이트한 일정으로 구성되어 있으며, 일반 경찰관에 비해 매우 근무환경이 힘든데도 불구하고 최근에는 경찰관들에게 인기가 많아져 지원자가 급증한다고 한다.

부대전용의 훈련소가 있어 일본 내에서 정기적인 훈련을 행하는 이외에 미국 FBI의 HRT 및 SWAT팀 등과 도심 시가지에서의 인질구출작전과 관련한 연합훈련을 계속적으로 하고 있어 매우 강력한 능력을 소유하고 있는 것으로 알려져 있다. 본부의 위치나 기타, 다른 사항에 대해서는 알려져 있지 않으나, 특히 버스, 기차 또는 비행기에서 발생하는 테러에 대한 훈련이 완벽하게 이루어져 있으며 헬리콥터 라펠링 등 다양한 침투 방법을 익히는 데에 주력하고 있다

영국 SAS, 호주의 SAS의 훈련시설 "킬링 하우스"에서도 대테러 훈련을 거듭하고 있으며 또한 일본의 SAT팀이 설립당시에 지도를 받았던 독일의 GSG-9에서도 합동훈련에 임하고 있다. 초기 창설 시에 GSG-9을 모델로 삼았던 이유에는 일전에 있었던 루프트한자 항공기 하이재킹 사건의 성공적인 인질구축작전과 GSG-9자체가 준군사조직이긴 하나 원칙적으로 경관이어서 대원들이 법률 및 경찰학의 기초가 충실했던 점이 작용했다고 한다.

창설 시기의 제1기 대원들은 이 GSG-9에 비밀리에 입소하여 (일부는 영국의 SAS에 입소) 교육을 수료했고, 장비도 초기에는 GSG-9과 같았다.

일본의 SAT가 사용하는 주요 무장에는 SMG 종류로 MP5A4 , A5 , SD5 , SD6가 있으며, Sniper Rifle로는 레밍턴 M700 및 일본국산 64식 저격소총과 PSG-1, 권총으로는 P226, P228 , G19가 있다.

2) SST(Special Security Team) – 해상보안청 특수경비대

2001년 12월 말, 일본 근해상과 동지나해에서 북한의 노동당 작전부 청진연락소 소속의 조직원들과 해상전투 일보직전까지 가기도 했던 해상보안청의 특수경비대(SST Special Security Team)는 1983년 창설된 간사이국제공항 경비대와 1992년에 편성된 플루토늄 해상수송을 위한 특수부대(명칭 비공개 상태)를 통합하여 1996년 5월에 발족했다. 엄격한 심사를 거친 약간 명의 해상보안관 약40명으로 편성되었으며, 미국 해군의 SEAL팀과 육상자위대 제1공정단에서 훈련을 시행하고 있다. 잠수, 낙하, 육상전투기술, 격투기(가라데), 라펠링(헬기에서의 강하기술) 등 특수부대에 요구되는 고난도 능력을 구비하고 있다.

1999년 3월에 있었던 "괴선박(보나마나 북한공작선)사건" 당시에는 동해상에서

추적하는 순시선 안에서 대기했고, 그 해 가을에도 남지나해에서 해적에게 급습당한 일본기업 소유의 대형화물선 '레인보우'의 구출을 위해 순시선에 승선했었다. 2000년, 오키나와 근해를 항해중인 싱가포르 선적의 화물선 내에서 중국인 선원에 의한 폭동이 발생하자 헬리콥터를 타고 급습하여 제압한 적이 있다. 위에서 언급한 2001년 말의 소위 '不審船(불심선)사건'에서는 제트기와 헬리콥터를 타고 가서 현장 근처의 순시선 "오오스미"에 도착했지만, 북한 공작선이 불법조업 중인 중국 어선일 가능성이 있다는 첩보로 인해 순시선에 의한 직접접근(결국 공작선은 자폭과 피탄으로 침몰)방법을 택함에 따라 출동하지는 않았다.

3) SGT(Special Guard Team) – 해상자위대 특별경비대

해상 자위대의 특별경비대(SGT Special Guard Team)는 미국 해군의 SEAL팀을 모델로 하여 2001년 3월에 출범했다. 헬리콥터와 소형 고속정, 잠수를 통한 함선 제압이나 적진지에 대한 공습 등을 주 임무로 한다. 해상자위대 간부후보생 학교가 있는 히로시마현 에타지마에 거점을 두고 있는데 방위청 발표에 의하면 3개 소대 60명이 있다고 합니다. 세계 유수의 특수부대와 마찬가지로, 장교 10명 이외에는 모두 부사관으로 편성되어 있다.

2001년의 북한 공작선 사건에서 해상자위대는 이제 발족이 시작되었을 뿐인 이 특별경비대의 투입을 준비하고 있었다. 해상경비행동이 발령되었다는 상정 아래 대기하였으며 그 뒤에는 고이즈미 수상의 승인에 의한 방위청 장관의 명령을 대기상태에서 줄곧 기다렸습니다. 그러나 명령이 나기 전에 공작선의 침몰정보가 입수되어 첫 번째 출동은 실현되지 않았다.

위에서 언급한 SAT, SST, SGT의 3개 특수부대가 공통적으로 작전 및 훈련에 사용하는 장비는 독일제 MP 5, 일본국내산인 89식 소총 및 저격용 라이플, 스위스제 P226권총, 돌입작전용으로 사용하는 특수 섬광탄, 야시용 적외선 고글 등으로 이루어져 있다. 또한 해상자위대의 SGT만이 일본국산인 9mm 기관권총을 장비한다.[15]

15) http://www.defence.co.kr

제 11 장 >>> 주요 테러사례 분석

1. 프랑스 파리연쇄테러(2015.11.13일)[1)]

1) 사건개요

- 프랑스가 2015년 들어 샤를리 엡도 총격 테러사건 이후로 재차 대형 테러의 대상이 된 사건으로 파리 시내 총 7곳에서 동시에 테러와 인질극이 발생하였으며, 무차별 총격과 자살폭탄테러로 무고한 시민131명이 숨졌다(사망자 중 가해자 7명 제외).
- 프랑스판 뭄바이 연쇄테러로 불리며, 2차세계대전 이후 프랑스가 겪은 사상 최악의 테러 사건임

2) 사건전개

- 2015년11월13일 현지 시각 21시 20분, 파리 10구에 있는 '르 카리용(Le Carillon)'라는 술집(bar)에서 총기난사가 가장 먼저 일어났으며, 이곳의 테러범은 길 건너의 캄보디아 레스토랑 '르 프티 캉보주(Le Petit Cambodge)'로 이동해 다시 총기를 난사하였다. 이와 비슷한 시간대에 이곳에서 조금 떨어진 피자리아 '라 카사 노스트라(La Casa Nostra)'에서도 기관총 난사가 있었다. 바와 식당에서 최소 12명이 희생되었고, 피자리아에서 최소 5구의 시체를 보았다는 증언이 나왔다.

1) https://namu.wiki/w/2015%EB%85%84%2011%EC%9B%94%20%ED%8C%8C%EB%A(검색: 2015.12.1)

- 현지 시각 21시 30분, 마침 프랑스와 독일축구 국가대표팀의 친선경기가 열리고 있었는데 프랑수아 올랑드 프랑스 대통령이 관람 중이던 스타드 드 프랑스 밖에서 세 번의 자살 폭탄 테러가 있었다. 경기를 중계 중이던 TF1의 중계 영상에 전반 16분, 19분에 두 차례 폭발음이 녹음되었다. 첫 폭발 때는 양측 선수들이 별다른 동요를 하지 않았으나 두 번째에는 움찔하는 모습을 보여줬다. 프랑스 언론은 경기를 관람하던 프랑수아 올랑드 대통령이 긴급 대피했다고 전했다. 문제점은 경기를 멈추거나 관객들에게 안내하지 않고 올랑드 대통령 본인만 대피했다는 것. 이에 관해 비난이 있기도 하다. 다만 축구장 근처에서의 테러는 올랑드 대통령을 노린 것일 가능성도 크기 때문에 이런 경우에는 대통령이 대피하는 것이 시민들의 안전에 더 도움이 된다. 타겟이 사라진다면 테러리스트들이 경기장을 노릴 필요가 없어진다는 추측이다. 또한 축구장에 진입을 시도했던 테러범이 있었다는 사실도 확인되었다. 범인은 경기 시작 약 15분 이후 스타디움으로 진입하려던 도중 몸수색을 통해 발각되자 자폭 조끼를 터트려 자살했다고 한다. 자칫하다간 축구장에서도 대형참사가 일어났을 뻔 했다. 축구장에서는 이로 인해 1명의 민간인 희생자가 발생했다.
  경기는 끝까지 진행되었으나(2:0으로 프랑스가 승리) 연쇄 테러 우려로 인해 경기를 관람한 관중들 중 일부는 차마 경기장을 떠나지 못하고 그라운드 내로 대피했으며, 그대로 머무는 등 혼란이 계속되었다.

- 현지 시각 21시 50분, 파리 11구에 있는 카페 '르 벨 에키프(Le Belle Equipe)'에서 테러범 두 명이 총기를 난사하였다. 최소 19명이 이곳에서 희생되었다.

- 현지 시각 22시, 파리 11구에 있는, 미국 밴드인 '이글스 오브 데스 메탈'[3]의 공연이 열리고 있던 바타클랑(Bataclan) 콘서트장에서 복면을 두른 4명의 테러리스트가 들이닥쳐 AK-47을 난사하였고, 한 목격자에 따르면 수류탄도 던졌다고 한다. 이 당시 1500명쯤 되는 관객들이 콘서트장에 있었다. 목격자의 발언에 의하면 테러범 중 1명이 "알라는 위대하다!(الله أكبر, 알라후 아크바르)"를 외쳤다고 하며, 시리아를 침략해서 무슬림들을 해쳤다면서 올랑드를 비난했다고 한다. 그 직후, 인질극이 일어났다. 신을 믿는지 프랑스 사람인지를 물은 다음 죽였다는 증언이 나왔다.

- 현지 시각 0시경, 프랑수아 올랑드 대통령은 TV에 출연해 국가비상사태를 선언했으며, 셍겐조약(Schengen Agreement)을 일시 정지하고 국경의 통제가 강화했다.
  다만, 한국인이 입국하는 경우엔 유럽 국가들은 물론 한국도 프랑스와 무비자 협정이 별도로 체결되어 있기 때문에 상관이 없고, 프랑스 대사관에서 프랑스 비자를 따로 발급받을 경우에는 정상적으로 입국이 가능하다. 프랑수아 올랑드 대통령은 G20 정상회의 참석 취소를 선언했다.
- 현지 시각 0시 15분경, 바타클랑 콘서트장의 테러범들이 인질들을 상대로 무차별적인 살상을 시작하자 대테러 부대가 투입되었다.
- 현지 시각 1시경, 바타클랑 콘서트장의 상황은 종료되었다. 약 100여 명의 사망자가 나온 것으로 알려졌다. 테러범은 전원 사망했으며, 그 중 세 명은 자폭벨트로 자폭한 것으로 알려졌다.
- 현지 시각 10시경, 프랑수아 올랑드 대통령은 이번 테러가 수니파 이슬람 극단주의 무장세력인 IS가 자행한 것으로 외부에서 계획했고, 이를 프랑스 내부의 협조자에 의해 자행된 것이라고 밝혔음.
- 현지 시각 11시경, IS는 공식성명에서 자신들이 일으킨 것이라 발표했다.

3) 배후

- 아부 바크르 알 바그다디 - 1971년생. 만44세. IS의 수괴. 서방에 대한 보복 지시.
- 압델 하미드 아바우드 - 1988년생. 만 27세. IS의 고위 간부. 파리 테러 기획 및 지시. 테러 하루 후 생드니 지역에 은신했다가 경찰의 검거 작전 과정에서 경찰 저격수에게 사살당한 것으로 확인되었다. 사살 과정 중에 시신이 크게 훼손되어 시신의 유전자와 지문 검사로 신원이 확인되었다.
- 파비앵 클랑 - 1978년생. 만37세. 1990년대에 이슬람으로 개종한 프랑스인이다. 파리테러가 자신들의 소행임을 주장한 IS의 프랑스어 메시지를 녹음한 장본인으로, IS에서 850명에 달하는 프랑스·벨기에 출신 전투원을 관리하는 중책을 맡았다.

4) 실행

- 범인들의 신상은 시리아 여권이 주변에서 발견됨에 따라 난민을 통해 이들 조직원이 침입하였다는 추정이 주를 이루었지만 이후의 수사를 통해서 대부분이 유럽국적자였고, 시리아여권은 위조된 것으로 밝혀짐에 따라 이들 여권의 목적은 단순히 난민위장이 목적이 아닌 반난민 정서를 확대라는 목적을 달성하기 위함이 아닌가하는 분석도 나오기 시작했다. 특히 이스마엘 오마르 모스테파이는 IS에 포섭된 뒤 테러를 목적으로 귀국한 것까지 확인되어 프랑스 사회를 경악시켰다.
- 이외 압데슬람 3형제의 둘째 무함마드 압데슬람 등 테러 행위에 협조한 것으로 보이는 여러 명의 용의자가 잡혔다. 단 무죄추정의 원칙에 의거하여 이들의 신상은 공개되지 않았으며 게다가 테러혐의자들이 형제단위로 다 함께 가담한 것이 아니라 거부한 자들도 적지 않기에 일부는 무혐의로 풀려났을 가능성도 있다.

5) 원인

범인들은 총 8명으로 추정되며 1명은 사살, 나머지는 스스로 폭탄벨트를 터뜨려 폭사하였다. 1명은 경찰이 극단주의 위험인물로 분류한 프랑스 국적자이고 이집트와 시리아 여권 소지자도 있다고 보도되었다.

IS는 자신들의 소행임을 주장하였으나 이미 보도된 정보만 담고 있어서 확실한 건 아니다. IS가 올해 들어 프랑스에 대한 테러를 간접적으로 선동하기는 했지만 이번 테러는 IS가 직접 계획했거나 사전에 인지한 것이 아닌 다른 자생적 집단에 의한 것일 수도 있다.

이렇게 이들이 프랑스를 노린 대규모 테러를 시도한 동기는 2015년 들어 프랑스 공군기가 이라크와 시리아에서 IS를 폭격하는 등 프랑스와 IS는 현재 전쟁상태이고, 프랑스의 일방적 폭격에 대해 군사적으로 반격하기 어려운 IS가 테러로 프랑스에 보복하여 여론을 바꾸려는 시도로 추정되고 있으며, 또한 이러한 테러행위를 통해 유럽 내 반 이슬람정서를 확산시켜서 유럽 내 무슬림들의 고립을 심화시킨다면 자연스럽게 이렇게 고립되거나 소외된 무슬림들을 자신들의 세력으로 포섭하기 용이해지기 때문이라는 분석도 나타나고 있다.

또한 이와 같은 인식을 프랑스인들과 전 세계인들에게 심어주는 것도 IS의 목표일 것이다. 즉, 시리아 공격했으니 부메랑 맞은 것, 즉 자업자득으로 이리 된거니 프랑스인들에게 반전여론 확산시키고, 또한 전 세계 국가들에게 '우리 건드리면 부메랑 맞게 된다'라는 걸 인식시켜 전 세계의 IS공조를 와해시키려는 것이다.

2. 보스톤 폭탄테러사건(2013년 4월15일 발생)[2)]

1) 보스톤 마라톤대회

- 보스턴 마라톤대회는 1897년부터 시작되어 연례 마라톤 대회로는 세계에서 가장 오래된 행사이자 한국에게도 인연이 많은 대회이다. 1947년 4월 19일, 당시 24세이던 서윤복(90)이 2시간25분39초로 당시 세계최고기록으로 51회 보스턴 마라톤에서 우승했는데 이는 보스턴 마라톤 첫 동양인 우승으로 세계 육상역사의 한 획을 그은 사건이었다. 오죽하면 당시 미국언론은 '기적'이라는 제목의 1면 기사로 일제 식민지지배에서 갓 벗어난 약소국의 우승소식을 대대적으로 보도했다. 3년 뒤 1950년 4월에 열린 54회 대회에서는 아예 한국인 선수 3명 함기룡(83), 송길윤(2000년 작고), 최윤칠(85)이 1~3위를 휩쓸었다. 그리고 이봉주가 2001년 105회 대회에서 51년 만에 2시간 9분 43초 기록으로 우승했던 대회다.

2) 사건개요

- 미국 매사추세츠주 보스턴 시에서 현지시각 2013년 4월15일(한국16일) 2시50분경 발생한 폭탄 테러 사건.
  이 날 4월15일은 2013년 117회 대회가 개최된 날로 우승자가 결승점을 지난

2) 위키백과사전, https://namu.wiki/w/(검색: 2015.11.30)

지 2시간쯤 되어 결승점 부근에서 폭발이 2번 연달아 약12초 간격을 두고 발생했다. 각 폭발물은 180m 가량 거리를 띄우고 있었다. 폭발시간이나 위치상 대량 인명피해를 노린 테러로 의심되었으며 아니나 다를까 폭발장치가 발견되면서 단순 폭발사건이 아닌 폭탄테러사건으로 규정되었다. 9.11 이래 미국 영토 내에서 최악의 테러 사건이다. 더 큰 문제는 이 사건이 일어난 바로 다음날 버락 오바마대통령과 상원의원들에게도 치명적인 독인 리신이 포함된 편지가 배달 된 것이다.

3) 사용 폭발물

- 경찰 발표에 따르면 폭발물은 사제폭탄 종류로 보이며 피해자 상처와 의복에서 베어링 등의 파편 발견이 보고되었다. 현장에서 유황냄새가 진하게 났다는 것과 영상에서 흰 연기가 자욱한 것이 확인되었다. 폭발물에 베어링, 파편 등을 넣는 것은 세열수류탄이나 클레이모어처럼 파편효과로 인해 비교적 작은 폭발물로도 높은 살상효과를 노릴 때 쓰이는 방법으로 범인이 의도적으로 많은 인명 피해를 노린 것을 추정된다.

  조사에 따르면 폭발물 중 하나는 압력솥에 폭발물을 채우고 볼베어링과 못과 각종 파편을 집어넣어 살상력을 극대화한 타입의 것을 검은색 배낭 또는 더플백에 넣어 놓아둔 것으로 보인다고 한다. 현장에서 부서진 전자회로 기판을 발견한 관계로 일종의 타이머 장치가 되었을 수도 있다고 추정했으며 사용한 폭발물은 TNT, C4같은 군용 고폭약이라기 보단 비교적 저폭약류, 현재는 총탄에 쓰는 화약을 채워서 만든 것으로 추청 중이다.

- FBI가 수집한 압력솥 파편

  FBI와 국토안보부의 보고에 따르면 이런 종류의 압력솥폭탄은 아프가니스탄, 인도, 네팔, 파키스탄 등지에서 자주 찾아볼 수 있는 타입이라고 한다. 2010년 5월 뉴욕 타임스퀘어에서 있었던 차량폭탄테러 시도 당시에 사용되었던 장치 중 하나도 이러한 타입의 것이었다고. 2010년 타임 스퀘어 테러 시도와 관련된 파키스탄 탈레반은 이번 사건에 대해서는 관련 없다고 주장중이다.

제조의 용이함 때문에 단독 테러리스트도 이런 것을 애용하는 편이고 이미 제조법도 널리 공개된 형태이며 폭발물이 일반 총탄용 화약인 경우(미국에서는 특별한 허가 없이 누구나 간단히 입수할 수 있다) 기법만으로 배후를 특정짓기는 어려워 보인다.

폭발 지역은 경찰의 정규수색을 거친 구역이며 그 수색 중 하나는 폭발 1시간 전에 이루어졌다고 한다.

4) 피해규모

피해자 규모는 집계중이지만 공식적으로 3명이 사망, 부상자는 183명 이상이며, 4월16일 기점으로 생명이 위중한 부상은 15명 이상, 그 중 2명(소스에 따라서는 9명)이 청소년이다. 13명 이상이 팔다리가 절단되는 중상을 입은 것으로 보인다. 확인된 중상자만 해도 전체 부상자의 10% 가량이다. 부상자들은 인근 10개 병원에 분산 배치되어 치료 중이며 현재 진행형인 이상경과에 따라 추가 사망자나 부상자 집계가 발생할 수 있다.

3. 뮌헨올림픽 테러사건(1972년)[3)]

1) 사건개요

뮌헨 올림픽 참사 혹은 뮌헨 학살(Munich massacre)사건은 1972년9월5일 독일(당시 서독)의 도시 뮌헨에서 개최된 1972년 하계 올림픽 기간에 일어난 테러사건이다. 일명 검은 9월 사건으로 불린다. 테러 단체인 검은 9월단이 11명의 이스라엘 올림픽 팀을 인질로 잡고 협상을 시도했으나, 경찰의 테러 진압 미비로 인해 대표팀 전원이 살해된 사건이다.

3) http://ko.wikipedia.org/wiki/%EB%AE%8C%ED%97%A8_%EC%98%AC%EB%(검색 : 2012.03.25)

2) 사건내용

- 1972 뮌헨 올림픽이 한창 열리고 있던 9월 5일 새벽 4시, 운동복을 입은 8명의 무장괴한들이 올림픽 선수촌 담장을 넘어 이스라엘선수들이 묵고 있던 숙소로 침입했다. 이때 바로 옆이 대한민국 선수단 숙소였으나 이들은 다행히 전원이 무사히 피했다. 이스라엘 선수들은 괴한들을 피해 도망치는데 성공했지만 이때 이미 2명이 죽고 9명이 인질로 붙잡힌 상태였다. 괴한들은 자신들이 팔레스타인 무장 저항단체인 '검은 9월단'이라고 밝히면서 이스라엘이 억류하고 있던 팔레스타인 포로들의 석방을 요구하였고 서독 경찰에서는 협상을 시도했으나 실패. 올림픽 주최측에서는 사람들이 죽었단 소식을 들은 후에도 경기를 지속해서 세계적으로 비난을 받은 뒤에야 모든 경기를 중단했다. 경찰이 무력진압을 시도하려고 했으나 문제는 당시 서독 경찰에는 현대의 SWAT와 같은 전문 대테러부대가 없었다는 것. 그렇다고 서독 정규군의 특수부대를 투입할 수도 없었는데 독일헌법에 의거해 독일 정규군이 독일 국내에서 작전을 수행하는 것이 매우 까다롭기 때문이다. 그나마 이것도 방송카메라가 생중계하는 바람에 테러범들에게 들켜서 역시 실패했는데, 보도통제개념의 부재도 원인이지만 작전 자체가 워낙 어설펐기 때문이다. 실행했던 작전이 운동선수로 위장한 경찰들이 스포츠가방에 무기를 숨겨서 옥상으로 올라가 인질들을 구출한다는 내용이었지만 속에 방탄복 입은 게 뻔히 보이는 자기 몸집보다 뭔가 이상하게 빵빵한 체육복을 걸친 남자 몇이 총 들고 지붕 위로 올라왔는데, 이게 하필 TV 카메라가 생중계를 위해 맞춰 놓은 곳에 그대로 잡혀 TV보던 테러리스트가 자기 머리 위 지붕에 거동수상자들이 얼쩡거리는 걸 보자마자 바로 테라스 너머에서 "쟤들 안 꺼지게 하면 인질 죽인다!"고 외쳤고 서독은 그 위장 경찰관들을 결국 철수시켜야 했다.
- 테러리스트들은 상부에서 이스라엘 정부가 24시간 안에 요구를 들어주지 않는다면 비행기를 요구해서 인질들과 함께 비행기로 중동에 있는 나라로 가기로 명령 받았었기에 헬기를 요구했다. 그러나 서독 당국은 테러범들을 보내줄 마음이 없었기에 서독경찰 당국은 테러범들의 요구를 들어주는 척 하면서 기습하기로 결정을 내렸다. 일단 헬기로 공항까지 이동시킨 다음 목적지까지 이동

할 비행기 안에 경찰들을 승무원으로 위장해 태워놓고 저격수와 협동으로 사살하려고 했으나 이 위장 경찰들이 헬기가 공항에 도착하기 불과 몇 초 전에 자기들끼리 작전을 취소하고 철수해 버렸다. 헬기가 착륙한 후 테러리스트들이 빈 비행기임을 알자 남은 경찰들과 총격전이 벌어졌고 결국에는 테러범들을 사살하거나 생포하는데 성공하였지만 이 와중에 테러범들이 탄 헬기에는 수류탄을 던져 넣어서 헬기가 폭발하는 바람에, 다른 헬기에는 총기를 난사해서 인질 9명 전부가 사망하는 참사가 벌어졌다. 진압 와중엔 나중에 온 경찰들이 헬기에서 가까운 곳에 있던 저격수와 도망쳐온 헬기 조종사를 오인사격해서 중상을 입힌 일도 있었다.

- 사건 발생 직후 모든 경기가 중지되었다. 인질 사망 이후 주경기장에서 추도식이 거행된 후 34시간 만에 재개되었다. 하지만 이스라엘 선수단은 동료의 주검을 가지고 전원 귀국하였다. 대회포기 의견도 나왔지만 수 년 간의 노력을 물거품으로 만들 수 없단 이유로 인해 IOC와 독일정부는 재개를 결정하였다.
- 검은 9월단 사건 때문에 서독의 노력은 한순간에 물거품이 되었고 가장 화려한 대회가 될 것이라는 서독의 관계자들도 그대로 얼굴이 굳어버리고 말았다. 올림픽에서 조기가 게양된 최초의 올림픽 대회이기도 하다.

3) 비극의 원인

사태가 이렇게 커진 데에는 정보가 부족하기도 했고, 당시에는 대테러의 개념이 잘 정립되어 있지 않아 독일경찰에는 대테러부대도 없던 것도 이유였다. 계획대로라면 저격수들이 공항에서 제거하려고 했으나 이 저격수들은 전문훈련을 받은 저격수가 아니라 사격이 취미였던 경찰들. 결정적으로 이들에게 지급된 G3 소총에는 스코프도 없었다.

게다가 이들이 장거리 사격을 해야 했던 시각은 어두운 한밤중이었는데, 장갑차량 등의 지원도 없었으며, 인질들이 죽어나갔던 것은 사건을 이렇게 크게 키운 독일의 잘못 때문이었다. 결국 이 사건의 여파로 독일은 대테러부대인 GSG-9을 창설하며 이 분야의 선구자가 된다.

하지만 서독만의 잘못이 아니라는 분석도 많은데 굳이 독일이 아니라도 미국조차도 이런 일이 당시 터졌다면 상당수 비슷한 상황이라는 분석도 많다. 오히려 이 참사가 벌어지지 않았더라면 세계적으로 테러대응에 시간이나 경험이나 조치가 오래 걸렸을 것이라는 의견이 많다. 인류 역사에서 당하기 전에 사건사고를 대응한 것보다 당하고 큰 피해를 당한 후에 고치거나 대응한 게 더 많듯이. 사실 당시만 해도 올림픽이라는 국제행사에 이런 유혈 인질극과 같은 테러가 벌어지리라고 생각한 사람들은 별로 없었다. 그래서 그런지 몇몇 국제정치학자들 중에서는 뮌헨 참사를 현대의 테러리즘이 본격적으로 대두된 사건으로 평가하기도 한다.[4)]

4. 일본 옴진리교 지하철 사린가스테러(1995년 3월)

1) 옴진리교

옴진리교는 교주 아사하라 쇼코(麻原 彰晃)가 설립한 일본의 종교단체로, 1984년에 설립되었다. 줄여서 “옴”(aum, オウム)으로 불리기도 했다.

1989년 11월 4일에 사카모토 쓰쓰미 변호사 일가족 살해 사건, 1994년 6월 27일에 나가노 현 마쓰모토 시에서 마쓰모토 사린 사건을, 1995년 3월 20일에 도쿄 지하철 사린 사건을 일으키는 등 극악무도한 범죄행위를 저지를 정도의 악명높은 종교단체로 알려져 있다. 1995년5월16일에 아사하라가 야마나시 현 니시야쓰시로 군 가미쿠이시키 촌에서 체포되었다.

옴진리교는 불교와 힌두교의 요가를 중심으로 서구의 점성술과 노스트라다무스(1503~66)의 사상이 뒤섞인 일종의 계시종교이다. 교주는 1955년 다다미 자리를 짜는 기능공의 아들로 태어난 아사하라 쇼코이다. 그는 어릴 적에 녹내장을 앓다 반은 장님이 됐으며 특수학교를 다녔다. 최고 명문인 도쿄대학에 응시했으나 낙방했다. 요가 단체를 만들고 히말라야에서 고행 생활을 마치고 돌아온 뒤 1987년 32살에 ‘최고 진리의 종교’라는 뜻을 지닌 옴진리교를 창시했다.

아사하라는 컴퓨터 가게, 우동 가게, 헬스클럽 등 사업을 벌여 돈을 벌었다. 여느 신흥종교 단체들처럼 옴진리교 역시 사회적 물의를 일으키며 법적 소송이 끊

4) 위키백과, https://namu.wiki/w/(검색: 2015. 11.30)

이지 않았다. 또한 옴진리교는 살인 행위가 살해자나 희생자 모두에게 영적인 은총을 내려준다고 믿었기 때문에 사람 죽이는 일에 양심의 가책을 느끼지 않았다. 약물 실험이나 처형으로 죽은 신도들이 적지 않은 것으로 알려졌다. 심지어 수십 명의 신도가 전자레인지에서 타 죽었을 거라는 증언도 나왔다. 이처럼 음흉한 교주가 이끄는 폭력적인 집단이 대학교육까지 받은 20,30대의 신도를 수천 명 거느릴 수 있었던 요인은 두 가지로 분석된다. 실적평가 위주인 교육제도에 짓눌리고, 1980년대의 기형적인 경제성장에 혐오감을 느낀 젊은이들이 옴진리교의 현세 부정적인 계시신앙에 매료됐다는 것이다. 계시신앙은 인류가 세상의 끝에 가까이 왔다고 주장하는 종말론을 신봉하는 종교단체는 폭력적인 성향이 농후하다.

일본은 세계 비행접시 목격 건수의 1/4이 발생할 정도로 공중부양, 예언, 유령 따위의 초자연 현상에 관심이 많은 사회이다. 이런 풍토에서 옴진리교가 번성할 수밖에 없었는지 모른다.[5)]

종교 법인으로서 인가된 후 일본 전국 각지에 지부나 도장을 설치하고 러시아나 스리랑카 등 해외에도 지부를 두고 있었다. 1989년 당시에는 약 만 명 정도의 신자가 존재했었다고 한다.

2) 사린(Sarin)

사린(Sarin)은 액체와 기체 상태로 존재하는 독성이 매우 강한 화합물로 중추신경계를 손상시킨다. 매우 치명적이기 때문에 노출되면 수 분 내에 목숨을 잃을 수 있다. 호흡기, 눈, 피부를 통해 인체에 흡수되어 콧물, 눈물, 침, 땀을 많이 흘리고 호흡곤란, 시력저하, 메스꺼움, 구토, 근육경련, 두통 등의 증상을 보인다.

시안화물 보다 500배 이상 독성이 강하다. 이러한 성질 때문에 1995년에 일본 도쿄에서 옴진리교가 테러에 사용했다.

즉각적인 응급처치는 옷을 벗고 흐르는 물이나 식염수에 눈을 소독하고 물로 피부에 묻은 오염물질을 제거하는 것이다. 대부분의 큰 병원에 해독제를 준비해 놓고 있으나, 해독제가 준비되지 않은 병원들이 많아 더욱 위험한 기체이다.

---

5) http://news.dongascience.com/PHP/NewsView.php?kisaid=20030328200000000004&classcode=0110 (검색 : 2012.03.25)

3) 지하철 사린가스테러

1984년 요가 도장인 '옴 모임'으로 시작된 신흥종교인 옴진리교는 "일본의 왕이 돼 세상을 지배하겠다"는 아사하라 교주의 허무맹랑한 교의를 실현하기 위해 독가스 살포, 종교 이탈자 구타 살해 등의 테러를 일으켰다.

지하철 사린가스 테러사건은 옴진리교 신자들이 1995년 3월 도쿄 지하철 3개 노선, 5개 차량에서 출근길 승객에게 맹독성 사린가스를 뿌려 13명을 죽이고 6200명을 다치게 한 사건이다.

1995년 3월20일 오전 8시, 일본 도쿄의 지하철 전동차 안에서 신경가스의 일종인 독가스 '사린(Sarin)'이 살포돼 6,000여 명이 중독돼 쓰러지고 13명이 목숨을 잃는 사고가 발생했다.

출근길 도쿄 시내는 독가스로 인해 쓰러진 사람들을 후송하려는 앰뷸런스와 경찰 차량들이 뒤엉켜 극심한 혼잡과 함께 공황 상태에 빠졌다.

가스에 중독된 사람들은 코에서 피를 흘리며 거리에 나뒹굴었고 뉴스를 지켜보던 시민들은 충격과 공포로 경악할 수밖에 없었다.

2차 세계대전 당시 나치 독일이 개발한 사린가스는 중추신경을 마비시키는 무색무취의 화학물질로 비교적 제조가 쉬어 '빈국(貧國)의 핵무기'로도 불렸다.

종말론을 주장해 온 신흥 종교단체 '옴(Aum)진리교'신도들의 소행으로 밝혀진 이 사건은 화학무기를 이용해 불특정 다수에게 무차별 살상을 가했다는 점에서 일본 안팎에 큰 충격을 주었다.

지금의 도쿄 메트로가 운영하는 5개 노선의 전동차에 탑승한 범인들은 액체상태의 사린을 비닐봉투에 넣어 신문으로 싼 다음 우산 등 날카로운 물건으로 봉투를 터뜨린 후 승강구를 나와 공범이 기다리는 자동차로 도주했다.

이 테러 사건은 옴진리교의 교주 아사하라 쇼코가 주동이 돼 그 해 2월 한 공증사무소의 사무장 납치 사건 등 일련의 테러 사건에 대해 일본 경시청이 대대적인 수사를 단행하려 하자 경찰의 시선을 다른 곳으로 돌리기 위해 벌인 일로 밝혀졌다.

아사하라 교주에겐 이 사건을 포함한 13건의 테러를 통해 모두 27명을 죽게 한 혐의가 적용됐고, 살인 및 살인미수 혐의가 적용된 옴진리교 간부 및 열성신도 등 재판에 기소된 사람만 총189명에 달했다. 아사하라는 95년 말 인류가 세균무기와 핵무기로 종말을 맞는다고 예고하며 옴진리교를 믿는 자만이 최후 결전에서 승리해 천년왕국을 누릴 것이라고 설법해왔고 사린가스 살포사건은 이 예언을 실현하기 위해 꾸민 테러 사건 중 하나였다.6)

옴진리교가 독가스테러를 실행에 옮기게 된 직접적인 이유는 좁혀오는 경찰의 수사망 때문이었다. 어느 날, 옴진리교의 한 신자가 교단의 무리한 요구에 견디지 못하고 탈출하는 사건이 발생하였다. 옴진리교측이 한 여 신도의 몇 천만 엔의 기부에 만족하지 못하고 토지와 건물까지 기부할 것을 강요했기 때문이다. 탈출이후 옴진리교측은 이 신도의 남동생을 납치, 감금하고 그녀의 행방을 추궁했다. 그러다 납치행각이 경찰에 의해 발각될까 우려한 교주 아사하라는 납치피해자의 살인을 명령한다. 이때가 1995년 2월28일, 도쿄에서 지하철테러를 감행하기 약 한달 전이었다. 교주의 명령에 따라 납치범들은 납치된 피해자의 목을 졸라 교살을 시도하려고 했는데 피해자는 이미 사망한 상태였고, 경찰조사 결과 사망원인은 납치, 감금되는 사이 피해자의 도주와 반항을 막기 위해서 납치범들을 과도한 마취제를 투여했던 것이다. 경찰이 옴진리교에 대해 의문점을 가지고 수사에 착수한 것은 교단의 신자들이 잇달아 살해되거나 실종되는 사건이 발생했기 때문이다. 1989년에는 신자들의 탈출을 돕고 옴진리교를 공개적으로 비난한 사카모토 쓰쓰미변호사와 일가족 3명이 실종되는 사건도 발생했다. 일본 수사당국은 일련의 실종사건과 살인사건의 배경에는 옴진리교가 있다고 판단했고 교주 하사하라를 유력한 용의자로 지목한 경찰은 옴진리교 본부의 압수수색을 1995년 3월22일로 예정하고 있었다. 위급한 상황임을 감지한 아사하라교주는 경찰력을 분산시키고, 경찰수사를 방해하기 위한 목적으로 생명체에 치명적인 신경가스인 사린(Sarin)을 도쿄 지하철에 살포하라는 명령을 신도들에게 내린다.

옴진리교의 테러목표는 일본의 주요 관공서가 모여 있는 나카타초(永田町)와 가스미가세키였고 압수수색을 이틀 앞둔 상황에서 일본 심장부의 혼란을 야기하여 위기를 넘긴다는 계획이었다. 옴진리교 신자 5명은 국회와 주요 관공서를 통과하는 지하철 3개 노선 5개의 차량에 비닐봉지에 담겨 있는 사린을 준비하여 승강문

6) 한국일보, 2012.0320, '[사진으로 보는 이주일의 小史] 〈40〉 일본 지하철 독가스 테러', http://news.hankooki.com/lpage/people/201203/h2012031921011091560.htm(검색 ;2012.02.25)

근처에 두었지만 출근시간대 매우 혼잡하여 아무도 그 사실을 인지하지 못했다. 사린 운반책들은 끝이 뾰족한 우산을 미리 준비했고, 지하철에서 내리기 전에 신문지에 싸인 사린봉투에 수차례 구멍을 뚫었다. 사린이 공기를 통해 유출된 히비야 선의 열차에서는 구멍이 뚫린 지 10분 만에 수십명의 승객이 쓰러지면서 다른 열차에서의 피해보고가 급증하면서 사린이 살포된 3개 노선의 지하철 운행을 중단시켰다. 그러나 사람들의 옷 등에 묻은 사린으로 인해 피해는 다른 노선에 까지 확대되어 사건발생 2시간여가 지난시점에서는 전역과 전노선의 지하철운행이 중단되었고 도쿄전체가 혼란에 빠졌으며 전 세계의 이목이 집중되었던 사건이었다. 일본구조당국은 사건발생 당시 사린에 의한 공격이었는지 몰랐기 때문에 소방대원 및 구조대원들이 아무런 대비를 하지않고 구조 활동을 벌였기 때문에 이들의 피해도 속출하여 총 13명의 사망과 6300여명의 피해자가 발생하였는데 17년이 지난 지금에도 극심한 사고 후유증에 시달리는 사람이 많다고 한다.[7)]

4) 일본의 판결 지연 이유

일본 사회를 공포로 몰아넣은 옴진리교 테러사건 재판이 최종 마무리되기까지 16년이라는 긴 세월이 걸린 것은 일본의 독특한 형사소송법 때문이다. 구속기간을 엄격히 제한하는 한국과 달리 일본은 인신구속 기간에 제한이 없다. 한국은 구속 6개월 이내에 1심 재판이 이뤄져야 하고, 항소심과 상고심 역시 4개월과 6개월 안에 이뤄져야 한다. 따라서 구속 상태에서 대법원 형 확정 판결까지 16개월이면 끝난다. 하지만 일본 형사소송법에는 이 같은 규정이 없다. 이 때문에 일본 형사재판에서는 10년 이상 걸리는 사건이 비일비재하다.

테러 주모자들의 노골적인 재판 지연 행위도 판결이 늦어진 이유다. 아사하라 교주는 변호인 신문 중 졸거나 갑자기 영어로 이야기하는 등 재판을 고의적으로 지연시켰다. 이날 사형 확정 판결을 받은 엔도 피고인도 자기 변론에서 "범행 당시 교주의 마인드컨트롤(심리통제) 때문에 심신상실 상태였다"며 입증하기 어려운 핑계를 대기도 했다. 형 확정 판결로 세간의 관심은 이들에 대한 사형 집행 시기

---

7) 연합뉴스, http://www.jpnews.kr/sub_read.html?uid=13072&section=sc1(검색 : 2012.03.25)

에 쏠리고 있다. 법무성은 사형 집행 날짜에 대한 구체적인 검토에 들어간 것으로 알려졌다. 아사하라 교주가 2006년 9월 사형 확정 판결을 받았음에도 5년이 지나도록 형 집행이 되지 않은 것은 관련 혐의자의 재판이 진행되는 도중 형 집행을 할 수 없도록 한 형사소송법 때문이었다. 따라서 관련 주모자 13명의 형이 확정돼더는 형 집행을 미룰 이유가 없어졌다. 하지만 일본 사회 내에서는 옴진리교 테러사건에 대한 단죄가 아직 끝나지 않았다는 지적도 있다. 지하철 사린가스 사건에 관여한 다카하시 가쓰야(高橋克也 · 53) 등은 여전히 도주 중인 데다 옴진리교도 이름만 바꿔 대학가를 중심으로 여전히 활동하고 있기 때문이다. 옴진리교는 1995년 10월 법원의 교단 해산 명령으로 해체됐지만 '아레후'와 '히카리노와' 등 파생종교단체로 이름만 바꿔 활동을 재개했다. 아사히신문에 따르면 현재 두 신흥종파의 신자는 1500명에 이르는 것으로 알려져 있다.[8)]

5) 사건이후

사건 이후1996년 3월 28일, 도쿄 지방 법원이 파산법에 따라 옴진리교에 대해 파산 선고를 내린 뒤, 같은 해 5월에 확정했다.

1995년 일본 도쿄 지하철에서 사린가스 테러를 일으켜 13명을 숨지게 하고 6000여명을 다치게 한 신흥종교단체 옴진리교 관련자의 재판이 사건 발생 16년 만에 마무리됐다. 일본 최고재판소(한국의 대법원에 해당)는 2011.11.21일 옴진리교 테러 사건에 관여한 핵심 간부 엔도 세이치(遠藤誠一 · 51) 피고인에게 사형 확정 판결을 내림으로써 옴진리교 사건 관련 주모자에 대한 형이 모두 확정됐다. 총 189명이 기소돼 2006년 9월 사형 판결이 확정된 교주 아사하라 쇼코(麻原彰晃 · 본명 마쓰모토 지즈오 · 松本智津夫 · 56) 등 총 13명이 사형 판결을 받았다.[9)]

8) 동아일보, 2011.11.22, http://news.donga.com/3/all/20111122/42049701/1#(검색 : 2012.03.25)
9) 동아일보, 2011.11.22, http://news.donga.com/3/all/20111122/42049701/1#(검색 : 2012.03.25)

5. 페루 리마대사관 점거사건(1997)

1) 사건개요

페루의 테러조직 '투팍아마루 혁명운동'(MRTA) 요원들이 1996년 12월18일 페루 수도 리마의 일본대사관저를 점거, 일왕 생일축하 리셉션에 참가중인 각국 대사 등 인질 700여명을 억류하는 인질 테러사건이 발생하여, 사건발생 127일 만인 1997년 4월 22일 페루특공대의 기습작전으로 당시 14명의 테러범 전원이 사살되고 인질들을 성공적으로 구출하여 세계의 이목을 집중시킨 사건.

2) 사건내용

1996년 12월 17일, 페루의 좌익단체인 투곽 아마루 혁명운동(Tupac Amaru Revolutionary Movement: MRTA)소속 테러리스트들이 오후 6시 경(페루현지 시간) 수도 리마의 일본 대사관저를 습격하고 일왕(日王) 생일기념 리셉션에 참석 중이던 한국의 이원형 대사를 포함한 페루 주재 각국 대사와 페루 각료 등을 인질로 잡고 경찰과 대치를 시작했다. 관저를 점거한 테러리스트들은 경찰의 투입에 대비하여 관저 주위에 폭탄을 설치했으며, 후지모리 대통령의 모친과 여동생을 포함한 여성들과 노인 등 1백 70여명을 석방했다. 사건 발생 7개월 전 부임하면서 MRTA 대원들을 포함한 4천 명의 페루정치범들의 인권상황을 돌보아 왔던 국제적십자(international Red Cross: IRC)위원회 페루 총재인 미카엘 미니그가 관저로 들어가 비공식대표로 협상을 시작했다. 19일 오전에는 건강이 악화된 일본인 1명 등 4명이 전날 여성과 노약자 등 1백 70명에 이어 추가로 석방되었다. 또한 빈센트 캐나다 대사 등 5명이 페루정부와의 협상을 위해 일시적으로 석방되었고, 이들은 페루정부와의 사건 해결을 위한 협상을 벌였으나 아무런 결과도 도출하지 못했다. 19일에는 비공식 대표였던 미그니 총재가 공식 협상대표로 승인되어 인질범들과 지속적으로 협상을 계속했고, 20일에는 추가로 5명의 인질이 석방되었다.

대사관저에 인질로 억류되어 있는 인질은 최종적으로 375명으로 확인되었고, 일본인 120명, 그리고 미국인 6명의 인질이 억류된 것으로 드러났다. 페루 정부는 19

일 비상각료회의를 갖고 테러리스트들의 요구조건을 수용할 수 없다는 발표를 함으로써 사건의 장기화가 예상되었다. 그리고 관련 당사국 중 미국, 영국, 독일 등은 테러리즘 행위에 대해 강도 높은 비난 성명을 발표하고 나섰다.

3) 리마신드롬

인질범이 인질에 동화되는 현상을 말하며 인질사건에서 인질범이 인질의 문화에 익숙해지고 정신적으로 동화되면서 자신을 인질과 동일시하고 결과적으로 공격적인 태도가 완화되는 현상을 말한다. 1996년 12월 페루 리마에서 발생한 일본 대사관저 점거 인질사건에서 유래됐다. 당시 테러범들은 사건이 장기화 되어 인질들과 함께 생활하면서 인질들에게 가족과의 안부편지 · 미사집회 및 인질가족들로부터의 의약품 · 의류 반입을 허용하였으며, 테러범들이 인질들에게 자신들의 신상을 털어놓는 등 인질들에게 동화되는 여러 가지 이상 현상을 보였다. '리마신드롬'은 이러한 현상을 빗대어 심리학자들이 붙인 범죄심리학 용어이다. 즉 인질범들이 인질들에게 정신적으로 동화되어 자신을 인질과 동일시함으로써 공격적인 태도가 완화되는 현상을 말한다.

이와 반대로는 스톡홀름 증후군이 있다. 인질이 인질범에 동화돼 경찰이나 사회보다는 인질범의 편을 드는 현상이다. 1973년 스웨덴 스톡홀름에서 발생한 은행 인질강도 사건에서 유래됐다.[10]

6. 9.11 동시다발테러(2001.09.11)[11]

9 · 11 테러(September 11 attacks)는 2001년 9월 11일 항공기 납치 동시다발 자살테러로 오전 8시 45분부터 오전 10시 30분 사이에 뉴욕 세계무역센터건물이 붕괴된 사건을 말한다. (부속건물 추가 붕괴는 미국 시각 오후 5시 20분.) 이로 인해

10) 일간스포츠, http://media.daum.net/entertain/star/newsview?newsid=20030607121230543 (검색: 2015.11.30)

11) http://ko.wikipedia.org/wiki/9%C2%B711_%ED%85%8C%EB%9F%AC(검색 : 2012.03.25)

미국 뉴욕의 110층짜리 세계무역센터(WTC) 쌍둥이 빌딩이 무너지고, 워싱턴 D.C의 국방부 펜타곤이 공격을 받은 대참사를 말한다.

1) 사건개요

9 · 11 테러는 2001년 9월 11일 미국 뉴욕의 세계무역센터(WTC) 쌍둥이 빌딩과 워싱턴의 국방부 건물인 펜타곤에 벌어진 4대의 민간항공기를 납치한 이슬람 테러단체에 의해 동시 다발적으로 발생한 항공기 자살 테러 사건을 말한다. 이 사건으로 3000명이 넘는 인명피해가 발생했다. 미국이 본토 공격을 당한 것은 역사상 처음이며, 미국 안보 정책의 근본적인 변화를 가져오는 계기가 됐다. '미국의 역사는 9 · 11 테러 전후로 나뉜다'는 말도 나온다.

2) 사건내용

(1) 세계무역센터 쌍둥이 빌딩 여객기 충돌

2001년 9월 11일 오전 아메리칸 에어라인 11(AA11)편과 유나이티드 항공 175(UA175)편 2대의 여객기가 세계무역센터 건물과 충돌했다. 이 두 비행기는 각각 오전 7시 59분과 8시 14분 보스턴을 출발해 로스앤젤레스로 향하는 비행기로, 대륙 횡단에 필요한 연료를 가득 탑재하고 있었다.

AA11편은 8시 14분께 5명의 납치범에게 납치당했다. 이들은 손칼로 승무원을 위협하기 시작했고 이들은 저항하던 일부 승무원과 이스라엘 특수부대 소속 남자 승객을 칼로 찌른 뒤 호신용 최루가스를 일등석과 비즈니스석에 뿌려댔다. 이후 조종사를 살해하고 조종석을 장악했다. 8시 42~46분 납치된 UA175편도 비슷한 방식으로 납치된 것으로 알려졌다.

보스턴 항로 관제센터는 AA11편이 항로에서 벗어나자 고도를 높이고 항로로 복귀할 것을 지시했으나 응답이 없었다. 그러다 납치범들이 내보낸 "아무도 움직이지 마라. 움직이면 너희들과 비행기가 위험해질 것이다. 공항으로 돌아가는 중이니 걱정말라"는 기내 방송이 실수로 관제센터로 전해졌고, 관제센터는 8시 37분 북미방공사령부(NORAD)에 피랍사실을 보고했다. 사령부는 전투기 2대를 출격시켜

'중간 차단'을 지시했으나 이미 비행기는 세계무역센터 직전에 있었다.

AA11편은 오전 8시 46분 세계무역센터 북쪽 건물의 93층과 99층 사이에 충돌했다. 승무원과 탑승객 전원(테러범 제외 87명)이 사망했다. 이어 9시 3분 UA175편이 북쪽 건물의 77층과 85층 사이로 충돌했다. 두번째 충돌 당시 첫번째 사고를 보도하기 위해 방송사 카메라들이 세계무역센터를 촬영하고 있는 상황이었고 CNN 등 방송 채널을 통해 UA175편의 충격적인 충돌 현장은 전 세계에 생생하게 중계됐다. 언론사들은 첫 번 째 충돌까지만 해도 끔찍한 항공 사고 정도로 보도했으나, 두번째 충돌로 계획적인 테러임이 명확해졌다.

여객기가 건물에 충돌하자 10만 리터 가량의 항공유가 타면서 격렬한 화재가 발생했다. 충돌지점보다 상층에 있던 사람들은 계단이 붕괴되어 대피로를 찾지 못했고 수많은 이들이 열기와 연기를 못 이겨 건물에서 뛰어내렸다. 이러한 상황도 카메라를 통해 생중계됐다.

(2) 펜타곤 충돌

미 국방부 건물인 워싱턴 D.C.의 펜타곤에도 비행기가 충돌했다. 이날 8시20분 워싱턴에서 출발해 로스앤젤레스로 향했던 아메리칸 에어라인 항공 77편은 8시 54분 항로를 180도 바꾸어 다시 워싱턴으로 향했다. 9시 3분 세계무역센터 남쪽 건물에 두 번 째 항공기가 부딪히고, 대규모 테러가 벌어지고 있다는 사실을 알았음에도, 연방항공당국은 36분이나 AA77편의 항로 이탈을 알아차리지 못했다.

9시32분에야 항공당국은 펜타곤 주변으로 접근하고 있는 항공기를 발견했고, 비행기는 펜타곤 주위를 맴돌며 고도를 낮추다 9시37분46초경 워싱턴의 국방부 건물과 충돌했다. 충돌했을 때 비행속도는 시속 850km 이상이었고, 본체가 건물의 기둥을 부수어 대폭발을 일으켰다. 다행히 펜타곤은 낮고 넓은 특유의 구조와 테러에 대비한 구조적 설계 덕분에 비행기에 직접 부딪힌 피격 구간만 붕괴되었을 뿐 옆 구간의 연쇄 붕괴로는 이어지지 않아 피해가 적었다. 충돌로 펜타곤 직원 125명이 숨지고 항공기에 탑승한 64명이 사망했다.

(3) UA93편, 승객 저항으로 추락

유나이티드항공 93편도 납치됐다. 이 비행기를 납치한 테러범들은 워싱턴 D.C.의 국회의사당을 목표로 한 것으로 추정된다. 승객들은 납치범들 몰래 가족들과의 연락을 시도했고 이 비행기가 자살테러를 목적으로 납치된 것을 알아차렸다. 결국 승객들이 저항해 조종간을 빼앗으려다 10시3분11초경 피츠버그 동남쪽에 추락했다. 승객 전원이 사망했고 이들은 추가피해를 막은 영웅으로 존경을 받고 있다.

(4) 9 · 11 테러로 인한 피해

이 테러로 세계무역센터에서는 2600명이 넘는 사람들이 죽었고 펜타곤에서는 125명이 죽었다. 4대의 항공기에 탑승한 승객 총 256명 전원이 사망했다. 뉴욕 소방관 343명, 뉴욕 경찰 84명, 뉴욕 항만국 직원 23명이 현장에서 사망했다. 이것은 미국 역사상 최악의 공격으로 꼽히며, 총 인명 피해 3130명은 진주만 공습의 사망자 2330명보다도 800명이 더 많다.

테러 직후 역사상 처음으로 미국의 전체 영공이 봉쇄됐다. 당시 미국 영공을 비행 중이던 4200여 대의 모든 비행기를 강제로 착륙시키고 미국을 오가는 모든 국제 항공선도 차단됐다. 바다에서도 뉴욕항이 봉쇄됐고, 여객선과 화물선이 대피한 뒤 항공모항 전단이 입항했다. 전국에 비상휴교령이 내려졌다.

미국 정부는 테러 당일부터 일주일 간 증시를 열지 못했고, 테러 발생 6일 후 재개장한 뉴욕 증시에서는 S&P500지수가 19일까지 7% 떨어졌고, 환율도 불안한 움직임을 보였다. 3분기 국내총생산(GDP)은 전분기 대비 -1.1%의 역성장을 했다. 세계 경제에도 영향을 미쳐 2000년 12% 성장했던 전 세계 교역규모는 2001년에 2% 줄었다. 당시 한국 증시도 테러 다음날 정오에 지연 개장했으나 전날보다 12% 폭락해 사상 최대의 하락폭을 보였다.

3) 이후 전개

미국 · 영국 연합군은 2001년 10월 9일 아프가니스탄 주변에 350여 기의 항공 전력을 배치하고, 아프가니스탄 영토에서 자유로운 전투 · 폭격기를 이용한 공습과 아프가니스탄 북부동맹군을 앞세워 같은 해 11월 20일에는 아프가니스탄 전역을 함락하였다. 이어 다음달 22일 연합군은 반(反) 탈레반 정권인 과도정부를 수립함으로써 탈레반과의 전쟁을 종결하였다. 그러나 미국이 이 전쟁의 목표로 삼았던 빈 라덴과 그의 조직 알카에다를 뿌리 뽑는 데는 실패하였다. 이후 미국은 '테러와의 전쟁'을 끝내지 않고 이후 중동으로 눈을 돌려 2003년 3월 20일에는 이라크 전쟁을 일으켜 20일 만에 완전 함락시키고 새로운 과도정부를 출범시키는 등 대테러 전쟁을 계속하고 있다. 이후 2011년 5월 ‘제로니모 작전’의 일환으로 오사마 빈 라덴을 사살 후 수장하였다.12)

7. 인도네시아 발리 폭탄테러(2002년 10월)

2002년 10월 12일 밤 11시가 조금 지난 시각에 인도네시아 발리 섬의 꾸따(Kuta)에 있는 한 나이트클럽에서 두 개의 폭탄이 터졌다. 이로써 약 200명이 죽고 300여명이 부상을 입었다. 희생자의 대부분은 외국에서 온 관광객들로, 호주 사람들이 가장 많이 당했다. 폭탄이 터진 사리 클럽(Sari Club)이 소재한 잘란 레기안(Jalan Legian)가는 이 나이트클럽말고도 호텔과 술집과 식당과 디스코들이 즐비한 지역으로, 매일 저녁 숱한 관광객들이 붐빈다. 사리 클럽에서의 폭발과 거의 동시에 발리의 수도인 덴빠사르(Denpasar)의 미국 영사관 근처와 북부 술라웨시의 머나도(Menado)에 있는 필리핀 영사관 근처에서도 폭탄이 터졌다.

발리에서의 폭탄테러는 인도네시아 대통령 메가와티에게 큰 충격을 주었을 것이다. 주민들의 대부분이 힌두교를 믿는 발리는 메가와티의 한 중요한 정치적 기반이다. 그녀의 할머니는 발리 출신이다. 세속적 경향을 갖는 메가와티의 정당은 총선 때 발리에서 기록적인 득표율을 올렸다. 발리는 종교적으로는 비무슬림적, 정치적으로는 세속적인 지역으로, 인도네시아 이슬람주의자들의 눈에는 항상 거슬리는 곳이었다. 게다가 서구 관광객들이 향락을 추구하는 발리, 특히 이번 테러의 현장인 꾸따는 테러리스트들의 눈에는 서구의 퇴폐적 문화의 상징으로 비쳤을 것

12) 다음백과사전, http://search.daum.net/search(검색: 2015.11.30)

이다. 한 마디로 꾸따의 사리 클럽은 무슬림 테러리스트들이 서구적 비도덕성과 퇴폐성을 공격하는 데 적합한 목표였던 것이다.

메가와티 대통령은 이번 사건이 분명히 테러 집단의 소행이며 인도네시아 국민들이 폭탄테러로 인도네시아의 안전이 얼마나 위협을 받고 있는지를 분명히 알게 되었다고 말한다. 국방부장관 마또리 압둘 잘릴(Matori Abdul Jalil)은 발리 테러가 심지어 뉴욕 9·11 테러를 저지른 알카에다의 소행이라고 단정을 지어, 인도네시아 정치계에 혼란을 초래하기도 했다. 그때까지 사실 인도네시아 정부는 인도네시아에 테러 집단들이 존재한다는 것을 극구 부인해 왔다. 그러나 이 번 사건에 사용된 폭발물의 종류 그리고 여러 폭탄들이 동시다발적으로 터졌다는 사실과 특히 폭발로 인한 파괴의 규모가 엄청났다는 점은 이번 테러가 매우 잘 훈련된 집단에 의해 행해졌으며, 그러한 테러집단이 인도네시아에 버젓이 존재한다는 것을 명백히 보여주었다. 미국 정부와 호주 정부는 그동안 동남아시아의 몇몇 무슬림 조직들과 알카에다 간에 상당히 긴밀한 관계가 형성되어 있다는 점을 인도네시아 정부에 누차 경고해 왔다.

이번 테러로 인도네시아에서 혐의의 시선을 받는 폭력적인 이슬람 단체로는 라스카르 지하드(LJ: Laskar Jihad "聖戰의 戰士"), 프론트 뻼벨라 이슬람(FPI: Front Pembela Islam "이슬람수호전선"), 제마 이슬라미야(JI: Jemaah Islamiyah "이슬람 공동체") 등 세 조직이 있다. 흥미롭게도 발리 테러 후 며칠 지난 다음 위의 단체 중 하나인 LJ는 10월 12일 한 주일 전에 사우디아라비아의 중앙조직의 지령에 따라 자진 해체되었다고 발표했다. LJ는 말루꾸 지역에 기독교 국가가 세워지는 것을 막기 위해 2000년 1월 30일 족자카르타에서 창립된 조직으로 그동안 인도네시아에서의 기독교도-무슬림간 분쟁에 깊이 연루되어 있었다. LJ의 발표가 있은 지 며칠 후에는 FPI도 자체적인 조직 해체를 발표했다. 두 단체는 인도네시아 정부와 사회가 벌리는 반(反)테러 투쟁의 와중에서 범죄적 조직으로 낙인될 것을 두려워했을 것이다.

LJ와 FPI는 그 이후 테러 혐의와 관련하여 언론에 별로 언급되지 않았다. 인도네시아 당국의 조사는 곧 JI에 집중되었다. 이 단체의 지도자 압둘 바카르 바쉬르(Abdul Bakar Basyir)는 발리 폭탄테러의며칠 후 인도네시아 경찰에 체포되었다. 64

세의 노인으로 중부 자바의 한 이슬람 기숙학교("빼산뜨렌")의 교장이기도 한 그는 그동안 인도네시아에서 일어난 여러 테러 행위들에 대해 당국이 JI에게 던지는 모든 혐의를 부인할 뿐만 아니라, 심지어 저마 이슬라미야라는 단체의 존재 자체를 부정한다.

실제로 JI의 존재가 확고하게 입증된 것은 아니다. JI는 사무실과 훈련원과 교육센터와 자체적인 인터넷 사이트를 갖고 있는 것도 아니며, LJ와 FPI처럼 유니폼을 입고 거리에서의 시위나 무력행동에 동원될 수 있는 수천 명의 회원들을 확보하고 있는 것도 아니다. JI는 추측컨대 그 멤버들이 동남아시아를 중심으로 한 여러 나라들에서 은밀히 임무를 수행하는 조직으로, 그 목적은 테러행위를 통해 몇몇 정부들을 전복시키고 그 대신 이슬람 국가를 세우고자 하는 것이다.

현재로서는 발리 폭탄테러의 배후 세력이 누구인지 명확하지 않다. 여러 관측통들은 테러 폭탄을 놓은 자들이 JI나 뉴욕 테러의 알카에다에 연계된 자들일 것이라고 추측하고 있다.

발리 폭탄테러로 인도네시아의 이슬람 세력들의 힘이 약화될 것인가? 메가와티 정부가 반테러 정책을 추구할 것임은 의심할 여지가 없다. 심지어 그동안 이슬람 세력들의 이해관계를 존중해 온 아민 라이스(Amien Rais)조차도 테러 퇴치에 협력할 것이라고 공언했다. 그러나 무력적인 이슬람 단체들에 대한 전쟁은 인도네시아의 민주화에 위험을 초래할 수도 있다. 대테러 투쟁과 관련하여 메가와티 대통령은 헌법 제22조에 따라 법 대신 조례를 선포할 권리를 사용한다. 이로써 군부와 경찰이 매우 위험한 방식으로 새로운 활동의 장을 확보할 가능성이 높아진다. 즉 테러리즘의 개념이 확대 해석되어, 경우에 따라서는 인도네시아의 분리주의 운동이나 반정부 활동가들이 테러리스트로 규정될 수 있을 것이다.

발리 폭탄테러는 한편 인도네시아의 관광산업과 외국 투자자들의 인도네시아에 대한 신뢰에 큰 타격을 미치고 있다. 인도네시아는 외국인들의 관광으로 매년 약 50억 US$의 소득을 올리고 있다. 이로써 관광산업은 석유와 천연가스 다음으로 인도네시아 최대의 외화수입원이다. 관광산업 부문은 800만 개의 일자리를 제공한다. 특히 주민의 반이 관광산업으로 먹고 사는 발리는 이번 폭탄테러로 큰 타격을 입고 있다.[13)]

8. 스페인 마드리드 동시다발 테러사건(2004.03.11)

마드리드 동시다발 테러 사건은 2004년 3월 11일 스페인의 수도 마드리드 중심부에서 동시다발로 일어난 폭탄테러사건이다.

마드리드의 중심가에 있는 아토차 역에서 2004년 3월 11일 오전 7시 30분 경 갑작스러운 폭발이 일어난 후 인근 2개의 역에서도 폭탄이 터졌다. 폭발시간이 인파로 붐비는 출근시간이라 많은 인명피해가 발생하여 사망자는 약 200명, 부상자는 약 2,000명에 달한 것으로 집계되었다.

스페인이 미국의 이라크 전쟁을 적극적으로 지원하면서 이슬람 테러단체의 분노를 사게 되어 테러가 일어난 것으로 알려져 있다. 이 테러 사건으로 호세 마리아 아스나르 총리의 인기는 더욱 떨어져서 곧이어 치러진 총선에서 패배하여 아스나르 정권은 붕괴되었다. 아스나르의 뒤를 이어 취임한 호세 루이스 로드리게스 사파테로 총리는 곧바로 이라크에 주둔중인 병력을 철수시키도록 했다.[14)]

9. 인도 뭄바이 폭탄테러사건(2008.11.29)

2008년 뭄바이 테러는 인도의 경제 수도이면서 가장 큰 도시이기도 한 뭄바이에서 발생했다. 공격은 자동 무기와 수류탄을 무장한 사람들에 의해 2008년 11월 26일 시작됐다. 인도 안전 유지 병력의 검은 폭풍 작전(Operation Black Tornado)으로 2008년 11월 29일 테러가 끝났다. 적어도 188명이 사망했고 293명이 부상한 것으로 집계됐다.

유일하게 생포된 테러리스트, Mohammad Ajmal Amir는 무장 단체, Lashkar-e-Toiba가 이번 테러를 일으켰다고 밝혔다. Lashkar-e-Toiba는 파키스탄에 기반 한 무장 단체로 인도, 미국, 영국 등의 국가에서는 이 단체를 테러 단체로 간주해 왔다. 인도 정부는 이번 테러리스트들이 파키스탄에서 넘어 왔으며 테러 지휘 본부는 파키스탄에 있다고 발표했다.[15)]

---

13) http://cafe.daum.net/jwon7942/LReU/123?docid=1BwNz|LReU|123|201005F(검색 : 2012.03.25)
14) http://ko.wikipedia.org/wiki/9%C2%B711_%ED%85%8C%EB%9F%AC(검색: 2012.03.02)

10. 영국 런던 지하철 동시다발 테러사건(2005.07.07)

2005년 7월 7일 오전 08시 40분 런던 중심부의 4곳에서 동시 다발적으로 일어났다. 맨 처음 폭발이 일어난 곳은 런던 중심가의 리버풀 스트리트역과 알드게이트역 사이이다. 곧이어 런던 북부 러셀 스퀘어역과 킹스크로역 사이의 지하철 구내, 에지워드 로드역에서 잇따라 폭발이 일어났다. 마지막 폭발은 런던 중심가 태비스톡 스퀘어에서 일어났는데, 2층 버스가 날아갔다.

이 사건으로 56명이 죽고, 700여 명이 부상했다. 사건이 보도되자 세계 언론들은 이 사건을 테러로 규정하고, 알카에다로 자칭하는 비밀조직은 인터넷 웹사이트를 통해 자신들의 소행이라고 밝혔다. 그러나 이 사건은 2001년에 일어난 미국대폭발테러사건(9 · 11테러)과 여러 면에서 유사하다는 점에서 더 많은 관심을 끌었다.

즉, 자본주의를 대표하는 미국과 영국의 심장부에서 발생했고, 복잡한 출근 시간대에 동시에 다발적으로 이루어진 자살 테러라는 점 등에서 그렇다. 수사 결과 자살 폭탄 테러를 저지른 4명의 범인은 파키스탄계(系) 영국인들로 밝혀졌다. 이들은 10~30대의 전과가 없는 평범한 영국 시민들로, 같은 영국인이 그토록 끔찍한 테러를 저질렀다는 사실 때문에 영국 국민은 더 큰 충격에 휩싸였다.[16]

11. 러시아 베슬란 초등학교 인질테러 사건(2004.09.01)

2004년 9월 1일, 체첸 무장 반군이 북오세티야공화국 베슬란 학교의 1100명의 학생과 교사(성인)를 인질로 잡고 일으킨 사건으로 300여 명이 사망한 사건이다. 이 학교는 베슬란에서 제일 큰 규모를 자랑하는 학교로써, 코카서스 지방 자치공화국의 북쪽 러시아 연방 바로 위에 있는 북 오세티아-알라니아 지방에 속해 있다.

이 사건은 3일 동안 이어졌으며, 러시아 군대가 장갑차와 열기압 로켓 발사기(thermobaric rockets)나 자동소총을 사용하는 등 각종 중화기를 동원하며 끝났다. 테러단체(체첸 무장 반군)를 제압하기 위해 러시아 군은 학교를 집중적으로 타격

15) http://ko.wikipedia.org/wiki/2008%EB%85%84_%EB%AD%84%EB%B0%94%(검색: 2012.03.25)
16) http://100.naver.com/100.nhn?docid=797250(검색: 2012.03.02)

해 폭발을 일으키고 베슬란 시민들 앞에서 대놓고 총격전을 일으키기도 했다.

마침내 사건 3일째 되는 날, 베슬란 학교에서 334명에 인질이 사망하며 인질극 사건은 끝났다. 사망한 334명의 인질 중 186명이 아이들(대게는 15세 이하)이었으며 이 중 5~6세 아이들도 포함되어 있었다. 또한 수백명(약 783명)의 사람들이 러시아 군이 쏜 총알이나 폭발성 무기(수류탄이나 섬광탄, 또는 유탄발사기나 장갑차에 기관포 등)에 의해 부상을 당하거나 신체 일부를 잃기도 했다.

12. 모스크바 극장 인질극 사건(2002. 10. 23)

모스크바 극장 인질극 사건은 2002년 10월 23일에서 10월 26일까지 러시아 모스크바에 있는 오페라 극장에서 발생한 인질극 사건이다. 체첸 독립을 주장하는 테러리스트 42명이 극장에 난입하여, 공연을 관람하던 시민 850명을 인질로 억류하자 스페츠나츠가 테러리스트를 모두 사살하고 인질을 구출했다. 이 과정에서 인질 133명 포함 최소 170명이 사망하고 700명 이상이 다쳤다.[17)]

13. 예멘 세이윤 폭탄 테러 사건(2009. 3.15)

2009년 3월 15일 예멘을 여행하던 대한민국 국적의 관광객들이 세이윤 지역에서 테러 공격을 당한 사건이다.

2009년 3월 15일, 관광객과 가이드를 포함, 한국인 일행 18명이 예멘 남부의 고대 유적도시 시밤 지역에서 관광을 하고 있었다. 이들은 지프 6대에 나누어 타고 이동 중이었으며, 이들의 대부분이 지프에서 내려 일몰과 건물을 조망하고 있을 때 갑자기 뒤편에서 폭탄이 터졌다. 이 사고로 4명이 사망하고, 3명이 부상을 당했다. 이는 국제 테러 조직 알카에다의 10대 조직원에 의한 자살 폭탄테러로 밝혀졌다. 3월 17일 일행 18명 중 사망자 4명과 여행사 관계자 2명을 제외한 생존자 12명이 인천공항을 통해 귀국하였다.

17) 위키백과, https://ko.wikipedia.org/wiki/(검색: 2015.12.01)

한편, 이 사건을 수습하기 위해 예멘으로 간 대한민국 정부 관계자와 사망자의 유족들이 나누어 탄 차량이 3월 18일 수도 사나에서 폭탄 공격을 받았으나 피해자는 없었다. 3월 25일 예멘은 이 번 테러 용의자 12명 중 6명을 검거했다고 밝혔다. 27일 〈아라비아반도 알카에다〉 라고 자신을 밝힌 이들은 이슬람 웹사이트를 통해 이슬람과의 전쟁에 참가한 한국에 대한 보복과 예멘 경찰이 자신들의 지도부 5명을 살해한 것에 더하여 테러를 자행했다고 알렸다. 그러나 이들이 알카에다 소속인지는 확인 되지 않았다.[18]

14. 알렉산드리아 폭탄테러(2011.1.1)

2011년 1월1일 이집트 알렉산드리아에서 일어난 폭탄 테러이다. 콥트(en:Copts)기독교인들을 노린 폭탄테러였다. 이집트 북부 알렉산드리아 소재 한 교회에서 발생한 차량폭탄 테러로 말미암아 21명의 기독교 신자들이 사망하는 사건이 발생했다. 특히 현지 언론은 이번 사태로 인한 "종교 내전" 가능성까지 언급하며 최악의 혼란이 발생할 것이라는 우려감을 나타내고 있다. 농촌이나 지방에서의 기독교인에 대한 작은 테러사건은 1년에 몇 차례 있어왔지만, 대도시에서 엄청난 사상자를 낸 테러이기에 이집트 정부도 바짝 긴장하고 있다. 현재 원인으로 추측되는 것은 ① 이슬람의 기독교에 대한 반감, ②친기독교적인 대통령에 대한 불만, ③개종한 여성으로 말미암은 적대세력의 반감 등으로 꼽히고 있다.[19]

15. 미국 팬암항공기 폭파 사건(1988)

18) http://ko.wikipedia.org/wiki/2009%EB%85%84_%EC%98%88%EB%A9%98_%EC%84%B8%EC%9D%B4%EC%9C%A4_%ED%8F%AD%ED%83%84_%ED%85%8C%EB%9F%AC_%EC%82%AC%EA%B1%B4 (검색: 2012.03.25)

19) http://www.businary.org/default/sub05/?FD=sub05&LxID=board001&mode=read&mpart=4&page=1&type=brd&uid=114&wgrp=59(검색: 2012.03.25)

로커비 테러사건이라 불리는 팬암 103편 폭파 사고는 1988년 12월 21일 수요일, 항로를 비행하던 팬암 103편이 테러에 의해 파괴된 사건이다.

1988년 270명의 사상자를 낸 미국 팬암기 폭파사건은 무아마르 카다피 리비아 국가원수가 직접 지시한 것으로 밝혀졌다.

1988년 12월 프랑크푸르트를 떠나 뉴욕으로 가던 팬암 여객기가 스코틀랜드 로커비 상공에서 공중 폭파돼 대부분이 미국 시민인 259명의 탑승자와 지상에 있던 11명이 사망한 사건으로 리비아 정보요원의 소행인 것으로 드러났다.

이후 1991년 11월 영국과 미국의 수사당국은 몰타에서 리비아 항공사 직원으로 활동하던 리비아 정보요원이 카세트 녹음기에 장착한 폭탄을 터뜨려 팬암기를 폭파한 것으로 드러났다고 발표했다.

이에 따라 영국과 미국은 이들 용의자의 신병을 인도할 것을 요구했으나 리비아의 최고 지도자 카다피는 처음에는 이들의 혐의사실 자체를 부인하다 나중에는 재판의 공정성이 의심된다는 이유로 신병인도를 거부했다.

이에 유엔은 지난 1992년부터 민간항공기 운항금지, 무기 및 특정 석유장비 금수, 해외자산 동결 등의 리비아에 대한 제재에 들어갔고 그 후로도 끈질기게 신병인도를 요구하는 영국, 미국과 버티기로 일관한 리비아의 대치가 계속되었다.

그러다가 넬슨 만델라 당시 남아프리카 공화국 대통령 등의 중재로 제3국인 네덜란드에서 용의자에 대한 재판을 진행한다는 조건이 합의에 이르러 1999년 4월 범인 메그라히와 파히마 등 2명의 신병이 인도됐다. 그리고 항공여행 금지조치 등 유엔의 제재조치가 유보되었다.

2000년 5월 3일 압델 바세트 알리 알 메그라히(47)와 라멘 할리파 피마흐 (43)를 피고로 한 로커비 사건에 대한 첫 재판이 네덜란드에서, 사건 발생지인 스코틀랜드 법에 의해 열렸다. 스코틀랜드 재판부는 2001년 1월 31일 선고공판에서 알리 알 메그라히(48) 피고에게 유죄를, 라멘 할리파 피마흐(44) 피고에게는 무죄를 만장일치로 판결했다. 그리고 2003년 8월 리비아가 책임을 시인하고 보상금 27억달러 지급에 대해 희생자 1명당 유가족에게 1000만달러를 지급하되 유엔 제재 해제 시 400만달러, 미국 제재 해제 시 400만달러, 미국의 테러주도국 명단에서 리비아가 삭제된 후 200만달러를 순차적으로 지급한다는 방안을 제시하였다.

한편, 미국은 1986년 리비아가 미국의 국가안보와 대외정책에 특별한 위협이 되고 있다는 이유로 미국내 자산의 동결 등의 대(對) 리비아 경제제재를 처음 시행했는데, 로커비 사건 등 다른 변수가 촉발됨에 따라 미 국무부의 연례보고서에서 테러 지원국가로 지정하였다.

2001년 1월 범인으로 밝혀진 2명 가운데 1명은 유죄평결을 받아 항소했으나 살인죄로 종신형을 선고받았고 나머지 1명은 무죄로 석방됐다. 2002년 10월에는 희생자 유족들이 리비아와 정부와 총 27억달러의 보상금을 지급한다는 예비협정에 도달했다고 밝혔다. 카다피는 팬암기 폭파 사건과 관련된 리비아의 책임을 인정해 유족들에게 수십억달러를 보상했지만, 끝내 자신이 지시를 내렸다는 점은 인정하지 않았다. 메그라히는 종신형 선고 후 8년을 복역하다 전립선암으로 수개월밖에 살 수 없다는 진단을 받고 지난 2009년 석방돼 리비아로 송환됐다.[20]

16. 노르웨이 연쇄테러사건(2011.3.22)

유럽에서 가장 평화적인 나라로 여겨지는 노르웨이에서 2011년 7월 22일, 노르웨이 노동당 정부와 노동당 청년 캠프의 민간인을 대상으로 발생한 테러 공격이다.

7월 22일 15시 22분, 오슬로의 행정부 건물과 총리 집무실 외곽, 기타 정부 건물에서 첫 번째 폭발이 일어났으며, 이 폭발로 7명이 사망했고 여러 명이 부상하였다. 두 번째 공격은 폭탄 테러가 발생한 직후 오슬로 북서쪽 우토야섬의 노동당 청년캠프 행사장에서 발생하였고, 범인은 경찰로 위장한 뒤 캠프에 참가한 사람들에게 총을 쏘아 최소 80명 이상이 숨졌으며 사망자들은 대부분 13~18세의 청소년들이라고 현지 언론들은 전했다.

오슬로 경찰은 사건 직후 대테러부대 등을 투입해 현장에서 용의자 1명을 체포하고, 인근을 수색해 폭발물을 발견했다. 체포된 용의자는 노르웨이의 태생에 노르웨이 국적을 가진 32세 남성인 것으로 현지 경찰이 확인했다.

---

20) 파이낸셜뉴스, 2011.02.24, '미국 팬암기 폭파사건, 카다피가 직접 지시', http://www.fnnews.com/view?ra=Sent1101m_View&corp=fnnews&arcid=110224085154&cDateYear=2011&cDateMonth=02&cDateDay=24(검색 : 2012.03.25)

일각에서는 이번 테러가 노르웨이 내 이슬람교도의 소행일 가능성이 있다는 주장이 제기됐지만 사건 직후 체포된 용의자가 노르웨이인이라는 사실이 알려지면서 노르웨이 경찰과 언론은 테러단체보다는 극우주의자의 단독범행일 가능성에 무게를 두고 조사를 진행 중이다. 범인 브레이비크는 자신이 반이슬람 전사라며, 자신의 범행을 이슬람의 침략으로부터 유럽의 기독교 세계를 지키려는 것으로 선언했다.

범인은 인체 내부에 큰 손상을 입히도록 고안된 특수 총알인 `덤덤탄'을 사용한 것으로 전해졌다.

총격 사건의 희생자들을 치료 중인 링그리켓 병원이 16명의 총상 환자들의 몸에서 온전한 모양의 총알을 발견하지 못했고 아주 작은 총알 파편들만 찾아냈으며 총알이 뚫고 나간 상처도 매우 작았다고 밝히면서 범인이 사용한 총탄이 덤덤탄으로 밝혀졌다. 덤덤탄은 목표물에 맞으면 탄체가 터지면서 납 알갱이 등이 인체에 퍼지게 하는 탄알로, 무게가 다른 총알보다 가벼우며 다양한 거리에서도 명중률이 높은 것으로 알려졌다. 이 총알들은 거의 신체 내부에서 폭발했으며 환자들은 매우 끔찍한 내상을 입었다"고 전했다.

캠프장 총격사건은 노동당 청년조직 주관으로 560여명이 참여한 여름 캠프에서 일어났다. 스톨텐베르크 총리는 이 행사에서 연설할 예정이었다.

이번 연쇄테러는 지난 2004년 191명이 사망한 스페인 마드리드 열차테러 사건 이후 서유럽에서 일어난 최악의 참사다.[21][22]

---

21) 연합뉴스, http://www.yonhapnews.co.kr/bulletin/2011/07/25/0200000000AKR20(검색 2012.03.26)
22) 권창기 · 강영숙, 전게서, pp.480~489참고.

PART Ⅳ

대Terrorism 국가정책

제 12 장 세계 주요국가의 대테러정책

국제적으로 테러요인은 남미, 중동아시아, 아시아의 일부국가 정부의 통제력 약화 및 인종·종교분쟁 등으로 계속 증가추세에 있으며, 테러지원 국가에 의한 재정·자원·물자은신처제공도 여전히 지속되고 있다. 테러조직도 마약밀매·후원세력 지원 등을 통한 자금조달과 통신·인터넷·이념·정보·자원·기술 등의 상호 연계를 통해 자생력을 강화하고 있으며, 특히 WMD 기술노출, 테러동조 과학자의 지원, 수송수단 발달 등으로 테러조직의 WMD획득 가능성이 고조되어 테러위험도가 현저히 증가하고 있어 국제사회는 테러대비태세를 더욱 강화해 나가고 있다. 이와 같은 테러 대비태세 강화방안으로는 ①테러조직 척결 ②테러지원차단 ③대테러환경 개선 ④국가존립과 국민보호 등을 목표로 설정하고 있으며, 이를 실천하기 위한 전략으로는 ①테러조직의 활동범위·능력축소 ②테러조직의 고립화 ③테러조직의 격퇴 등의 단계적 노력이 요구된다. 이를 위해서는 군사·외교·경제·정보 등 모든 가용 국가자원을 동원하고 국제사회와 협력하는 노력이 필요하다. 그러기 위해선 이를 시행할 수 있는 UN결의안 이행과 국제협약의 국내이행을 위한 국내법 제정과 지역협의체 협의사항 준수를 위한 공조체제유지와 관련 국가 간 테러방지 노력과 대테러 대응시스템·제도 구비·예산·전담인력 지원 등 국가차원의 광범위한 방안과 노력이 요구 된다. 9.11테러사건을 계기로 오늘날 테러가 국가안보를 위협하는 현실에서 각국은 반테러법을 서둘러 제정하거나 기존의 법령을 강화하고 있다. 미국, 영국, 일본, 러시아, 호주 등 다수 국가에서 기존법 개정 또는 신법제정을 통해 테러리즘 대응태세를 강화하였다. 이는 테러 예방과 저지, 테러리스트나 그 조직을 처벌하기 위한 모든 수단과 방법을 동원해야할 필요성이 절실해 졌기 때문이다.[1)]

1) 김태진, '국제테러조직 동향과 대응책', 「21C 새로운 테러위협과 우리의 대응방향」, 대테러학술세미나, 한국공안행정학회, 2003, p.70.

2015년 11.13일 이슬람무장단체 이슬람국가(IS)의 파리 연쇄테러는 IS와 테러에 대한 경각심을 새삼 일깨우고 있다. 최근 IS 테러의 특징은 전선없이 민간인들의 대규모 살상을 노리고 있다는 점이다. 시리아와 이라크 일부 지역을 근거지로 자국 정부 및 미국 등 서방국들과 싸우던 방식에서 전 세계에서 민간인을 공격하는 새 전략을 구사하고 있다는 것이 전문가들의 분석이다. 2015.10월 러시아 항공기를 공중폭발시켜 224명을 숨지게 한 것을 시작으로 베이루트 쇼핑가에서 자살폭탄테러로 43명을 희생시키고, 파리시민을 살해한 것이 그 증거다.

이제는 테러에 대한 대응도 개별 국가차원을 넘어 국제사회가 함께 대응해야 할 필요성을 잘 말해준다. 때마침 터키에서 개최되고 있는 주요 20개국(G20) 정상회의가 테러에 대한 공동대응을 강화하는 특별 공동성명을 마련하고 있다. 이슬람 극단주의 테러리스트의 이동을 막아 테러 위협에 대처하기 위해 정보를 공유하고, 국경 통제와 항공 안전을 강화하는 것이 주 내용이다. 최근 IS가 근거지가 아닌 해외에서 조직을 키우고 있는 점을 고려할 때 이 같은 국제적 대응은 필수적이다. 프랑스가 IS의 수도인 라카를 공습한 것처럼 우선 조직화된 국제사회의 군사적인 응징이 필요하다. IS가 힘을 키운 데는 복잡한 중동정세와 함께 국제사회의 IS 대응이 조직화되지 못한 점도 한몫했다. 러시아는 시리아의 아사드정권을 구하기 위해 IS와 반정부군을 공격했다는 비난을 받고 있다. 미국도 아프가니스탄 등에서 탈레반과 싸우느라 IS의 무장능력을 무시했다는 지적을 받고 있다. IS 능력을 재평가하고 그들을 군사적으로 무력화시키는 것이 급선무다. 하지만 아무리 정교한 대책이라도 테러를 막는 데는 한계가 있다. 당장 시행할 대책뿐 아니라 근본적인 해결책까지 마련해야 한다. 그중 하나가 바로 내부의 소외계층 대책을 세우고 극단주의를 차단하는 것이다. 이번 테러로 유럽인 사이에 난민에 대한 분노가 커지고 프랑스에서도 톨레랑스(관용)의 정신이 퇴색하고 있다는 우려가 제기된다. 관용의 포기와 난민 증오는 또 다른 대립과 갈등을 낳을 뿐이다. 파리 연쇄테러에 가담한 벨기에 국적의 상당수는 이슬람 저소득층 가정의 이민 3·4세들이었다. 약자에 대한 차별과 무관심이 바로 테러의 온상이다.

주요 국가의 테러리즘 대응정책 및 관련제도를 살펴보면 다음과 같다.

1. 미국의 테러리즘 대응정책

1) 테러리즘 대응정책

미국은 초기에 테러리즘의 심각성을 인식하지 못하고 초기에 대책마련을 하지 못한 것으로 평가되고 있다. 그러나 1972년 뮌헨 올림픽사건이후 카터 행정부는 테러리즘의 심각성을 깨닫고 현재 미국의 대 테러리즘정책의 기본 형태를 완성시켰다.

미국은 기본적으로 절대적인 불(不)양보 원칙을 고수하고 있는데, 이 정책은 1973년 수단에서 일어난 미국 외교관 피살 사건이후 닉슨 대통령이 주장하기 시작했다. 절대적 불양보 원칙이란 더 이상 테러리스트의 요구조건을 들어주지 않겠다는 것으로 어떤 희생도 각오하고 있다는 뜻을 내포하고 있다. 이 정책은 이스라엘과 유럽 등지의 국가들이 주로 고수하고 있는 원칙으로 특히 미국과 이스라엘은 철저한 보복으로 더욱 확고히 하고 있다. 보복의 대상은 테러리스트들뿐만 아니라 그들을 지원해주고 있는 국가도 포함되어있다. 1986년 서독의 미군 주둔지 근처의 술집에 폭탄이 터져 미군 한 명이 사망한 사건이 있었는데 미국은 이를 리비아의 소행이라 주장하고 리비아 시내에 폭격을 감행한다. 이 폭격으로 37명이 사망했는데 사망자 중에는 카다피의 딸도 포함되어 있었다. 미국은 이 사건을 마땅한 응징이라 했으나 국제여론의 비난도 거세었다. 이처럼 보복은 확실한 군사행동이 필요하나 희생이 너무 커 일부에선 비판적인 입장도 있다.

미국은 또한 테러리스트나 테러리스트 지원국에 대한 대응정책도 마련하고 있다.

그것은 경제적 제재를 가하여 국제적으로 고립시킨다는 정책이다. 매년 국무부는 테러리스트 지원국을 선정 "Patterns of Global Terrorism"이라는 연례보고서를 통해 이를 발표하고 있다. 이 정책은 상무부와 협동으로 수출관리법과 무기 수출 통제법을 통해 테러리스트 지원국가로의 무기 수출을 전면 통제하고 있다. 또한 국제 금융기관법으로 테러리스트 지원국이 국제금융기관으로부터 자금 원조를 받지 못하게 함으로써 고립시킨다는 것이다. 그동안 테러리스트 지원국은 이란, 이라크, 리비아, 시리아, 수단, 쿠바, 북한으로 7개국에서 현재 이라크와 리비아가 빠지고 이란, 시리아, 수단, 쿠바, 북한으로 5개국이다.

아프가니스탄의 경우 탈레반이 1998년 케냐 탄자니아 미국대사관 폭파사건의 주

범인 오사마 빈 라덴을 숨겨주고 있다는 것으로 1998년 UN경제 제재조치를 받아 현재까지 심각한 경제난을 겪고 있다. 또 북한은 1985년 KAL기 폭파사건 이후 테러리스트 지원국으로 낙인찍히고 경제적 제재조치를 받아 북한경제에 큰 타격을 주었다. 이 정책엔 역시 국제적인 협조가 필요한데 정작 자신들의 국익과 연계가 될 경우 소극적으로 대응하는 것이 국제사회의 현실이다. 이란 리비아의 경우 국가 내에 유전과 가스등의 자원에 돈을 투자하는 해외기업이 많기 때문에 경제 제재 조치는 국가에 손해를 준다는 것이다. 미국은 제대로 협력하지 않는 국가들을 마구 비난하지만, 그런 미국의 행동도 미국 자신의 이익과 연관되어 있다는 것을 전 세계가 알고 있다.

지금까지 보면 미국이 오로지 보복과 압력으로 대 테러리즘 정책을 진행시켜온 듯 하지만 자국의 이익에 크게 반하는 것이 아니라면 오히려 국제적 갈등의 중재 역할도 하고 있다. 이스라엘, 팔레스타인의 갈등에 자주 미국이 중재역할을 하였다. 또한 미국은 IRA의 게리 아담스(Gary Adams)를 94년 미국으로 초대함으로써 북아일랜드 문제를 세계적으로 부각시키는데 도움을 주었다. 물론 이러한 중재활동은 세계 중심국, 세계 경찰로서의 입지를 더욱 확고히 하려는 의지가 있음에는 틀림없다.

현재 전 세계 국가들 중에서 미국이 가장 발달된 정보 분석체계와 이에 따른 일원적이고 효과적인 정보발령체계를 가지고 있다. 미국은 테러위험도에 따른 경보를 다음의 〈표 15〉의 내용과 같이 5단계로 구분하고 있으며, 이에 대한 행정부 산하기관 준수를 의무화하고 기타 정부기관 및 민간단체도 가급적 준수할 것을 권유하고 있다. 현재 유지하고 있는 체제는 지난 2002년 3월 국토안보부가 새롭게 발표한 시스템으로, 녹색, 청색, 노란색, 주황색, 적색 등 색깔별로 구분하고 있다.

가장 낮은 경보 단계인 녹색과 그 다음 단계인 청색은 테러 위협이 거의 없거나 일반적으로 가능성이 있다는 정도의 수준이다. 미국 국토안보부는 지난 9.11 테러 이후 아직 한 번도 이런 낮은 단계의 경보들을 발령한 전례가 없다. 경보 단계인 '노란색'은 테러 위험이 다소 높다는 것을 의미하며, 이때는 테러 공격 가능성이 높은 지역에 대한 경계를 강화하고 관할 지역의 비상 계획을 직접 실행에 옮길 수 있다.

두 번째 높은 단계인 오렌지 즉 주황색 단계는 테러공격의 위험이 상당히 높다는 것을 의미한다. 따라서 특정지역에 무장 병력을 배치할 수 있고, 법무부 국방부 등 관계당국의 종합적인 비상경계 시스템이 가동되며, 또 대중 행사에 대한 예비 비상령이 발동되고 시민들의 특정장소에 대한 접근을 통제하게 된다.

마지막으로 가장 높은 '적색' 단계는 테러 공격의 위험에 이미 노출된 상태를 의미하는데, 이때는 비상령이 발동될 수 있고, 테러 전담반이 곳곳에 집중 배치됩니다. 또 대중교통 시스템을 인위적으로 정지시킬 수 있고, 공공장소와 정부 건물은 문을 닫게 된다.

〈표 15〉 미국의 테러경보체제

단계	표시색	위험도	보호조치
1	Green	저위험단계 (Low)	❑ 유관기관은 다음의 일반조치실시 -미리 계획해 둔 보호조치 시행 -담당인력 대상으로 동일한 경보수준에 적합한 교육실시 -테러공격에 대비, 관련시설기관대상 · 취약점 평가과정 제도화 및 기존 제도상의 미비점수정, 보완
2	Blue	주의단계 (Guarded)	❑ 1단계의 보호조치 및 다음 일반조치 추가실시 -비상사태 대응기구, 지휘소 간 상호연락체제 확인 -비상사태 대응절차 검토, 업데이팅
3	Yellow	상승단계 (Elevated)	❑ 1.2단계의 보호조치 및 다음 일반조치 추가실시 -국가주요시설에 대한 경계 및 감시 강화 -비상사태 대응계획과 상위법령간의 상호관계 여부 파악, 조정 -보호조치에 추가할 요소파악, 수정 -비상사태에 대비하여 작성된 대응책 이행
4	Orange	고위험단계 (High)	❑ 1.2.3단계의 보호조치 및 다음의 일반조치 추가실시 -연방 · 주 · 지방 법집행기관 혹은 주 · 군 등 기타 군사기관 간 중요 보안업무 조정 -공적인 행사의 경계강화 혹은 행사취소 등 강경조치 강행 -비상사태 대비 작업장이동·인력분산조치 실시
5	Red	급박한단계 (Serve)	❑ 1.2.3.4단계의 보호조치 및 다음의 일반조치 추가실시 -긴급비상사태 철저대응을 위해 담당인력 확대 및 재교육실시 -특수훈련팀 등 비상사태 대응인력 확대 및 재교육실시 -교통운송수단의 통제, 재배치, 제한 -공공 · 정부기관 및 공공시설 잠정적 폐쇄 등

*출처:"21세기 안보환경 특성과 테러위협", 테러와 한국의 국가안보, 세종연구소, p.125.

2) 테러리즘에 대한 법적 대응책

미국은 국내 테러리즘보다는 국제 테러리즘을 더 심각하게 보았고 또 그 대책방안을 강구하였기 때문에 국내보단 국제 테러리즘에 대한 법적 대응책을 중점으로 설명하겠다. 미국의 테러리즘에 대한 법적 대응책은 국제정책 외교 등에 비해 상당히 늦게 마련되었다. 69년부터 빈번했던 항공 테러리즘의 대응책으로 74년 항공기 납치 규제법, 항공기 안전 운항법(1974 Anti-Hijacking act, Air Transportation security Act)이 제정된 이후 80년대까지는 그저 정치, 외교와 군사적 대응으로 대처해왔다. 80년대부터 직접적인 테러리즘 대책법이 제정되었는데. 1983년 국제테러리즘 대책법 (1983 Act to combat international Terrorism) 이 그 시작이라 할 수 있다. 이 법은 테러리즘에 대한 정의 규정과 테러리즘 방지를 위해 각 기관들이 여러 방편으로 대응책을 구사할 것을 규정하고 있다. 위에서 언급했던 테러리스트 지원국에 대한 고립정책도 이 법에 따른 것으로 이외에도 테러리즘에 대한 법적 대응책은 활발히 진행되었다. 또 이 법에 84년 테러리즘 정보 제공자에 대한 보상금 지급제도가 추가되고 종합범죄 통제법에도 테러리즘에 대한 대응법들을 새로 추가하게 된다(인질 억류에 대한 예방과 처벌{Act for the Prevention and Punishment of the Crime of the Hostage Taking} 항공기 파괴 금지법{Aircraft sabotage}) 미국은 또한 해외에서 자주 발생하는 미국인에 대한 테러리즘에 대처하기 위해 형사 관할권을 해외까지 확대시키는 1986년 테러리스트 소추법(Terrorism Prosecution)을 제정하였다. 이는 테러리스트들의 반미성향이 커지면서 타겟이 외교관 등의 주요 인물에서 해외거주 미국인이나 미국인 관광객 등 미국인 자체로 확대된 것에 대한 대응법으로서 의미가 있다. 미국은 이외에도 국제적 협력을 위해 1985년 국제안전과 개발 협력법(International Security and Development Cooperation Act of 1985)을 제정함으로써 국제적인 협력체계를 마련하였다. 이 협력체계에는 테러리즘에 대한 정보교환과 테러리스트 지원국에 대한 고립정책에 적극 협조하는 것이 포함되어있다.

9.11테러이후 부시대통령은 각료급 기구인 국토안보국(Office of Homeland Security)을 신설, 대테러 업무의 통합 · 조정권을 부여하였고, 美 법무부는 부처 간 대테러 공조강화를 위해 FBI · INS(이민귀화국) 등 연방 사법기관과 주 · 지방경찰을

총괄적으로 연계한 「대테러 연합 T/F」 를 출범시킨 가운데 기존의 對테러법을 대폭 강화한 내용의 법안 「USA Patriot Act 2001」 을 제정하였으며, 이법의 주요 내용은 다음과 같다.

① 외국인 테러혐의자에 대해 영장없이 7일간 구금 가능
② 외국인 유학생 감시대상자를 기존 고등교육기관에서 항공학교 · 어학연수원 · 직업학교 등으로 확대
③ 수사기관의 감청권한 확대, 특히 e-mail은 사법부 허가없이 수사당국의 결정만으로 1년간 감청 가능
④ 테러분자 은신처 제공자 처벌
⑤ 정부의 돈세탁 방지 및 테러혐의자 자산 동결권 대폭강화
⑥ 테러 · 긴급 상황 통제를 위한 군 병력 동원
⑦ 정당한 이유없이 병원체를 소지하는 행위 엄벌 등의 내용을 포함

3) 미국의 대 테러리즘 활동 부서

미국은 테러리즘을 국가안보회의(NSC)의 주요 의제로 삼고, 국제 테러리즘은 국무부의 테러리즘 진압처, 항공 테러리즘은 연방항공청, 해외 테러리즘에 관한 정보수집과 타국 정보기관과의 정보교류는 중앙정보국(CIA) 등이 담당하게 하는 식으로 세분화한 것이 특징이다. 미국의 대 테러리즘 기구는 일단 대통령을 중심으로 각 기관들을 지휘한다. 테러리즘은 국가안보회의(NSC)의 주요 논제가 되는데 NSC의 지휘 하에 국제 테러리즘은 국무부의 테러리즘 진압처, 항공 테러리즘에 관하여는 연방항공청, 해외 테러리즘에 관한 정보수집과 타국과의 정보기관과의 정보교류는 NSA와 CIA가 담당하고, 국방부는 테러리스트에 대한 체포나 보복을 위한 특수부대의 양성을 담당하고 있다. 국내 테러리즘에는 FBI와 각 주의 경찰이 담당하고 있다. 국무부는 대(對)테러리즘 정책을 수행하는데 가장 핵심적인 기관이며 또한 테러리즘 대책법을 입안하고 있는 곳이다. 국무장관은 6개월마다 국제 테러리즘의 실정을 의회에 보고하고 매년마다 "Patterns of Global Terrorism"을 작성하여 테러리즘의 실체와 미국의 대응 정책을 서술하고 있다. 또 이 보고서를 통해 테러리스트 지원국을 지정하여 테러리스트 지원국 고립정책을 수행하고 있다.

CIA는 국제 테러리스트에 대한 정보를 수집하며 각국에서 정보를 수집 분석한다. 테러리즘의 기미가 보일 경우 미리 막기 위해 가능한 모든 정보를 수집한다. 또한 INTERATE라는 컴퓨터 데이터베이스를 가동시켜 테러리스트들의 행동양태를 분석하기도 한다.

FBI는 국내 테러리즘을 담당하고 있다. 국내에 들어와 있는 국제 테러리스트의 경우도 CIA의 협조를 얻긴 하지만 FBI가 담당을 하게 된다. 그러나 주요 인물과 연관된 테러리즘의 경우는 재무성에서 관여하기도 한다. 특기할만한 사항은 남미 테러리즘의 특징인 마약 테러리즘에 대응하기 위해 마약 테러리즘 전담부대를 설치, 가동하고 있다는 점이다. 또한 FBI는 효과적인 영장청구와 테러리즘 진압을 위하여 기관 내에 SWAT을 보유하고 있다.

2. 영국의 테러리즘 대응정책

영국은 1970년대 초부터 유럽에서 급증하는 테러리즘과 북아일랜드의 분리 독립을 주장하며 테러리즘을 자행하는 IRA(아일랜드공화군)에 대응하기 위해 법적조치를 취해왔다. 특히 영국은 IRA에 의해 자행된 버밍엄 펍(PUB)폭발사고로 21명이 사망하자 1974년에 '테러리즘 방지 임시조치법'을 제정 · 공포하고 1976년에 이법을 개정하였다. '테러리즘 방지 임시조치법'은 IRA를 불법으로 규정하고 있다. 이 법은 국무장관에게 테러리스트뿐만 아니라 테러리즘 용의자들에 대한 강제 출국의 권한을 부여하고 있다. 또한 경찰에게 테러리즘 용의자를 48시간까지 구금할 수 있도록 하고 있으며[2], 출 · 입국하는 관광객의 보안검색을 할 수 있는 권한까지 부여하고 있다. 1976년의 개정법에는 테러리즘에 대한 자금의 지원과 모금활동 및 테러리즘이나 테러리스트에 관한 정보를 공개하지 아니하는 행위를 처벌대상에 포함시켰다.

1984년 개정법에는 테러리즘에 대하여 ①현재 테러리즘 단체에 속하고 있거나 가입할 것을 공언하고 있는 자, ②테러리즘에 대한 금전이나 여타 기부행위를 하

2) Grant Wardlaw, Political Terrorism, London Cambridge University Press, 1982, pp.127~128.

거나 이를 모집하는 행위를 하는 자, ③특정집회가 테러리즘단체를 지원하거나 테러리즘 단체의 활동을 조장한다는 사실을 알거나, 테러리즘 단체에 소속된 자나 가입예정인 자가 연설하기로 되어 있는 사실을 알면서 3명이상 모인 자리에서 연설하거나 집회의 준비나 운영을 담당하거나 도움을 준 자는 처벌된다고 규정하고 있다.[3)]

이 밖에도 영국의 테러리즘 관계법으로 주목할 만한 것은 1983년에 제정한 '핵물질 범죄법'인데 이는 핵물질을 이용하거나 핵물질과 관련하여 행하여진 각종 범죄행위 및 핵물질의 수령, 소지, 처분 및 이를 이용한 자의 모든 행위를 범죄로 보고 처벌하려는 것으로써 행위자의 국적에 관계없이 영국에서 처벌할 수 있도록 규정하고 있다.

영국정부는 이러한 법적 대응과 함께 코브라(COBRA)로 알려진 테러리즘 대책본부를 구성하여테러리즘 발생 시 위기관리를 하고 있다. 런던경시청에는 테러리즘 전담기구인 스코틀랜드 야드(Scotland Yard)를 내무부장관 직속으로 두고 유사시에 대비하고 있다.

해양국가인 영국은 해병대 내에 대(對)해상테러리즘 기동대(Task Force)를 구성하여 해상테러리즘에도 적극적으로 대비하고 있다. 그리고 록커비(Lockerbie) 상공에서 발생한 팬암여객기 폭파사건 이후 영국정부는 테러리스트들의 공격이 예상되는 자국항공기 및 자국에 주재하는 외국대사관 및 외교시설에 대한 경계를 강화하는 한편 테러리즘 지원 국가들에 대해서는 정치 · 경제 · 외교조치를 계속적으로 취하고 있다.[4)]

영국은 2001. 2 제정된 '대 테러법'(Terrorism Act 2000)에서 과격 민간단체의 폭력행위와 사이버 공간에서의 파괴적 행위도 테러로 규정하는 등 테러개념을 포괄적으로 확대하였다.

- 영국을 기반으로 자행되는 모든 국제 테러활동 단속 가능
- 테러사건에 동원된 軍병력에 일정범위의 사법경찰권 부여
- 테러범죄 관련사실 지득 후 불고지시 처벌

---

3) 정형근, 「국제테러의 법적규제에 관한 연구」, 고려원, 1992, p.240.
4) 박준석, 뉴테러리즘개론, 백산출판사, 2006, p.264.

- 테러혐의자를 영장없이 체포하여 1주일간 불기소 상태로 구금
- 테러를 사주·방조한 자에 대해 재산압류·체포할 수 있도록 하는 등 강력한 권한을 부여

9.11테러사건 이후 10.15일에는 경찰·세관·교통경찰 및 기타 관계당국에 더 큰 권한을 부여하는 것을 내용으로 하는 대테러법 개정안을 긴급 발표하였는데 추가적 내용은 다음과 같다.

- 인종적·종교적 증오를 교사(敎唆)하는 행위도 범죄로 규정되고
- 영국內 단체가 해외에서 증오를 교사하는 것도 기소대상이 되며, 최고 형량도 7년으로 강화

위 개정안 외에도 테러자금 흐름 차단을 위해 국립 범죄수사대 내에 「대(對)테러 금융수사반」을 창설하는 법안 및 화생방 테러 등 관련 허위사실 유포행위를 엄벌하는 긴급법안 제정을 추진하였다. 영국의 테러리즘 경보체계는 다음의 〈표 16〉와 같다.

〈표 16〉 영국의 테러경보체제

단계	위험정도	상황
1단계	위험임박(Critical)	*구체적인 대규모 테러공격 임박
2단계	심각한 수준(Severe)	*심각한 테러위험이 존재하여 구체적인 위험 정황정보 유무에 따라 2단계로 구분 : Level 2G, Level 2D
3단계	평시보다 고수준 (Substantial)	*상당수준의 테러위험 존재
4단계	일반적수준(Moderate)	*위협적이지 않은 테러징후 존재
5단계	낮은수준(Low)	*테러첩보 존재하나 실현가능성이 낮은 상황
6단계	위험경미(Negligible)	*특이한 테러동향 부재

*출처 : "21세기 안보환경 특성과 테러위협", 테러와 한국의 국가안보, 세종연구소, p.132.

2015년 11.13(현지시간)일 IS의 프랑스 파리연쇄테러 이후 영국정부가 의회에 10년간 국방·안보 전략을 실행하기 위한 예산계획인 '전략적 국방·안보 검토'(SDSR) 결과를 발표하였는데, 앞으로 10년간 1천780억 파운드(약 312조원)의 예

산을 투입할 안보전략에 '이슬람국가'(IS) 같은 국제테러세력에 대한 대응능력 증강을 핵심으로 삼았다. 테러가 수천 마일 떨어진 먼 곳의 문제가 아니라 우리 사회 안전에 직접 결부된 것이라는 것과, 국가단위의 위협들과 국경을 인식하지 않는 위협들, 두 가지 위협에 모두 직면해 있으므로 두 가지 모두에 대응해야 한다고 강조했다.

IS의 파리연쇄테러에서 보듯이 안보위협요인들이 영국 영토 내에서 뿐만 아니라 해외에도 도사린 만큼 전 세계를 무대로 한 대응 능력을 확보해야 한다는 구상이다. 영국 정부가 11. 23일(현지시간) 의회에 10년간 국방·안보 전략을 실행하기 위한 예산 계획인 '전략적 국방·안보 검토'(SDSR) 결과의 주요 요지는 추후 10년간 총 1780억 파운드를 투입해 '신속대응 타격 여단' 신설, '국경보안 장비 업그레이드' 등의 영국군을 보강하고, 국내외 대(對) 테러 능력을 증강하는 것을 골자로 삼고 있는데 그 내용은 다음가 같다.

다음과 같다.

○ 10년간 1천780억 파운드(약 312조원)의 예산 투입
이런 규모의 예산투입은 국내총생산(GDP) 대비 2%인 국방예산 비율을 그대로 유지키로 한 것이고, 결과적으로는 경제성장에 따라 10년간 120억파운드의 예산이 더 투입되는 셈이다.

○ 우선 IS 격퇴 같은 국제 테러에 대응한 군의 능력을 강화.
기존 육군 병력을 재조직해 각 5천명 규모의 2개 '신속 대응 타격 여단'을 신설키로 했다. 최신형 장갑차 지원을 받는 타격 여단은 상황 발생 시 국내외 신속 투입될 수 있는 병력이다. 이 여단은 테러에 대응해 영국 시내에 투입되거나 경찰과 협력아래 특정지역을 봉쇄할 수도 있다면서 이는 현재의 투입능력을 두 배로 증강하는 것이라고 일간 더 타임스는 설명했다.

○ 무기 밀반입과 '고위험' 인물 등을 적발하기 위한 국경보안시스템을 업그레이드

○ 아울러 사이버 테러에 대응해 ' 국가 사이버 센터' 신설.

○ MI5, MI6, GCHQ 등 정보기관들의 보안·분석요원들도 1천900명 증원하는 등 사이버안보에 대한 투자예산을 두 배인 19억 파운드(약 3조3천억원)로 증액 계획

○ 해군과 공군의 방위력 증강.

F-35 라이트닝 전투기구매 속도를 높여 2023년까지 42대를 사들이고, 이중 24대를 현재 건조 중인 2척의 항공모함, 퀸 엘리자베스호와 프린스 오브 웨일스호에 배치키로 했다. 2023년까지 두 항모에 F-35 전투기 8대를 배치하고 이후 각 항모당 14대로 확대한다는 게 애초 계획이었다. 그러나 미국 다음으로 강력한 항공모함 공격력을 갖추겠다는 목표로 F-35 전투기 구매 일정을 앞당긴 것이다. 앞으로 20년에 걸쳐 F-35 전투기 모두 138대를 확보한다는 계획이다.

더 타임스는 두 항공모함 가운데 적어도 하나는 전 세계 어디든 1년 내내 배치돼 24시간 항공 작전을 펼칠 수 있게 된다고 보도했다. 이외 현재 운용되지 않는 타이푼 전투기들의 수명을 2040년까지로 연장해 비행중대 2개를 추가한다는 계획이다.[5)]

3. 독일의 테러리즘 대응정책

독일은 전 세계적으로 파장을 불러 일으켰던 뮌헨올림픽 테러리즘사건을 경험한 바 있고, 1970년대 이후 적군파 등 좌우익 테러단체에 의한 각종 테러범죄가 빈번해짐에 따라, 테러범죄의 효과적인 예방, 수사 및 처벌을 위한 제 대책을 수립하고 있다. 또한, 독일은 유럽에서 가장 먼저 테러범죄자를 처벌하기 위한 형사입법을 실시하여, 실체법상으로는 테러범죄의 초기단계부터 중벌로 처벌하는 한편, 절차법 상으로는 테러범죄자인 피의자 또는 피고인의 권리 및 수형자로서의 권리를 현저히 제한하는 특칙을 규정하고 있다.[6)]

테러리즘 방지책은 오로지 엄벌밖에 없다는 기본입장에서 1971년 9월에 형법을 개정하여 항공기 납치범과 인질납치범에 대한 처벌을 강화한 테러리즘방지법을 통과시켰다. 이 법은 1974년부터 계속 해서 개정되었는데 테러조직이 인명을 위협할

---

5) 시사일보, '英, IS 등 국제테러 대응 안보전략 핵심으로', 2015.11.25, http://www.sisailbo.com/news/articleView.html?idxno=16803(검색: 2015.11.28)

6) http://www.tiic.go.kr/app/book/sense/view

경우 테러리스트 및 용의자를 외부세계는 물론 그들의 변호사 및 이미 투옥된 동료 테러리스트로부터 완전 차단 고립시킬 수 있도록 규정하고 있으며, 또한 테러리즘 혐의자의 주택에 대한 영장없는 수색과 불시검문도 포함하고 있다. 이 법의 제정으로 개인의 인권침해의 가능성에 대한 비판이 일기도 했지만, 독일 국민들의 적극적인 협력과 지원으로 테러리즘의 예방에 크게 기여한 것으로 평가받고 있다.

독일은 '테러단체구성죄'와 '불고지죄'를 두고 있는 형법을 근거로 2002.1.9 '대테러대책법'을 새로이 제정하여 통신감청, 구속사유 없는 예외적 구속 등을 규정하고 이를 근거로 '연방정보부법'을 개정하여 테러조직들의 활동과 연관도니 경우 계좌추적이 가능하도록 하였고 외국인 감시를 강화한데 이어 독일 연방군의 대테러작전투입을 위해 기본법도 개정하였다.

독일은 강력한 법적대응과 함께 테러리스트와의 협상불가 방침을 천명하고 뮌헨올림픽사건 직후인 1972년 10월 대테러리즘 특공대인 GSG-9을 창설하여 운용하고 있다.

GSG-9은 대 테러리즘 작전의 핵심은 정보의 수집이 최우선임을 인식하고 코미사르(Komissar)로 알려진 정보시스템을 구축하여 전 세계의 테러리즘 조직에 대해 추구하는 목적, 조직구조, 공격양상, 무기, 핵심대원 등 모든 자료를 입력하여 과학적 분석을 함으로써 테러리즘 조직에 의한 공격을 사전에 차단하고, 상황 발생시 효과적인 진압작전에 활용하고 있다. 또한 독일은 우방국과의 공조체제를 강화시켜 외국의 대테러리즘 특공대의 훈련에 지원을 하고 있으며, 우방국의 실제 작전의 지원을 위해 GSG-9의 엘리트대원들을 파견하는 등 국제테러리즘 방지를 위해 모든 노력을 기울이고 있다.[7)]

〈표 17〉 독일의 테러정보에 대한 평가 등급

등급	용어	테러발생 가능성
1등급	eher auszuschliessen	가능성 거의 없음
2등급	unwahr scheinlich	가능성 매우 낮음
3등급	eher unwahrscheinlich	가능성 낮음
4등급	wenig wahrsgheinlich	가능성 높음
5등급	wahrscheinlich	가능성 매우 높음

*자료 : '21세기 안보환경 특성과 테러위협', 테러와 한국의 국가안보, 세종연구소, p.133.

7) 박준석, 「뉴 테러리즘개론」, 백산출판사, 2006, p.268.

4. 일본의 테러리즘 대응정책

일본에서는 좌익 또는 우익을 표방한 일부 과격단체의 폭력이 테러범죄의 양상을 띠면서 점차 증가추세에 있는 가운데, 급속한 국제화의 진전과 더불어 국제테러의 위험 또한 증가하고 있다. 이에 대하여 일본은 주로 테러범죄의 예방을 위한 치안강화 및 테러발생시의 신속한 진압이나 테러대응 요령에 관한 대국민 홍보 등 행정적인 조치에 치중하고 있다. 특히 국제테러범죄에 대하여는 국제형사사법 공조나 국제적인 정보교환 등 국제협력에 적극적으로 노력하고 있다.

탈냉전 이후 변모해 오던 국제질서가 9.11테러사건 이후 급속히 변화하여 새로운 국제질서를 형성하였는데, 일본은 미·일동맹의 강화기를 맞아 미국의 대테러 전쟁에 매우 적극적으로 협조의사를 표시했다. 미·영 동맹에 못지않은 미·일 동맹을 과시하려고 노력하면서, 이번 사건을 통하여 자위대의 해외파병과 전투능력의 인정 등 일본의 보통국가화를 위하여 법적 제도적 정비를 진행하고 있다. 또한 1991년의 걸프전에서 130억 불의 지원금을 내고도 직접 참전하지 않았다는 이유로 쿠웨이트와 미국으로부터 충분한 사의(謝意)를 받지 못하고 복구사업에도 참가하지 못하여 돈만 내고 실익이 없었다는 비판이 있었는데, 미국의 아프카니스탄 전쟁에는 자위대파병을 비롯한 적극지원을 내세워 아프카니스탄 부흥에의 일본의 주도적 역할에 대해 미국으로부터 지지를 받아 미국의 강력한 우방임을 확인했다.

9.11테러사건 이후 日本 경찰청은 사이버 및 화생방 공격에 대비한 「국제테러 대책본부」를 설치(9.25)하였고, 고이즈미 총리가 긴급 기자회견을 갖고 총리를 본부장으로 하는 「긴급테러 대책본부」설치를 발표(10. 8)하였다.

일본방위청은 기존의 방위력 증강계획 중 '게릴라 공격 대처를 위한 특수부대 창설계획'을 앞당겨 3개 중대(500명) 규모의 테러전담 특수부대를 조기 창설한다는 방침을 결정하였다.

외무성은 우방과의 테러협력 문제를 조율할 「테러대책 담당대사」직을 신설하기로 하고 구체적인 인선작업을 진행 중이다.

9.11 테러사건 후 일본정부의 긴급발의로 2001.10.18일 의회를 통과하여 발효된 '테러대책 특별조치법'은 미국의 응징 군사작전에 자위대 참여를 보장하였는데, '무차별 대량살인행위를 행한 단체의 규제에 관한 법률(1999)'을 강화한데 이어 국내

는 물론 해외에서 테러가 발생하였을 경우 자위대가 출동하여 테러사건을 처리할 수 있도록 자위대법 등을 개정하였다. 개정된 '자위대법'은 경찰이 맡아온 주일미군과 자위대 시설경비를 자위대가 담당할 수 있도록 규정하였다. 또한 일본정부는 탄저균 수송행위는 피해 유무에 관계없이 범죄행위로 규정, 생물무기 사용 시 최고 무기 또는 2년 이상의 징역, 1천만엔 이하의 벌금 부과 등의 내용 방침인 생물테러 처벌을 위한 관련법 정비를 추진하였다.

일본에서는 1972년 일본적군파(JRA) 행동대원에 의한 8건의 테러가 있었으며, 1995년에는 동경 지하철에 옴진리교 신도들에 의한 사린(Sarin)가스가 살포되어 12명이 사망하고 5,500여명이 부상당하는 세계적인 화학테러사건이 발생하여 26곳의 지하철역이 폐쇄되었고 2개의 노선이 운행중단 되어 도시의 기능을 마비시켰다.

이 사건으로 국내 일반치안을 담당하는 일본 경찰력의 삼분의 일이 사린가스를 살포한 것으로 알려진 옴진리교 신도들을 색출하는 데에 투입된 적도 있었기 때문에 이러한 공격을 효과적으로 차단하고 범인을 체포하기 위해서 1996년 4월 SAT(Special Assault Team : 특수급습부대)가 창설되었다.

5. 이스라엘의 테러리즘 대응정책

이스라엘은 1948년 독립이후 국가안보의 특수한 환경 때문에 국가안보가 국정의 핵심적인 과제가 되어왔다. 특히 1980년대 이후 팔레스타인 과격파의 테러 발생이 급격히 증대함에 따라 효율적이고 효과적인 대 테러정책수행이 최대의 국가적 과제로 등장했는데 이스라엘이 대 테러정책수행에 있어서 당면하고 있는 과제는 빈번하게 발생하는 테러의 방지와 이의 최소화로 테러리즘에 굴복하면 더 큰 위험을 감수해야 한다는 점을 인식하고 테러리스트와의 협상이나 타협을 절대 인정하지 않는 정책을 고수해 왔다. 이스라엘의 대 테러리즘 정책은 '눈에는 눈, 이에는 이'라는 원칙 하에서 점차적으로 확대, 지속되어 왔다.

보복 전략을 통한 대 테러리즘 강경노선을 견지해 온 이스라엘은 자국민과 자국의 자산을 테러리즘으로부터 보호하기 위하여 기술적인 대응방법도 사용하고 있다.

이스라엘은 1968년 이후부터 항공기 납치를 방지하기 위해서 엄격한 탑승인원 검색, 조종실의 격리, 무장보안관 탑승, 철저한 화물 검색, 화물칸의 무장화, 항공기 납치 시 특수비행법 채택 등의 다양한 대책을 수립해 왔다. 이러한 이스라엘의 대 테러리즘 방지를 위한 노력은 많은 실효를 거두고 있는 것으로 평가되고 있는데 1970년대 후반부터는 이스라엘 항공기 납치사건이 한건도 없었다는 것이 이를 증명하고 있는 것이다.[8] 이스라엘의 대 테러리즘 업무수행의 특징은 아랍계의

빈번한 테러리즘 공격으로 인해 대 테러리즘 업무를 담당하는 여러 기관들이 업무협조체제(정보제공 등)를 구축하고 있다는 점이다. 현재까지 알려진 정보 및 보안기구는 수상 직속의 바이다트(Vadat)이며, 대외정보를 담당하는 모사드(Massad)와 경찰청 산하로 미국의 FBI에 해당하는 국내 보안기관으로 신베드(Shin Beth)가 있으며, 그리고 아랍국 적진에 실전투입으로 뛰어난 실전능력을 보유한 대테러 특수부대인 샤레트 메트칼은 테러리즘에 대한 보복작전을 수행하고, 자국비행기 납치 예방 및 대응을 위해 항공기 보안요원을 모든 여객기에 탑승하고 있다.[9]

8) 구상회, 전게서 p.242.
9) 김두현, 전게서, pp.414~415.

제 13 장 >>> 한국의 테러위협 상황

한국에 대한테러위협이 되는 테러주체는 크게 북한집단, 해외테러단체, 국내 자생단체나 외로운 늑대형(lone wolf)으로 구분할 수 있다.

1. 북한의 테러리즘 위협

한국은 남북분단으로 인한 정치적 상황을 고려할 때, 북한이 대남적화통일을 포기하지 않는 이상 한국에서 발생할 수 있는 테러의 가능성 중 북한에 의한 테러위협 이 가장 높을 수 있고 그 위협도 크다고 할 수 있다. 지금까지 대한민국은 테러로부터 안전한 국가로 인식되어 온 것이 사실이나, 북한에 의한 각종 군사적 · 비군사적 공격을 포함시킨다면 대한민국은 지금까지 사실상 거의 모든 종류의 테러공격을 경험해 왔다.[1] 그동안 북한에 의한 '대남공작'은 그 자체가 바로 일련의 테러범죄였다고 할 수 있다. 항공기 납치 및 폭파(1969.12. 대한항공 YS-11기 납북사건, 1987. 대한항공 858기 폭파사건), 요인암살 및 암살시도(1968. 1 · 21 청와대 습격, 1974. 대통령 부인 저격사건, 1983. 아웅산국립묘지 폭파사건), 주요 시설에 대한 폭탄테러(1986. 김포공항 폭탄테러 사건) 등이 이미 대한민국 영토 내에서, 혹은 대한민국을 명백한 공격 목표로 하여 감행되어 온 것이 그러하다.

그러나, 북한에 의한 군사적 · 비군사적 공격을 흔히 말하는 '테러범죄'의 개념에 포함시킬 것인지에 대해서는 별도의 논의가 필요하지만 미국에 의한 테러지원국 지정을 논하지 않더라도 특히 대한민국에 대한 북한 측의 테러 공격은 북한 당국

1) 金泰政, '뉴테러리즘 시대의 한국 대테러정책 연구', 석사학위논문, 성균과대학교 대학원, 2012, p.46.

의 지시 내지 지원에 의한 것이라는 점에서 북한에 의해 자행되는 공격은 이른바 넓은 의미에서 '국가에 의한 테러'에 해당할 수도 있으므로 국가안보위협에 가장 큰 위협이 되고 있는 북한에 의한 테러실상을 알아보고자 하였다.[2)]

북한은 휴전 이후 꾸준히 국내외 테러를 통하여 남한을 총체적 위기상황으로 몰아넣겠다는 대남 테러노선을 분명히 하고 세계 테러조직과 연계하면서 제3국의 테러단체에 대한 교관단 파견과 장비 지원을 하고 있다.

지난 2001년 전 세계를 충격에 빠뜨렸던 9·11 테러의 주범 알카에다 요원들이 테러 직전 북한 노동당 작전부 소속 비밀기지에서 훈련을 받았다고 TV조선이 보도했다. 미국에 대한 적대심이라는 공통분모로 오사마 빈 라덴과 북한 노동당 작전부 수뇌부는 김일성 시절부터 긴밀한 협력관계를 유지해 왔다는 것이다.

보도에 따르면 미국 전 CIA 요원 마이클 리는 북한 최고위급 인사의 사위인 노동당 작전부 고위 간부의 발언이 탈북자를 통해 확인됐다며, "오사마 빈 라덴과 노동당 작전부 수뇌부는 항상 긴밀한 관계를 유지했다"고 증언했다.

또 북한은 현재 대남공작기구인 노동당 중앙위원회 산하 '작전부'가 외국인 테러리스트를 대상으로 평양 삼석구에 15곳, 평안남도 강동군에 15개 등 모두 30개의 비밀 훈련기지를 운영하고 있고, 이들 기지에서 북한은 주로 이란, 팔레스타인 등에서 들어오는 국제테러범들을 훈련시켜 왔고, 다고 증언했다.

뿐만 아니라 북한의 지원 하에 알카에다가 대남 테러를 계획했다는 의혹과 미국 법원의 재판 기록 등에 따르면, 알카에다는 1995년 김포공항 발 미국 여객기를 비롯해 항공기 12편을 폭발시키는 이른바 '보징카 작전'을 시도했지만, 필리핀 소재 비밀 아지트 화재로 음모가 드러나 불발됐다고 증언했다.[3)]

북한에 의한 테러위협 종류 중 대량살상무기에 의한 테러는 아직 발생한 적이 없으나 북한은 핵 프로그램을 가동 중이며, 생화학무기도 다량 보유하고 있는 것으로 추정되고 있어 뉴테러리즘 발생을 도외시 할 수 없다. 또한 전통적인 대남 특수공작원 및 그들과 연계된 국제테러집단에 의해 은밀한 후방테러가 발생할 수도 있는 것이다. 특히 주목해야 할 점은 사이버테러가능성이다. 사이버테러는 은

---

2) 이제영, '북한의 테러 가능성과 법적 대응방안', 한국테러학회 · 대검찰청 추계공동학술대회자료집, 2010 p.5

3) http://www.konas.net/article/article.asp?idx=38172(검색: 2015.11.24)

폐가 용이하며 상대방과 직접적인 충돌없이 큰 파급효과를 야기하며, 전산화, 정보화의 진전으로 상대방의 시스템이 온라인상에 무방비로 노출 된 상황에서 최소의 비용으로 최대의 파괴력을 낼 수 있어서 손쉽게 이용할 수 있다.[4)]

1) 북한 테러리즘의 특징[5)]

북한이 그동안 전개해 온 테러리즘의 특징은 다음과 같이 살펴 볼 수 있다.

첫째, 북한의 테러리즘은 국가의 직접 지원 하에 이루어진다. 북한은 아직까지 포기한 바 없는 적화통일이라는 목표 아래 조선로동당과 군을 중심으로 특수공작요원의 훈련 및 그들에 대한 자금, 전략, 전술 지원을 조직적으로 행하고 있다.

둘째, 북한 테러리즘의 직접적인 목표는 주로 대한민국에 한정되고 있다. 이는 북한의 궁극적인 목표가 남한의 정치, 외교, 경제, 사회 등에 대한 혼란을 조성함으로써 대한민국의 국력을 약화시키고, 주한미군에 대한 미국 내의 여론을 악화시켜 궁극적으로는 주한미군철수를 이끌어 내는데 있기 때문이다.

셋째, 국제혁명역량 강화를 위한 해외 폭력수출이다. 북한은 1966년부터 중남미, 아프리카 등 35개국에 테러리스트 훈련조직 및 고문단을 파견하여 게릴라, 테러훈련을 지원하였다고 알려지고 있다. 그 결과 1994년경까지 해외에 파견된 북한의 테러교원들로부터 교육받은 테러리스트의 수는 대략 5,000명 내지 8,000명에 이른다. 북한의 이러한 테러수출 행위는 급기야 2002년 미국 부시 대통령에 의한 '악의 축' 발언, 테러지원국 지정 등으로 귀결된 것이 주지의 사실이다.

마지막으로, 북한의 대남 테러리즘은 자신들의 내부 정세불안을 해소하기 위해 외부에 대한 적대감이나 긴장을 조성하기 위한 목적도 아울러 가지고 있다. 북한은 주민의 정치 · 경제 · 사회적 불만에 대한 해소책으로써 외부, 특히 남한에 대한 적대적 심리를 자극하기 위한 대중동원과 지속적인 공격행위를 펼쳐 왔으며, 나아가 전쟁발생에 대한 긴장과 위기감 조성 시도도 계속하여 왔다.

4) 金泰政, 전게논문, p.4.
5) 이만종 · 김강녕, "북한의 테러 가능성과 대비전략", 「한국테러학회보」 제3권 제1호, 2010, pp.32-33.

2) 북한 테러의 시기별 특징

북한이 자행한 테러리즘의 형태와 양상도 시대의 흐름에 따라 주요 요인 암살에서, 항공기 납치, 대통령 암살, 대규모 무장공비 침투, 민간 여객기 공중폭발, 국제행사 방해를 통한 국제사회에서 한국의 고립화, 귀순자 및 해외주재 한국외교관 피살 등으로 점차 대담성과 그 잔인성을 더해가고 있다.

북한이 휴전이후 1990년대 말까지 자행한 대남 테러사례는 1968년 청와대 기습, 울진·삼척 무장공비 습격, 1983년 미얀마 아웅산묘소 테러 폭파, 1987년 대한항공 858기 폭파 등 550여건에 달하고 있다. 또 북한의 국제테러 지원 사례로는, 1969~1971년 북한으로부터 훈련 및 자금을 지원 받은 게릴라들이 브룬디 및 르완다 정부요인의 암살을 기도하다 적발되었는가 하면, 1982년 이스라엘이 레바논에서 국제테러 단원 80여명을 체포했는데 이중 24명이 북한 요원으로 확인되었다.

북한은 일본 항공기 요도호 납치범과 가족 등 테러범을 보호하고 있고, 또 아프리카 친북(親北)국가에 군사고문단을 상주시켜 군사 및 테러훈련을 지원하는 등 국제테러 지원활동을 강화하였다. 이와 같은 북한의 테러공작은 1974년부터 김정일이 진두지휘해 왔으며, 테러 관련 북한 기관으로는 노동당 산하 4개 부서, 즉 사회문화부, 통일전선부, 대외정보조사부, 작전부와, 그리고 인민무력부 정찰국이 적극 참여하고 있다.

북한의 테러에 표방하고 있는 이론적 근거는 1975년 10월 출간한 '남조선 혁명과 조국통일이론'이다. 이 이론에 의하면, "결정적 투쟁은 오직 폭력적 방법에 의해서만 승리할 수 있다"고 주장함으로써 한국의 공산화와 민주주의 국가 파괴를 위한 테러를 혁명적 행위로 정당화시키고 있다. 이러한 북한이 1950년대 말부터 대남 테러를 자행해 왔고, 또 1988년 이후 미국이 14년 연속해서 테러지원국가로 지정하였다가, 2008년 10월, 부시 행정부가 갑자기 북한을 테러 지원국 명단에서 삭제한다고 발표 후. 테러국가에서 해제되었으나 재지정해야 한다는 논쟁이 계속되고 있다.

해방이후 1990년대까지 북한이 자행한 테러의 시기별 특징은 6·25전쟁 이후 북한은 대한민국을 상대로 각종 테러와 대남도발을 자행해 왔으며, 정치적·군사적 목적달성을 위해 지금도 한반도에서 각종 도발을 획책하고 있다. 6·25전쟁 이후 북한의 주요 대남도발은 요인 암살, 항공기 납치, 해상 선박 납치, 서해에서의 2차례 교전, 최근의 천안함 피격사건뿐만 아니라 사이버테러에 의한 도발 위협도 상존하고 있는 실정이다. 북한의 대남테러는 1950년대에 시작해 10년 주기로 대남도발 행태가 여러 변화 단계를 보여주고 있다. 1950년대에는 6·25전쟁 이후 또다시 재래식 전쟁, 즉 전면전을 치르기보다는 국지적 도발행태를 취해 왔다. 1954년 8월 25일 충남 천안에서의 지상 무장공비사건을 시발로 20건의 도발을 자행했다. 1957년 4월 16일 경기 연평도 어선 납치를 비롯한 16건의 해상(해안) 무장공비사건이 있었다. 또한 1958년 2월 16일 부산 발 서울행 KNA(대한국민항공) 소속 '창랑호'를 납북했다.

1960년대와 1970년대는 북한과의 본격적인 체제 경쟁적 시기로 15건의 지상(내륙) 무장공비사건과 9건의 해안(해상)에서의 어선 납치 등이 있었다. 특히 1968년 1월 21일 청와대 습격기도, 1968년 10월 30일 울진·삼척 무장공비 침투사건, 1970년 6월 6일 국립묘지에서의 박정희 대통령 암살미수 폭탄테러, 1974년 8월 15일 박정희 대통령 암살미수 사건, 1976년 8월 18일 판문점 도끼만행 사건 등이 대표적인 대남도발 사례다. 1980년대에는 북한의 대남도발이 절정에 이르는 시기이다. 1983년 10월 9일 미얀마 랭군에서 전두환 대통령 암살기도, 1987년 11월 29일 KAL기 폭파 등이 있었다.

1990년에도 대남도발이 지속됐으며 계속적이고 주기적인 도발이 자행됐다. 1992년 5월 21일 북한의 무장간첩이 제3사단 침투사건, 1996년 9월 18일 강릉 해안 북한잠수함 침투사건, 1998년 6월 22일 속초해안 무장공비 침투, 1998년 11월 2일 강화도 간첩선 침투사건 등의 대남도발이 있었다.

20세기 말 21세기 초 남북관계에도 변화가 있었다. 남북 간 교류협력이 점차 증가하고 화해협력을 시도해 왔다. 그러나 북한은 1999년 6월 15일 제1연평해전, 2002년 6월 29일 제2연평해전을 일으켰고, 2006년 10월 6일 제1차 핵실험을 감행한 사례에서 보듯이 겉으로는 평화를 속으로는 전쟁에 광분하는 이중적 태도를 견지해 왔다.

최근 이명박 정부에 들어서면서도 우리 정부의 상생과 공영의 대북정책에도 불구하고 2008년 7월 11일 우리 민간인 관광객 금강산 피격, 2009년 5월 25일 제2차

핵실험, 2009년 11월 10일 대청해전, 2012년 3월 26일 천안함 피격 등 북한의 대남 도발은 계속되고 있다.[6)]

3) 북한 테러의 주요 사례

북한의 대남 테러는 1950년대 말 대한항공기 납치 사건으로부터 본격적으로 시작되어 2000년 서해(西海) 연평해전에 이르기까지 국가원수 암살 테러를 비롯하여 지상·해상·공중·해외에서 모두 4백70여건에 걸쳐 3,738명에 이르는 주요 인사와 민간인 납치, 그리고 국가주요시설 파괴 등 다양한 형태의 테러를 자행하여 전쟁에 버금가는 위기상황을 조성하여 왔다.

북한이 이러한 테러를 자행한 근본적인 목적은 1960년대부터 한국에서 불기 시작한 경제개발계획과 자주국방태세 확립, 그리고 한미연합공동방위는 북한의 무력적화통일에 최악의 상황으로 작용하였고, 북한은 이의 돌파구 마련책으로 한국의 국가원수 암살과 주요시설 파괴 등 테러 활동을 통해 한국을 혼란에 빠트려 한반도에서의 위기상황과 주한미군 철수 분위기를 조성하고자 획책하였던 것이다.

이처럼 북한은 6·25와 같은 전쟁에 의한 무력적화 통일이 어렵다고 판단되자, 폭력혁명의 일환으로 무자비한 테러 및 파괴활동으로 남한사회에 공포분위기를 조성하여 북한이 의도하는 궁극적 무력통일을 달성하고자 하였던 것이다. 따라서 정전 이후 북한의 각종 테러 유형을 국가원수 암살 테러, 항공기 테러, 해상 테러, 주요인사 납치테러, 국가주요시설 파괴테러로 나누어 살펴보았다.[7)]

(1) 국가원수 암살 테러[8)]

1960년대 후반 북한은 남한이 급속한 경제발전으로 국력이 신장되고, 또 모든

---

6) 국방일보, http://kookbang.dema.mil.kr/kdd/PolicyTypeView.jsp?kindSeq=1&menuCd=3001&menuSeq=3&writeDateChk=20100825(검색 : 2012.3.18)
7) http://cafe.naver.com/nuke928/61043(검색: 2015.11.27)
8) 안전관리포럼, '북한 테러의 유형과 특징', http://cafe.daum.net/safetyforum/5lJh/15?docid=1Hkn3|5lJh|15|20090612104822&q=%BE%C6%BF%F5%BB%EA%20%C5%D7%B7%AF%BA%CF%C7%D1%20%BA%CE%C0%CE&srchid=CCB1Hkn3|5lJh|15|20090612104822(검색 : 2012.3.24)

대남공작이 실패로 돌아가자 국가원수 암살이라는 극단적인 방법을 동원하기 시작하였다. 여기에는 청와대 기습 암살테러, 국립묘지 현충문 폭파사건, 8 · 15 광복절 대통령 저격사건, 아웅산 국립묘지 폭파사건, 그리고 해외 순방중인 대통령 암살사건 등이 있다. 북한이 이러한 테러 수법을 사용한 것은 대한민국 수반인 대통령을 암살 및 저격함으로써 일시에 남한 정부 및 사회를 극도의 혼란에 빠뜨려 그들의 목적을 손쉽게 달성하기 위함이었다.

① 1·21 청와대 기습사건(김신조사건)

북한은 1968년1월, 대통령을 암살할 목적으로 시도된 첫 번째 도발로 청와대를 습격하기 위해 124군 부대 소속의 무장공비 31명을 침투시켰다. 김신조 등 무장공비들은 국군복장을 하고 미군이 경계를 관할하는 휴전선을 넘어 1968년1월21일 서울 세검정까지 침입했으나 경찰의 불심검문으로 발각됐다. 총격전이 벌어져 무장공비 가운데 28명을 사살하고 1명을 생포했다. 우리 측 전사자는 34명. 생포된 후 방송과의 인터뷰에서 "박정희 모가지 따러 왔수다레"라고 말한 김신조는 현재 목사로 목회 활동을 하고 있다.[9)]

② 국립현충문 폭파테러

1970년 6월 22일 북한무장공비 2명이 한국대통령 및 정부요인들의 6 · 25전쟁 20주년 기념 국립묘지 현충문 참배가 예정되어 있음을 이용하여 현충문 폭파를 시도하였다. 이들은 폭파임무를 띠고 1970년 6월10일경 경기도 군지만에 상륙하여 육로로 수원, 광주, 남양, 군포 및 안양을 거쳐 서울로 침투했다. 이들은 한국전쟁 20주년 행사시 정부요인을 암살할 목적으로 비밀리에 국립묘지 현충문 옥상에 크레모아 원격 조정폭탄을 설치하였던바, 실수로 폭탄이 설치 도중 폭발함으로써 그 중 한 명이 현장에서 즉사하고 다른 한 명은 도주하였다.

③ 8 · 15 광복절 대통령 저격 테러

1974년 8 · 15 광복절, 박정희대통령에 대한 저격미수사건은 장충동 국립극장에

9) 아시아경제, 2011.02.02, '북한도 우리국민 피랍 여러번 시도', http://www.asiae.co.kr/news/view.htm?idxno=2011020113464302955(검색 : 2012.03.24)

서 거행되는 8·15 경축식전에 귀빈을 가장하고 잠입한 재일교포 문세광이 광복절 경축사를 낭독중인 박정희 대통령에게 권총으로 저격하려다가 실패하고 붙잡힌 북한의 대표적인 저격 테러사건이었다. 경축식장 1층 뒤쪽의 해외교포석에 자리 잡고 있던 저격범인 문세광은 10:20경에 좌석에서 갑자기 일어나 박대통령을 향해 저격했는데 1탄은 불발이었고, 2탄은 박대통령이 사용 중이던 연설대 우측에 맞았으며, 3탄이 단상에 앉아 있던 대통령 영부인 육영수 여사의 두부에 맞았는데, 육 여사는 경호원들과 여자합창단원의 부축을 받고 서울대학병원으로 긴급 이송되었다. 박대통령은 저격범이 체포된 뒤에 태연히 경축사를 계속 낭독하였으며, 경축식전은 예정대로 끝났다. 그러나 불과 22초라는 눈 깜짝할 사이에 벌어진 이 사건으로 말미암아 대통령 부인 육영수 여사는 5시간에 걸친 수술을 받았으나 오후 19:00에 49세를 일기로 운명하였다. 그리고 합창단원의 한 사람인 성동여자실업고등학교 학생인 장보화 양이 경호원이 쏜 총탄에 희생되었다. 8·15 저격사건은 범인 문세광이 재일 교포이고 그가 범행에 사용한 권총이 일본경찰에서 훔친 것이며, 그가 입국 시 사용한 여권이 일본정부가 발행한 여권이라는 점에서 한일 관계에 큰 파문을 던졌다. 박대통령 저격사건 수사본부는 저격범 문세광이 북한의 지령에 따라 박대통령을 암살하려 했다고 발표하였다.

④ 아웅산 국립묘지 대통령 암살 테러

아웅산 국립묘지 암살 테러사건은 북한이 1983년 10월 9일 미얀마를 친선 방문 중이던 한국의 전두환 대통령 및 수행원들이 아웅산 국립묘소를 참배한다는 정보를 이용, 암살하기 위해 사전에 이 묘소 건물 천장에 설치한 원격조종폭탄을 폭발시켜 한국의 부총리와 장관 등 수행원 17명을 순국케 하고 14명을 부상시키는 천인공노할 테러를 감행하였다. 미얀마 당국의 수사결과 이 사건은 북한 김정일의 친필지령을 받은 북한군 정찰국 특공대 소속 진모(某)소좌, 강민철대위, 신기철대위 등에 의해 저질러진 것으로 밝혀졌다. 미얀마 정부는 이 사건의 수사를 매듭지으면서 11월4일 북한과의 외교관계를 단절하는 한편, 양곤에 있는 북한대사관 직원들의 국외추방을 단행했다. 그 뒤 12월9일 양곤지구 인민법원 제8특별 재판부에서는 테러범에 대한 사형선고가 내려졌다. 이 사건으로 코스타리카·코모로·서사

모아 등 3개국이 북한과의 외교를 단절하였으며, 미국·일본 등 세계 69개국이 대북한 규탄성명을 발표하였다. 또한 11월 13일 미국 레이건대통령이 한국을 방문, 최전방을 이례적으로 시찰하는 등 한·미 공동 자유수호결의를 재확인하였다.

(2) 항공기 테러

북한에 의한 항공기테러는 1980년대를 기점으로 크게 변하였다. 1980년대 이전에는 단순한 항공기납치 등 항공기를 이용한 테러이었으나, 1980년대부터는 그 수법이 항공기폭파라는 반인류적·반문명적 형태로 나타났다. 또한 그 목적도 인질납치 및 항공기 억류에서 대량 인명살상 등을 통한 남한의 불안한 상황을 세계에 알려 한국을 고립시키고, 나아가 한반도의 긴장을 조성하려는 것이었다. 특히 국제행사인 서울올림픽을 앞두고 북한이 행한 1987년 대한항공 858기 공중 폭파사건은 서울 올림픽을 방해할 목적으로 저지러진 대표적 사례이다.

① KNA 민간항공기 납치

1958년 2월 15일 부산 수영비행장을 떠나 서울로 향하던 KNA(창랑호)가 평택 상공에서 북한 무장공작원들에 의해 납치돼 평양 순안공항에 강제 착륙했다.

항공기에 승객으로 가장한 간첩 기덕영의 주도로 다른 4명의 간첩들이 총기로 조종사를 위협하여 강제로 납북하였다. 이로 인하여 승무원 3명, 승객 28명이 납북되었다. 이 중에는 미군장교 1명과 국회의원 1명이 포함되었다. KNA 민간항공기 납치사건은 북한의 사전지령에 의해서 자행된 것이라기보다는 그 당시 이미 남파되어 있던 간첩에 의해 장기간에 계획된 것으로서 이들이 북한으로 탈출하기 위한 수단으로 분석되었다. 민항기에 대한 첫 번째 도발로서 우리 국회가 북한의 만행을 규탄하는 메시지를 6·25참전 16개국에 보내는 등 강력히 항의하자 탑승자 26명 전원을 돌려보냈다.[10]

---

10) http://cafe.daum.net/safetyforum/5lJh/15?docid=1Hkn3|5lJh|15|20090612104822&q=%BE%C6%BF%F5%BB%EA%20%C5%D7%B7%AF%BA%CF%C7%D1%20%BA%CE%C0%CE&srchid=CCB1Hkn3|5lJh|15|2009062104822(검색 : 2012.03.24),
아시아경제, 2011.02.02, '북한도 우리국민 피랍 여러번 시도',
http://www.asiae.co.kr/news/view.htm?idxno=2011020113464302955(검색 : 2012.03.24)

② 대한항공 YS-11 민간항공기 납치

1969년 12월11일, 승무원 4명을 비롯하여 승객 47명을 태운 강릉 발(發) 서울행 항공기가 비행과정에 강제로 납치되었다. 이미 탑승하였던 간첩들은 항공기가 대관령 상공을 비행할 때 조정실로 들어간 후, 강제로 항공기의 진로를 바꾸게 하였다. 항공기가 동해상에 진입하자 두 대의 북한 전투기가 접근하여 북한의 함흥부근 연포 비행장에 강제 착륙시켰다. 한국정부와 국민들은 북한의 만행을 비판하면서 인도주의적 조치로 승객과 기체를 돌려줄 것을 요구하였으나 납치 66일 만인 1970년 2월 14일 탑승자 중 승객 39명만 판문점을 통해 귀환하고 승무원·승객 12명(납치범 포함)의 송환은 이뤄지지 않았다.[11)]

③ 대한항공 858기 폭파사건

1987년 11월29일, 오후 2시 05분경에 민간항공기가 버마 안다만해역 상공에서 공중 폭파되어 탑승객 115명 전원이 희생되었다. 범인들은 북한 노동당 중앙위원회 조사부 소속의 대남특수공작원 김승일과 특수여자공작원 김현희로 밝혀졌다. KAL 858기 폭파사건은 1987년 10월7일 김정일이 북한 노동당 중앙위원회 조사부장을 통하여 두 공작원들에게 내린 친필공작지시에 의해 자행된 것으로 확인되었다.

KAL기 폭파사건의 범인인 김승일은 사건 당시 70세의 특수공작원이었고, 김현희는 26세로 모두 북한 노동당 조사부 소속이었다.

폭파지령을 받은 김승일과 김현희는 1달 동안 평양 동북리 초대소에서 특수훈련을 받았는데 이들이 훈련받은 폭파방법은 소형라디오와 술병으로 위장된 시한폭탄을 기내에 장치하는 것이었다. 폭발물은 베오그라드에서 북한 노동당 조사부 최과장에게 수령하여 바그다드 발 서울행 대한항공기에 탑승하여 시한폭탄을 기내에 장치하고, 중간 기착지인 아부다비 공항에서 내려 비엔나로 탈출 이후 최과장과 합류하여 평양으로 귀환하는 것이었다.

1987년 11월 28일 밤 김현희와 김승일은 일본인으로 위장하여 바그다드발 아부바디-방콕경유 서울행 대한항공 858기에 탑승한 후 김현희는 시한장치 폭발물을

11) http://cafe.daum.net/safetyforum/5lJh/15?docid=1Hkn3|5lJh|15|20090(검색 : 2012.03.24), 아시아경제, '북한도 우리국민 피랍 여러번 시도', 2011.02.02, http://www.asiae.co.kr/news/view.htm?idxno=2011020113464302955(검색 : 2012.03.24)

좌석번호 7B와 7C 선반 위에 올려놓고 아부다비 공항에 내리고 대한항공 858기는 11월 29일 14 5분 공중 폭파되어 115명이 희생되었다.

대한항공 858기 폭파사건이 발생하자 정부당국은 신속하게 움직여 아부다비 공항에 내린 외국인 탑승자 중 일본인 2명을 주목하고 현지 일본 대사관에 의뢰하여 위조여권임을 확인한 후 정부는 바레인 당국의 협조를 받아 1987년 12월1일 이들을 연행 조사하였다. 이에 김승일과 김현희는 담배에 은닉된 독약샘플을 물고 음독자살을 도모하여 김승일은 사망했고 김현희는 12월3일 의식을 회복하고 12월15일 서울로 압송되었다. 한동안 허위진술을 반복하던 김현희는 12월23일 이후 범행 일체를 자백하였다.

북한이 대한항공기 858기 폭파 사건 과 같은 도발을 자행한 목적은 서울 올림픽 개최를 방해한 것으로 미얀마 아웅산 테러사건처럼 1980년대 북한의 도발은 한반도를 넘어서 전 세계를 무대로 하는 모습을 보였다.[12)]

(3) 민간인 납치테러[13)]

북한은 휴전 이후 지금까지 해상·공중·해외에서 모두 470여건에 걸쳐 3,738명에 이르는 한국인을 납치하여 대부분은 사상 세뇌교육과 간첩교육을 시킨 후 돌려보냈으나, 아직까지 수많은 인질을 억류하고 있는 세계적인 납치 테러국으로 통하고 있다. 북한은 1970년경, 김정일의 지시에 따라 작전부 내에 외국인 납치조직을 만들어 놓고 한국인뿐만 아니라 전 세계 여러 나라의 외국인에 대해서도 납치를 행하였다.

미국의 아시아 감시위원회 뿐만 아니라 미네소타 변호사 국제위원회가 1988년에 펴낸「북한의 인권」에 의하면 1970년대 초 5명의 레바논 여성이 평양에 끌려가, 프랑스, 이탈리아, 네덜란드 등 여러 나라에서 납치되어 온 여성들과 함께 간첩교육을 받았다고 밝혔고, 1987년 홍콩에서 납치된 최은희·신상옥 부부도 평양초대소에서 마카오로부터 끌려온 중국인과 요르단 여성을 만났다고 폭로했다.

---

12) http://blog.naver.com/lom2014?Redirect=Log&logNo=220386988864(검색: 2015.11.27)

13) 아시아경제, 2011.02.02, '북한도 우리국민 피랍 여러번 시도', http://www.asiae.co.kr/news/view.htm?idxno=2011020113464302955(검색 : 2012.03.24)

북한의 납치행위 중에는 국내로 침투한 간첩이 민간인을 납치하거나 해외에서 북한 공작원에 의해 납치되는 사례가 있다. 북한은 특히 일본인에 대한 납치공작을 끊임없이 자행하였는데 이 가운데 1987년 대한항공 858기 폭파범 김현희에게 일본어를 가르쳤던 '다구찌 야에꼬(1978년 피납)'와 일본 중의원에서 폭로되어 일본 북한 간 외교문제화 된 '요꼬다 메구미(니이가다현 거주, 1977년 피납 당시 13세 중학생)', 그리고 북한에 생존해 있는 것으로 확인 된 '데라코에 다케시(1963년 피납 당시 13세 중학생)' 등이 대표적인 희생자들이다.

한국인에 대한 대표적인 납북사례로 북한이 당시 고정간첩 조창희를 시켜 1969년 12월, 승객과 승무원 총 51명을 태운 대한항공 소속 YS-11기를 대관령 상공에서 공중납북사건으로 강릉 대관령 상공에서 납치하였는데 이들 중 여승무원 정경숙과 성경희 등 12명은 아직도 북한에 억류되어 생사를 모르고 있다.

또한 1977년 8월, 전남 홍도에서 이민교(당시 18세)·최승민(17세)군이, 1978년 8월10일, 역시 홍도에서 이명우·홍건표(당시 17세) 군이, 8월15일 군산 선유도에서 김영남(당시 16세)군이 고교생 신분으로 북한의 공작선에 의해 해안가에서 납치된 바 있다. 이 중 김영남군의 경우는 80년 6월 충남 보령으로 해상침투 중 검거된 간첩 김광현에 의해 확인됐고, 홍건표·이명우군은 1995년에 검거된 간첩에 의해 북한에서 홍교관 등으로 불리며 활동했다는 것이 밝혀졌다.

북한은 또한 서해나 동해의 휴전선 부근에서 어로작업 중이던 어부 3,662명과 해군 20명 등 총 3,682명을 납치했는데 1987년1월, '동진호'가 백령도 부근에서 조업 중 북한 무장경비정에 의해 납치되었으며, 선장 등 12명은 아직도 억류되어 있다.

한국인이 해외에서 납치된 예는 1971년 서독에서 납치된 유성근씨 일가족 4명이 첫 번째로 꼽힌다. 1978년 4월13일에는 노르웨이에서 고상문씨가, 1978년 1월과 7월, 홍콩에서의 영화배우 최은희·신상옥부부 납치사건, 1987년 7월20일에는 오스트리아에서 이재환 씨가 납치됐다. 중국과의 교류가 늘어난 후인 1995년 7월9일에는 중국 연길시에서의 순복음교회 안승운목사, 1999년 9월7일에는 무역업자 장세철 씨, 2000년 1월에는 옌지에서 김동식목사 등이 납치됐다.

한편 2007년 7월12일, 관광객으로 북한 금강산을 찾은 주부 박왕자 씨가 북한군의 총격을 받아 현장에서 숨졌다. 박씨가 금지구역에 들어갔다는 것이 북한군이

내세운 총격 이유로서 금강산 관광 이후 첫 민간인 피살사건으로 기록된다.[14)]

북한이 이처럼 국제적 비난을 무릅쓰고 납치행각을 벌이는 목적은 첫째, 북한 방문 외국손님들을 접대하기 위해서이고 둘째, KAL기 폭파범 김현희의 일어교사였던 일본인 다구찌 야에꼬와 같이 해외 공작 지도원으로 활용하기 위해서이며 셋째, 납치한 한국인들에 대해 세뇌교육 및 간첩교육을 시킨 후 한국에 남파시켜 파괴공작에 활용하기 위한 것으로 알려졌다.[15)]

(4) 해상테러[16)]

해상 군사충돌은 테러행위와 국지전의 양면성을 모두 내포하고 있다. 삼면이 바다로 둘러싸인 한반도의 지정학적인 위치는 공격자(攻擊者)에게 매우 유리한 지형인 반면, 이를 지키는 방어자(防禦者)에게는 반대로 매우 불리한 지형이다. 북한은 정전협정 이후 수 없이 많은 해상 도발 및 테러행위를 감행해 왔다. 북한의 해상을 통한 테러행위는 어선의 납북과 공작선 침투는 물론이고, 심지어는 한국 해군 함정을 공격하는가 하면 미 해군 정보함을 납치하여 승무원을 장기간 억류하는 등 각종 도발 및 테러행위를 자행해 왔으며 최근에는 1999년 연평해전(제1차 서해교전), 2002년 제2차 서해교전, 2009년 대청해전(제3차 서해교전)과 함께 2010. 3. 발생한 천안함 폭침사건 또한 북한에 의한 테러공격으로 분류될 수 있을 것이다. 따라서 여기에서는 북한이 자행한 해상 테러 중 가장 중요한 사건인 해군 함정 및 경비정 피침사건과 미 정보함 푸에블로호 납치사건, 그리고 1999년 서해 NLL 침범사건에 대해 살펴보고자 한다.

① 해군 제56함 공격 테러

해군 제56함 피침사건은 1967년 1월 19일 오후 동해 휴전선 근해에서 명태잡이

---

14) 국방일보, 2011.01.07, '민간(인)에 대한 테러, 최근까지 어부 3700명 피랍, 428명 아직도 억류', http://kookbang.dema.mil.kr/kdd/GisaView.jsp?menuCd=3004&menuSeq=15&menuCnt=&writeDate=20110107&kindSeq=1&writeDateChk=20110107(검색 : 2012.3.24)

15) http://cafe.naver.com/nuke928/61043(검색: 2015.11.26)

16) 안전관리포럼, http://cafe.daum.net/safetyforum/5lJh/15?docid=1Hkn3|5lJh|15|20090612104822&q=%BE%C6%BF%F5%BB%EA%20%C5%D7%B7%AF%BA%CF%C7%D1%20%BA%CE%C0%CE&srchid=CCB1Hkn3|5lJh|15|2009062104822(검색 : 2012.03.24),

어선을 보호하던 해군 제56함 당포호(650노트, 승무원 79명)가 북한군 육상 포대로부터 약 20여 분에 걸쳐 200여발의 집중 포격을 받고 침몰된 사건이다. 해군 당국이 발표한 바에 의하면, 이 교전에서 제56함 승무원 79명 중 39명(장교 2명, 사병 37명)이 전사하고, 14명이 중상, 16명이 경상을 입었으며 무사한 장병은 10명뿐이었다. 1월 19일 13:30경 북한의 수원단 동쪽 6마일 해상에 나타난 북한 해군 함정 2척이 고기떼를 따라 해상휴전선 근처에서 어로작업 중이던 민간 어선 약 70여 척을 납북하려고 하였다. 해군 제56함은 이를 발견하고 우리 어선들을 안전하게 대피하고자 북한 해안과 가까운 38도선 해역에 접근하자, 북한의 해안 동굴진지에 위치한 해안 포대에서 13:50부터 20분간 약 200여발의 포탄을 퍼부었다. 이에 해군 제56함도 응전하였고, 급히 달려온 해군 제53함도 3인치 함포로 응사하였으나, 해군 제56함은 적의 포탄에 명중되어 동일 14:34에 동해 해상에서 침몰하였다.

② 해경 제863호 경비정 피격사건

해경 제863호 경비정 피격사건은 1974년 6월, 해군 경비정이 북한 해군 함정에 의해 격침된 사건이다. 국방부는 1974년 6월28일 10:30경 동해의 해상군사분계선 남쪽인 거진 동쪽 25마일 해상에서 어로(漁撈)보호 경비 중이던 해경경비정 200톤급 제863호가 북한 해군함정 3척에 의해 포위되어 교전중이라는 보고가 있은 뒤 통신이 끊겼는데, 제863호 경비정은 북한 해군 함정의 포격으로 격침되었음이 분명하다고 발표하였다. 발표에 의하면 제863호는 6월 28일 08:10경 어선들을 경비중 북한 경비정 3척에 포위되었다고 보고하였는데, 국방부는 사건발생 보고를 받자 즉각 해군 함정과 공군기를 출동시키고 해경 경비정을 현장에 급파하였으나 사고현장의 구름이 낮고 심한 안개와 높은 파도 때문에 구조가 불가능한 상태였다고 하였다. 제863호 경비정은 속초기지 소속으로 건조된 지 얼마 안 되는 시속 20노트의 초계정인데 6월 28일에 28명의 승무원을 태우고 거진근처의 어로저지선 근방에서 어선단을 경비중 "북한 함정으로부터 피격되었다. 북한 함정이 우리 배를 포위했다"고 타전해 왔고, 그 후 다시 '교전 중'이라고만 보고하고 교신이 끊겨 버렸다. 사고해상은 이날 아침 심한 안개가 끼어 있어서 북한 함정이 해상 군사분계선을 지나 월남하여 어선들을 납치하려다가 경비정을 공격한 것으로 파악되었다. 북한은 6월28일 오전 해상군사분계선 부근에서 한국 경비정 한 척을 침몰시키고 수명의 승무원을 사로잡았다고 동경에서 청취된 북한 중앙통신을 통하여 보도했으나, 몇 명의 승무원이 포로가 되었는지는 밝히지 않았다. 이에 유엔한국대표부는 6월28일 오전 북한이 동해 공해상에서 초계정 제863호를 격침한데 대하여 "즉시 이 만행을 사과하고 초계정의 생존자와 사망자 유해를 송환하라"는 내용의 강경입장의 성명을 발표하였다.

③ 미 정보함 푸에블로함 납치 테러[17)]

미 정보함 푸에블로호 납북사건은 미 존슨 행정부 시절이던 1968년 미 해군 소속 정찰함 푸에블로호가 북한 원산 앞 공해상에서 북한해군에 의해 나포되어 82명의 미 해군 인원이 11개월이나 붙잡혀 있다가 승무원들만 풀려난 사건이었다.

푸에블로호는 1968년 1월23일 북한 원산 앞 공해상에서 정보수집활동을 하던 중 북한함정에 의해 나포되었으며, 그 과정에서 북한군의 발포로 승무원 1명이 사망하고 13명이 부상당하였다. 미 함정이 공해상에서 납치되기는 미국사상 106년 만에 처음 있는 일이었다. 푸에블로호는 1968년 1월23일 정오경 1척의 북한 초계정으로부터 첫 공격을 받았으며 14:32에는 “엔진이 모두 꺼졌으며 무전연락도 이것이 마지막이다. 원산항으로 끌려 간다”는 최종보고를 송신하였다. 미 국무부는 함정과 승무원들을 즉각 석방하도록 소련을 통해 접촉하였다. 푸에블로호는 경화물선을 개조한 해군 정보수집함으로써 무게 906톤, 길이 54m, 폭 10m, 속도 12.2노트이고, 승선인원은 장교 6명, 사병 75명, 민간인 2명 총 83명이었다.

푸에블로호는 1월23일 정오경 1척의 북한의 초계정으로부터 무전으로 “국적을 밝히라”는 요구를 받고 “미국 소속”이라고 답변했다. 이에 북한 함정은 “정지하지 않으면 발포하겠다”고 위협해 왔고, 미 해군은 “공해상에 있다”는 답전으로 이를 거절하였다. 약 1시간 후 북한 함정의 지원을 받고 3척의 무장 초계정과 2대의 미그기가 도착하여 포위하였다. 북한 미그기들이 주변을 선회하고 있는 동안 한 척의 북한 초계정이 접근하였으며 무장군인들이 푸에블로호에 승선하였다. 이때가

17) 국가기록원 나라기록, http://content.archives.go.kr/next/content/listSubjectDescription.do;jsessionid=snJLPnThdDshwLhnPr2m8yCmpLbDylFBV2hyvtBzYJQkMJKGfssD!610676854?id=006322&pageFlag(검색 2012.03.25)

12:40분이었다. 푸에불로호는 “무력 저항을 하지 않았다”면서 원산항으로 끌려간다고 보고하였다. 이 사건이 발생하자 즉각 미국은 일본에서 월남으로 항해중인 핵항공모함 엔터프라이즈호와 3척의 구축함을 진로를 변경시켜 원산만 부근에서 대기토록 하였으며, 25일에는 해공군의 예비역 14,000여 명에게 긴급 동원령을 내리고, 전투기를 비롯한 항공기 372대에 대한 출동태세를 갖추도록 했으며, 오산과 군산기지에 2개 전투기대대를 급파하는 등 군사적 조치를 위해 나갔다. 28일에는 추가로 2척의 항공모함과 구축함 1척 및 6척의 잠수함을 동해로 이동시킴으로써 한반도에는 전운이 감돌기 시작하였다. 결국 이 사건은 30여 차례의 비밀회담 끝에 납치된 승무원들이 325일 만인 1968년 12월23일 판문점을 통해 귀환함으로써 마무리되었다. 당시 미국은 반전 여론 때문에 월남전에서 철수를 고려하고 있는 시기여서 한반도의 긴장상태를 원치 않았으므로 많은 양보를 하면서 협상하였다. 납북사건이 발생한 31년이 지난 1999년 북한은 원산항에 있던 것을 김정일 지시에 의해 1999년 10월 대동강 ‘충성의 다리’ 근처로 옮겨 반미교육으로 활용하고 있다.

한편 이 사건이 마무리된 불과 4개월 후인 1969년 4월15일 미 해군 정찰기 EC-121가 동해 북방한계선(NLL)에서 북한에 의해 격추됨으로써 또다시 한반도에 급박한 상황이 연출되었다. 승무원 31명을 태우고 일본에서 출발한 미 해군 EC-121 정찰기는 동해 북방한계선 부근에서 북한에 의해 격추되어 승무원 전원이 사망했다. 이 사건이 발생하자 미국은 한반도 주변에 항공모함 엔터프라이즈호를 급파하는 등 한반도에 정세가 긴박하게 돌아갔다.

④ NLL 침범 해상 테러

1999년 서해 북방한계선(NLL) 침범사건은 북한 경비정 6척이 동년 6월7일 꽃게잡이 어선을 앞세우고 연평도 서방 10㎞ 지점에서 북방한계선을 넘어 우리 영해를 침범해 들어와 한국 해군의 경고를 무시하고 침입과 퇴각을 반복하면서 9일 동안이나 버티다가 이를 '충돌식 밀어내기' 전술로 저지하는 한국함정에 북한경비정이 선제사격을 가함으로써 결국 남북 함정간의 치열한 포격전으로 발전한 사건이다. 이 교전에서 북한해군은 어뢰정 1척이 침몰하고 경비정 4척이 대파되었으며 북한군 20~30여명이 사망하는 큰 피해를 입은 반면에 한국해군은 경비정 몇 척이 일부 파손되고 해군 7명이 부상당하는 비교적 경미한 피해를 입었다. 이 충돌로 망신을 당한 북한해군이 북쪽으로 퇴각하여 추가도발을 해오지 않음으로써 이 사건은 일단락되었으나 이번 북한의 북방한계선 무단침범은 '정전협정'의 정신과 '쌍방이 지금까지 관할한 구역을 인정'키로 한 '남북기본합의서'(1992년)의 합의를 정면으로 위반한 범법 행위였다. 북한이 이 사건을 일으킨 목적은 대북 포용정책하의 한국정부의 국방의지 시험, 북방한계선을 무시함으로써 정전협정체제 무력화, 향후 남북협상에서 실익을 취할 수 있는 유리한 고지 선점, 유고 패전에 따른 위축된 북한내부 결속을 위한 긴장 조성용, 그리고 꽃게 · 새우 · 조기 등 고급 어종이 풍부한 서해 5도 인근 황금어장 확보 등 다목적 카드로 활용하기 위한 것으로 분석되었다. 그러나 북한이 우리 해군과의 교전에서 참패를 당함으로써 '선군정치'와 '필승불패'를 선전해온 북한 무력이 허구에 불과함을 스스로 노출시켰으나, 한국측에는 오히려 대북포용정책이 튼튼한 안보를 바탕으로 하고 있다는 것과 우리 해군의 전투력이 북한보다 한 수 위에 있음을 확인시켜준 좋은 계기가 되었다.[18]

(5) 주요시설 파괴 테러[19]

북한의 테러 활동 중 중요한 것 중의 하나가 국가 주요 시설 파괴로 남한 사회를 혼란에 빠뜨리는 것이다. 여기에는 국가 기간사업이자 간접자본시설인 철도를 비롯하여 공항 및 항만시설 등 여러 가지가 있다.

① 경원선 철도 폭파 테러

경원선 철도 폭파사건은 1967년 9월 5일 20:25 간첩이 열차 레일 밑에 매설한 것으로 보이는 TNT가 폭발하여 달리던 열차 5량 중 3량이 탈선한 사고가 포천군 청산면 초성리의 경원선 초성역 남방 500m지점에서 발생한 사건이다.

---

18) 안전관리포럼, http://cafe.daum.net/safetyforum/5lJh/15?docid=1Hkn3|5lJh|15|20090612104822&q=%BE%C6%BF%F5%BB%EA%20%C5%D7%B7%AF%BA%CF%C7%D1%20%BA%CE%C0%CE&srchid=CCB1Hkn3|5lJh|15|2009062104822(검색 : 2012.03.24),

19) 안전관리포럼, http://cafe.daum.net/safetyforum/5lJh/15?docid=1Hkn3|5lJh|15|20090612104822&q=%BE%C6%BF%F5%BB%EA%20%C5%D7%B7%AF%BA%CF%C7%D1%20%BA%CE%C0%CE&srchid=CCB1Hkn3|5lJh|15|2009062104822(검색 : 2012.03.24),

서울역발 신탄리 행 311호 열차가 승객 400여명을 태우고 초성 역에 진입 직전 급커브를 돌 때 기관사 오경섭이 50m 전방에서 도화선이 타들어 가는 불꽃을 발견하고 급브레이크를 잡아 아슬아슬하게 인명피해는 막았으나 매설된 TNT가 폭발하는 바람에 앞에 있던 객차 3량이 약 2m 정도 탈선했다. 이 폭발로 열차 하부가 대파되었고 레일 60여m가 끊겨 엿가락같이 휘었으며, 300여 개의 침목이 마구 흩어졌는데, TNT가 폭발한 지점에는 직경 2.5m, 깊이 50㎝의 웅덩이가 만들어졌다. 사고원인 조사차 현장을 답사한 군·경 합동수사반은 폭발지점에서 하천을 건너 약 200m 전방의 마차산 밑 동굴까지 0.5㎜ 동선이 연결되어 있음을 발견하였는데, 이로써 간첩이 배터리를 사용하여 TNT를 폭파한 것으로 확인되었다. 군 수사기관은 북한 간첩이 후방교란을 위하여 열차를 폭파하려 한 것으로 보고 간첩 색출을 위하여 사고지점 부근을 정밀 수색하였으나 용의자를 찾지 못하였다.

한편 약 1년 후인 1968년 8월 5일 01:25에는 강원도 정선군 남면 문곡리 정선선 별어곡역 북방 400m 지점에 있는 남천 제3철교에 장치해 놓은 폭약이 폭발직전에 발견되어 경찰을 긴장하게 하였다. 폭약과 뇌관에 도화선을 연결시킨 이 폭파장치는 철교 3개소에 1m 간격으로 설치되어 있었는데, 이날 02:02에 동역에 도착할 서울발 정선행 제5-9호 열차의 도착 직전에 동역 직원인 장효덕이 초롱불을 들고 순찰 중에 폭파장치를 발견하여 제거함으로써 열차 폭파가 미연에 방지되었다. 북한은 후방교란 등을 통해 남한 사회를 혼란에 빠트리기 위해서 열차 폭파 테러를 자행하였다.

② 대구 미문화원 폭파 테러

아웅산 테러 2년 후에 일어난 1983년 대구 미문화원 폭파사건은 북한이 한·미 간의 외교 분쟁을 노리고 행한 테러 사건이다. 1983년 9월 22일 대구 미 문화원 정문 폭파 사건은 무장 간첩의 소행으로 밝혀졌다. 9월 22일 21:33경 대구시 삼청동 2가에 위치한 미국 문화원 정문 앞에서 강력한 폭발물이 터져 대구 영남고등학교 1학년생인 허병철 군이 현장에서 숨지고 대구 중부 경찰서 김철호 순경 등 4명이 중경상을 입었다. 이 사고로 미 문화원 건물 앞 벽이 허물어지고 이 건물과 인근 한국은행 대구 지점 현장에서 100미터 떨어진 경북의대와 의대부속병원 등의 유리창 500여장이 깨졌다. 수사당국은 1980년 12월 9일 광주 미 공보원 및 1982년 3월 부산 미문화원 방화사건에 이어 발생한 미 문화원 사건이라는 점을 중시하고 관계기관과 합동으로 다각적인 수사를 펼쳐 나갔다. 사건은 21:25경 숨진 허 군이 여학생 보조가방으로 쓰이는 가로 세로 각 26cm 두께 5cm의 감색 헝겊 가방을 현장에서 300미터 떨어진 대구시경 정문 근무자 김일환 일경에게 가지고 와서 신고했다. 김일경에 따르면 허군은 길을 가다 이상한 가방이 있어 주워왔는데, 미 문화원 앞에는 이 보다 더 큰 가방이 하나 더 있다고 해서 시경은 관할 경찰서인 중부경찰서에 연락하자 김철호 순경이 시경으로 와 허군을 데리고 미 문화원 현관 앞 계단에 도착한 순간 현장에 있던 큰 가방이 갑자기 터졌다. 이 사건은 사건 당시부터 무장 간첩의 소행이라고 판단했는데, 1983년 12월 8일 대간첩 대책본부는 다대포 해안에서 생포된 진충남과 이상규 등 2명의 생포간첩 증언을 인용 대구 미 문화원 폭파사건이 북한 소행임을 최종 확인하게 되었다.북한은 미 문화원을 폭파함으로써 한·미 간의 외교분쟁은 물론 남한사회의 혼란을 조성하기 위함이었다.[20]

③ 연평도포격사건[21]

연평도 포격(延坪島砲擊)은 2010년 11월 23일 오후 2시 30분경에 조선민주주의인민공화국이 대한민국의 대연평도를 향해 170여 발을 포격한 사건이다. 이에 해병대 연평부대는 포격 직후 80여 발의 대응사격을 실시하였으며 도발직후 서해5도에 진돗개 하나를 발령한 뒤 북한의 도발임이 명확해지자 대한민국 국군은 전군에 진돗개 하나를 발령하였다. 이 사건으로 인해 대한민국의 해병대원 2명이 전사했고 16명이 중경상을 입었으며, 대한민국의 민간인도 2명이 사망했고 3명이 중경상을 입었다. 조선민주주의인민공화국의 인명피해 규모에 대해서는 각종 언론매체와 출처에 따라 대략 0~7명 정도로 저마다 다르게 추정하고 있으나, 정확한 확인은 되고 있지 않다. 남북 간의 교전 중 민간인이 사망한 것은 한국 전쟁 이후 이번이

---

20) 안전관리포럼, http://cafe.daum.net/safetyforum/5lJh/15?docid=1Hkn3|5lJh|15|20090612104822&q=%BE%C6%BF%F5%BB%EA%20%C5%D7%B7%AF%BA%CF%C7%D1%20%BA%CE%C0%CE&srchid=CCB1Hkn3|5lJh|15|2009062104822(검색 : 2012.03.24),

21) http://ko.wikipedia.org/wiki/%EC%97%B0%ED%8F%89%EB%8F%84_%ED%8F%AC%EA%B2%A9(검색 : 2012.03.24)

처음으로 국제 사회의 큰 관심을 불러 모았다. 중화인민공화국을 제외한 각국 정부는 조선민주주의인민공화국의 도발을 규탄했으나, 조선민주주의인민공화국은 대한민국에 책임을 넘기며 정당한 군사적 대응이라고 주장했다. 이 사건은 천안함 침몰 사건 이후로 벌어진 것으로 남북 간의 갈등이 더 심화되었다.

2010년 11월23일의 연평도 포격 사건은 조선민주주의인민공화국의 철저한 계획 아래 실시되었다는 분석이 지배적이다. 그 이유는 대한민국 국군이 조선민주주의인민공화국에 황해상의 군사훈련을 통보한 바 있기 때문에 김정일의 동의하에 이루어졌을 가능성이 높다는 것이다. 또한 조선민주주의인민공화국 김정일 국방위원장의 후계자 김정은이 연평도 도발 준비를 지난달에 이미 지시한 정황도 있었는데, 일본 아사히신문은 12월 1일 북한 소식통을 인용해 "김정은의 이름으로 지난달 초 '적의 도발 행위에 언제라도 반격할 수 있는 태세를 갖추라'는 지령이 조선인민군 간부들에게 하달됐다"고 보도했다. 이것이 사실이라면 연평도 포격은 예정됐던 행동이며 '충분한 기간을 가지고 준비'한 것으로, 조선인민군이 김정은의 지시를 받고 공격 기회를 엿보고 있다가 대한민국 국군의 훈련을 구실로 포격을 감행했을 가능성이 높으며, 연평도 무력공격 직전 조선민주주의인민공화국의 미그-23기 5대가 서해 5도 인근에서 초계비행을 벌였던 사실도 드러났다. 또한 김정은 후계 구도를 더욱 확립하기 위한 것이라는 분석이 제기된다. 특히 김정은은 북측에서 포병 전문가로 미화되고 있다는 점에서 그의 업적을 극대화하기 위한 것이라는 주장이 설득력을 얻고 있다. 또한 우라늄 농축 시설을 공개하면서 대화국면을 유도했으나, 실패하면서 좀 더 강한 도발을 통해 국면을 전환하겠다는 전략이 있었다는 분석이 제기되고 있다. 또한 호국훈련에 대한 단호한 대응 의지를 보이기 위한 것이라는 분석도 제기됐다. 서해 북방한계선(NLL)을 무력화하겠다는 의도도 있었을 것으로 분석된다. 천안함 침몰사건 이후 고립된 상황을 돌파하기 위해 한국과 미국을 겨냥해 강온양면 전술을 사용해왔던 북한이 마지막 카드를 꺼낸 것이라는 추측도 제기되고 있다. 조선민주주의인민공화국이 타격 지점을 연평도로 잡은 이유에 대해서도 분석이 이어졌다. 북방한계선은 조선민주주의인민공화국이 보유한 서해안포에서 타격하기 적당한 지점이며, 파급력도 크다는 점을 이용한 것으로 분석된다. 또한 육지에 비해서 확전 가능성이 적다는 점도 고려되었을 것으로 분석된다.

④ 김포공항 국제선청사 폭파

1986년 9월 14일 아시안게임을 1주일 앞둔 시점에 김포공항 국제선 청사 쓰레기통에서 고성능 사제폭탄이 터져 민간인 가족 4명과 공항직원 1명 등 5명이 사망하고 30여명이 부상을 입었다.

이 사건에서 범인은 검거되지 않았으나, 현장에서 콤포지션-4 폭약 및 시한장치가 발견되었으며, 북한 간첩의 소행으로 강하게 추정되었으나, 결국 사건의 전모는 확인되지 않았다. 2009년 국내 언론사인 월간조선은 이 사건이 북한의 청부를 받은 국제테러조직 '아부니달'의 소행이라는 주장을 제기하였다.

2. 국제테러단체에 의한 위협

한국은 매년 헤아릴 수 없이 많은 국제회의 · 행사를 개최할 정도로 세계화 · 개방화되어 있다. 또한 해마다 1200만 명의 우리국민들이 국외를 드나들고 있고, 그리고 700만 명의 재외동포 등 한국인의 활동 영역이 그만큼 커짐에 따라 위험지역에 노출된 한국인들에 대한 테러의 가능성은 그만큼 높아졌고 볼 수 있다.

선교사만 하더라도 많은 인원을 분쟁지역과 오지 등에 보내면서 미국에 이어 세계2위의 해외선교사 파송국가인 한국으로서는 탈레반과 같은 이슬람 과격집단의 목표대상이 될 수도 있고,[22] 아프리카 소말리아 인근 위험 공해지역이나 동남아시아 일부 해역에서 활동 중인 해적들의 손쉬운 타깃이 얼마든지 될 수도 있는 상황이다. 과거 알카에다가 한국을 공격대상으로 지정한 것과 같이 전 세계적으로 극악한 방법으로 테러를 자행하는 극단주의 무장단체 이슬람국가(IS)가 2015.11.13일 파리연쇄테러 이후 한국 등 60개국을 겨냥해 테러를 위협하는 동영상을 공개하며 한국을 테러대상국으로 발표했다. 한국은 미국 주도의 '십자군 동맹'에 포함돼 있고, 한국은 16개국에 1천100명 정도의 인원을 파병하고 있다. 미국, 러시아, 이란, 터키 등에 초점을 맞추긴 했지만 중국, 일본, 대만과 함께 한국도 26번째로 테러대상에 거론된 것을 소홀히 여길 수 없으며, 세계 모든 국가에 지지 세력이 존

22) '아프간피랍사태의 교훈', 문화일보, 2007.8.10.

재한다며 테러를 예고했고, IS 테러 집단의 불가예측성 행태에 비춰볼 때 방심할 수는 없는 상황으로 만반의 대비 태세를 갖춰야 할 일이다.[23)]

국제테러단체는 한국의 한미동맹관계 발전, 미국의 이라크 정책지지 및 병력파병, 주한미군 주둔 등을 이유로 한국정부 및 주한미군에게 직접적으로 테러가 예상되며 국제회의, 스포츠 행사 개최 중에는 특정국가 인원들이 테러대상이 될 수 있다. 또한 해외 공관 및 상사, 교민, 여행객들도 단순히 인질석방금을 받아내기 위한 국제테러단체의 테러대상이 될 수 있다.

2001년 9 · 11 테러사건 이후 지난해까지 한국인을 대상으로 해외에서 발생한 테러 피해는 27개 국가에서 92건이 발생한 것으로 나타났다.

아프리카권역과 아시아 · 태평양권역에서는 주로 무장단체가 한국기업인과 교민, 현지에 파견된 건설근로자를 폭탄테러 등으로 공격했고 일부 한국인이 사망하거나 부상 또는 납치됐다.

중동권역에서는 탈레반 등 이슬람 극단주의 테러단체의 폭탄테러로 한국기업인과 근로자 등이 숨지거나 부상을 당했고 건설기업의 장비가 파괴되기도 했다.

유럽 · 미주권역에서는 극우단체 또는 국수주의자들에 의해 어학연수생과 유학생들이 폭행을 당해 다치거나 숨지는 사고가 발생했다.[24)]

1) 해외 한국인에 대한 테러 위협

테러범들의 공격 목표가 국가의 주요 요인의 암살 납치, 해외공관 · 군사 및 경제시설 등 국가기관 및 공공기관 뿐만 아니라 보다 공격하기 쉬운 대중교통수단 · 학교시설 · 평범한 휴양지 · 관광 위락시설 등도 테러의 표적이 될 만큼 세계는 테러의 안전지대가 없음을 우리에게 확인시켜 주고 있다. 더욱이 테러단체가 해외에서 활동하고 있는 일반인에 대한 인질납치를 자신들의 주장을 효과적으로 전달할 수 있는 수단으로 여기고 있는 탓으로 세계적으로 인질납치 사건 자체가 갈수록 빈발하고 있다.

---

23) 연합뉴스, '〈연합시론〉 한국도 더이상 IS 테러 안전지대 아니다', 2015.11.18(검색: 2015.11.24)

24) 연합뉴스,, '9·11 테러 이후 한국인 겨냥 테러 27개국서 92건 발생.
이대성, 한국안보정책학회 · 국가안전정책학회, 2015. 학술세미나자료,
http://www.yonhapnews.co.kr/bulletin/2015/12/04(검색: 2015.12.4)

테러조직이 자신들의 주장을 효과적으로 전달할 수 있는 수단으로 인식하면서 세계적으로 인질 납치 사건 자체가 갈수록 빈발하였고, 9·11테러를 일으킨 이슬람 테러단체 알카에다의 테러 공격 1순위는 미국, 영국, 호주이며 2순위는 일본, 한국, 필리핀이라는 보도와 함께 서방 사람들을 주로 납치했던 국제 테러단체들이 최근 공격 대상을 확대하여 한국인을 포함시킴에 따라 인질납치사건은 더 이상 남의 일이 아니라 우리 국민들에게는 점점 심각한 위협으로 다가왔다.

그들의 공격목표에 한국인이 포함된 이유는 미국의 우방으로 이라크 파병국이라는 점, 이슬람을 국교로 하고 있는 나라에 기독교를 선교하는 점 외에 유엔사무총장을 배출할 만큼 세계적인 인지도가 있는 나라라는 사실이 크게 작용한 것으로 보인다. 이들은 자신들의 범죄 사실을 부각시켜 국제사회의 이목을 집중시키는 것을 목적으로 하는데 한국인 납치테러는 그것을 현실화하는 좋은 도구인 셈이다. 게다가 최근 한국인들이 해외투자, 무역, 이민, 유학, 선교, 봉사, 여행 등 다양한 이유로 세계 각지로 나가 있다. 미국, 유럽 등 선진국에 국한되지 않고 인도, 필리핀, 파키스탄, 아프가니스탄 등 위험지역에서도 봉사활동 등을 목적으로 활발한 활동을 벌이고 있어 그들은 어렵지 않게 목표물을 선정하고 범행을 저지를 수 있다.

2007년 한국의 국내 여론은 물론 세계의 여론을 뜨겁게 진동시킨 아프간에서의 한국인 봉사단 23명 인질납치는 테러행위의 가장 전형적인 수단의 하나이다. 그러나 인질의 안전한 석방을 위해 모든 라인을 동원해도 해외라는 상황과 거시적인 측면에서 주변 강대국 간의 복잡한 국제관계로 인해 우리는 더 많은 어려움을 겪어야 했다. 또한 2014. 2월 16일 이집트 시나이반도의 휴양도시 타바에서 성지순례를 위해 터키와 이집트를 거쳐 이스라엘로 입국하려던 한국인 31명이 탑승한 관광버스 테러 사건이 발생했다. 이는 이슬람 무장단체 소속으로 추정되는 20대 괴한이 투척한 폭탄에 의해 발생한 것으로 한국인이 4명 사망, 부상자는 20명이 발생했다.[25)]

2009.3.15일, 예멘에서 가이드를 포함하여 한국인 18명이 예멘 남부의 고대 유적도시 시밤지역에서 관광을 하다가 국제 테러 조직 알카에다의 10대 조직원에 의한 자살 폭탄테러로 4명이 사망하고 3명이 부상을 당했다.[26)]

---

25) 뉴스엔미디어, http://www.newsen.com/news_view.php?uid=201402162235044710(검색: 2015.11.23)

해외에서 테러사건으로 한국인이 희생당한 사례는 매우 많으며 추후 계속적인 위협이 될 수 있는 상황이다. 이처럼 한국인의 세계 진출이 늘어남에 따라 테러조직의 표적이 될 것이라는 예측과 함께 실제로 한국인의 해외인질납치테러는 증가하고 있다. 납치 사례를 살펴보면 대부분 원양어선 선원, 선교 및 봉사를 위해 체류 중인 목회자 및 봉사자, 우리기업체의 주재원, 개인 사업가, 기자 등이 대다수였지만 최근의 납치 양상은 무차별적으로 자행되어 관광객들도 안심할 수 없는 처지이다.

2) 해외 한국인에 대한 테러 위협 사례

1986년 레바논 주재 한국대사관의 도재승 서기관이 무장괴한들에 납치됐다가 정부가 몸값을 지불하고 1년9개월 만에 풀려난 사건이 최초 사건이었다. 1996년 12월에 발생한 페루 주재 일본 대사관 점거 사건 당시 인질 중 한명은 이원형 대사였고, 이후 이라크 등지에 파견된 건설회사 직원들이 지속적으로 현지 무장단체에 납치되어 살해되거나 몸값을 지불하고 풀려났다. 2004년 6월 김선일씨가 이라크 무장단체에 피랍 후 살해된 사건과 대우건설 직원들의 나이지리아 피랍사건, 2006년 동원호 선원들의 소말리아 해적 납치사건, 2007년 5월 발생한 마부노1,2호 선원들의 소말리아 피랍사건, 2007년 10월28일 소말리아 인근 해상에서 납치된 파나마 선적 일본 화학운반선 골든모리호 납치[27] 등 해외 한국인의 인질납치테러는 해마다 발생하고 있으며, 2000년 이후 매년 수십 명에 달하고 있다.[28]

한국인들은 2004년 6월 이라크에서 김선일씨 납치 피살사건이 발생하기 전까지는 해외에서의 인질납치에 대해서는 사실 경각심을 가지고 있지 않았다. 그러나 2007년 7월 아프간에서 발생한 선교 봉사단 23명의 인질납치사건은 우리 국민뿐만 아니라 우리 국가를 곤경에 빠뜨리는 큰 사건이 되었고, 전 세계인의 관심을 끌게 되어 세계 각국의 언론을 통해 이들은 한국 정부와 탈레반의 협상 과정을 지켜보게 되었으며, 또한 아프간 피랍사태 이후 세계 테러·반군 단체들이 한국인들을 주목하게 됐다. 국제테러단체에 의한 해외한국인 테러사례는 〈표 18〉의 내용과 같다.

26) http://www.newstomato.com/ReadNews.aspx?no=47486(검색: 2015.11.23)
27) 피랍 당시 한국인 2명을 비롯한 미얀마와 필리핀의 선원 23명이 타고 있었으나 이중 한국인 선장감독관 한모(53)씨는 야간에 바다로 뛰어 내려 탈출해 성공, 귀국했다.
28) http://www.newshankuk.com/news/news_view.asp?articleno=k2007083011473008546

〈표 18〉 국제테러단체에 의한 해외한국인 테러 사례

일시	내용
1986. 1	레바논 주재 한국대사관의 도재승 서기관이 무장괴한들에 납치됐다가 정부가 몸값을 지불하고 1년9개월 만에 풀려남
1988. 2	(주) 한양근로자 2명이 이라크 바그다드 동남쪽 340Km지점에서 실종 12일 만에 실종지역에서 42Km떨어진 지역에서 총격으로 숨진 채 발견됨
1991. 3	현대건설 근로자 5명이 이라크 키르쿠크지역에서 쿠루드족 반군에게 납치 된 후 3일만에 석방 됨.
1992. 9	대우건설 근로자 4명이 이란 반다르아바스 항 북쪽 200Km지점에서 무장괴한들에게 납치 된 후 한달여 만에 풀려남.
1995. 10	러시아 모스크바 붉은 광장 인근에서 현대전자 관광객 27명이 러시아 무장괴한들에게 인질로 붙잡혔다 9시간 후 러시아 대테러특수부대인 알파부대의 진압작전으로 전원 구출 됨.
2003. 11	이라크 (주)오무전기 근로자2명 테러범에 사살 됨
2004. 4	한국인 목사 및 선교사 7명이 이라크 바그다드 서쪽 250Km지점에서 이라크 무장세력에게 납치되었다가 7시간 만에 풀려남.
2004. 5	가나무역 직원 김선일씨가 이라크무장세력에 의해 피랍 후 6월23일 살해 됨
2006. 3	팔레스타인 가자지구 한 호텔에서 KBS특파원1명이 납치되었다가 하루 만에 석방 됨.
2006. 4	소말리아 인근해역에서 조업 중인 원양어선 '동원호' 선원25명(한국인8명)이 납치 후 117일 만에 석방.
2006. 6	나이지리아 '니세르델타 해방운동(MEND)' 조직원30여명이 한국인 근로자5명(대우건설, 한국가스공사 직원) 납치 후 하루 만에 석방.
2007. 1	나이지리아 남부 오구지역에서 대우건설소속 한국인 근로자 8명과 현지인1명이 무장단체에 납치 후 4일 만에 석방.
2007. 5	나이지리아 유전지대 포트하코트 내 화력발전소 건설현장에서 대우건설 소속 직원3명이 현지 무장단체에 의해 납치 후 6일 만에 석방
2007. 5	아프리카 케냐를 떠나 예멘으로 향하던 저인망 원양어선 마부노1, 2호가 소말리아 모가디슈 해안 북동쪽 해상에서 소말리아 무장 해적에 의해 피랍 후 선원 총 24명 중 한국인 선원 4명이 2007년 11월4일, 174일 만에 석방.
2007. 6	한국인 사업가가 필리핀에서 피랍되어 감금, 고문당하다 현지경찰에 의해 5일 만에 구출 됨.
2007. 7	아프가니스탄에서 선교활동 중인 한국인 23명이 카불에서 칸다하르로 이동 중 탈레반 집단에 의해 피랍, 그중 2명 살해, 21명은 43일 만에 석방.
2009.3.15	예멘에서 한국인 관광객을 실은 버스에 폭탄 테러가 발생해 4명이 사망, 사건수습 차 예멘을 방문한 한국 정부 대응팀 · 유족이 탄 차량에도 자살 폭탄 테러 공격 감행했으나 다행히 사상자는 발생하지 않았다.
2009.6.12	예멘 북부 사다에서 한국인 엄모(34·여)씨와 국제의료봉사단체 단원 및 가족 등 9명 피랍된 지 3일만 인 15일(월) 전원 피살된 채 시신으로 발견.
2011.12.1	2011.4월 소말리아 해적에게 납치된 싱가포르 선적 화학물질운반선 '제미니(MT GEMINI)'호가 피랍 후 7개월 동안 한국인 4명을 비롯한 선원 25명의 석방을 놓고 해적과 협상해 온 싱가포르 선사가 석방금을 지불했지만, 해적이 약속을 어기고 한국인 선원 4명만 재납치.
2012.210	이집트 시나이반도 성카트리나 수도원으로 향하던 한국인 여성 관광객 2명과 한국인 가이드 1명, 이집트 통역 가이드 1명 등 4명이 현지 베두인족 무장 세력에게 피랍.

*자료: 권창기 · 강영숙, 테러학, 도서출판 진영사, 2012, p.382.

(1) 동원호 납치사건

원양어선 제628 동원호와 선장을 포함한 동원호 선원 25명(한국인 8명과 인도네시아인 9명, 베트남인 5명, 중국인 3명)은 2006년 4월4일 오후 3시40분께 소말리아 인근 공해에서 참치 조업 중 보트 2척에 나눠 탄 채 총기를 난사하며 접근한 8명의 무장 세력에 납치됐다. 워낙 무장 세력들이 난립해 있어 정확한 실체 파악에 상당한 어려움이 컸지만 피랍 3일 만인 2006년4월7일 납치세력이 '소말리아 머린'이라는 군벌휘하 무장단체로 파악되면서 동원수산이 납치세력과 협상에 나섰다.[29]

사건이 발생하자 국가정보원이 태스크 포스(Task Force)를 구성, 관련국 정보기관과 협조 아래 첩보를 입수하고 현지에 긴급대응팀을 급파하는 등의 지원활동과 정부도 외교채널을 총동원, 소말리아 과도정부에 영향력 행사를 부탁하고 외교부 재외국민 영사대사를 시작으로 협상지원 대표들을 아랍에미리트 두바이로 잇달아 파견, 동원수산의 협상을 측면 지원했다. 외신들이 전하는 보도와 여러 가지 논란이 증폭되는 가운데 납치세력이 요구한 터무니없는 몸값은 협상과정에서 80만 달러로 조율된 후 동원수산과 정부는 납치단체와 석방조건에 합의했고 드디어 피랍 선원들은 117일 만에 석방됐다.[30]

(2) 마부노호 납치사건

2007년 5월15일 아프리카 케냐를 떠나 예멘으로 향하던 새우잡이 저인망 원양어선 마부노 1,2호가 소말리아 모가디슈 해안 북동쪽 해상에서 무장 해적에 의해 납치당했는데 선원은 한국인 4명을 포함 중국인10명, 인도네시아인 4명, 베트남 및 인도 출신 각각 3명 등 외국인 선원 20명까지 총 24명이다.

납치된 마부노 1,2호는 예멘으로 가기 위해 공해를 통해 이동하다가 해적들의 습격을 받았는데 바로 전날 해적 습격이 보고된 바 있어, 납치된 배들은 화물선인

---

29) 소말리아에는 1991년 독재정권이 붕괴되면서 2004년 유수프 아흐메드 대통령이 이끄는 새 정부가 들어섰다. 하지만 군벌들이 지역별로 실권을 장악하고 있다. 해적들은 군벌들의 비호 아래 쾌속정과 중화기로 무장한 채 약탈과 납치를 일삼고 있다. 주로 볼보 엔진을 장착한 쾌속정을 타고 다니기 때문에 '볼보스'라고 불리기도 한다. 납치한 선원은 몸값을 받고 넘기고, 배는 새로 칠해서 팔아넘긴다. 소말리아는 해안선이 3300㎞나 돼서 해적들이 활개 치기에 좋은 곳이다.

30) http://cafe193.daum.net

이븐 유누스호 등과 함께 이동하며 해적에 대한 경계를 늦추지 않았다고 한다. 하지만 RPG7(대전차로켓포), AK-47소총 등으로 무장한 해적들의 공격을 받았고, 이븐 유누스호만 간신히 납치를 모면한 것으로 알려졌다.

외교통상부는 납치 소식이 알려진 직후 대책반을 구성하고 중국, 인도네시아와 공동 대응 방안을 모색했으며, 언론이 자꾸 보도를 하면 인터넷 등으로 국내 정보를 체크하는 해적들이 한국 정부에서 관심을 갖고 있다고 판단하고 요구조건의 수위를 더 높이려 하기 때문에 공식적으로 협상 진전 사항을 요구하는 언론의 질문에도 공개하지 않았다.[31] 중국 관영 신화통신은 해적들은 피랍선원들의 몸값으로 최초 500만달러를 요구하였으나 정부가 몸값지불을 거부하자 70만달러까지 낮추어 선원들의 소속국가인 5개국이 분할하여 지불해줄 것을 재차 요구한 것으로 보도하기도 했다.[32] 2007년 8월 8일 양측이 합의서에 서명하고 일부 금액도 건네졌지만 8월 22일, 같은 곳에 억류돼 있던 덴마크 선적 화이트호가 높은 몸값을 받고 풀려나게 되면서 해적들은 요구하던 몸값을 다시 인상하였다. 이때부터 해적들은 한국 내에 동정 여론을 퍼뜨리고 국내 정세에 따라 몸값을 좌지우지하며, 선원들을 쇠파이프 등으로 구타하기 시작했고 선원 가족들에게 직접 전화를 걸어 압박의 수위를 높여갔다.

더 이상 기다릴 수 없게 된 선원 가족과 선원들의 딱한 사정이 알려지자 해상산업노조연맹, 시민단체들이 10월 중순부터 국민모금운동을 시작하여 거리모금과 온라인 입금을 통해 3억1천600만원이 모였다. 여기에 아프가니스탄 인질사태에 대한 책임을 느낀 기독교계(부산지역 기독교계)가 3억3천만원을 보태면서 전국에서 모인 모금액이 총 6억 원 이상에 도달하면서 2007년 10월 28일 선주 안현수씨가 케냐에서 두바이로 이동하여, 선원 석방을 위한 마지막 협상을 진행하게 되었는데 이때 협상된 몸값 액은 약 100만 달러였다.

2007년 11월 4일 오후 10시. 드디어 납치됐던 마부노호선 선원 24명이 석방되면서 선원들은 우리 정부의 요청에 따라 인근 해역에 대기 중이던 미 5함대 소속 군함의 호위를 받으며 목적지인 예멘의 아덴 항으로 안전하게 이동하여 귀국함으로써 그들의 험난했던 174일의 피랍사건은 많은 우여곡절 끝에 이렇게 마무리 되었다.

---

31) http://blog.daum.net/kimcg3519
32) 70만달러는 약 6억4000만원정도로 나눠서 낸다면 국가별로 1억2800만원씩에 해당한다.

(3) 아프간 인질납치사건

2007년 7월 19일(현지 시각) 아프가니스탄 카불에서 칸다하르로 향하던 23명(여자 16명, 남자 7명)의 대한민국 국민이 탈레반[33] 무장 세력에 의해 납치되었던 사건이다. 경기도 성남시 분당샘물교회의 배형규 목사를 포함한 샘물교회 청년회 신도 등 20명이 7월 23일 귀국 전까지 체류하며 단기선교와 봉사 활동을 할 목적으로 7월 13일 출국하여 7월 14일 아프가니스탄에 입국했다. 현지에서 안내와 통역을 위해 3명의 추가 인원이 합류하여 버스를 이용해 아프가니스탄 남부의 칸다하르에 있는 힐라 병원과 은혜샘유치원으로 향하던 7월 19일 오후(현지 시각)에 카불에서 170여 킬로미터 거리에 있는 가즈니 주 카라바그 지역에서 탈레반 무장 세력에 의해 납치되었다. 탈레반은 피랍된 23명 중 배형규 목사와 심성민 씨를 살해했으며, 대한민국 정부와 탈레반의 협상 결과 다른 인질 21명은 8월 31일까지 단계적으로 모두 풀려나 피랍사태는 발생 42일 만에 종료되었다. 이 사건으로 피랍자들과 개신교계는 국민들로부터 강한 비판을 받았다. 아프간 피랍사건 주요일지는 다음의 〈표 18〉의 내용과 같다.

〈표 19-1〉 아프간 피랍사건 주요 일지

7월 19일	분당샘물교회 자원봉사자 23명 탈레반에게 피랍
7월 25일	탈레반, 팀 리더인 목사 배형규 살해
7월 30일	탈레반, 남은 인질 22명 중 심성민 살해 (KST 7월 31일 새벽)
8월 10일	한국 정부 대표단과 탈레반 대표, 첫 대면협상
8월 13일	탈레반, 여성 인질 2명 석방
8월 17일	석방된 여성 인질 김경자, 김지나 씨 귀국
자료 : http://ko.wikipedia.org	

33) 탈레반은 탈레브 혹은 탈리브(talib)은 전통식 이슬람학교(마드라사) 등의 학생들을 가리키는 말이며, 탈레반은 '학생조직'이라는 뜻으로 아프간 남부를 중심으로 거주하는 파슈툰족에 바탕을 둔 부족단체에서 출발한 조직이다. 1990년대 중반 활동을 시작, 지도자 무하마드 오마르를 중심으로 결속해 1997년 정권을 장악했으며 이후 2001년 미국의 공격으로 축출되기까지 아프간을 통치했다. '얼굴없는 지도자' '애꾸눈 지도자'로 알려진 무하마드 오마르는 추종자들 사이에 '물라'(mulla;mullah)라는 호칭으로 불렸는데 이는 '탈리브'에 상대되는 말로 '스승'이라는 뜻이다. 아프가니스탄의 독재정권인 탈리반은 세계에서 가장 남녀차별이 심한 정권이다.

〈표 19-2〉 아프간 피랍사건 주요 일지

8월 28일	한국과 탈레반 대면협상 타결, 인질 19명 전원 석방 합의
8월 29일	탈레반, 인질 12명 석방
8월 30일	탈레반, 인질 7명 석방 (KST 8월 31일 새벽)
9월 2일	인천공항을 통해 인질 19명 귀국(KST)
* 별도로 표시하지 않는 한 현지 시각(한국시각+4:30) 기준이다.	

자료 : http://ko.wikipedia.org

(4) 소말리아 해적, 제미니호 한국인선원 4명 재납치[34)]

2011년 4월 소말리아 해적에게 납치된 싱가포르 선적 화학물질 운반선 '제미니(MT GEMINI)'호의 한국인 선원 4명이 2011. 30일(현지시간) 석방 직전 해적에게 재납치됐다. 피랍 후 7개월 동안 한국인 4명을 비롯한 선원 25명의 석방을 놓고 해적과 협상해 온 싱가포르 선사가 석방금을 지불했지만 해적이 약속을 어기고 한국 선원 4명만 데리고 내륙으로 도망갔다"고 밝혔다. 제미니호와 인도네시아(13명)·중국(5명)·미얀마(3명) 국적의 선원 21명은 풀려났다.

해적들은 협상이 진행되던 2011. 7월부터 아덴만 여명 작전 때 우리 군에 사살된 소말리아 해적 8명의 몸값과 생포돼 수감 중인 해적 5명의 석방을 요구해 왔다. 해적들이 한국인 선원 4명을 별도 협상 타깃으로 삼아 우리 정부를 압박하고, '해적 소굴'인 내륙으로 도주함으로써 향후 상황은 더 어렵게 진행될 것으로 예상된다. 지금까지 해적에게 가장 오래 억류된 우리나라 선박은 삼호 드림호(피랍 217일 만에 석방)다. 제미니호 피랍 이후 해적과의 협상은 싱가포르 선사가 전면에, 우리 정부가 후방에서 지원하는 식으로 진행됐다. 정부가 나설 경우 해적들의 요구 수준이 높아지고 한국인을 타깃으로 한 유사 사례가 더 많아질 수 있다는 우려에서 대부분의 정부가 취하는 방식이다. 피랍 7개월째 싱가포르 선사는 몸값 지급을 전제로 해적과 제미니호 석방에 합의했다. 해적과의 거래 관행에 따라 몸값을 준 뒤 해적들이 이를 확인하고 도망갈 수 있도록 '24시간 말미'도 주기로 했다.

34) 중앙일보, http://article.joinsmsn.com/news/article/article.asp?total_id=6803613&cloc=olink|article|default(검색 : 2012.03.12)

2011년 11.29일 오전 11시쯤 해적들은 선원들의 전화통화를 허용하고, 선원들을 배 갑판에 도열시켜 선사가 망원렌즈로 확인하도록 했다. 정부 당국자는 "청해부대가 동원될 경우 상황이 악화될 수 있어 인근의 연합 해군 군함이 선원들을 호송할 선사 측 선박과 함께 수마일 떨어진 해역에서 지키고 있었다"고 말했다.

선사 측은 오전 11시30분 헬기를 이용해 제미니호 갑판 위에 거액이 든 돈자루를 투하했다. 금액은 확인되지 않았다.

그러나 다음 날 오전 5, 6시쯤 호비오항 인근 해역에서 제미니호를 접수한 선사 측은 아연실색했다. 해적들이 한국 선원들을 데리고 도망했기 때문이다. 구출된 선원들은 "오전 3시 해적들이 한국인 선원들만 데리고 보트를 타고 내륙으로 달아났다"고 전했다.

정부는 한국인 선원들을 인질로 데려간 데 대해 '협상금 프리미엄'을 받으려는 목적이라고 판단한다. 정부 당국자는 "최근 선박들이 안전장치를 강화해 납치가 어려워지자 해적들이 돈을 받고 선원들을 석방하는 척하면서 바로 재 납치하는 수법을 쓰고 있다"며 "군함은 수마일 떨어진 곳에 있을 수밖에 없어 속수무책"이라고 말했다. 그러나 '해적 석방'이라는 해적의 정치적 요구를 우리 정부가 심각하게 인식하지 못한 채 대응한 것 아니냐는 지적도 나온다. 지난 아덴만 여명 작전 이후 해적들은 한국 선박에 대해 보복하겠다고 위협해 왔다.

3. 국내 자생단체 및 Lone wolf에 의한 테러위협

국내 자생단체는 국제테러단체 또는 북한의 사주와 지원을 받아 테러를 자행하거나 알카에다 및 IS와 같은 이슬람 과격 테러집단의 이념에 동조하는 개인이 실행할 가능성이 높으며 외국인 산업근로자와 연수생, 불법체류자, 관광객 중 불순분자가 테러를 지원하거나 자행할 위험성이 있다.

국가정보원은 2010년 이후 국제 테러 조직과 연계됐거나 이슬람 극단주의를 유포한 외국인 48명을 적발해서 강제 출국시켰다고 밝혀 우리나라가 더 이상 테러 안전지대가 아님을 보여줬다. 국제 테러조직 침투가 아니더라도 자생적 테러 가능성도 배제할 수 없는 만큼 테러 예방책은 아무리 강조해도 지나치지 않다.[35)]

따라서 중동지역의 내전과 테러도 이제는 결코 먼 나라만의 일이 아님을 상기시켜주고, 우리에게 테러 위험에 대비할 것을 경고하고 있는 사건들이다. 더구나 국내에서도 외국인 근로자, 불법체류자, 무슬림 2세 등이 점차 증가하고 있고, 차별대우 또는 사회 부적응에 따른 은둔형 외톨이, 사회 불만자 등 인적 위험요인이 상존해 있는 상태다.

특히 지난 1월 이슬람국가(IS)에 가담한 김 군의 사례처럼 자발적으로 IS에 공개지지를 표명한 국내인도 10명이 된다고 한다. 김 군처럼 시리아로 가려다가 공항에서 출국금지 조치돼 여권을 회수한 사례도 2건이 있었다는 것은 이른바 '외로운 늑대'로 불리는 자생적 테러리스트의 발생 가능성을 시사한 것이라는 점에서 그냥 넘길 일이 아니다.

그런가 하면 국내에서 처음으로 국제테러 조직을 따르는 외국인이 검거되기도 했다. 시리아의 반정부 테러 단체인 알 누스라(승리전선)를 추종하는 인도네시아인 A씨는 지난 2007년 위조 여권으로 불법 입국한 것으로 알려졌다. A씨는 알 누스라를 지지하는 영상을 캡처한 사진 등을 SNS에 올리는 등 테러단체 지지활동을 지속적으로 해왔다고 한다. 8년 동안 국내에 불법체류하며 이런 활동을 해온 그를 경찰과 국정원은 왜 지금껏 강제출국도 안 시키고 방치하고 있었는지 의문이지만, 철저한 조사를 통해 연계세력이 있는지를 파악해야 할 것이다.[36)]

새누리당 국회 정보위원회 간사 이철우의원에 의하면 현재 정보기관에서 13,000명의 외국인 테러 관련 인물들을 감시하고 있지만 혐의가 있다고 해도 테러법이 없기 때문에 추방하거나 체포할 수 없다[37)]

전문가들은 자생적 테러리스트가 국내 실정에 익숙해 테러의 강도를 극대화할 수 있어 위험성이 더욱 크다고 분석했는데, 이웅혁 건국대 경찰학과 교수는 "자생적 테러리스트는 한국의 주요 제도나 행사, 출퇴근 시간에 사람들이 붐빈다는 사실과 그 지역 등 우리 사회 전반을 꿰뚫고 있기 때문에 외국인 테러보다 피해가 더 클 수 있다고 했다. 특히 외부 지령에 의한 자생적 테러의 경우 거대한 국제조직과 국내 실상에 밝은 테러리스트가 결합되는 만큼 피해가 더 클 수 있다는 우

35) 매일경제, 2015.11.28.
36) 중앙일보, 2015.11.18(검색: 2015.11.26)
37) 2015년 10월27일, MBN 뉴스.

려가 나오고 있다. 윤민우 가천대 경찰안보학과 교수는 "알카에다나 IS는 국제적 규모의 전략에서 조직적 테러를 벌인다"며 "상징성이 높은 장소에 강도 높은 타격이 이뤄지는 만큼 참사의 강도가 매우 높을 것"이라고 말했다.

스스로 이슬람주의에 동화돼 벌이는 테러나 일명 '묻지마 범죄'식 테러 역시 그 수법이 온라인상에서 전파되고, 주로 자신의 생활권에서 테러를 벌이는 만큼 우리 생활에 치명적인 영향을 준다는 분석이다.

최근 테러 조직들은 사이버공간에서 매우 자극적인 동영상을 보여주고, 채팅룸을 통해 접촉하는 방식으로 테러리스트를 충원하고 있으며 사이버공간은 무한한 공간이라는 점에서 원천적으로 봉쇄하기란 쉽지 않다.

문제는 이러한 테러위협은 현재보다 심각해질 수 있는데 우리나라도 15년 이상 이민자가 늘어나면서 '다문화' 국가의 성숙화 단계에 이른 만큼 사회적 차별을 겪은 이민 2 · 3세들이 테러에 가담, 불만을 표출할 수 있다고 우려하고 있다.

이는 유럽에서도 오히려 젊은 무슬림들이 이슬람원리주의에 강하게 동화돼 IS에 가입하거나 자국 내 테러에 가담하는 경우가 늘어나는 것에서도 확인된 사례이다.

최근 IS 등 테러조직이 거론되거나 국내에서 자생적으로 싹트는 폭파협박 시도까지 테러위협은 곳곳에 상존하고 있어 대테러활동을 한층 강화할 필요성이 제기되고 있습니다. 경찰은 국내 체류 외국인이 증가하고 경기침체가 장기화되면서 사회불만세력과 소외계층에 의한 테러 발생 요인이 계속해서 증가하고 있다고 보고 있다. 특히 IS 등 국외 테러조직과 연계해 국내에서 테러를 저지를 가능성이 있는 무슬림 2세나 불법체류자 등이 지난해 기준 18만 명에 육박하는 것으로 추정하고 있다.

이러한 가운데 무슬림들의 우리나라에 대한 반감이 점차 커지는 것은 국내 테러 가능성을 높이는 배경으로 작용하고 있다. 한국이 미국을 주축으로 IS 격퇴를 위해 연합한 62개국으로 구성된 이른바 '십자군 동맹'에 이름을 올린 것이 핵심 원인이 되고 있다고 한다. IS가 인터넷과 SNS(소셜네트워크서비스) 등을 통한 세력 확장에 열을 올려 왔고 추종자들이 자신들의 의사에 반하는 국가를 대상으로 테러를 감행하도록 해온 전력이 있기 때문이다.

국내에 거주하는 무슬림들의 '세력화'도 주목해야 할 부분이다. 정보당국 한 관계자는 "서울 한남동과 부산·광주·전주 등 국내 거주 무슬림들의 주요 거점을 중심으로 무슬림들 사이의 폭력·금품갈취 등 범죄가 점차 증가하고 있는데, 무슬림 커뮤니티 안에서 발생하고 수습되는 탓에 사실상 우리 경찰력의 시야에선 벗어나 있다"고 전했다. 특히 국내 무슬림 중에서도 수니파 원리주의자들이 조직화돼 타 종파에 대한 폭력이 비일비재한데, 이 같은 상황을 방치할 경우 더 규모가 큰 테러로 확대될 가능성이 높다고 우려하고 있다.

전문가들은 매년 수십 건씩 발생하는 폭파협박 혹은 테러위협이 실질적인 테러로 이어지진 않았지만 정보기관의 첩보 수집이 실패하거나 경찰이 위협 정도를 오판하고 현장대응을 소홀히 할 경우 대형 참사로 이어질 수 있어 대테러활동 재점검이 필요하다고 입을 모으고 있다.[38)]

2015년 11.13일 파리연쇄테러의 테러범들처럼 이들 속에 숨은 자들의 입국과 해외 테러단체와 연계한 자생테러 위험소지로 그 어느 때보다 테러방지대책이 필요한 상황이지만, 정작 법과 정책 측면에서 취약점이 많다. 특히 국내에 잠입·은거한 IS 조직원이나 추종세력과 같은 해외 테러단체에 가담한 위험인물을 추적·조사하고, 자금 조달자 색출·처벌 등에 대한 법률이 시급히 마련돼야 하지만 여전히 근거법이 미흡하다.[39)]

---

38) http://www.christiandaily.co.kr/news(검색: 2015.12.04)

39) 이만종, '테러방지시스템 구축 서두르자', 매일경제, 2015.11.19.

제 14 장 한국의 대테러정책

1. 한국의 대테러정책 개요

우리나라는 최근 10여년 사이 여행, 교육, 사업, 기업 등으로 해외활동 한국인이 늘어나면서 테러를 포함한 광범위한 폭력에 노출될 가능성이 급증하고 있으며, 미군의 한국주둔과 각국에서 한국의 평화유지군 활동증가 등도 한국을 테러단체의 주요 목표로 부각시키고 있다.

2004년 6월 김선일씨 사건 및 이라크 파병으로 우리나라에 대한 테러위협이 대두됨에 따라 정부는 2005년 3월 '국가대테러활동지침'(대통령훈령 제47호) 개정을 통해 범정부 차원의 테러 대응체계를 정비하였다.

이러한 지침 개정으로 테러대책회의, 테러대책상임위원회, 테러대책실무회의가 신설되었다. 특히 외교통상부, 국정원, 경찰청, 국방부 등 테러 관련기관 국장급이 참석하는 테러대책 실무회의가 정기적으로 개최되어 우리에 대한 테러 위협요소를 평가하고 대응책을 마련하고 있다. 또한 국정원에 '테러정보통합센터'를 신설하여 테러 관련정보를 24시간 수집. 통합. 분석하여 각 부처에 신속히 배포하고 있고, 2005년에는 국외, 국내, 군사시설, 방사능, 생물, 화학, 항공, 해양 등 8개 분야의 테러를 상정하여 '테러 위기대응 실무매뉴얼'을 수립하여 범정부차원에서 테러위협에 즉각적으로 대응할 수 있는 절차를 마련하였다.

한국은 2005년 국가대테러활동지침 개정 및 위기관리매뉴얼 수립 이후 국가 테러대응시스템을 정착시키고, 관계기관간의 긴밀한 협조체제를 구축하였지만, 그러나 정부의 대테러활동에 있어서 보완하고 개선해야 할 부분은 여전히 남아있다.

2004년 김선일씨 사건이나 2007년 7.19일 아프가니스탄 한국인 23명 인질납치사건 등으로 우리 국민들의 테러에 대한 경각심이 획기적으로 높아진 것이 사실이다. 테러 예방을 위해서는 정부의 다각적인 노력도 중요하지만 국민들의 적극적인 협조 없이는 불가능하기 때문에 정부는 국민들의 자발적 협조를 얻기 위하여 홈페이지, 언론, 홍보물 제작 등을 통해 테러위협 정보, 테러 혐의자 신고 및 테러사건 발생 시 대처 요령 등을 홍보하고 있다. 특히, 외교통상부는 여행 공지 및 경보를 홈페이지, 언론 등을 통해 홍보하여 국민들이 테러 위험지역으로 여행하지 않도록 촉구하고 있다.

최근 해외 한국인에 가해진 테러피해사례 대부분은 결정적인 각성의 계기가 되었는데, 이는 북한이 아닌 다른 단체가 한국인을 노린 경우였기 때문이다.

대테러관련법은 아직 없지만, 지난 3월 한국정부는 임시 조치로 '국가대테러활동지침(대통령훈령 제47호)'을 개정하였다.

한국정부는 또한 동남아시아국가연합(ASEAN) 지역 포럼 (ARF)등 다양한 국제 포럼에서 테러 근절을 위한 지역협력을 지속적으로 지원하였다. 최근 몇 년 동안에는 아시아 태평양 지역 국가들과 공동으로 시행하는 대테러 프로젝트에서 지도적 역할을 담당하였으며, 2월에는 항공과 해상 보안에 중점을 둔 제3차 APEC 역내교역안전회의(STARⅢ)를 개최하였다. 정부는 또한 5월 말레이지아에서 열린 동남아 대테러센터(SEARCCT)의 사이버테러 세미나에 경찰청의 전문 연사도 파견했다.

2004년 6월 이라크에서 김선일씨가 살해된 이후, 감시를 강화하여 이라크 추가 파병 결정에 대한 보복으로 공격을 가하려는 알카에다와 연계된 저항세력의 위협에 대응하였다. 한국은 또한 2005년 부산에서 열린 APEC 경제지도자 회의 준비기간에 안보 예방조치도 강화하였다. 정부의 엄격한 이민정책과 시행, 그리고 대체로 단일민족으로 이루어진 인구구성으로 인해 한국은 테러범의 도피처가 되지 못하고 있다. 한국 이민 및 법집행기관은 한국에 입국하는 수상한 사람들을 추적하는데 뛰어나며 테러 가능성에 빠르게 대처한다.

한국은 테러자금 조달과, 돈세탁 등 기타 금융 범죄를 근절하는데 소중한 협력국가로서 이와 관련한 국제조약을 따르고 있다. 한국정부는 돈세탁에 관한 더욱 효율적인 정보 교환을 위해 금융범죄단속반을 설치하고자 미국과 협정 체결을 희망하고 있다. 국회는 통화거래 보고 시스템을 의무화하고 금융기관의 실사요건도 강화하는 돈세탁 방지법인 금융거래보고법안을 통과시켰다.[1)]

사실 한국에서는 2001년 9.11사건 직후, 한국에서 2002년 한일 월드컵개최를 위한 안전을 제공한다는 명목아래 한국에서 "반테러"법 제정시도가 추진되었다. 그 이후, 비슷한 법이 2005년 3월 15일 국회 야당인 한나라당에 의해 도입되었으며, 현재 한국 국회에서는 계류 중인 법을 포함하여 지속적인 시도가 있어 왔다.

그러나 매번 시도는 법무부를 포함한 다양한 관계부처와 시민사회단체의 우려와 반대로 좌절되었다. 반대 이유 중 하나는 지난 30년간의 군부독재 기간 내내 악명을 떨쳤던 정보기관인 국가정보원의 권한이 강화된다는 점에서 특별히 초점이 맞추어졌기 때문이다.

임시법이나 관련 활동들이 정보의 부분적인 집중에 목표를 맞추던 다른 나라들에서의 유사한 시도와는 달리 "테러방지법"의 이름으로 제안되어 현재 "반테러법"은 국가정보원의 권한과 권력의 실질적인 강화와 집중을 요구한다는 것이다. 이렇듯, 현재의 시도는 한국 시민사회, 국제공동체 그리고 인권과 민주주의의 보루로 남겨진 유엔의 관심을 불러일으키고 있다. 더구나, 그 법안에는 명백히 "평화와 질서" 작동을 위해 군대를 동원할 수 있으며 국민의 기본적 자유 침해도 가능하다는 비헌법적인 조항도 포함되어 있다.

이러한 테러리즘 대응 관련법 제정시도와 함께, 2005년 3월 15일 한국정부는 1982년에 처음 내려진 훈령 47호를 개정한 "반테러"지침을 공포하였다. 훈령은 본래 문제의 소지가 있는 법안의 본질을 혼합함으로서 제안된 법률을 대신하는 것인데, 그것은 국정원 산하에 '대테러정보통합센터'를 구축하고 정부의 테러반응체계를 인지하는 것을 임무로 한다. 그 테러경보는 일련의 대테러방법을 설정하기 위해 정부각료의 회의가 소집되었다. 제안된 법안처럼, 훈령의 주요 문제는 정보기관이 테러위험을 증명하고 입증하는 인식 없이 대테러이름으로 모든 정비기관들을 동원하고 조정할 수 있는 국내 테러 대응체계는 테러대책회의 아래 테러정보통합센터를 구성하는 국가정보원과 군, 경찰 등을 중심으로 운영된다.

우리나라의 대테러 최고 의사결정기구는 국가안전보장회의(NSC)와 테러대책회의로서 이들 회의 주요 구성원은 국무총리, 통일부장관, 외교통상부장관, 국방부장

---

1) 2005 테러 국가별 보고서(2006년 4월 28일 – "국가별 테러 현황 보고서" 미국무부 연례보고서 한국), 주한미국대사관, http://korean.seoul.usembassy.gov/rok_terrorism_2005.html

관, 국가정보원장, 대통령이 정하는 위원들이며, NSC는 대통령이, 테러대책회의는 국무총리가 각각 의장을 맡는다. 테러와 관련한 정책적 방향은 NSC와 테러대책회의가 잡지만 실질적인 업무는 테러정보통합센터가 총괄한다.

국가정보원, 군, 경찰, 소방 등 테러 유관기관이 24시간 공동 운영하는 테러통합센터는 ①국내외 테러정보 수집 · 관리 ②테러위협 징후 탐지 ③테러 위기 평가 및 경보 발령 ④테러대책상임위원회 등 대책기구 결정사항 이행 및 점검 ⑤테러예방 교육 및 홍보가 주 임무다.

24시간 상황실을 운영하면서 모든 테러 정보를 수집하고 테러가 일어날 가능성에 대한 판단과 대응조치 결정, 관련 기관에 대한 대응방향 통보 등을 도맡고 있다.

테러 대응수위는 첩보의 신빙성에 따라 달라지고 테러 위협이 현실화될 가능성이 있다고 판단되면 즉시 경보체계가 가동된다.

한국은 테러위협 또는 위험의 정도에 따라 관심(Blue)-주의(Yellow)-경계(Orange)-심각(Red) 등 4단계의 테러경보체계를 구분하고 있지만, 어떤 상황이 이들 단계에 해당되는지에 대한 구체적 지침은 없으며, 테러대책회의에서 상황의 심각성을 탄력적으로 판단해 경보 수위를 정한다.

'관심(Blue)' 단계는 혹시 테러가 일어날지 모른다는 가능성을 염두에 두고 관계기관 및 부처 간 비상연락망을 점검하는 수준이고 '주의(Yellow)'는 테러 대상이 될 수 있는 시설이나 독가스 등 위험물질에 대한 안전관리 강화 조치를 요구한다.

'경계(Orange)' 경보가 발령되면 전반적인 경비와 경계, 특정시설에 대한 출입통제를 강화하고 공무원들이 비상근무 체제에 들어간다.

'심각(Red)' 단계에선 공무원 비상근무 체제가 확대되고 주요 시설에 대한 테러 대응태세가 강화된다. 위기감이 높아지면서 장비나 인력 충원이 필요한 부처가 다른 기관에 협조를 구하는 것도 이 때다.

실제 테러가 발생하면 테러사건대책본부가 차려져 사태 수습 및 피해복구, 테러범 검거 작전이 본격적으로 펼쳐진다.

테러유형(괄호 안은 주무부처 · 기관)은 일반테러(경찰청), 화학테러(환경부), 생물테러(보건복지부), 방사능테러(과학기술부), 항공기테러(건설교통부), 해양테러(해양경찰청), 군시설테러(국방부), 국외테러(외교통상부) 등 8가지로 나뉜다.

테러정보통합센터 외에 군과 경찰 등에 테러대응을 위한 자체 조직이 설치돼 있다. 국방부는 특수전과에서 테러문제를 전담하고 '707 특수임무대대'를 비롯한 특전사 부대와 화생방 방호사령부 등 대테러 작전부대를 운영하고 있다.

경비국이 테러를 담당하는 경찰청은 테러 대응능력을 키우기 위해 경비2과를 대테러센터로 개편했다. 대테러센터는 테러와 관련한 장비 및 조직, 인력 구성, 전문가 영입, 테러발생시 현장 대응조치, 기동타격대 관리 및 비정규전 작전운영 등을 맡게 된다. 지방청별로 청장 직속으로 소수정예의 경찰특공대가 구성돼 있어 테러대응과 발생 때 긴급 투입된다.

지금까지는 월드컵과 올림픽, 아시안게임, 아시아태평양경제협력체(APEC) 등을 치르는 과정에서 다행히 국내에서는 큰 불상사가 없었기 때문에 국가적 차원의 테러 대응능력이 전혀 검증되지 않았다는 지적이 나오고 있다. 그러나 9.11 사태 이후 런던, 스페인을 비롯한 세계 도처의 테러사건과 이라크 및 아프가니스탄에서의 한국인 인질납치 사건 등 테러 위협이 다시 높아지면서 한국도 테러의 안전지대가 아니라는 인식이 확산되고 있다.

최근 이슬람 무장단체 이슬람국가(IS)의 파리 연쇄테러는 IS와 테러에 대한 경각심을 새삼 일깨우고 있다. IS 테러의 특징은 전선없이 민간인들의 대규모 살상을 노리고 있다는 점이다. 시리아와 이라크 일부 지역을 근거지로 자국 정부 및 미국 등 서방국들과 싸우던 방식에서 전 세계에서 민간인을 공격하는 새 전략을 구사하고 있다. 하지만 아무리 정교한 대책이라도 테러를 막는 데는 한계가 있다. 당장 시행할 대책뿐 아니라 근본적인 해결책까지 마련해야 한다. 그중 하나가 바로 내부의 소외계층 대책을 세우고 극단주의를 차단하는 것이다. 이번 테러로 유럽인 사이에 난민에 대한 분노가 커지고 프랑스에서도 톨레랑스(관용)의 정신이 퇴색하고 있다는 우려가 제기된다. 관용의 포기와 난민증오는 또 다른 대립과 갈등을 낳을 뿐이다.[2)]

현재 우리의 대테러 활동체계의 문제점은 한둘이 아니다. '형법' 등 관련 법규와 '국가대테러활동지침'이라는 대통령 훈령으로 대응하고 있기는 하지만 새로운 유형의 테러에 대응하기에는 역부족이다. 무엇보다 대테러 활동의 핵심은 사후 처벌보

2) 경향신문, 2015.11.16

다는 예방 활동이어야 하는데, 효율적이고 종합적인 테러대책을 위한 테러 예방 활동이나 대테러 전담기구의 설치·운영을 위한 근거를 명시할 수 있는 법 제정이 없다는 점이 가장 큰 문제로 지적된다.

대테러 관련법의 제정은 16대 국회 때부터 지금까지 무려 15년 동안 국회를 떠돌고 있다. 자칫 국민의 인권을 침해하고 권력기관의 전횡을 조장할 가능성이 크다는 반대 의견에 직면한 탓이다. 그러나 국제적으로도 경제협력개발기구(OECD)나 G20 회원국 중 테러방지법이 없는 나라는 4개국에 불과하다. 이미 유엔 안전보장이사회는 9·11 이후 각국에 테러 관련 법령을 정비하도록 권고했으며 '외국인 테러전투원(FTF) 모집, 국경이동 차단 및 처벌' 의무화 결의를 채택하는 등 국제사회와 대테러 공조 필요성을 강조하고 있다.

한국은 미국의 최대 우방국이라는 측면에서 언제든지 IS와 같은 국제테러단체에 의한 테러공격과 위협을 받을 수 있음을 분명히 직시해야 한다. 더구나 전략·전술적인 측면에서 다양한 테러능력을 갖추고 있는 북한과 상시 대치하고 있다는 사실도 잊지 말아야 한다. 여전히 "테러는 우리나라에서 일어날 가능성이 거의 없다"는 생각과 '인권'을 침해한다는 이유로 '테러방지법' 제정에 한 발짝도 나가지 못한다면 테러로부터 국민의 안전은 어떻게 보호할 것인가?

궁극적으로 테러관련 법령 보강 문제는 '인권침해'가 아니라 '인권보호법'이라는 이해가 필요하다. 더 이상 테러에 대한 우려가 현실이 되지 않도록 정부와 국민의 위기의식과 대비가 절실하다. 기본권 제한을 최소화하는 범위에서 대테러 관련 법제를 검토함이 타당하다.

국가를 신뢰할 수 있는 가장 기본은 국민의 안전을 지키는 것이다. '인명의 무게는 지구보다 무겁다'는 말이 있다. 어떤 경우든 국민의 안전을 지켜야 한다는 자세야말로 국민이 믿을 수 있는 국가의 제1조건이다.[3)]

---

3) 이만종, '테러방지시스템 구축 서두르자', 매일경제, 2015.11.19

2. 관계기관별 테러대응 임무[4)]

1) 국가안보실

가. 국가 대테러 위기관리체계에 관한 기획 · 조정
나. 테러 관련 중요상황의 대통령 보고 및 지시사항의 처리
다. 테러분야의 위기관리 표준 · 실무매뉴얼의 관리

2) 금융위원회

가. 테러자금의 차단을 위한 금융거래 감시활동
나. 테러자금의 조사 등 관련 기관에 대한 지원

3) 외교부

가. 국외 테러사건에 대한 대응대책의 수립 · 시행 및 테러 관련 재외국민의 보호
나. 국외 테러사건의 발생시 국외테러사건대책본부의 설치 · 운영 및 관련 상황의 종합 처리
다. 대테러 국제협력을 위한 국제조약의 체결 및 국제회의에의 참가, 국제기구에의 가입에 관한 업무의 주관
라. 각국 정부 및 주한 외국공관과의 외교적 대테러 협력체제의 유지

4) 법무부(대검찰청 포함)

가. 테러혐의자의 잠입에 대한 저지대책의 수립 · 시행
나. 위 · 변조여권 등의 식별기법의 연구 · 개발 및 필요장비 등의 확보
다. 출입국 심사업무의 과학화 및 전문 심사요원의 양성 · 확보
라. 테러와 연계된 혐의가 있는 외국인의 출입국 및 체류동향의 파악 · 전파

4) 국가대테러활동지침 제44조

마. 테러사건에 대한 법적 처리문제의 검토 · 지원 및 수사의 총괄
바. 테러사건에 대한 전문 수사기법의 연구 · 개발

5) 국방부(합동참모본부 · 국군기무사령부 포함)

가. 군사시설 내에 테러사건의 발생 시 군사시설테러사건대책본부의 설치 · 운영 및 관련 상황의 종합처리
나. 대테러특공대 및 폭발물 처리팀의 편성 · 운영
다. 국내외에서의 테러진압작전에 대한 지원
라. 군사시설 및 방위산업시설에 대한 테러예방활동 및 지도 · 점검
마. 군사시설에서 테러사건 발생 시 군 자체 조사반의 편성 · 운영
바. 군사시설 및 방위산업시설에 대한 테러첩보의 수집
사. 대테러전술의 연구 · 개발 및 필요 장비의 확보
아. 대테러 전문교육 · 훈련에 대한 지원
자. 협상실무요원 · 전문요원 및 통역요원의 양성 · 확보
차. 대화생방테러 특수임무대 편성 · 운영

6) 행정자치부(경찰청 포함)

가. 국내일반테러사건에 대한 예방 · 저지 · 대응대책의 수립 및 시행
나. 국내일반테러사건의 발생시 국내일반테러사건대책본부의 설치 · 운영 및 관련 상황의 종합처리
다. 범인의 검거 등 테러사건에 대한 수사
라. 대테러특공대 및 폭발물 처리팀의 편성 · 운영
마. 협상실무요원 · 전문요원 및 통역요원의 양성 · 확보
바. 중요인물 및 시설, 다중이 이용하는 시설 등에 대한 테러방지대책의 수립 · 시
사. 대테러전술의 연구 · 개발 및 필요장비의 확보
아. 국제경찰기구 등과의 대테러 협력체제의 유지

7) 산업통상자원부

가. 기간산업시설에 대한 대테러 · 안전관리 및 방호대책의 수립 · 점검
나. 테러사건의 발생 시 사건대응조직에 대한 분야별 전문인력 · 장비 등의 지원

8) 보건복지부

가. 생물테러사건의 발생 시 생물테러사건대책본부의 설치 · 운영 및 관련 상황의 종합처리
나. 테러에 이용될 수 있는 병원체의 분리 · 이동 및 각종 실험실에 대한 안전관리
다. 생물테러와 관련한 교육 · 훈련에 대한 지원

9) 환경부

가. 화학테러의 발생 시 화학테러사건대책본부 설치 · 운영 및 관련 상황의 종합처리
나. 테러에 이용될 수 있는 유독물질의 관리체계 구축
다. 화학테러와 관련한 교육 · 훈련에 대한 지원

10) 국토교통부

가. 건설 · 교통 분야에 대한 대테러 · 안전대책의 수립 및 시행
나. 항공기테러사건의 발생시 항공기테러사건대책본부의 설치 · 운영 및 관련 상황의 종합처리
다. 항공기테러사건의 발생시 폭발물처리 등 초동조치를 위한 전문요원의 양성 · 확보
라. 항공기의 안전운항관리를 위한 국제조약의 체결, 국제기구에의 가입 등에 관한 업무의 지원
마. 항공기의 피랍상황 및 정보의 교환 등을 위한 국제민간항공기구와의 항공통신정보 협력체제의 유지

11) 해양수산부

가. 선박 · 항만시설에 대한 대테러 · 안전대책 수립 및 시행
나. 해외운항 국적 선박 및 선원에 대한 테러예방 · 대비 및 대응활동
다. 해양의 안전관리를 위한 국제조약의 체결, 국제기구에의 가입 등에 관한 업무의 지원

12) 국민안전처

가. 해양테러에 대한 예방대책의 수립 · 시행 및 관련업무 종사자의 대응능력 배양
나. 해양테러사건 발생 시 해양테러사건대책본부의 설치 · 운영 및 관련 상황의 종합처리
다. 대테러특공대 및 폭발물처리팀의 편성 · 운영
라. 협상실무요원 · 전문요원 및 통역요원의 양성 · 확보
마. 해양 대테러전술에 관한 연구 개발 및 필요장비 · 시설의 확보
바. 해양경비 안전관련 국제기구 참여 및 국제협약 등에 관한 사항
사. 국제경찰기구 등과의 해양 대테러 협력체제의 유지
아. 긴급구조대 편성 · 운영 및 테러사건 관련 소방 · 인명구조 · 구급활동 및 화생방 방호대책의 수립시행
자. 대테러 인명구조기법의 연구 · 개발 및 필요장비의 확보

13) 관세청

가. 총기류 · 폭발물 등 테러물품의 반입에 대한 저지대책의 수립 · 시행
나. 테러물품에 대한 검색기법의 개발 및 필요장비의 확보
다. 전문 검색요원의 양성 · 확보

14) 원자력안전위원회

가. 방사능테러 발생 시 방사능테러사건대책본부 설치 · 운영 및 관련 상황 종합

처리

나. 방사능테러 관련 교육·훈련에 대한 지원

다. 테러에 이용될 수 있는 방사성물질의 대테러·안전관리

15) 국가정보원

가. 테러 관련 정보의 수집·작성 및 배포

나. 국가의 대테러기본운영계획 및 세부 활동 계획수립과 시행에 관한 기획·조정

다. 테러혐의자 관련 첩보의 검증

라. 국제적 대테러 정보협력체제의 유지

마. 대테러 능력배양을 위한 위기관리기법의 연구발전, 대테러정보·기술·장비 및 교육 훈련 등에 대한 지원

바. 공항·항만 등 국가중요시설의 대테러활동 추진실태의 확인·점검 및 현장 지도

사. 국가중요행사에 대한 대테러·안전대책의 수립과 그 시행에 관한 기획·조정

아. 테러정보통합센터의 운영

자. 그 밖의 대테러업무에 대한 기획·조정.

3. 테러대응조직

우리나라에서 테러가 발생하거나 발생이 예상되는 경우 외교부장관은 국외테러사건대책본부를, 국방부장관은 군사시설테러사건대책본부를, 보건복지부장관은 생물테러사건대책본부를, 환경부장관은 화학테러사건대책본부를, 국토교통부장관은 항공기테러사건대책본부를, 국민안전처장관은 해양테러사건대책본부를, 원자력안전위원회위원장은 방사능테러사건대책본부를, 경찰청장은 국내일반테러사건대책본부를 설치·운영한다.[5] 또한 각 기관별 테러대응 임무를 보면 다음과 같다.

5) 국가대테러활동지침 제20조 ①.

1) 테러정보통합센터

(1) 설치 및 구성

① 테러 관련 정보를 통합관리하기 위하여 국가정보원에 관계기관 합동으로 구성되는 테러정보통합센터를 둔다.
② 테러정보통합센터의 장(이하 "센터장"이라 한다)을 포함한 테러정보통합센터의 구성과 참여기관의 범위 · 인원과 운영 등에 관한 세부사항은 국가정보원장이 정하되, 센터장은 국가정보원 직원 중 테러업무에 관한 전문적 지식과 경험이 있 는 자로 한다.
③ 국가정보원장은 관계기관의 장에게 소속공무원의 파견을 요청할 수 있다.
④ 테러정보통합센터의 조직 및 운영에 관한 사항은 공개하지 아니할 수 있다.

(2) 임무

테러정보통합센터의 임무는 다음과 같다.
① 국내외 테러 관련 정보의 통합관리 및 24시간 상황처리체제의 유지
② 국내외 테러 관련 정보의 수집 · 분석 · 작성 및 배포
③ 테러대책회의 · 상임위원회의 운영에 대한 지원
④ 테러 관련 위기평가 · 경보발령 및 대국민 홍보
⑤ 테러혐의자 관련 첩보의 검증

(3) 운영

① 관계기관은 테러 관련 정보(징후 · 상황 · 첩보 등을 포함한다)를 인지한 경우에는 이를 지체 없이 센터장에게 통보하여야 한다.
② 센터장은 테러정보의 통합관리 등 업무수행에 필요하다고 인정하는 경우에는 관계기관의 장에게 필요한 협조를 요청할 수 있다.

2) 대테러특공대[6)]

(1) 구성 및 지정

① 테러사건에 대한 무력진압작전의 수행을 위하여 국방부 · 국민안전처 · 경찰청에 대테러특공대를 둔다.

② 국방부장관 · 국민안전처장관 · 경찰청장은 대테러특공대를 설치하거나 지정하고자 할 때에는 상임위원회의 심의를 거쳐야 한다.

③ 국방부장관 · 국민안전처장관 · 경찰청장은 대테러특공대의 구성 및 외부 교육훈련 · 이동 등 운용사항을 대통령경호안전대책위원회의 위원장과 협의하여야 한다.

(2) 운영

대테러특공대는 테러진압작전을 수행할 수 있도록 특수전술능력을 보유하여야 하며, 항상 즉각적인 출동 태세를 유지하여야 한다.

(3) 출동 및 작전

① 테러사건이 발생하거나 발생이 예상되는 경우 대테러특공대의 출동 여부는 각각 국방부장관 · 국민안전처장관 · 경찰청장이 결정한다. 다만, 군 대테러특공대의 출동은 군사시설 내에서 테러사건이 발생하거나 테러대책회의의 의장이 요청하는 때에 한한다.

② 대테러특공대의 무력진압작전은 상임위원회에서 결정한다. 다만, 테러범이 무차별 인명살상을 자행하는 등 긴급한 대응조치가 불가피한경우에는 국방부장관 · 국민안전처장관 · 경찰청장이 대테러특공대에 긴급 대응작전을 명할 수 있다.

③ 국방부장관 · 국민안전처장관 · 경찰청장이 제2항 단서의 규정에 의하여 긴급 대응작전을 명한 경우에는 이를 즉시 상임위원회의 위원장에게 보고하여야 한다.

---

6) 국가대테러활동지침 제24조-제27조

3) 협상팀

(1) 구성

① 무력을 사용하지 않고 사건을 종결하거나 후발사태를 저지하기 위하여 국방부 · 국민안전처 · 경찰청에 협상실무요원 · 통역요원 · 전문요원으로 구성되는 협상팀을 둔다.

② 협상실무요원은 협상전문능력을 갖춘 공무원으로 편성하고, 협상전문요원은 대테러전술 전문가 · 심리학자 · 정신의학자 · 법률가 등 각계 전문가로 편성한다.

(2) 운영

① 국방부장관 · 국민안전처장관 · 경찰청장은 테러사건이 발생한 경우에는 협상팀을 신속히 소집하고, 협상팀 대표를 선정하여 사건현장에 파견하여야 한다.

② 국방부장관 · 국민안전처장관 · 경찰청장은 테러사건이 발생한 경우에 협상팀의 신속한 현장투입을 위하여 협상팀을 특별시 · 광역시 · 도 단위로 관리 · 운용할 수 있다.

③ 국방부장관 · 국민안전처장관 · 경찰청장은 협상팀의 대응능력을 향상시키기 위하여 협상기법을 연구 · 개발하고 필요한 장비를 확보하여야 한다.

④ 협상팀의 구성 · 운용에 관한 세부사항은 국방부장관 · 국민안전처장관 · 경찰청장이 정한다.[7)]

4) 대화생방테러 특수임무대

(1) 구성 및 지정

① 화생방테러에 대응하기 위해 국방부에 대화생방테러 특수임무대를 둘 수 있다.

② 국방부장관은 대화생방테러 특수임무대를 설치하거나 지정하려는 때에는 상임위원회의 심의를 거쳐야 한다.

7) 국가대테러활동지침 제28조, 제29조

(2) 임무

① 화생방테러 발생 시 오염확산 방지 및 피해 최소화
② 화생방테러 관련 오염지역 정밀 제독 및 오염 피해 평가
③ 요인경호 및 국가중요행사의 안전활동에 대한 지원

(3) 운영

① 대화생방테러 특수임무대는 화생방테러에 대응하기 위한 전문지식 및 작전수행능력을 배양하여야 하며 항상 출동태세를 유지하여야 한다.
② 국방부장관은 현장지휘본부의 장의 요청이 있거나 테러대책회의 또는 상임위원의 결정이 있는 때에는 대화생방테러 특수임무대를 사건 현장에 파견한다.
③ 국방부장관은 대화생방테러 특수임무대의 구성에 필요한 전문요원을 양성하고 필요한 장비 및 물자를 확보하여야 한다.[8)]

5) 합동조사반

(1) 구성

① 국가정보원장은 국내외에서 테러사건이 발생하거나 발생할 우려가 현저한 때에는 예방조치·사건분석 및 사후처리방안의 강구 등을 위하여 관계기관 합동으로 조사반을 편성·운영한다. 다만, 군사시설인 경우 국방부장관(국군기무사령관)이 자체 조사할 수 있다.
② 합동조사반은 관계기관의 대테러업무에 관한 실무전문가로 구성하며, 필요한 경우 공공기관·단체 또는 민간의 전문요원을 위촉하여 참여하게 할 수 있다.

(2) 운영

① 합동조사반은 테러사건의 발생지역에 따라 중앙 및 지역별 합동조사반으로 구분하여 운영할 수 있다.

---

8) 국가대테러활동지침 제31조 2의4

② 관계기관의 장은 평상시 합동조사반에 파견할 전문인력을 확보·양성하고, 합동조사를 위하여 필요한 경우에 인력·장비 등을 지원한다.[9)]

4. 한국의 테러방지법 추진 상황

한국은 대테러 관련 국제규약에는 모두 가입한 상태이지만 국내의 테러방지통합법안은 아직 제정하지 못하고 있다. 현행 테러방지 활동의 근거 규정으로는 대통령 훈령인 '국가대테러활동지침'이 있으나 이는 행정기관 외부에 대한 구속력이 없어 테러행위 예방 및 저지 등의 임무수행에 한계가 있다. 따라서 테러의 급속한 진화 속도와 국가적 안보의 두 가지 요소를 동시에 고려하여 인권침해, 주무기관의 막강한 권한부여 등의 우려가 되는 쟁점부분을 적극적으로 검토하여 테러방지법이 조속히 제정되어야 한다.[10)]

대한민국 국회에 테러방지법이 제출된 것은 지난 미국에서 항공기 납치를 이용한 발생한 9·11 사건으로 전 세계가 충격에 휩싸였던 2001년이었다.

1941년 진주만 기습 공격 이후 처음으로 본토를 공격당해 충격에 빠진 미국은 9·11 테러 직후 수사기관의 대테러활동을 획기적으로 강화하기 위해 애국법(Patriot Act)을 제정했다.

애국법은 연방수사국의 감청권 확대와 유선·전자통신 감청, 정보공개 제한에 대한 예외 규정 등이 중심 내용이다. 영국은 2000년 테러방지법(Terrorism Act 2000)을 만들어 테러용의자의 영장 없는 체포 및 구금과 재산 몰수, 계좌감시권 등을 규정했다.

현재 OECD 회원국, G20 회원국 42개국 가운데 테러방지 관련법이 없는 나라는 한국을 비롯하여 스위스, 일본, 중국, 아르헨티나 등에 불과하다. 이중 24개국은 개별법으로, 13개국은 형법으로 테러 예방 및 대응을 하고 있다. 최근에 IS를 중심으로 한 이슬람 극단세력의 테러 행위가 빈발하자 세계 각국은 관계법을 강화하거나 법령 등을 대폭적으로 보강하거나 정비에 나섰다.

---

9) 국가대테러활동지침 제32조-제33조

10) 장희동, '한국 대테러 정책의 제도적 발전방안 연구', 박사학위논문, 가천대학교 대학원, 2013, p.i

미국은 올해 6월 자유법(Freedom Act)에 의거, 범정부 차원의 컨트롤 타워인 국가대테러센터(NCTC)를 운영하고, 통신회사에게 데이터 정보 5년간 보유의무를 부과했다. 영국도 올해 2월, 대테러법을 개정하여 외국인 테러전투원(FTF)으로 의심되는 자국인 입국 금지, 관리대상 인물 거주제한은 물론, 사법기관의 인터넷 통신 감시역량 강화, 보험사의 인질 몸값 지불 불허 등을 대폭 강화했다.

IS의 극단적인 테러로 충격적인 피해를 당한 프랑스는 올해 판사의 승인없이 정보기관에 테러용의자 감시 권한을 부여하고 테러 수사과정에서 전화, 이메일, 휴대폰 메시지 등 감청을 허용하는 정보기관활동법을 제정했다. 이 법에 의해 테러단체에 연계된 자국민의 해외여행을 6개월간 제한하는 제도도 추진 중이다.

호주도 자국민의 테러단체 참여에 대한 대처를 위해 정보기관의 감시를 대폭 강화하고 있다. 호주는 2014년 외국인전투원법을 제정하여 자의로 테러위험지역에 체류한 후 귀국할 경우 최대 10년형, FTF 귀환자 적발 전담반을 설치했으며, 국가 얼굴인식 데이터베이스를 운영하고 있다.

게다가 우리보다 인권 선진국이라고 하는 영국·캐나다·호주 등은 테러와 관련한 선전, 선동행위만 하더라도 최고 10년 형(호주는 25년 형)의 실형을 선고하고 있다.

우리나라의 테러방지를 위한 관계법은 9·11 사건 직후인 2001년 11월 정부가 '테러방지법'을 정부입법으로 제출했으나 여야 간에 이견 차를 좁히지 못해 2004년 5월 16대 국회 임기종료로 폐기되었다. 17대 국회에서는 공성진(한나라)·조성태(열린우리)·정형근(한나라)의원이 각각 의원입법으로 관련법을 제출했다. 2007년 11월 3개 법인을 통합한 '국회 정보위안'이 만들어졌으나 신기남 정보위원장이 사회를 거부하는 바람에 17대 국회 임기종료로 또 다시 폐기처분 됐다. 18대 국회에서도 공성진(한나라)·송영선 의원이 테러방지법을 제출했으나 여야 이견으로 또 다시 폐기됐다.

19대 국회에서는 송영근 의원의 '국가대테러활동과 피해보전 등에 관한 기본법'(2013년 3월 27일 발의), 이병석 의원의 '국민보호와 공공안전을 위한 테러방지법'(2015년 2월 16일 발의), 이노근 의원의 '테러예방 및 대응에 관한 법률'(2015년 3월 12일 발의) 등 3건이 국회 정보위에 계류 중이다. 19대 국회의 임기가 2016년

5월 말이므로, 이번 회기 내에서 테러방지법이 통과되지 않으면 그 동안의 전례에 따라 또 다시 폐기처분되기 일보 직전 신세다.

현재 우리나라의 대(對)테러활동 체계는 1982년 1월 제정된 '국가대테러활동지침'이라는 대통령 훈령에 의거하여 국무총리 주재의 '테러대책회의' 및 국가정보원장 주재의 '테러대책상임위원회' 운영, 테러유형별 '테러사건대책본부' 설치 등을 가동 중에 있다. 이것은 공무원에게만 적용되는 대통령 훈령이라는 한계로 인해 실효적인 테러대응활동에 막대한 지장을 받고 있다.

2015년 3월 5일 발생한 리퍼트 주한 미국대사 테러사건 당시 범인과 테러단체에 자금조달자 등 위험인물 추적을 위한 통신정보나 금융정보를 이용할 법적 근거가 없다. 또 해외에서 활동한 경력이 있는 외국인 테러전투원(FTF)이 국내에 잠입해도 이를 처벌할 근거가 없어 단순 퇴거조치밖에 할 수 없는 참혹한 실정이다. 때문에 테러방지법의 제정이 절실히 요구되고 있는 것이다.

테러방지법의 주요 내용은 테러의 위험으로부터 국민의 생명과 재산을 보호하고, 테러리스트들의 활동 및 침투를 사전에 파악하여 체포하거나 테러행위 근절 및 예방을 위해 필요한 경우 법적인 과정을 거쳐 감청·도청·미행·계좌추적·위험인물 공항 입, 출입 감시 등을 강화하는 것을 기본 내용으로 하고 있다.

테러방지법이 제정되면 우선 테러 위험인물에 대한 추적과 대테러 가담여부의 조사가 원활해진다. 둘째, 테러단체의 지정 및 가담자 처벌이 가능해지며 셋째, 테러를 선동하는 유인물이나 동영상, 메시지, 사진, 선전문 등의 긴급 삭제가 가능하다. 넷째, 국가 중요행사 안전대책이 강화되고 다섯째, 테러대상 시설 및 테러이용 수단에 대한 안전관리를 대폭 강화할 수 있다.

현재는 법적 미비로 인해 테러 신고자에 대한 포상이 불가능하고, 테러로 인해 국민이 사망 혹은 부상을 입거나 재산상 피해가 발행해도 국가가 지원할 수 있는 근거가 미비한 상황이다. 테러방지법이 제정되면 테러 신고자 포상은 물론 테러로 인한 피해에 대해 법적 보상이 가능하여 국민들의 테러활동 방지에 대한 자발적 참여도 유도할 수 있다.

우리나라는 현재 관련법의 미비로 인해 국제 대태러 공조체제에서 '왕따' 신세를 면치 못하고 있다. FTF 등 테러범에 대한 공조체제가 형성되어도 이를 처벌할 수 있는 아무런 법적 제도적 장치가 미비하기 때문에 다른 나라가 한국을 국제 대테러 공조체제에 끼워주지 않는 것이다. 이 모든 것을 감안할 때 테러방지법 제정은 아무리 강조해도 지나치지 않을 정도로 시급을 요하는 사안이다.

이토록 긴급을 요하는 관련법이 14년 동안 표류한 책임은 야당 의원들과 좌파 혹은 좌익·종북 시민단체, 국가인권위원회 등에 있다. 이들은 테러방지 관련법이 제출될 때마다 벌떼같이 들고 일어나 관련법 입법을 방해한 덕분에 현재 대한민국은 테러로부터 국민의 생명과 재산을 보호할 수 있는 아무런 법적 수단과 방법이 없고, 테러로 국민이 사망하거나 부상해도 보상조차 받을 수 없는, 미개 원시의 나라가 되어버렸다.

도대체 왜 저들은 테러방지법을 반대하는 것일까. 테러방지법이 제정되면 테러리스트로 의심되는 대상자의 금융거래나 통신 내역, 출입국 등에 대한 정보 수집이 법적으로 허용된다. 바로 이 부분이 인권침해의 우려가 있기 때문에 절대 허용할 수 없다는 것이다.

그러나 보다 솔직하고 직설적으로 말하면 인권침해가 그들이 반대하는 주요 쟁점은 아닌 것 같다. 이들이 테러방지법을 반대하는 보다 근본적인 이유가 있다. 테러 방지 및 예방을 위해서는 '대테러센터'의 설치가 필요하며, 이를 위해서는 국가정보원의 기능과 역할, 위상이 강화될 수밖에 없기 때문이다.

테러 관련 임무를 한 곳으로 집중시키는 것이 테러방지법의 핵심 내용이다. 이를 위해 현재 국무총리 소속의 국가테러대책회의를 대통령 수준으로 격상하고, 국가정보원장 산하에 '대테러센터'를 둔다. 국가정보원장을 중심으로 테러통합대응센터를 만들어 테러에 효과적으로 대응한다는 취지다. 국가정보원장은 대테러센터를 통해 국방부나 법무부, 행정안전부 등에 규제 및 지원을 요청할 수 있다.

테러방지법이 제정되어 테러위험분자, 요주의 인물, 국제 감시대상 인물 등에 대한 감시가 강화되고, 자금 추적이 가능해지며, 도청·감청·미행이 이루어질 경우 활동의 제약을 당하고 피해를 보는 대상은 누구일까.

현재 테러 전문가들이 가장 우려하는 것은 과격 테러단체와 '악의 축 깡패국가' 북한과의 연계다. 돈이 급한 북한이 핵무기와 미사일, 생화학 무기 등 대량살상무기(WMD)를 과격 테러단체에게 판매하고 이들을 비밀 훈련시킬 위험, 이들에게 긴급 피난처와 자금을 제공할 위험은 상존해 왔고, 지금도 은밀히 거래와 훈련이 이루어지고 있는 흔적들이 보이기 때문이다.

과격 테러단체와 북한의 거래는 악(惡)과 거악(巨惡)이 동맹을 맺는 셈이니 전 지구적으로 엄청난 위협요인이 된다. 이러한 악과 거악의 동맹을 추적하여 격파·예방하는 와중에 국내에 침투된 고정간첩, 자발적인 북한 공산당 협조자, 친북·종북세력과 북한의 네트워크, 북한과의 비밀 거래 내역 등이 백일하에 드러날 수도 있다.

지금 전 세계는 테러와의 전쟁 상태다. 한국도 테러와의 전쟁에서 예외일 수 없음은 수많은 증거들을 통해 확인되고 있다. 국제적인 테러로 악명을 떨치고 있는 IS에 동조하는 우리 국민 10명이 인터넷에 공개지지를 표명했고, 내국인 2명이 IS에 가담하기 위해 출국을 시도하다 적발된 바 있다. 또 인터넷에 사제 폭발물 제조법이 유포되어 테러를 모방한 폭발물 사건, 공항이나 지하철 등 대중밀집시설에 대한 테러 협박사건이 계속 늘고 있다.

더욱 우려되는 것은 현재 국내에 체류 중인 59만 명의 외국인 근로자, 무슬림 2세(6300여 명) 등이 차별대우 또는 사회 부적응으로 인해 '외로운 늑대'로 돌변할 가능성이 상존하고 있다는 점이다.

국내에는 이슬람 성원이나 예배소 등 종교시설이 116개, 집거지가 44개 정도 형성되어 있는데, 이러한 종교시설이 IS와 연계된 극단적인 이슬람 테러 단체 관련자들이 숨어 지내기 좋은 환경이 되고 있다는 것도 큰 걱정거리 중의 하나다.

현재 미국과 유럽연합(EU) 등 인권선진국들도 극소수 '악의 세력'을 발본색원하기 위한 과정에서 약간의 인권침해와 사생활에 대한 희생을 감수하고 있다. 그들이 인권의 소중함을 몰라서가 아니다. 국민의 생명과 재산이라는 '더 큰 인권'을 보호하기 위해 법이 허용하는 범위 내에서 테러범을 색출하기 위한 도청과 감청, 계좌추적, 출입국 시의 불편 등을 감내하고 있는 것이다.

건전한 대한민국 국민이라면 테러방지법을 두려워해야 할 이유는 아무 것도 없다. 착실하게 국법을 지키고 납세의무를 충실히 이행하며 정상생활을 하는 국민이라면 국가정보원의 기능이 강화되는 것을 두려워해야 할 이유가 존재하지 않는다.[11)]

11) 김용삼, '[추적] 실종된 테러방지법'. 미래한국, http://www.futurekorea.co.kr/news/articleView. (검색: 2015.11.27)

5. 프랑스 파리연쇄테러 이후 한국의 대테러관련 정책

2015년 11.13일 프랑스 파리연쇄테러 발생 후 국회에서 열린 대테러 방지를 위한 당정협의에서는 "우리나라가 '십자군 동맹' 62국에 포함돼 있고 해외에서 (우리 국민이) 테러를 여러 번 당해 6명이 사망하고 32명 부상을 입었다"며 "프랑스 테러에 가담한 프랑스인이 있었고, 우리나라도 테러 안전지대가 아니기 때문에 대테러 방지를 위한 법 제·개정이 반드시 돼야한다는 결론을 내렸다"고 협의 내용을 전했다.

협의내용에는 새누리당과 정부는 국내 출입국 심사 강화를 위한 법 개정을 추진, 외국인은 물론 외국 국적을 가진 동포에 대해서도 지문 정보를 법무부에 제출. 항공사는 탑승권 발권 전에 탑승자의 인적사항을 법무부에 의무적으로 넘기게 하도록 출입국관리법을 개정하겠다는 것이다.

또한 이날 회의에서 정부는 2016년 예산안에 대테러방지를 위한 예산 736억 5000만원을 증액해줄 것을 여당에 요구하기도 했다. 구체적인 항목은 ①무장 고속정(5대 이상) 구입 등(296억원) ② 두창 백신 비축 등 생물 테러 대비(260억원) ③대테러 개인 화기·생화학 탐지 장비·방폭슈트 등 구입(59억원) ④화학테러 사고 대응 장비 확충 등(24억8000만원) ⑤방탄복·노후 방폭복 교체 등(21억2000만원) ⑥재외국민 보호를 위한 외국 주재시설 및 기업 경계·보호 강화, 재외국민 교육 등(20억원) ⑦공항 X레이 장비 추가 구매(20억원) ⑧철도 보안장비 구입(12억원) ⑨국내 체류 외국인 동향 조사 및 여권 위변조 식별 고도화(10억원) ⑩방사능 테러 대비(10억원) ⑪정부청사 노후 폐쇄회로TV 교체(3억5000만원) 등이다.

또한 국회에 계류 중인 대테러 관련 법안과 관련해 국정원의 권한이 지나치게 강화할 것이란 야당의 우려에 대해 "다른 나라의 정보기관에서도 대테러센터를 두고 총괄하고 있기 때문에 국정원에서 대테러센터를 운영할 수밖에 없다는 결론을 내렸다"고 주장과 함께 "대테러조정관을 국무조정실에 둔다든지, 국가안보실에서 정책을 수립한다든지, 권한 남용에 대한 처벌을 강화하는 장치들을 마련했다"고 하였다.[12]

---

12) 중앙일보, 2015.11.18, '[정치] 당정, "테러관련단체 가입자 40여명 강제 출국"… 출입국 심사 강화키로' (검색: 2015.11.27).

6. 우리나라 대테러 정책의 바람직한 방향의 설정[13)]

테러안전지대는 세계 어느 곳도 없다. 또한 테러리즘은 국가와 민족의 생존권을 좌우하는 금세기 가장 큰 화두로 작용하고 있다.

특히 우리나라는 국제정치의 역학구조상 미국을 비롯한 기독교 서방제국과의 공조체제를 유지하며, 이슬람권과의 대테러 전쟁에 전투병을 포함한 미국 영국 다음으로 많은 군대를 파병한 바 있다. 또한 북한이라고 하는 선군정치 집단의 핵무기 위협을 받고 있으며, 이런 위협은 타협없이 심화되는 경향을 보이고 있다.

따라서 우리국민은 수없는 테러와 테러위협의 피해를 받아왔으며 불과 수분 내에 생존권을 위협받는 처지에 별 대책없이 놓여있다.

국가의 존재가치는 국민의 안전을 보장하여 행복추구권의 연속성을 지키는 일이다.

테러리즘의 위협으로부터 국민의 안전을 지키는 정책의 수립과 시행에 바람직한 방향을 제시해 본다면

첫째 조속한 테러방지법의 제정이다. 이법에 우리국민의 안전을 보장할 수 있는 가장 효율적인 방안을 담아야 한다. 국민의 기본권의 침해나 정치적인 악용의 우려는 국민의 안전을 우선해야 하며 법의 운용에 국민의 의식수준을 신뢰해야 한다.

두 번째는 국가 테러관련 기구를 일원화하고 권한과 자원의 동원에 관한 권한을 위임해야 한다. 이를 통해 정책의 수립과 시행을 효율화하고 신속한 현장 중심의 조치가 이루어지도록 해야 한다.

세 번째는 테러대응전력을 상시 운용하고 작전권을 실무 전문가에게 위임해야 한다.

네 번째는 민간경비와의 공조체제를 구축해야 한다. 실제적으로 현대 테러리즘의 양상이 일반시민의 대중이용시설에 집중되고 있는 바 민간경비원이 대 테러리즘의 최전방을 담당하고 있다 해도 과언이 아니다. 따라서 치안 공조차원에서 테러리즘의 안전대책에 민간경비활성화 방안은 시급하다 하겠다.

다섯 번째 테러리즘 전문연구원의 설립이다. 국민의 안전과 국가안보의 핵심적

13) 최기남, "중동테러리즘에 대한 한국경호안전도 극대화 방안", 경기대학교 박사학위 논문, 2004, pp. 118-119.

인 위협인 테러리즘을 전문으로 연구하는 연구원이 국가조직이나 민간조직 어디에도 없다.

테러리즘의 전문적인 연구와 협상전문가 등 인재의 양성이 필요하며, 국제적인 연구기관과의 교류는 테러 정보나 진압에 유효한 효과를 가져 올 것이다.

마지막으로 테러정보의 유연성을 확보하는 일이다

국민에 대한 위협이나 대비가 필요한 정보는 일반 국민에게 공개함으로써 국민의 협조를 얻어야 실효성을 확보할 수 있다.

보안상의 이유로 과도한 정보 통제는 국민의 협조를 얻기 어려우며, 국가적 대응 시나리오가 잘 되어 있어도 사전 국민에게 공개하고 훈련해 두지 않으며 사건 발생 시 현장의 효율성있는 대응을 담보할 수 없다.

이제 테러위협은 시민의 일상생활과 연계되어 있으며, 시민들이 이를 인식하고 있다. 국민안전을 보장해야할 국가는 가장 효율적이고 강력한 국민안심대책을 정책적으로 시행해야 한다. 이는 가장 국민 친화적이고, 국민 참여적이어야 한다.

참고문헌

강영숙 · 이민용 역(2002), 「테러의 이해」, 백산출판사.

국방부(2001),「국제 테러리즘」.

국방부(2004), 「대량살상무기백과」

국정원(2001), 「테러범 식별요령」

권창기 · 강영숙(2012), 「테러학」, 도서출판 진영사.

김두현(2004), 「현대 테러리즘론」, 백산출판사.

김연각 · 김진국 · 백창제 역(2004), 「국제관계의 이해」, 출판사 인간사랑.

金泰政(2012), '뉴테러리즘시대의 한국대테러정책 연구', 석사학위논문, 성균관대학교대학원.

김태종(1990), '테러리즘에 대한 이해와 효율적인 대응방안에 관한 연구', 연세대학교 행정대학원 석사학위논문.

김태진(2003), '국제테러조직 동향과 대응책', 「21C 새로운 테러위협과 우리의 대응방향」, 한국공안행정학회.

김재영 외(2001), 「한국 역사 인물 뒤집어 읽기」, 초판 2쇄, 서울: 인물과사상사.

김효진 역(2001), 「세계테러와 조직범죄」, 일송미디어.

박원탁(2005), '최근 국제테러조직의 동향과 대응방안', 「대테러연구」제28집, 경찰청: 95-103,

박준석(2006), 「뉴 테러리즘개론」, 백산출판사.

사단법인 한국경비협회(2010), 「일반경비 신임교육교재」,

세종연구소(2005), '21세기 안보환경 특성과 테러위협', 테러와 한국의 국가안보.

손영수(2005), '의학분야에서의 국가위기관리에 대한 논의', 국가위기관리의 학문적 발전방안에 관한 학술대회논문집.

신경엽(2002), '테러리즘에 대한 국제법적 규제에 관한 연구', 경희대학교대학원 박사학위논문.

외교부, 해외안전 위기상황별 대처메뉴얼

외교통상부(2002),「다자안보정책의 이론과 실제」.

윤민우(2011),「테러리즘의 이해와 국가안보」, 도서출판 진영사.

伊藤憲(1986), "현대 국제테러는 새로운 戰爭이다",「북한」, 1986. 9월호.

魏鎭旭(2002), '중동테러리즘의 特徵에 關한 硏究', 석사학위논문, 國防大學校 安全保障大學院.

이극찬(1999),「정치학」, 법문사.

이동훈(1999),「위기관리의 사회학」, 집문당.

이대성(2015), 한국안보정책학회 · 국가안전정책학회, 2015 학술세미나자료,

이만종 · 김강녕(2010), '북한의 테러 가능성과 대비전략',「한국테러학회보」 제3권 제1호.

이상원(2008), 'Counter terrorism에 있어서 경찰의 전문화 방안', 대테러연구 제31집, 경찰청: 163-195.

이상철(2001),「경호방법론」, 도서출판 홍경.

이재기(2004), '방사능테러의 특질과 위협 그리고 대책', 대테러연구논총 제1호, 국가정보원.

이재은(2000),「한국의 위기관리정책에 관한 연구」, 연세대학교대학원 박사학위논문.

이재윤(2000),「특수작전의 심리전 이해」, 집문당.

이제영(2010), '북한의 테러 가능성과 법적 대응방안', 한국테러학회 · 대검찰청 추계공동학술대회자료집.

이종열 · 박광국 · 조경호 · 김옥일(2004), '국가위기관리 통합적 체계 구축에 관한 연구',「한국사회와 행정연구」, 15(2).

이춘근(2007), "테러 대응 원칙은 굴복하지 않는다는 것", 바른사회시민회의, 탈레반피랍사태 긴급정책간담회, 2007.08.13. http://jayusuho.com/article/zboard(검색: 2015.11.24).

이황우(1985), "테러사건의 발생동기와 원인 분석", 대테러연구(Ⅳ), 치안본부.

William L. Waugh, Jr, 李黃雨 · 韓相岩 共譯(1996),「對테러 政策論」, 진명문화사.

정인홍 외(1983),「정치대사전」, 서울: 박영사.

鄭亨根(1992),『國際테러의 法的規制에 關한 硏究』, 고려원.

조상현(2008), '중동지역 분쟁의 원인과 중동테러리즘 생성 배경에 관한 연구', 박사학위논문, 서울벤처정보대학원대학교.

조성권(2001), '9월 테러의 국제정치학적 분석', 정세와 정책 2001년 2월호, 세종연구소.

조영갑(2004), 「테러와 전쟁」, 북 코리아.

주재진(2004), '뉴테러리즘의 대응방안에 관한 연구', 한국민간경비학회보 제4호, 한국민간경비학회: 121-134.

차경택(1996), "인질협상 연구기법', 경찰대학논문집 16집.

최기남(2004), '중동테러리즘에 대한 한국경호 안전도 극대화 방안', 박사학위논문, 경기대학교 대학원.

최기남(2005), "중동 Terrorism의 대두와 전망", 경호경비연구 제10호, 한국경호경비학회: 409-441.

최운도(2001), "9.11테러사건의 원인 분석과 미국의 세계전략 전망," 한국 정치학회 연례 학술대회발표 논문.

최진태(1997), 「테러, 테러리스트& 테러리즘」, 도서출판 대영문화사.

최진태(2006), 「테러리즘의 이론과 실제」, 도서출판 대영문화사.

한국이슬람학회(2003), 「끝나지 않은 전쟁」, 청아출판사.

한상암(2008), '인질테러 협상에 관한 연구', 경찰청, 대테러연구 제31집, 451-477.

해군본부(1977), 「해군특수전 훈련교범」, 해군본부.

허영식(2002), 「지구촌 시대의 국제테러, 어떻게 이해할것인가」, 한국문화사.

허경미(2009), '자살테러의 동기에 관한 연구', 한국공안행정학회보, 37권.

M.Cherif Bassiouni(ed.)(1986), International Criminal Law:Crimes, vol.1(Dobbs Ferry N.Y.:Transnational Publishers.

Cigler, Beverly A.(1988). Emergency Management and Public Administration. in Michael Charles, and John Choon K. Kim(eds.). Crisis Management: A Casebook. Springfield, IL: Charles C. Thomas Publisher.

Grant Wardlaw(1982), Political Terrorism, London Cambridge University Press.

William C. Cunningham · John J. Strauchs · Clifford W.Van Meter(1990), PRIVATE SECURITY TRENDS 1970 to 2000, THE HALLCREST REPORT Ⅱ, Butterworth-Heinmann Ltd.

Tony Geraghty, 「Who Dares Wins: The Story of the SAS」, 1950-1982(London; Fontana & Collins,1990),

Ted R Gurr, Why Men Rebel(Princeton: Princeton University Press, 1970;

Walter Laqueur(2000), The New Terrorism :Fanaticism and the Arms of Mass Destruction.

국가대테러활동지침, 대통령훈령 제337호, (2015.1.23.일부개정)

테러 국가별 보고서(2006년4월28일- "국가별 테러 현황 보고서" 미국무부, 한국), 주한미국대사관, http://korean.seoul.usembassy.gov/rok_terrorism_2005.html

국정원, '중동지역 안전생활 가이드', pp.32, http://www.nis.go.kr/pdf/safe_life.pdf

특수경비원 교육교재, 사단법인 한국경비협회, 2012.

서울신문, '너무 쉬운 폭탄테러', 2007년 03.02.

서울신문, '갈수록 교묘해지는 중동 테러수법 휠체어 탄 장애인 돌변 · 자전거폭탄 · 부부동반 자폭단, 2011. 06.28.

경향신문. 2015.11.16(검색: 2015.11.23).

중앙일보, "2005년 프랑스 기자 1000만 달러(약 100억)에 풀어줘", 2007. 07.25

한국일보, '비즈니스가 된 납치', 2007.8.22,

"탈레반과 여성", http://imnews.imbc.com/mpeople/rptcolumn/2050062

한겨레신문, 'IS 테러공포' 확산, 국제사회 극우 극단주의 경계를, 2015.11.15

동아일보, '우리 안에 탈레반 있다', 2007.06.02. http://www.donga.com.

문화일보, '아프간피랍사태의 교훈', 2007.8.10.

동아일보, 2011.11.22, http://news.donga.com/3/all/20111122/42049701/1#(검색: 2012.03.25)

위키백과사전, https://namu.wiki/w/(검색: 2015.11.30)

국방일보, 2011.01.07, '〈6 · 끝〉 민간(인)에 대한 테러, 최근까지 어부 3700명 피랍, 428명 아직도 억류'. http://kookbang.dema.mil.kr/kdd/GisaView.jsp?menuCd=3004&menuSeq=15&menuCnt=&writeDate=20110107&kindSeq=1&writeDateChk=20110107

아시아경제, '북한도 우리국민 피랍 여러번 시도', 2011.02.02,
http://www.asiae.co.kr/news/view.htm?idxno=2011020113464302955(검색 : 2012.03.24)
연합뉴스, 2008.12.11, "北 테러지원국 재지정 언제든 가능"〈美국무부〉',
연합뉴스, '〈연합시론〉 한국도 더 이상 IS 테러 안전지대 아니다', 2015.11.18.
제성호, '신(新)안보위협에 대한대응방향',
http://www.konas.net/article/article.asp?idx=27763.
이만종, '테러방지시스템 구축 서두르자', 매일경제, 2015.11.19.
매일경제, 2015.11.28.
중앙일보, 2015.11.18
연합뉴스, '美, 北 테러지원국서 해제..핵불능화 재개(종합2보)', 2008.10.12.
아시아경제, '북한도 우리국민 피랍 여러번 시도', 2011.02.02.
아시아투데이, 2009.10.01, '[소사이어티] 북한 헌법, 후계체제의 청사진',
http://www.asiatoday.co.kr/news/view.asp?seq=289798
http://blog.joins.com/media/folderlistslide.
http://bbs3.worldn.media.daum.net/griffin/do/country/bbs
http://cafe205.daum.net/_c21_/bbs_search_read
http://enc.daum.net
http://www. encyber. com.
http://gerecter.egloos.com.
http://imnews.imbc.com/mpeople/rptcolumn/2050062_3571.html
http://kevin0960.tistory.com/entry.
http://kcm.co.kr/bethany/c_code/afghan.html.
http://k.daum.net/qna/view.html
http://korean.seoul.usembassy.gov/rok_terrorism_2005.html
http://ko.wikipedia.org/wiki.
http://kr.dic.yahoo.com/search/enc/result.html.
http://ko.wikipedia.org.

http://magazine2.joins.com/magazine/article.

http://news.media.daum.net/society/affair/200708/10/munhwa.

http://news.chosun.com/site/data/html_dir/2007/07/28.

http://oldmarine.co.kr.

http://preview.britannica.co.kr/bol.

http://rebelbu.egloos.com.

http://tiic.nis.go.kr

http://rebelbu.egloos.com.

http://www.britannica.co.kr.

http://wordnet.kbs.co.kr

http://www.dapis.go.kr/mndweb/daily

http://www.donga.com/fbin/output

http://www. encyber. com

http://www.joins.com/cnn.

http://www.ohmynews.com/articleview/article.

http://www.kida.re.kr

http://www.tiic.go.kr/app/book/sense/view

http://www.tribnet.com/news/crime_safety/story/

http://www.terrorism.or.kr.

http://www.todaykorea.co.kr/news/articleView.html.

www.usinsideworld.com.

http://www.voanews.com/Korean/archive/2006-05/2006-05-01-voa16.cfm.

http://www.wolfpack.pe.kr/45

http://seapower.or.kr/xe/index.php?document_srl=4264&mid=bada&page=6

The Economist, 2010년 1월 14일, 한국선교연구원(krim.org) 파발마 708호,

http://www.sfkapc.com/?document_srl=22327

http://www.yonhapnews.co.kr/bulletin/2011/04/12/0200000000AKR20110412186700077

http://news.bbc.co.uk/1/hi/world/europe/3476163.stm,

http://www.islammission.org/islam/culture/headscarves.htm#egypt
http://www.islammission.org/islam/culture/guideline.htm
http://dic.daum.net/word/view.do?wordid=ekw000167665&q=terror
http://search.daum.net/search?w=tot&t__nil_searchbox=btn&sug=&q=%C5%D7%B7
http://terms.naver.com/entry.nhn?docId=73199
http://100.naver.com/100.nhn?docid=17076
http://ko.wikipedia.org/wiki/%EA%B3%B5%ED%8F%AC%EC%A0%95%EC%B9%
http://www.tiic.go.kr/service/data/etc.do?method=list&manage_cd=002003000
http://kevin0960.tistory.com/entry.
http://app.yonhapnews.co.kr/YNA/Basic/article/new_search/YIBW_showSearchArti
http://www.bing.com/maps/default.aspx?v=2&cp=33.24026504388512~43.76562528312
http://blog.daum.net/mychosun/16151720
http://cafe.daum.net/noor122/D0fz/34?docid=n17f|D0fz|34|20040517082558&q=%C0%
http://blog.naver.com/PostView.nhn?blogId=east12410&logNo=132997782
http://ysnews.co.kr/default/all_news_body.php?board_data=aWR4JTNENDYzMTcl
http://www.islammission.org/islam/culture/feature.htm
http://www.islammission.org/islam/culture/clothes1.htm
http://news.bbc.co.uk/1/hi/world/europe/3476163.stm,http://www.islammission.org/islam/culture/headscarves.htm#egypt
http://www.yonhapnews.co.kr/bulletin/2011/04/12/0200000000AKR20110412186700007
http://www.chosun.com/international/news/200502/200502020098.html
http://kin.naver.com/knowhow/detail.nhn?d1id=10&dirId=10&docId=581411&qb=7J20http://imgv.search.daum.net/viewer/search?w=imgviewer&SearchType=total&Resul
http://news.naver.com/main/read.nhn?mode=LS2D&mid=sec&sid1=100&sid2=268&oi
http://news.naver.com/main/read.nhn?mode=LS2D&mid=sec&sid1=100&sid2=268&oi
http://cafe.daum.net/safetyforum/5lJh/15?docid=1Hkn3|5lJh|15|20090612104822&q=%BE%C6%BF%F5%BB%EA%20%C5%D7%B7%AF%BA%CF%C7%D1%20%BA%CE%C0%CE&srchid=CCB1Hkn3|5lJh|15|20090612104822

http://www.asiae.co.kr/news/view.htm?idxno=2011020113464302955

http://content.archives.go.kr/next/content/listSubjectDescription.do;jsessionid=snJLP

이주호, http://blog.yahoo.com/niagaragypsy/articles/133821

http://www.headstone924.net/12_bbs/view.php?id=a37&no=60

'북한의 변함없는 대남 심리전 각본', http://dcn.or.kr/kpd15/783717

http://www.konas.net/article/article.asp?idx=27763

http://ko.wikipedia.org/wiki/%EB%AE%8C%ED%97%A8_%EC%98%AC%EB%A6%BC%ED%94%BD_%EC%B0%B8%EC%82%AC

http://news.dongascience.com/PHP/NewsView.php?kisaid=20030328200000000004&classcode=0110

연합뉴스, http://www.jpnews.kr/sub_read.html?uid=13072&section=sc1

동아일보, 2011.11.22, http://news.donga.com/3/all/20111122/42049701/1#

http://imnews.imbc.com/news/2009/world/article/2498340_5630.html

http://ko.wikipedia.org/wiki/9%C2%B711_%ED%85%8C%EB%9F%AC

http://cafe.daum.net/jwon7942/LReU/123?docid=1BwNz|LReU|123|20100505231234&q=%B9%DF%B8%AE%C6%F8%C5%BA%C5%D7%B7%AF

http://100.naver.com/100.nhn?docid=797250

http://www.0404.go.kr/contentView.do?menuNo=1010000

http://hosp.ajoumc.or.kr/emc/program/aid_read.asp?c_idx=358

조선일보, '佛유대학교 총기난사범, 경찰특공대가 사살', http://news.chosun.com/site/data/html_dir/2012/03/23/2012032300146.html

한겨레뉴스, "프랑스 테러범, 외로운 늑대형", http://www.hani.co.kr/arti/international/europe/524973.html

http://blog.naver.com/PostView.nhn?blogId=yydu&logNo=220404715579(검색: 2015.11.30)

http://www.christiandaily.co.kr/news(검색: 2015.12.04)

부록

대Terrorism 국가정책

1. 국가 테러방지법
2. 국가대테러활동지침
3. 테러관련 다자간 국제협약

국민보호와 공공안전을 위한 테러방지법

[시행 2016.3.3.] [법률 제14071호, 2016.3.3., 제정]

제1조(목적) 이 법은 테러의 예방 및 대응 활동 등에 관하여 필요한 사항과 테러로 인한 피해보전 등을 규정함으로써 테러로부터 국민의 생명과 재산을 보호하고 국가 및 공공의 안전을 확보하는 것을 목적으로 한다.

제2조(정의) 이 법에서 사용하는 용어의 뜻은 다음과 같다.

1. "테러"란 국가·지방자치단체 또는 외국 정부(외국 지방자치단체와 조약 또는 그 밖의 국제적인 협약에 따라 설립된 국제기구를 포함한다)의 권한행사를 방해하거나 의무 없는 일을 하게 할 목적 또는 공중을 협박할 목적으로 하는 다음 각 목의 행위를 말한다.

가. 사람을 살해하거나 사람의 신체를 상해하여 생명에 대한 위험을 발생하게 하는 행위 또는 사람을 체포·감금·약취·유인하거나 인질로 삼는 행위

나. 항공기(「항공법」 제2조제1호의 항공기를 말한다. 이하 이 목에서 같다)와 관련된 다음 각각의 어느 하나에 해당하는 행위

1) 운항중(「항공보안법」 제2조제1호의 운항중을 말한다. 이하 이 목에서 같다)인 항공기를 추락시키거나 전복·파괴하는 행위, 그 밖에 운항중인 항공기의 안전을 해칠 만한 손괴를 가하는 행위

2) 폭행이나 협박, 그 밖의 방법으로 운항중인 항공기를 강탈하거나 항공기의 운항을 강제하는 행위

3) 항공기의 운항과 관련된 항공시설을 손괴하거나 조작을 방해하여 항공기의 안전운항에 위해를 가하는 행위

다. 선박(「선박 및 해상구조물에 대한 위해행위의 처벌 등에 관한 법률」 제2조제1호 본문의 선박을 말한다. 이하 이 목에서 같다) 또는 해상구조물(같은 법 제2조제5호의 해상구조물을 말한다. 이하 이 목에서 같다)과 관련된 다음 각각의 어느 하나에 해당하는 행위

1) 운항(같은 법 제2조제2호의 운항을 말한다. 이하 이 목에서 같다) 중인 선박 또는 해상구조물을 파괴하거나, 그 안전을 위태롭게 할 만한 정도의 손상을 가하는 행위(운항 중인 선박이나 해상구조물에 실려 있는 화물에 손상을 가하는 행위를 포함한다)

2) 폭행이나 협박, 그 밖의 방법으로 운항 중인 선박 또는 해상구조물을 강탈하거나 선박의 운항을 강제하는 행위
3) 운항 중인 선박의 안전을 위태롭게 하기 위하여 그 선박 운항과 관련된 기기·시설을 파괴하거나 중대한 손상을 가하거나 기능장애 상태를 야기하는 행위

라. 사망·중상해 또는 중대한 물적 손상을 유발하도록 제작되거나 그러한 위력을 가진 생화학·폭발성·소이성(燒夷性) 무기나 장치를 다음 각각의 어느 하나에 해당하는 차량 또는 시설에 배치하거나 폭발시키거나 그 밖의 방법으로 이를 사용하는 행위

1) 기차·전차·자동차 등 사람 또는 물건의 운송에 이용되는 차량으로서 공중이 이용하는 차량
2) 1)에 해당하는 차량의 운행을 위하여 이용되는 시설 또는 도로, 공원, 역, 그 밖에 공중이 이용하는 시설
3) 전기나 가스를 공급하기 위한 시설, 공중의 음용수를 공급하는 수도, 전기통신을 이용하기 위한 시설 및 그 밖의 시설로서 공용으로 제공되거나 공중이 이용하는 시설
4) 석유, 가연성 가스, 석탄, 그 밖의 연료 등의 원료가 되는 물질을 제조 또는 정제하거나 연료로 만들기 위하여 처리·수송 또는 저장하는 시설
5) 공중이 출입할 수 있는 건조물·항공기·선박으로서 1)부터 4)까지에 해당하는 것을 제외한 시설

마. 핵물질(「원자력시설 등의 방호 및 방사능 방재 대책법」 제2조제1호의 핵물질을 말한다. 이하 이 목에서 같다), 방사성물질(「원자력안전법」 제2조제5호의 방사성물질을 말한다. 이하 이 목에서 같다) 또는 원자력시설(「원자력시설 등의 방호 및 방사능 방재 대책법」 제2조제2호의 원자력시설을 말한다. 이하 이 목에서 같다)과 관련된 다음 각각의 어느 하나에 해당하는 행위

1) 원자로를 파괴하여 사람의 생명·신체 또는 재산을 해하거나 그 밖에 공공의 안전을 위태롭게 하는 행위
2) 방사성물질 등과 원자로 및 관계 시설, 핵연료주기시설 또는 방사선발생장치를 부당하게 조작하여 사람의 생명이나 신체에 위험을 가하는 행위
3) 핵물질을 수수·소지·소유·보관·사용·운반·개조·처분 또는 분산하는 행위
4) 핵물질이나 원자력시설을 파괴·손상 또는 그 원인을 제공하거나 원자력시설의 정상적인 운전을 방해하여 방사성물질을 배출하거나 방사선을 노출하는 행위

2. “테러단체”란 국제연합(UN)이 지정한 테러단체를 말한다.

3. "테러위험인물"이란 테러단체의 조직원이거나 테러단체 선전, 테러자금 모금·기부, 그 밖에 테러 예비·음모·선전·선동을 하였거나 하였다고 의심할 상당한 이유가 있는 사람을 말한다.
4. "외국인테러전투원"이란 테러를 실행·계획·준비하거나 테러에 참가할 목적으로 국적국이 아닌 국가의 테러단체에 가입하거나 가입하기 위하여 이동 또는 이동을 시도하는 내국인·외국인을 말한다.
5. "테러자금"이란 「공중 등 협박목적 및 대량살상무기확산을 위한 자금조달행위의 금지에 관한 법률」 제2조제1호에 따른 공중 등 협박목적을 위한 자금을 말한다.
6. "대테러활동"이란 제1호의 테러 관련 정보의 수집, 테러위험인물의 관리, 테러에 이용될 수 있는 위험물질 등 테러수단의 안전관리, 인원·시설·장비의 보호, 국제행사의 안전확보, 테러위협에의 대응 및 무력진압 등 테러 예방과 대응에 관한 제반 활동을 말한다.
7. "관계기관"이란 대테러활동을 수행하는 국가기관, 지방자치단체, 그 밖에 대통령령으로 정하는 기관을 말한다.
8. "대테러조사"란 대테러활동에 필요한 정보나 자료를 수집하기 위하여 현장조사·문서열람·시료채취 등을 하거나 조사대상자에게 자료제출 및 진술을 요구하는 활동을 말한다.

제3조(국가 및 지방자치단체의 책무) ① 국가 및 지방자치단체는 테러로부터 국민의 생명·신체 및 재산을 보호하기 위하여 테러의 예방과 대응에 필요한 제도와 여건을 조성하고 대책을 수립하여 이를 시행하여야 한다.

② 국가 및 지방자치단체는 제1항의 대책을 강구함에 있어 국민의 기본적 인권이 침해당하지 아니하도록 최선의 노력을 하여야 한다.

③ 이 법을 집행하는 공무원은 헌법상 기본권을 존중하여 이 법을 집행하여야 하며 헌법과 법률에서 정한 적법절차를 준수할 의무가 있다.

제4조(다른 법률과의 관계) 이 법은 대테러활동에 관하여 다른 법률에 우선하여 적용한다.

제5조(국가테러대책위원회) ① 대테러활동에 관한 정책의 중요사항을 심의·의결하기 위하여 국가테러대책위원회(이하 "대책위원회"라 한다)를 둔다.

② 대책위원회는 국무총리 및 관계기관의 장 중 대통령령으로 정하는 사람으로 구성하고 위원장은 국무총리로 한다.

③ 대책위원회는 다음 각 호의 사항을 심의·의결한다.

1. 대테러활동에 관한 국가의 정책 수립 및 평가
2. 국가 대테러 기본계획 등 중요 중장기 대책 추진사항
3. 관계기관의 대테러활동 역할 분담·조정이 필요한 사항
4. 그 밖에 위원장 또는 위원이 대책위원회에서 심의·의결할 필요가 있다고 제의하는 사항

④ 그 밖에 대책위원회의 구성·운영 등에 필요한 사항은 대통령령으로 정한다.

[시행일 : 2016.6.4.] 제5조

제6조(대테러센터) ① 대테러활동과 관련하여 다음 각 호의 사항을 수행하기 위하여 국무총리 소속으로 관계기관 공무원으로 구성되는 대테러센터를 둔다.

1. 국가 대테러활동 관련 임무분담 및 협조사항 실무 조정
2. 장단기 국가대테러활동 지침 작성·배포
3. 테러경보 발령
4. 국가 중요행사 대테러안전대책 수립
5. 대책위원회의 회의 및 운영에 필요한 사무의 처리
6. 그 밖에 대책위원회에서 심의·의결한 사항

② 대테러센터의 조직·정원 및 운영에 관한 사항은 대통령령으로 정한다.

③ 대테러센터 소속 직원의 인적사항은 공개하지 아니할 수 있다.

[시행일 : 2016.6.4.] 제6조

제7조(대테러 인권보호관) ① 관계기관의 대테러활동으로 인한 국민의 기본권 침해 방지를 위하여 대책위원회 소속으로 대테러 인권보호관(이하 "인권보호관"이라 한다) 1명을 둔다.

② 인권보호관의 자격, 임기 등 운영에 관한 사항은 대통령령으로 정한다.

[시행일 : 2016.6.4.] 제7조

제8조(전담조직의 설치) ① 관계기관의 장은 테러 예방 및 대응을 위하여 필요한 전담조직을 둘 수 있다.

② 관계기관의 전담조직의 구성 및 운영과 효율적 테러대응을 위하여 필요한 사항은 대통령령으로 정한다.

[시행일 : 2016.6.4.] 제8조

제9조(테러위험인물에 대한 정보 수집 등) ① 국가정보원장은 테러위험인물에 대하여

출입국·금융거래 및 통신이용 등 관련 정보를 수집할 수 있다. 이 경우 출입국·금융거래 및 통신이용 등 관련 정보의 수집에 있어서는「출입국관리법」,「관세법」,「특정금융거래정보의 보고 및 이용 등에 관한 법률」,「통신비밀보호법」의 절차에 따른다.

② 국가정보원장은 제1항에 따른 정보 수집 및 분석의 결과 테러에 이용되었거나 이용될 가능성이 있는 금융거래에 대하여 지급정지 등의 조치를 취하도록 금융위원회 위원장에게 요청할 수 있다.

③ 국가정보원장은 테러위험인물에 대한 개인정보(「개인정보 보호법」 상 민감정보를 포함한다)와 위치정보를 「개인정보 보호법」 제2조의 개인정보처리자와 「위치정보의 보호 및 이용 등에 관한 법률」 제5조의 위치정보사업자에게 요구할 수 있다.

④ 국가정보원장은 대테러활동에 필요한 정보나 자료를 수집하기 위하여 대테러조사 및 테러위험인물에 대한 추적을 할 수 있다. 이 경우 사전 또는 사후에 대책위원회 위원장에게 보고하여야 한다.

제10조(테러예방을 위한 안전관리대책의 수립) ① 관계기관의 장은 대통령령으로 정하는 국가중요시설과 많은 사람이 이용하는 시설 및 장비(이하 "테러대상시설"이라 한다)에 대한 테러예방대책과 테러의 수단으로 이용될 수 있는 폭발물·총기류·화생방물질(이하 "테러이용수단"이라 한다), 국가 중요행사에 대한 안전관리대책을 수립하여야 한다.

② 제1항에 따른 안전관리대책의 수립·시행에 필요한 사항은 대통령령으로 정한다.

[시행일 : 2016.6.4.] 제10조

제11조(테러취약요인 사전제거) ① 테러대상시설 및 테러이용수단의 소유자 또는 관리자는 보안장비를 설치하는 등 테러취약요인 제거를 위하여 노력하여야 한다.

② 국가는 제1항의 테러대상시설 및 테러이용수단의 소유자 또는 관리자에게 필요한 경우 그 비용의 전부 또는 일부를 지원할 수 있다.

③ 제2항에 따른 비용의 지원 대상·기준·방법 및 절차 등에 필요한 사항은 대통령령으로 정한다.

[시행일 : 2016.6.4.] 제11조

제12조(테러선동·선전물 긴급 삭제 등 요청) ① 관계기관의 장은 테러를 선동·선전하는 글 또는 그림, 상징적 표현물, 테러에 이용될 수 있는 폭발물 등 위험물 제조법 등이 인터넷이나 방송·신문, 게시판 등을 통해 유포될 경우 해당 기관의 장에게 긴급 삭제 또는 중단, 감독 등의 협조를 요청할 수 있다.

② 제1항의 협조를 요청받은 해당 기관의 장은 필요한 조치를 취하고 그 결과를 관계기관의 장에게 통보하여야 한다.

제13조(외국인테러전투원에 대한 규제) ① 관계기관의 장은 외국인테러전투원으로 출국하려 한다고 의심할 만한 상당한 이유가 있는 내국인·외국인에 대하여 일시 출국금지를 법무부장관에게 요청할 수 있다.

② 제1항에 따른 일시 출국금지 기간은 90일로 한다. 다만, 출국금지를 계속할 필요가 있다고 판단할 상당한 이유가 있는 경우에 관계기관의 장은 그 사유를 명시하여 연장을 요청할 수 있다.

③ 관계기관의 장은 외국인테러전투원으로 가담한 사람에 대하여 「여권법」 제13조에 따른 여권의 효력정지 및 같은 법 제12조제3항에 따른 재발급 거부를 외교부장관에게 요청할 수 있다.

제14조(신고자 보호 및 포상금) ① 국가는 「특정범죄신고자 등 보호법」에 따라 테러에 관한 신고자, 범인검거를 위하여 제보하거나 검거활동을 한 사람 또는 그 친족 등을 보호하여야 한다.

② 관계기관의 장은 테러의 계획 또는 실행에 관한 사실을 관계기관에 신고하여 테러를 사전에 예방할 수 있게 하였거나, 테러에 가담 또는 지원한 사람을 신고하거나 체포한 사람에 대하여 대통령령으로 정하는 바에 따라 포상금을 지급할 수 있다.

[시행일 : 2016.6.4.] 제14조

제15조(테러피해의 지원) ① 테러로 인하여 신체 또는 재산의 피해를 입은 국민은 관계기관에 즉시 신고하여야 한다. 다만, 인질 등 부득이한 사유로 신고할 수 없을 때에는 법률관계 또는 계약관계에 의하여 보호의무가 있는 사람이 이를 알게 된 때에 즉시 신고하여야 한다.

② 국가 또는 지방자치단체는 제1항의 피해를 입은 사람에 대하여 대통령령으로 정하는 바에 따라 치료 및 복구에 필요한 비용의 전부 또는 일부를 지원할 수 있다. 다만, 「여권법」 제17조제1항 단서에 따른 외교부장관의 허가를 받지 아니하고 방문 및 체류가 금지된 국가 또는 지역을 방문·체류한 사람에 대해서는 그러하지 아니하다.

③ 제2항에 따른 비용의 지원 기준·절차·금액 및 방법 등에 관하여 필요한 사항은 대통령령으로 정한다.

[시행일 : 2016.6.4.] 제15조

제16조(특별위로금) ① 테러로 인하여 생명의 피해를 입은 사람의 유족 또는 신체상의 장애 및 장기치료를 요하는 피해를 입은 사람에 대해서는 그 피해의 정도에 따라 등급을 정하여 특별위로금을 지급할 수 있다. 다만, 「여권법」 제17조제1항 단서에 따른 외교부장관의 허가를 받지 아니하고 방문 및 체류가 금지된 국가 또는 지역을 방문·체류한 사람에 대해서는 그러하지 아니하다.

② 제1항에 따른 특별위로금의 지급 기준·절차·금액 및 방법 등에 관하여 필요한 사항은 대통령령으로 정한다.

[시행일 : 2016.6.4.] 제16조

제17조(테러단체 구성죄 등) ① 테러단체를 구성하거나 구성원으로 가입한 사람은 다음 각 호의 구분에 따라 처벌한다.

1. 수괴(首魁)는 사형·무기 또는 10년 이상의 징역
2. 테러를 기획 또는 지휘하는 등 중요한 역할을 맡은 사람은 무기 또는 7년 이상의 징역
3. 타국의 외국인테러전투원으로 가입한 사람은 5년 이상의 징역
4. 그 밖의 사람은 3년 이상의 징역

② 테러자금임을 알면서도 자금을 조달·알선·보관하거나 그 취득 및 발생원인에 관한 사실을 가장하는 등 테러단체를 지원한 사람은 10년 이하의 징역 또는 1억원 이하의 벌금에 처한다.

③ 테러단체 가입을 지원하거나 타인에게 가입을 권유 또는 선동한 사람은 5년 이하의 징역에 처한다.

④ 제1항 및 제2항의 미수범은 처벌한다.

⑤ 제1항 및 제2항에서 정한 죄를 범할 목적으로 예비 또는 음모한 사람은 3년 이하의 징역에 처한다.

⑥ 「형법」 등 국내법에 죄로 규정된 행위가 제2조의 테러에 해당하는 경우 해당 법률에서 정한 형에 따라 처벌한다.

제18조(무고, 날조) ① 타인으로 하여금 형사처분을 받게 할 목적으로 제17조의 죄에 대하여 무고 또는 위증을 하거나 증거를 날조·인멸·은닉한 사람은 「형법」 제152조부터 제157조까지에서 정한 형에 2분의 1을 가중하여 처벌한다.

② 범죄수사 또는 정보의 직무에 종사하는 공무원이나 이를 보조하는 사람 또는 이를 지휘하는 사람이 직권을 남용하여 제1항의 행위를 한 때에도 제1항의 형과 같다. 다만,

그 법정형의 최저가 2년 미만일 때에는 이를 2년으로 한다.

제19조(세계주의) 제17조의 죄는 대한민국 영역 밖에서 범한 외국인에게도 국내법을 적용한다.

부칙 〈제14071호, 2016.3.3.〉

제1조(시행일) 이 법은 공포한 날부터 시행한다. 다만, 제5조부터 제8조까지, 제10조, 제11조, 제14조부터 제16조까지는 공포 후 3개월이 경과한 날부터 시행한다.

제2조(다른 법률의 개정) ① 통신비밀보호법 일부를 다음과 같이 개정한다.

제7조제1항 각 호 외의 부분 중 "국가안전보장에 대한 상당한 위험이 예상되는 경우"를 "국가안전보장에 상당한 위험이 예상되는 경우 또는 「국민보호와 공공안전을 위한 테러방지법」 제2조제6호의 대테러활동에 필요한 경우"로 한다.

② 특정 금융거래정보의 보고 및 이용 등에 관한 법률 일부를 다음과 같이 개정한다.

제7조제1항 각 호 외의 부분 중 "조사 또는 금융감독 업무"를 "조사, 금융감독업무 또는 테러위험인물에 대한 조사업무"로, "중앙선거관리위원회 또는 금융위원회"를 "중앙선거관리위원회, 금융위원회 또는 국가정보원장"으로 한다.

제7조제4항 중 "금융위원회(이하 "검찰총장등"이라 한다)는"을 "금융위원회, 국가정보원장(이하 "검찰총장등"이라 한다)은"으로 한다.

③ 특정범죄신고자 등 보호법 일부를 다음과 같이 개정한다.

제2조제1호에 바목을 다음과 같이 신설한다.

바. 「국민보호와 공공안전을 위한 테러방지법」 제17조의 죄

국가대테러활동지침

[시행 2015.1.23.] [대통령훈령 제337호, 2015.1.23, 일부개정]

제1장 총칙

제1조(목적) 이 훈령은 국가의 대테러 업무수행을 위하여 필요한 사항을 규정함을 목적으로 한다.

제2조(정의) 이 훈령에서 사용하는 용어의 정의는 다음과 같다.

1. "테러"라 함은 국가안보 또는 공공의 안전을 위태롭게 할 목적으로 행하는 다음 각목의 어느하나에 해당하는 행위를 말한다.
   가. 국가 또는 국제기구를 대표하는 자 등의 살해·납치 등「외교관 등 국제적 보호인물에 대한 범죄의 방지 및 처벌에 관한 협약」제2조에 규정된 행위
   나. 국가 또는 국제기구 등에 대하여 작위·부작위를 강요할 목적의 인질억류·감금 등「인질억류 방지에 관한 국제협약」제1조에 규정된 행위
   나. 국가중요시설 또는 다중이 이용하는 시설·장비의 폭파 등「폭탄테러행위의 억제를 위한 국제협약」제2조에 규정된 행위
   라. 운항 중인 항공기의 납치·점거 등「항공기의 불법납치 억제를 위한 협약」제1조에 규정된 행위
   마. 운항 중인 항공기의 파괴, 운항 중인 항공기의 안전에 위해를 줄 수 있는 항공시설의 파괴 등「민간항공의 안전에 대한 불법적 행위의 억제를 위한 협약」제1조에 규정된 행위
   바. 국제민간항공에 사용되는 공항 내에서의 인명살상 또는 시설의 파괴 등「1971년 9월 23일 몬트리올에서 채택된 민간항공의 안전에 대한 불법적 행위의 억제를 위한 협약을 보충하는 국제민간항공에 사용되는 공항에서의 불법적 폭력행위의 억제를 위한 의정서」제2조에 규정된 행위
   사. 선박억류, 선박의 안전운항에 위해를 줄 수 있는 선박 또는 항해시설의 파괴 등「항해의 안전에 대한 불법적 행위의 억제를 위한 협약」제3조에 규정된 행위
   아. 해저에 고정된 플랫폼의 파괴 등「대륙붕상에 소재한 고정플랫폼의 안전에 대한 불법적 행위의 억제를 위한 의정서」제2조에 규정된 행위

자. 핵물질을 이용한 인명살상 또는 핵물질의 절도 · 강탈 등「핵물질의 방호에 관한 협약」제7조에 규정된 행위

2. "테러자금"이라 함은 테러를 위하여 또는 테러에 이용된다는 정을 알면서 제공 · 모금된 것으로서「테러자금 조달의 억제를 위한 국제협약」제1조제1호의 자금을 말한다.
3. "대테러활동"이라 함은 테러 관련 정보의 수집, 테러혐의자의 관리, 테러에 이용될 수 있는 위험물질 등 테러수단의 안전관리, 시설 · 장비의 보호, 국제행사의 안전확보, 테러위협에의 대응 및 무력 진압 등 테러예방 · 대비와 대응에 관한 제반활동을 말한다.
4. "관계기관"이라 함은 대테러활동을 담당하는 중앙행정기관 및 그 소속기관을 말한다.
5. "사건대응조직"이라 함은 테러사건이 발생하거나 발생이 예상되는 경우에 그 대응을 위하여 한시적으로 구성되는 테러사건대책본부 · 현장지휘본부 등을 말한다.
6. 삭제 〈2009.8.14〉
7. 삭제 〈2009.8.14〉
8. "테러경보"라 함은 테러의 위협 또는 위험수준에 따라 관심 · 주의 · 경계 · 심각의 4단계로 구분하여 발령하는 경보를 말한다.

제3조(기본지침) 국가의 대테러활동을 위한 기본지침은 다음과 같다.

1. 국가의 대테러업무를 효율적으로 수행하기 위하여 범국가적인 종합대책을 수립하고 지휘 및 협조체제를 단일화한다.
2. 관계기관 등은 테러위협에 대한 예방활동에 주력하고, 테러 관련 정보 등 징후를 발견한 경우에는 관계기관에 신속히 통보하여야 한다.
3. 테러사건이 발생하거나 발생이 예상되는 경우에는 테러대책기구 및 사건대응조직을 통하여 신속한 대응조치를 강구한다.
4. 국내외 테러의 예방 · 저지 및 대응조치를 원활히 수행하기 위하여 국제적인 대테러 협력체제를 유지한다.
5. 국가의 대테러능력을 향상 · 발전시키기 위하여 전문인력 및 장비를 확보하고, 대응기법을 연구 · 개발한다.
6. 테러로 인하여 발생하는 각종 피해의 복구와 구조활동, 사상자에 대한 조치 등 수습활동은「재난 및 안전 관리기본법」등 관계법령에서 정한 체계와 절차에 따라 수행함을 원칙으로 한다.
7. 이 훈령과 대통령훈령 제28호 통합방위지침의 적용여부가 불분명한 사건이 발생한 경우에는 사건 성격이 명확히 판명될 때까지 통합방위지침에 의한 대응활동과 병행

하여 이 훈령에 의한 대테러활동을 수행한다.

제4조(적용범위) 이 훈령은 관계기관과 그 외에 테러예방 및 대응조치를 위하여 필요한 정부의 관련기관에 적용한다.

제 2 장 테러대책기구

제 1 절 테러대책회의

제5조(설치 및 구성) ① 국가 대테러정책의 심의·결정 등을 위하여 대통령 소속하에 테러대책회의를 둔다.

② 테러대책회의의 의장은 국무총리가 되며, 위원은 다음 각호의 자가 된다. 〈개정 2008.8.18, 2012.2.9, 2013.5.21, 2015.1.23〉

1. 외교부장관·통일부장관·법무부장관·국방부장관·행정자치부장관·산업통상자원부장관·보건복지부장관·환경부장관·국토교통부장관·해양수산부장관 및 국민안전처장관
2. 국가정보원장
3. 국가안보실장·대통령경호실장 및 국무조정실장

3의2. 삭제 〈2013.5.21〉

4. 관세청장·경찰청장 및 원자력안전위원회위원장
5. 그 밖에 의장이 지명하는 자

③ 테러대책회의의 사무를 처리하기 위하여 1인의 간사를 두되, 간사는 제11조의 규정에 의한 테러정보통합센터의 장으로 한다. 다만, 제20조의 규정에 의한 분야별 테러사건대책본부가 구성되는 때에는 해당 테러사건대책본부의 장을 포함하여 2인의 간사를 둘 수 있다.

제6조(임무) 테러대책회의는 다음 각호의 사항을 심의한다.

1. 국가 대테러정책
2. 그 밖에 테러대책회의의 의장이 부의하는 사항

제7조(운영) ① 테러대책회의는 그 임무를 수행하기 위하여 의장이 필요하다고 인정하거나 위원이 회의소집을 요청하는 때에 의장이 이를 소집한다.

② 테러대책회의의 의장 · 위원 및 간사의 직무는 다음과 같다.

1. 의장
   가. 테러대책회의를 소집하고 회의를 주재한다.
   나. 테러대책회의의 결정사항에 대하여 대통령에게 보고하고, 결정사항의 시행을 총괄 · 지휘한다.
2. 위원
   가. 테러대책회의의 소집을 요청하고 회의에 참여한다.
   나. 소관사항에 대한 대책방안을 제안하고, 의결사항의 시행을 총괄한다.
3. 간사
   가. 테러대책회의의 운영에 필요한 실무사항을 지원한다.
   나. 그 밖의 회의 관련 사무를 처리한다.
   다. 제5조제3항 단서의 규정에 의한 분야별 테러사건대책본부의 장은 테러사건에 대한 종합상황을 테러대책회의에 보고하고, 테러대책회의의 의장이 지시한 사항을 처리한다.

③ 의장이 부득이한 사유로 직무를 수행할 수 없는 때에는 제8조의 규정에 의한 테러대책상임위원회의 위원장이 그 직무를 수행한다.

제 2 절 테러대책상임위원회

제8조(설치 및 구성) ① 관계기관 간 대테러업무의 유기적인 협조 · 조정 및 테러사건에 대한 대응대책의 결정 등을 위하여 테러대책회의 밑에 테러대책상임위원회(이하 "상임위원회"라 한다)를 둔다.

② 상임위원회의 위원은 다음 각호의 자가 되며, 위원장은 위원 중에서 대통령이 지명한다. 〈개정 2008.8.18, 2013.5.21, 2015.1.23〉

1. 외교부장관 · 통일부장관 · 국방부장관 및 국민안전처장관
2. 국가정보원장
3. 국가안보실장 및 국무조정실장
4. 경찰청장
5. 그 밖에 상임위원회의 위원장이 지명하는 자

③ 상임위원회의 사무를 처리하기 위하여 1인의 간사를 두되, 간사는 제11조의 규정에 의한 테러정보통합센터의 장으로 한다.

제9조(임무) 상임위원회의 임무는 다음 각호와 같다.

1. 테러사건의 사전예방·대응대책 및 사후처리 방안의 결정
2. 국가 대테러업무의 수행실태 평가 및 관계기관의 협의·조정
3. 대테러 관련 법령 및 지침의 제정 및 개정 관련 협의
4. 그 밖에 테러대책회의에서 위임한 사항 및 심의·의결한 사항의 처리

제10조(운영) ① 상임위원회의 회의는 정기회의와 임시회의로 구분하며, 위원장이 소집한다.

② 정기회의는 원칙적으로 반기 1회 개최한다. 〈개정 2008.8.18〉

③ 임시회의는 위원장이 필요하다고 인정하거나 위원이 회의소집을 요청하는 때에 소집된다.

④ 상임위원회의 위원장·위원 및 간사의 직무에 대하여는 제7조제2항의 규정을 준용한다.

⑤ 상임위원회의 운영을 효율적으로 지원하기 위하여 관계기관의 국장으로 구성되는 실무회의를 운영할 수 있으며, 간사가 이를 주재한다.

제 3 절 테러정보통합센터

제11조(설치 및 구성) ① 테러 관련 정보를 통합관리하기 위하여 국가정보원에 관계기관 합동으로 구성되는 테러정보통합센터를 둔다.

② 테러정보통합센터의 장(이하 "센터장"이라 한다)을 포함한 테러정보통합센터의 구성과 참여기관의 범위·인원과 운영 등에 관한 세부사항은 국가정보원장이 정하되, 센터장은 국가정보원 직원 중 테러 업무에 관한 전문적 지식과 경험이 있는 자로 한다.

③ 국가정보원장은 관계기관의 장에게 소속공무원의 파견을 요청할 수 있다.

④ 테러정보통합센터의 조직 및 운영에 관한 사항은 공개하지 아니할 수 있다.

제12조(임무) 테러정보통합센터의 임무는 다음 각호와 같다.

1. 국내외 테러 관련 정보의 통합관리 및 24시간 상황처리체제의 유지
2. 국내외 테러 관련 정보의 수집·분석·작성 및 배포
3. 테러대책회의·상임위원회의 운영에 대한 지원
4. 테러 관련 위기평가·경보발령 및 대국민 홍보
5. 테러혐의자 관련 첩보의 검증
6. 상임위원회의 결정사항에 대한 이행점검

7. 그 밖에 테러 관련 정보의 통합관리에 필요한 사항

제13조(운영) ① 관계기관은 테러 관련 정보(징후 · 상황 · 첩보 등을 포함한다)를 인지한 경우에는 이를 지체없이 센터장에게 통보하여야 한다.

② 센터장은 테러정보의 통합관리 등 업무수행에 필요하다고 인정하는 경우에는 관계기관의 장에게 필요한 협조를 요청할 수 있다.

제 4 절 지역 테러대책협의회

제14조(설치 및 구성) ① 지역의 관계기관 간 테러예방활동의 유기적인 협조 · 조정을 위하여 지역 테러대책협의회를 둔다.

② 지역 테러대책협의회의 의장은 국가정보원의 해당지역 관할지부의 장이 되며, 위원은 다음 각호의 자가 된다. 〈개정 2008.8.18, 2012.2.9, 2013.5.21, 2015.1.23〉

1. 법무부 · 보건복지부 · 환경부 · 국토교통부 · 해양수산부 · 국민안전처 · 국가정보원의 지역기관, 식품의약품안전처, 관세청 · 대검찰청 · 경찰청 · 원자력안전위원회의 지역기관, 지방자치단체, 지역 군 · 기무부대의 대테러업무 담당 국 · 과장급 직위의 자
2. 그 밖에 지역 테러대책협의회의 의장이 지명하는 자

제15조(임무) 지역 테러대책협의회의 임무는 다음 각호와 같다.

1. 테러대책회의 또는 상임위원회의 결정사항에 대한 시행방안의 협의
2. 당해 지역의 관계기관 간 대테러업무의 협조 · 조정
3. 당해 지역의 대테러업무 수행실태의 분석 · 평가 및 발전방안의 강구

제16조(운영) ① 지역 테러대책협의회는 그 임무를 수행하기 위하여 의장이 필요하다고 인정하거나 위원이 회의소집을 요청하는 때에 의장이 이를 소집한다.

② 지역 테러대책협의회의 운영에 관한 세부사항은 제7조의 규정을 준용하여 각 지역 테러대책협의회에서 정한다.

제 5 절 공항 · 항만 테러 · 보안대책협의회

제17조(설치 및 구성) ① 공항 또는 항만 내에서의 테러예방 및 저지활동을 원활히 수행하기 위하여 공항 · 항만별로 테러 · 보안대책협의회를 둔다.

② 테러·보안대책협의회의 의장은 당해 공항·항만의 국가정보원 보안실장(보안실장이 없는 곳은 관할지부의 관계과장)이 되며, 위원은 다음 각호의 자가 된다. 〈개정 2008.8.18, 2012.2.9, 2013.5.21, 2015.1.23〉

1. 당해 공항 또는 항만에 근무하는 법무부·보건복지부·국토교통부·해양수산부·국민안전처·관세청·경찰청·국군기무사령부 등 관계기관의 직원 중 상위 직위자
2. 공항·항만의 시설관리 및 경비책임자
3. 그 밖에 테러·보안대책협의회의 의장이 지명하는 자

제18조(임무) 테러·보안대책협의회는 당해 공항 또는 항만 내의 대테러 활동에 관하여 다음 각호의 사항을 심의·조정한다.

1. 테러혐의자의 잠입 및 테러물품의 밀반입에 대한 저지대책
2. 공항 또는 항만 내의 시설 및 장비에 대한 보호대책
3. 항공기·선박의 피랍 및 폭파 예방·저지를 위한 탑승자와 수하물의 검사대책
4. 공항 또는 항만 내에서의 항공기·선박의 피랍 또는 폭파사건에 대한 초동(初動) 비상처리대책
5. 주요인사의 출입국에 따른 공항 또는 항만 내의 경호·경비 대책
6. 공항 또는 항만 관련 테러첩보의 입수·분석·전파 및 처리대책
7. 그 밖에 공항 또는 항만 내의 대테러대책

제19조(운영) ① 테러·보안대책협의회는 그 임무를 수행하기 위하여 의장이 필요하다고 인정하거나 위원이 회의소집을 요청하는 때에 의장이 이를 소집한다.

② 테러·보안대책협의회의 운영에 관한 세부사항은 공항·항만 별로 테러·보안대책협의회에서 정한다.

제 3 장 테러사건 대응조직

제 1 절 분야별 테러사건대책본부

제20조(설치 및 구성) ① 테러가 발생하거나 발생이 예상되는 경우 외교부장관은 국외테러사건대책본부를, 국방부장관은 군사시설테러사건대책본부를, 보건복지부장관은 생물테러사건대책본부를, 환경부장관은 화학테러사건대책본부를, 국토교통부장관은 항공

기테러사건대책본부를, 국민안전처장관은 해양테러사건대책본부를, 원자력안전위원회 위원장은 방사능테러사건대책본부를, 경찰청장은 국내일반테러사건대책본 부를 설치·운영한다. 〈개정 2008.8.18, 2012.2.9, 2013.5.21, 2015.1.23〉

② 상임위원회는 동일 사건에 대하여 2개 이상의 테러사건대책본부가 관련되는 경우에는 사건의 성질·중요도 등을 고려하여 테러사건대책본부를 설치할 기관을 지정한다.

③ 테러사건대책본부의 장은 테러사건대책본부를 설치하는 부처의 차관급 공무원으로 하되, 경찰청은 차장으로 한다. 〈개정 2015.1.23〉

제21조(임무) 테러사건대책본부의 임무는 다음 각호와 같다.

1. 테러대책회의 또는 상임위원회의 소집 건의
2. 제23조의 규정에 의한 현장지휘본부의 사건대응활동에 대한 지휘·지원
3. 테러사건 관련 상황의 전파 및 사후처리
4. 그 밖에 테러대응활동에 필요한 사항의 강구 및 시행

제22조(운영) ① 테러사건대책본부의 장은 테러사건대책본부의 운영에 필요한 경우 관계기관의 장에게 전문인력의 파견 등 지원을 요청할 수 있다.

② 테러사건대책본부의 편성·운영에 관한 세부사항은 테러사건대책본부가 설치된기관의 장이 정한다.

제 2 절　현장지휘본부

제23조(설치 및 구성) ① 테러사건대책본부의 장은 테러사건이 발생한 경우 사건현장의 대응활동을 총괄하기 위하여 현장지휘본부를 설치할 수 있다. 〈개정 2009.8.14〉

② 현장지휘본부의 장은 테러사건대책본부의 장이 지명하는 자로 한다.

③ 현장지휘본부의 장은 테러의 양상·규모·현장상황 등을 고려하여 협상·진압·구조·소방·구급 등 필요한 전문조직을 구성하거나 관계기관의 장으로부터 지원받을 수 있다.

④ 외교부장관은 해외에서 테러가 발생하여 정부차원의 현장대응이 필요한 경우에는 관계기관 합동으로 정부현지대책반을 구성하여 파견할 수 있다. 〈개정 2013.5.21〉

제 3 절　대테러특공대

제24조(구성 및 지정) ① 테러사건에 대한 무력진압작전의 수행을 위하여 국방부·국민

안전처 · 경찰청에 대테러특공대를 둔다. 〈개정 2015.1.23〉

② 국방부장관 · 국민안전처장관 · 경찰청장은 대테러특공대를 설치하거나 지정하고자 할 때에는 상임위원회의 심의를 거쳐야 한다. 〈개정 2015.1.23〉

③ 국방부장관 · 국민안전처장관 · 경찰청장은 대테러특공대의 구성 및 외부 교육훈련 · 이동 등 운용사항을 대통령경호안전대책위원회의 위원장과 협의하여야 한다. 〈개정 2015.1.23〉

第25条(임무) 대테러특공대는 다음 각호의 임무를 수행한다.

1. 테러사건에 대한 무력진압작전
2. 테러사건과 관련한 폭발물의 탐색 및 처리
3. 요인경호행사 및 국가중요행사의 안전활동에 대한 지원
4. 그 밖에 테러사건의 예방 및 저지활동

第26条(운영) 대테러특공대는 테러진압작전을 수행할 수 있도록 특수전술능력을 보유하여야 하며, 항상 즉각적인 출동 태세를 유지하여야 한다.

第27条(출동 및 작전) ① 테러사건이 발생하거나 발생이 예상되는 경우 대테러특공대의 출동 여부는 각각 국방부장관 · 국민안전처장관 · 경찰청장이 결정한다. 다만, 군 대테러특공대의 출농은 군사시설 내에서 테러사건이 발생하거나 테러대책회의의 의장이 요청하는 때에 한한다. 〈개정 2015.1.23〉

② 대테러특공대의 무력진압작전은 상임위원회에서 결정한다. 다만, 테러범이 무차별 인명살상을 자행하는 등 긴급한 대응조치가 불가피한경우에는 국방부장관 · 국민안전처장관 · 경찰청장이 대테러특공대에 긴급 대응작전을 명할 수 있다. 〈개정 2015.1.23〉

③ 국방부장관 · 국민안전처장관 · 경찰청장이 제2항 단서의 규정에 의하여 긴급 대응작전을 명한 경우에는 이를 즉시 상임위원회의 위원장에게 보고하여야 한다. 〈개정 2015.1.23〉

제 4 절 협상팀

第28条(구성) ① 무력을 사용하지 않고 사건을 종결하거나 후발사태를 저지하기 위하여 국방부 · 국민안전처 · 경찰청에 협상실무요원 · 통역요원 · 전문요원으로 구성되는 협상팀을 둔다. 〈개정 2009.8.14, 2015.1.23〉

② 협상실무요원은 협상 전문능력을 갖춘 공무원으로 편성하고, 협상전문요원은 대테러

전술 전문가 · 심리학자 · 정신의학자 · 법률가 등 각계 전문가로 편성한다.

제29조(운영) ① 국방부장관 · 국민안전처장관 · 경찰청장은 테러사건이 발생한 경우에는 협상팀을 신속히 소집하고, 협상팀 대표를 선정하여 사건현장에 파견하여야 한다. 〈개정 2015.1.23〉

② 국방부장관 · 국민안전처장관 · 경찰청장은 테러사건이 발생한 경우에 협상팀의 신속한 현장투입을 위하여 협상팀을 특별시 · 광역시 · 도 단위로 관리 · 운용할 수 있다. 〈개정 2015.1.23〉

③ 국방부장관 · 국민안전처장관 · 경찰청장은 협상팀의 대응능력을 향상시키기 위하여 협상기법을 연구 · 개발하고 필요한 장비를 확보하여야 한다. 〈개정 2015.1.23〉

④ 협상팀의 구성 · 운용에 관한 세부사항은 국방부장관 · 국민안전처장관 · 경찰청장이 정한다. 〈개정 2015.1.23〉

제 5 절 긴급구조대 및 지원팀 <개정 2009.8.14>

제30조(긴급구조대) ① 테러사건 발생 시 신속히 인명을 구조 · 구급하기 위하여 국민안전처에 긴급구조대를 둔다. 〈개정 2015.1.23〉

② 긴급구조대는 테러로 인한 인명의 구조 · 구급 및 테러에 사용되는 위험물질의 탐지 · 처리 등에 대한 전문적 능력을 보유하여야 한다.

③ 국민안전처장관은 테러사건이 발생하거나 발생이 예상되는 경우에는 긴급구조대를 사건현장에 신속히 파견한다. 〈개정 2015.1.23〉

[전문개정 2009.8.14]

제31조(지원팀) ① 관계기관의 장은 테러사건이 발생한 경우에는 테러대응활동을 지원하기 위하여 지원팀을 구성 · 운영한다.

② 지원팀은 정보 · 외교 · 통신 · 홍보 · 소방 · 제독 등 전문 분야별로 편성한다.

③ 관계기관의 장은 현장지휘본부의 장의 요청이 있거나 테러대책회의 또는 상임위원회의 결정이 있는 때에는 지원팀을 사건현장에 파견한다.

④ 관계기관의 장은 평상시 지원팀의 구성에 필요한 전문요원을 양성하고 장비 등을 확보하여야 한다.

[전문개정 2009.8.14]

제 6 절 대화생방테러 특수임무대 <신설 2012.2.9>

제31조의2(구성 및 지정) ① 화생방테러에 대응하기 위하여 국방부에 대화생방테러 특수임무대를 둘 수 있다.

② 국방부장관은 제1항에 따라 대화생방테러 특수임무대를 설치하거나 지정하려는 때에는 상임위원회의 심의를 거쳐야 한다.

[본조신설 2012.2.9]

제31조의3(임무) ① 대화생방테러 특수임무대는 다음 각 호의 임무를 수행한다.

1. 화생방테러 발생 시 오염확산 방지 및 피해 최소화
2. 화생방테러 관련 오염지역 정밀 제독 및 오염 피해 평가
3. 요인경호 및 국가중요행사의 안전활동에 대한 지원

[본조신설 2012.2.9]

제31조의4(운영) ① 대화생방테러 특수임무대는 화생방테러에 대응하기 위한 전문지식 및 작전수행 능력을 배양하여야 하며 항상 출동태세를 유지하여야 한다.

② 국방부장관은 현장지휘본부의 장의 요청이 있거나 테러대책회의 또는 상임위원회의 결정이 있는 때에는 대화생방테러 특수임무대를 사건 현장에 파견한다.

③ 국방부장관은 대화생방테러 특수임무대의 구성에 필요한 전문요원을 양성하고 필요한 장비 및 물자를 확보하여야 한다.

[본조신설 2012.2.9]

제 7 절 합동조사반 <개정 2012.2.9>

제32조(구성) ① 국가정보원장은 국내외에서 테러사건이 발생하거나 발생할 우려가 현저한 때에는 예방조치·사건분석 및 사후처리방안의 강구 등을 위하여 관계기관 합동으로 조사반을 편성·운영한다. 다만, 군사시설인 경우 국방부장관(국군기무사령관)이 자체 조사할 수 있다. 〈개정 2009.8.14〉

② 합동조사반은 관계기관의 대테러업무에 관한 실무전문가로 구성하며, 필요한 경우 공공기관·단체 또는 민간의 전문요원을 위촉하여 참여하게 할 수 있다.

제33조(운영) ① 합동조사반은 테러사건의 발생지역에 따라 중앙및 지역별 합동조사반

으로 구분하여 운영할 수 있다.

② 관계기관의 장은 평상시 합동조사반에 파견할 전문인력을 확보·양성하고, 합동조사를 위하여 필요한 경우에 인력·장비 등을 지원한다.

제 4 장 예방·대비 및 대응활동

제 1 절 예방·대비활동

제34조(정보수집 및 전파) ① 관계기관은 테러사건의 발생을 미연에 방지하기 위하여 소관업무와 관련한 국내외 테러 관련 정보의 수집활동에 주력한다.

② 관계기관은 테러 관련 정보를 입수한 경우에는 지체없이 센터장에게 이를 통보하여야 한다.

③ 센터장은 테러 관련 정보를 종합·분석하여 신속히 관계기관에 전파하여야 한다.

제35조(테러경보의 발령) ① 센터장은 테러위기의 징후를 포착한 경우에는 이를 평가하여 상임위원회에 보고하고 테러경보를 발령한다.

② 테러경보는 테러위협 또는 위험의 정도에 따라 관심·주의·경계·심각의 4단계로 구분하여 발령하고, 단계별 위기평가를 위한 일반적 업무절차는 국가위기관리기본지침에 의한다.

③ 테러경보는 국가전역 또는 일부지역에 한정하여 발령할 수 있다.

④ 센터장은 테러경보의 발령을 위하여 필요한 사항에 대한 세부지침을 수립하여 시행한다.

제36조(테러경보의 단계별 조치) ① 관계기관의 장은 테러경보가 발령된 경우에는 다음 각호의 기준을 고려하여 단계별 조치를 취하여야 한다.

1. 관심 단계 : 테러 관련 상황의 전파, 관계기관 상호간 연락체계의 확인, 비상연락망의 점검 등
2. 주의 단계 : 테러대상 시설 및 테러에 이용될 수 있는 위험물질에 대한 안전관리의 강화, 국가중요시설에 대한 경비의 강화, 관계기관별 자체 대비태세의 점검 등
3. 경계 단계 : 테러취약요소에 대한 경비 등 예방활동의 강화, 테러취약시설에 대한 출입통제의 강화, 대테러 담당공무원의 비상근무 등

4. 심각 단계 : 대테러 관계기관 공무원의 비상근무, 테러유형별 테러사건대책본부 등 사건대응조직의 운영준비, 필요장비 · 인원의 동원태세 유지 등

② 관계기관의 장은 제1항의 규정에 의하여 단계별 세부계획을 수립 · 시행하여야 한다.

제37조(지도 및 점검) ① 관계기관의 장은 소관업무와 관련하여 국가중요시설 · 다중이 이용하는 시설 · 장비 및 인원에 대한 테러예방대책과 테러에 이용될 수 있는 위험물질에 대한 안전관리대책을 수립하고, 그 시행을 지도 · 감독한다.

② 국가정보원장은 필요한 경우 관계기관 합동으로 공항 · 항만 등 테러의 대상이 될 수 있는 국가중요시설 · 다중이 이용하는 시설 및 장비에 대한 테러예방활동을 관계법령이 정하는 바에 따라 지도 · 점검할 수 있다.

제38조(국가중요행사에 대한 안전활동) ① 관계기관의 장은 국내외에서 개최되는 국가중요행사에 대하여 행사특성에 맞는 분야별 대테러 · 안전대책을 수립 · 시행하여야 한다.

② 국가정보원장은 국가중요행사에 대한 대테러 · 안전대책을 협의 · 조정하기 위하여 필요한 경우에는 관계기관 합동으로 대테러 · 안전대책기구를 편성 · 운영할 수 있다. 다만, 대통령 및 국가원수에 준하는 국빈 등이 참석하는 행사에 관하여는 대통령경호안전대책위원회의 위원장이 편성 · 운영할 수 있다.

제39조(교육 및 훈련) ① 관계기관의 장은 대테러 전문능력의 배양을 위하여 필요한 인원 및 장비를 확보하고, 이에 따른 교육 · 훈련계획을 수립 · 시행한다.

② 관계기관의 장은 제1항의 규정에 의한 계획의 운영에 관하여 국가정보원장과 미리 협의하여야 한다.

③ 국가정보원장은 관계기관 대테러요원의 전문적인 대응능력의 배양을 위하여 외국의 대테러기관과의 합동훈련 및 교육을 지원하고, 관계기관 합동으로 종합모의훈련을 실시할 수 있다.

제 2 절 대응활동

제40조(상황전파) ① 관계기관의 장은 테러사건이 발생하거나 테러위협 등 그 징후를 인지한 경우에는 관련 상황 및 조치사항을 관련 기관의 장 및 국가정보원장에게 신속히 통보하여야 한다.

② 테러사건대책본부의 장은 사건 종결시까지 관련 상황을 종합처리하고, 대응조치를 강

구하며, 그 진행상황을 테러대책회의의 의장 및 상임위원회의 위원장에게 보고하여야 한다.

③ 법무부장관과 관세청장은 공항 및 항만에서 발생하는 테러와 연계된 테러혐의자의 출입국 또는 테러물품의 반·출입에 대한 적발 및 처리상황을 신속히 국가정보원장·국민안전처장관 및 경찰청장에게 통보하여야 한다. 〈개정 2015.1.23〉

제41조(초동조치) ① 관계기관의 장은 테러사건이 발생한 경우에는 사건현장을 통제·보존하고, 후발 사태의 발생 등 사건의 확산을 방지하기 위하여 신속한 초동조치(初動措置)를 하여야 하며, 증거물의 멸실을 방지하기 위하여 가능한 한 현장을 보존하여야 한다.

② 제1항의 규정에 의한 초동조치 사항은 다음 각호와 같다.

1. 사건현장의 보존 및 통제
2. 인명구조 등 사건피해의 확산방지조치
3. 현장에 대한 조치사항을 종합하여 관련 기관에 전파
4. 관련 기관에 대한 지원요청

제42조(사건대응) ① 테러사건이 발생한 경우에는 상임위원회가 그 대응대책을 심의·결정하고 통합지휘하며, 테러사건 대책본부는 이를 지체없이 시행한다.

② 테러사건대책본부는 필요한 경우에는 현장지휘본부를 가동하여 상황전파 및 대응체계를 유지하고, 단계별 조치사항을 체계적으로 시행한다.

③ 법무부장관은 테러사건에 대한 수사를 위하여 필요한 경우에는 검찰·경찰 및 관계기관 합동으로 테러사건수사본부를 설치하여 운영하며, 테러정보통합센터·테러사건대책본부와의 협조체제를 유지한다.

제43조(사후처리) ① 테러사건대책본부의 장은 제9조의 규정에 의한 상임위원회의 결정에 따라 관계기관의 장과 협조하여 테러사건의 사후처리를 총괄한다.

② 테러사건대책본부의 장은 테러사건의 처리결과를 종합하여 테러대책회의의 의장 및 상임위원회의 위원장에게 보고하고, 관계기관에 이를 전파한다.

③ 관계기관의 장은 사후대책의 강구를 위하여 필요한 경우에는 관할 수사기관의 장에게 테러범·인질에 대한 신문참여 또는 신문결과의 통보를 요청할 수 있다.

제 5 장 관계기관별 임무

제44조(관계기관별 임무) 대테러활동에 관한 관계기관별 임무는 다음 각 호와 같다. 〈개정 2008.8.18, 2009.8.14, 2012.2.9, 2013.5.21, 2015.1.23〉

1. 국가안보실
   가. 국가 대테러 위기관리체계에 관한 기획 · 조정
   나. 테러 관련 중요상황의 대통령 보고 및 지시사항의 처리
   다. 테러분야의 위기관리 표준 · 실무매뉴얼의 관리
2. 금융위원회
   가. 테러자금의 차단을 위한 금융거래 감시활동
   나. 테러자금의 조사 등 관련 기관에 대한 지원
3. 외교부
   가. 국외 테러사건에 대한 대응대책의 수립 · 시행 및 테러 관련 재외국민의 보호
   나. 국외 테러사건의 발생시 국외테러사건대책본부의 설치 · 운영 및 관련 상황의 종합처리
   다. 대테러 국제협력을 위한 국제조약의 체결 및 국제회의에의 참가, 국제기구에의 가입에 관한 업무의 주관
   라. 각국 정부 및 주한 외국공관과의 외교적 대테러 협력체제의 유지
4. 법무부(대검찰청을 포함한다)
   가. 테러혐의자의 잠입에 대한 저지대책의 수립 · 시행
   나. 위 · 변조여권 등의 식별기법의 연구 · 개발 및 필요장비 등의 확보
   다. 출입국 심사업무의 과학화 및 전문 심사요원의 양성 · 확보
   라. 테러와 연계된 혐의가 있는 외국인의 출입국 및 체류동향의 파악 · 전파
   마. 테러사건에 대한 법적 처리문제의 검토 · 지원 및 수사의 총괄
   바. 테러사건에 대한 전문 수사기법의 연구 · 개발
5. 국방부(합동참모본부 · 국군기무사령부를 포함한다)
   가. 군사시설 내에 테러사건의 발생시 군사시설테러사건대책본부의 설치 · 운영 및 관련 상황의 종합처리
   나. 대테러특공대 및 폭발물 처리팀의 편성 · 운영
   다. 국내외에서의 테러진압작전에 대한 지원
   라. 군사시설 및 방위산업시설에 대한 테러예방활동 및 지도 · 점검
   마. 군사시설에서 테러사건 발생 시 군 자체 조사반의 편성 · 운영

바. 군사시설 및 방위산업시설에 대한 테러첩보의 수집
사. 대테러전술의 연구·개발 및 필요 장비의 확보
아. 대테러 전문교육·훈련에 대한 지원
자. 협상실무요원·전문요원 및 통역요원의 양성·확보
차. 대화생방테러 특수임무대 편성·운영

6. 행정자치부(경찰청을 포함한다)
가. 국내일반테러사건에 대한 예방·저지·대응대책의 수립 및 시행
나. 국내일반테러사건의 발생시 국내일반테러사건대책본부의 설치·운영 및 관련 상황의 종합처리
다. 범인의 검거 등 테러사건에 대한 수사
라. 대테러특공대 및 폭발물 처리팀의 편성·운영
마. 협상실무요원·전문요원 및 통역요원의 양성·확보
바. 중요인물 및 시설, 다중이 이용하는 시설 등에 대한 테러방지대책의 수립·시행
사. 삭제 〈2015.1.23〉
아. 대테러전술의 연구·개발 및 필요장비의 확보
자. 국제경찰기구 등과의 대테러 협력체제의 유지

7. 산업통상자원부
가. 기간산업시설에 대한 대테러·안전관리 및 방호대책의 수립·점검
나. 테러사건의 발생시 사건대응조직에 대한 분야별 전문인력·장비 등의 지원

8. 보건복지부
가. 생물테러사건의 발생시 생물테러사건대책본부의 설치·운영 및 관련 상황의 종합처리
나. 테러에 이용될 수 있는 병원체의 분리·이동 및 각종 실험실에 대한 안전관리
다. 생물테러와 관련한 교육·훈련에 대한 지원

9. 환경부
가. 화학테러의 발생시 화학테러사건대책본부의 설치·운영 및 관련 상황의 종합처리
나. 테러에 이용될 수 있는 유독물질의 관리체계 구축
다. 화학테러와 관련한 교육·훈련에 대한 지원

10. 국토교통부
가. 건설·교통 분야에 대한 대테러·안전대책의 수립 및 시행
나. 항공기테러사건의 발생시 항공기테러사건대책본부의 설치·운영 및 관련 상황의 종합처리

다. 항공기테러사건의 발생시 폭발물처리 등 초동조치를 위한 전문요원의 양성 · 확보
라. 항공기의 안전운항관리를 위한 국제조약의 체결, 국제기구에의 가입 등에 관한 업무의 지원
마. 항공기의 피랍상황 및 정보의 교환 등을 위한 국제민간항공기구와의 항공통신정보 협력체제의 유지
바. 삭제 〈2013.5.21〉
사. 삭제 〈2013.5.21〉
아. 삭제 〈2013.5.21〉
자. 삭제 〈2013.5.21〉
차. 삭제 〈2013.5.21〉
카. 삭제 〈2013.5.21〉
타. 삭제 〈2013.5.21〉

11. 해양수산부
가. 선박 · 항만시설에 대한 대테러 · 안전대책 수립 및 시행
나. 해외운항 국적 선박 및 선원에 대한 테러예방 · 대비 및 대응활동
다. 해양의 안전관리를 위한 국제조약의 체결, 국제기구에의 가입 등에 관한 업무의 지원

11의2. 국민안전처
가. 해양테러에 대한 예방대책의 수립 · 시행 및 관련업무 종사자의 대응능력 배양
나. 해양테러사건 발생시 해양테러사건대책본부의 설치 · 운영 및 관련 상황의 종합처리
다. 대테러특공대 및 폭발물처리팀의 편성 · 운영
라. 협상실무요원 · 전문요원 및 통역요원의 양성 · 확보
마. 해양 대테러전술에 관한 연구 개발 및 필요장비 · 시설의 확보
바. 해양경비 안전관련 국제기구 참여 및 국제협약 등에 관한 사항
사. 국제경찰기구 등과의 해양 대테러 협력체제의 유지
아. 긴급구조대 편성 · 운영 및 테러사건 관련 소방 · 인명구조 · 구급활동 및 화생방 방호대책의 수립 · 시행
자. 대테러 인명구조기법의 연구 · 개발 및 필요장비의 확보

12. 관세청
가. 총기류 · 폭발물 등 테러물품의 반입에 대한 저지대책의 수립 · 시행
나. 테러물품에 대한 검색기법의 개발 및 필요장비의 확보
다. 전문 검색요원의 양성 · 확보

13. 원자력안전위원회
    가. 방사능테러 발생시 방사능테러사건대책본부의 설치·운영 및 관련 상황의 종합 처리
    나. 방사능테러 관련 교육·훈련에 대한 지원
    다. 테러에 이용될 수 있는 방사성물질의 대테러·안전관리
14. 국가정보원
    가. 테러 관련 정보의 수집·작성 및 배포
    나. 국가의 대테러 기본운영계획 및 세부활동계획의 수립과 그 시행에 관한 기획·조정
    다. 테러혐의자 관련 첩보의 검증
    라. 국제적 대테러 정보협력체제의 유지
    마. 대테러 능력배양을 위한 위기관리기법의 연구발전, 대테러정보·기술·장비 및 교육훈련 등에 대한 지원
    바. 공항·항만 등 국가중요시설의 대테러활동 추진실태의 확인·점검 및 현장지도
    사. 국가중요행사에 대한 대테러·안전대책의 수립과 그 시행에 관한 기획·조정
    아. 테러정보통합센터의 운영
    자. 그 밖의 대테러업무에 대한 기획·조정
15. 그 밖의 관계기관 소관 사항과 관련한 대테러업무의 수행

제45조(전담조직의 운영) 관계기관의 장은 제44조의 규정에 의한 관계기관별 임무를 효율적으로 수행하고 원활한 협조체제를 유지하기 위하여 해당기관 내에 대테러업무에 관한 전담조직을 지정·운영 하여야 한다.

제6장 보 칙

제46조(시행계획) 관계기관의 장은 이 훈령의 시행에 필요한 자체 세부계획을 수립·시행하여야 한다.

부칙 〈제337호, 2015.1.23.〉
이 훈령은 발령한 날부터 시행한다.

【테러관련 다자간 국제협약】

『외교관 등 국제적 보호인물에 대한 범죄의 방지 및 처벌에 관한 협약』 (Convention on the Prevention and Punishment of Crimes Against Internationally Protected Persons, Including Diplomatic Agents)

본 협약의 당사국은,

국제평화의 유지와 국가간의 우호관계 및 협력의 증진에 관한 국제연합헌장의 제목적과 원칙을 유념하고 외교관 및 기타 국제적 보호인물에 대하여 그들의 안전을 위태롭게 하는 범죄가 국가간의 협력에 필요한 정상적 국제관계의 유지에 심각한 위협을 야기함을 고려하고, 동 범죄의 범행이 국제사회에 대한 중대한 우려 사항임을 믿고, 동 범죄의 방지와 처벌을 위하여 적절하고 효과적인 조치를 취할 긴급한 필요성이 있음을 확신하여, 다음과 같이 합의하였다.

제 1 조

본 협약의 목적상

1. "국제적 보호인물"은 다음을 의미한다.
   (가) 관계국의 헌법상 국가원수의 직능을 수행하는 집단의 구성원을 포함하는 국가원수, 정부수반 또는 외무부장관으로서 그들이 외국에 체류할 모든 경우 및 그들과 동행하는 가족의 구성원
   (나) 일국의 대표나 공무원 또는 정부간 성격을 지닌 국제기구의 직원 또는 기타 대리인으로서 범죄가 이들 본인, 그의 공관, 그의 사저, 또는 그의 교통수단에 대하여 행해진 시기와 장소에서 국제법에 따라 그의 신체, 자유 또는 존엄에 대한 공격으로부터 특별한 보호를 받을 자격이 있는 자 및 그의 세대의 일부를 구성하는 가족의 구성원
2. "피의자"란 제2조에 규정된 범죄중의 하나 또는 그 이상을 범하였거나 이에 가담하였다고 일견 판단할 수 있는 충분한 증거가 있는 자를 의미한다.

제 2 조

1. 다음 범죄의 고의적 실행은 각 당사국에 의하여 국내법상의 범죄로 규정되어야 한다.

(가) 국제적 보호인물의 살해, 납치 또는 그의 신체나 자유에 대한 기타 가해행위
(나) 국제적 보호인물의 신체나 자유를 위태롭게 할 수 있는 그의 공관, 사저 또는 교통수단에 대한 폭력적 가해행위
(다) 그러한 행위의 범행 위협
(라) 동 가해행위의 미수 또한
(마) 동 가해행위에 공범으로서의 가담을 구성하는 행위

2. 각 당사국은 이들 범죄의 중대성을 감안하는 적절한 형벌로 동 범죄가 처벌되도록 하여야 한다.
3. 본조제1항과 제2항은 국제적 보호인물의 신체, 자유 또는 존엄에 대한 기타의 가해행위를 방지하기 위하여 당사국이 모든 적절한 조치를 취할 국제법상 의무를 저해하지 아니한다.

제 3 조

1. 각 당사국은 다음 경우에 있어서 제2조에 규정된 범죄에 대한 관할권을 확립하기 위하여 필요한 제반조치를 취하여야 한다.
   (가) 범죄가 자국의 영토내에서 또는 자국에 등록된 선박이나 항공기내에서 범하여지는 경우
   (나) 피의자가 자국민인 경우
   (다) 범죄가 자국을 대표하여 행사하는 직능에 의하여, 제1조에 정의된 국제적 보호인물로서의 지위를 여사히 향유하는 그러한 자에 대하여 범하여지는 경우
2. 각 당사국은 또한 피의자가 자국 영토내에 있고, 동인을 제8조에 따라 본조 제1항에서 언급된 어느 국가로도 인도하지 않는 경우에 있어서, 이들 범죄에 대한 관할권을 확립하기 위하여 필요한 제반 조치를 취하여야 한다.
3. 본 협약은 국내법에 따라 행사되는 어떠한 형사 관할권도 배제하지 아니한다.

제 4 조

당사국은 제2조에 규정된 범죄의 방지에 특히 다음과 같이 협력하여야 한다.

(가) 자국영역내 또는 영역외에서 그와 같은 범죄를 범하기 위한 준비를 자국영역내에서 할 경우 이를 방지하기 위한 모든 실제적 조치를 취함
(나) 정보의 교환 및 범행방지에 적합한 행정적 및 기타 제반조치의 조정

제 5 조

1. 제2조에 규정된 범죄가 자국내에서 범하여진 당사국은, 피의자가 그 영역을 도주하

였다고 믿을만한 사유가 있는 경우, 직접으로 또는 국제연합 사무총장을 통하여 범행에 관한 모든 관련사실과 피의자의 신원에 관한 입수 가능한 모든 정보를 다른 모든 관련국에 통고하여야 한다.

2. 국제적 보호인물에 대하여 제2조에 규정된 어느 범죄가 범하여진 모든 경우, 피해자 및 범행상황에 관한 정보를 보유하고 있는 여하한 당사국도 국내법에 규정된 조건에 따라 완전하게 그리고 신속하게 동인이, 대표로서 직능을 수행하던 당사국에 이를 전달하도록 노력하여야 한다.

제 6 조

1. 사정이 그와 같이 허용한다고 인정되는 대로, 피의자 소재지국은 동인을 소추 또는 인도하기 위한 목적으로 동인의 소재를 확보할 수 있도록 국내법에 따른 적절한 조치를 취하여야 한다. 동 조치는 직접으로 또는 국제연합 사무총장을 통하여 지체없이 다음에 통고되어야 한다.

(가) 범행지국

(나) 피의자의 국적국 또는 복수의 국적국 또는 무국적자일 경우 그의 상주 영역국

(다) 관련 국제적 보호인물의 국적국 또는 복수의 국적국 또는 그가 대표로서 직능을 수행하던 국가 또는 복수의 국가

(라) 기타 모든 관계국 또한

(마) 관련 국제적 보호인물이 직원 또는 대리인으로 있는 국제기구

2. 본조 제1항에 언급된 조치와 관련된 자는 다음과 같은 자격을 가진다.

(가) 피의자의 국적국 또는 그의 권리를 달리 보호하여 줄 자격을 가진 국가, 또는 그가 무국적자 일 경우 그가 요청하고 그의 권리를 보호하여 줄 용의를 가진 국가에 소속한 최인접의 적절한 대표와 지체없이 교신함

(나) 동국 대표의 방문을 받음

제 7 조

그 영토내에 피의자가 소재하고 있는 당사국은 동인을 인도하지 아니할 경우, 소추할 목적으로 예외없이 그리고 부당한 지연없이 동 국가의 법률에 따른 절차를 통하여 동건을 권한있는 당국에 지출하여야 한다.

제 8 조

1. 당사국간에 현존하는 범죄인 인도 조약상의 인도범죄로 등재되어 있지 아니한 범죄도 제2조에 규정되어 있는 한, 동 범죄는 인도범죄에 포함되는 것으로 간주된다. 당

사국은 그러한 범죄를 그들간에 체결된 장래의 모든 범죄인 인도조약에서의 인도범죄로 포함시키도록 한다.

2. 범죄인 인도에 있어 조약의 존재를 조건으로 하는 당사국이 범죄인 인도조약을 서로 체결치 아니한 타방 당사국으로부터 범죄인 인도요청을 받은 경우에 동국이 인도하기로 결정한다면, 본 협약을 그러한 범죄에 관한 범죄인 인도의 법적기초로 간주할 수 있다. 범죄인 인도는 피요청국 법률의 소송조항 및 여타의 조건에 따라야 한다.
3. 범죄인 인도에 있어 조약의 존재를 조건으로 하지 아니하는 당사국은 그러한 범죄를 피요청국 법률의 소송조항 및 여타조건에 따른 상호간 인도범죄로 인정하여야 한다.
4. 당사국간의 범죄인 인도를 위하여 상기 각 범죄는 그것이 발생한 장소에서 뿐만 아니라 제3조제1항에 따른 그 관할권확립의 의무를 지는 국가의 영역에서도 범하여진 것처럼 취급되어야 한다.

제 9 조

제2조에 규정된 어느 범죄와 관련하여 진행되고 있는 소송의 대상이 된 어떤 자에 대하여도 동 소송절차의 모든 과정에서 공정한 대우가 보장되어야 한다.

제 10 조

1. 당사국은 제2조에 규정된 범죄로 인한 형사소송과 관련하여 소송에 필요한 모든 이용 가능한 증거의 제공을 포함한 최대한의 지원을 상호 제공하여야 한다.
2. 본조 제1항의 규정은 여타조약에 규정된 사법공조에 관한 의무에 영향을 미치지 아니한다.

제 11 조

피의자를 소추한 당사국은 소송의 최종 결과를 국제연합 사무총장에게 통고하여야 하며 동인은 동 정보를 타 당사국에 전달하여야 한다.

제 12 조

본 협약의 제규정은, 본 협약의 채택일자에 유효한 비호에 관한 제조약의 당사국간에는 동 조약의 적용에 영향을 미치지 아니한다. 그러나 본 협약의 당사국은 비호에 관한 제 조약의 당사국이 아닌 본 협약의 여타당사국에 대하여 비호에 관한 제조약을 원용할 수 없다.

제 13 조

1. 교섭으로 해결되지 않는 본 협약의 해석이나 적용에 관한 2개 당사국 혹은 그 이상 당사국간의 어떠한 분쟁도 그들 중 어느 일방의 요구에 따라 중재에 회부되어야 한다. 중재요청 일자로부터 6월이내에 당사국들이 중재기구에 관하여 합의할 수 없을 때는, 어느 당사국도 국제사법재판소 규정에 따른 요청에 의하여 동 분쟁을 동 재판소에 제기할 수 있다.
2. 각 당사국은 본 협약의 서명 또는 비준시나 또는 이의 가입시에 본조제1항에 구속되지 않음을 선언할 수 있다. 타 당사국은 상기 유보를 한 어느 당사국에 대하여도 본조제1항의 구속을 받지 아니한다.
3. 본조제2항에 따라 유보를 행한 당사국은 국제연합 사무총장에 대한 통고로써 언제든지 그 유보를 철회할 수 있다.

제 14 조

본 협약은 만국의 서명을 위하여 뉴욕소재 국제연합 본부에서 1974년 12월 31일까지 개방된다.

제 15 조

본 협약은 비준되어야 한다. 비준서는 국제연합 사무총장에게 기탁되어야 한다.

제 16 조

본 협약은 어떠한 국가에 대하여도 가입을 위하여 개방된다. 가입서는 국제연합 사무총장에게 기탁하여야 한다.

제 17 조

1. 본 협약 22번째 비준서 또는 가입서가 국제연합 사무총장에게 기탁된 일자로부터 30일이 되는 날에 발효한다.
2. 22번째 비준서 또는 가입서의 기탁후에 협약을 비준하거나 가입하는 각국에 대하여 본 협약은 동 국가에 의한 비준서 또는 가입서의 기탁일자로부터 30일이 되는 날에 발효한다.

제 18 조

1. 어느 당사국도 국제연합사무총장에 대한 서면통고로써 본 협정을 폐기할 수 있다.
2. 폐기는 국제연합사무총장이 통고를 접수한 일자로부터 6월후 발효한다.

제 19 조

국제연합 사무총장은 모든 국가에 대하여 특히 다음 사항을 통보하여야 한다.

(가) 제14조, 제15조 및 제16조에 따른 본 협약에 대한 서명, 비준서 또는 가입서의 기탁 및 제18조에 따른 통고

(나) 제17조에 따라 본 협약이 발효하는 일자

제 20 조

중국어, 영어, 불어, 노어 및 서반아어본이 동등히 정본인 본 협약의 원본은 국제연합 사무총장에게 기탁되어야 하며, 국제연합 사무총장은 본 협약의 인증등본을 모든 국가에 송부하여야 한다.

이상의 증거로써 그들 각자의 정부에 의하여 정당히 권한을 위임받은 하기

서명자는 1973년 12월 14일 뉴욕에서 서명을 위하여 개방된 본 협약에 서명하였다

『인질억류 방지에 관한 국제협약』(International Convention Against the Taking of Hostages)

본 협약의 당사국은,

국제평화와 안전의 유지 및 제국간 우호관계와 협력의 증진에 관한 국제연합 헌장의 목적과 원칙에 유념하고, 특히 세계인권선언 및 시민적, 정치적 권리에 관한 국제규약에 규정된 바와 같이 만인은 생명, 자유 및 신체안전의 권리를 가지고 있음을 인정하고, 국제연합헌장과 국제연합헌장에 의거한 제국간 우호관계와 협력에 관한 국제법 원칙에 선언 및 총회의 기타 관련 건의안에 규정된 바와 같이 국민의 평등권 및 자결의 원칙을 재확인하고, 인질억류가 국제사회에 대한 중대한 우려가 되는 범행이며 인질억류행위를 범하는 자는 누구나 본 협약의 규정에 의거하여 기소되거나 또는 인도되어야 함을 고려하고, 국제테러리즘의 표현으로서의 일체의 인질억류행위를 방지, 기소 및 처벌하기 위한 실효적 조치를 강구하고 채택함에 있어 제국간의 국제협력의 발전이 절실히 필요함을 확신하여, 다음과 같이 합의하였다.

제 1 조

1. 제3자 즉 국가, 정부간 국제기구, 자연인, 법인 또는 집단에 대해 인질석방을 위한 명시적 또는 묵시적 조건으로서 어떠한 작위 또는 부작위를 강요할 목적으로 타인(이하 "인질"이라 한다)을 억류 또는 감금하여 살해, 상해 또는 계속 감금하겠다고 협박하는 자는 본 협약상의 의미에서 인질억류범죄를 행하는 것이다.
2. 다음 각호에 해당하는 자도 마찬가지로 본 협약의 목적상 범죄를 행하는 것이다.
   가. 인질억류행위를 기도하는 자 또는
   나. 인질억류행위를 하거나 또는 이를 기도하는 자의 공범으로서 가담하는 자

제 2 조

각 당사국은 제1조에 규정된 범죄가 동 범죄의 중대성을 고려한 적절한 형벌에 의해 처벌될 수 있도록 하여야 한다.

제 3 조

1. 인질범에 의해 인질이 자국 영토내에 억류되어 있는 당사국은 인질이 처한 곤경을 경감하고 특히 인질의 석방을 확보하며 필요에 따라 석방 후의 출국을 용이하게 하

기 위하여 적절하다고 간주하는 모든 조치를 취하여야 한다.

2. 인질범이 인질억류의 결과로 취득한 물건이 어느 당사국의 관리하에 들어올 경우 동 당사국은 인질 또는 제1조에 언급된 제3자 또는 경우에 따라 그들의 적절한 관계당국에 가능한 한 조속히 이를 반환하여야 한다.

제 4 조

당사국은 제1조에 규정된 범죄의 방지를 위하여 특히 다음 방법에 의하여 협력한다.

가. 자국 영토내에서 인질억류행위를 조장, 사주, 조직 또는 자행하는 개인, 집단 및 단체의 불법적 활동을 금지하기 위한 조치를 포함하여 자국 영토내 또는 외에서 인질억류범죄를 행하기 위하여 자국 영토내에서 준비하는 것을 방지하기 위한 가능한 모든 조치의 강구

나. 정보교환 그리고 인질억류범죄를 방지하기 위하여 취해야할 적절한 행정적 조치 및 기타 조치의 조정

제 5 조

1. 각 당사국은 제1조에 규정된 것으로서 다음 각호의 범죄에 대한 관할권 확립을 위해 필요한 조치를 취하여야 한다.

가. 자국 영토내 또는 자국에 등록된 선박 또는 항공기상에서 행해진 인질억류범죄

나. 자국민 또는 적절하다고 간주하는 경우 자국에 상주하는 무국적자가 행한 인질억류범죄

다. 자국에 대해 일정한 작위 또는 부작위를 강요하기 위해 행해진 인질억류범죄

라. 적절하다고 간주하는 경우 자국민에 대해 행해진 인질억류범죄

2. 각 당사국은 마찬가지로 인질억류범죄 혐의자가 자국내에 있고 본조제1항에 언급된 어느 국가에도 인도하지 않는 경우에는 제1조에 규정된 범죄에 관한 관할권 확립을 위해 필요한 조치를 취하여야 한다.

3. 본 협약은 국내법에 의해 행사되는 여하한 형사관할권도 배제하지 아니한다.

제 6 조

1. 어느 당사국이나 인질억류 범죄혐의자가 자국내에 있는 경우 충분한 근거가 있다고 확신되면 형사 또는 인도소송절차의 제기를 위해 필요한 기간동안 국내법에 의거하여 동 인질억류 범죄혐의자를 구류하거나 또는 신병확보를 위해 필요한 기타 조치를 취하여야 한다. 동 당사국은 즉시 사실 예비조사를 행하야 한다.

2. 본조 제1항에 언급된 구류 또는 기타 조치는 지체없이 직접 또는 국제연합사무총장

을 통해 다음 각호에 해당하는 국가 또는 기구에 통보하여야 한다.

가. 인질억류 범죄가 행해진 국가

나. 강요행위 또는 강요행위 기도의 대상국

다. 강요행위 또는 강요행위 기도의 대상이 된 자연인 또는 법인의 국적국

라. 인질의 국적국 또는 상주국

마. 인질억류 범죄혐의자의 국적국 또는 동 인이 무국적자인 경우 동인의 상주국

바. 강요행위 또는 강요행위 기도대상이 된 정부간 국제기구

사. 기타 모든 관계국

3. 본조 제1항에 언급된 조치의 대상이 되는 자는 다음 각호의 권리를 갖는다.

가. 동인의 국적국 또는 달리 연락을 취할 자격을 가진 국가, 무국적자인 경우 동인의 상주국의 적절한 대표로서 최인근지에 있는 자와 지체없이 연락을 취할 수 있는 권리

나. 본항 가호에 언급된 국가대표의 방문을 받을 수 있는 권리

4. 본조 제3항에 언급된 권리는 인질억류 범죄혐의자가 소재한 국가의 법령이 본조 제3항하에 부여된 권리가 의도하는 목적을 충분히 이룰 수 있을 것을 조건으로 동 법령에 의거하여 행사되어야 한다.

5. 본조 제3항 및 제4항의 규정은 제5조제1항 나호에 의거하여 관할권을 갖는 당사국이 인질억류 범죄혐의자와 연락을 취하고동인을방문하도국제적십자위원회에 요청할 수 있는 권리를 방해하지 아니한다.

6. 본조 제1항에 규정된 예비조사를 행하는 국가는 그 조사결과를 본조 제2항에 언급된 국가 또는 기구에 신속히 통보하여야 하며 관할권을 행사할 것인지의 여부를 표시하여야 한다.

제 7 조

인질억류 범죄혐의자를 기소한 당사국은 국내법에 의거한 소송절차의 최종 결과를 국제연합사무총장에서 통보하고, 사무총장은 동 결과를 여타 관계국과 관련 정부간 국제기구에 전달하여야 한다.

제 8 조

1. 자국의 영토내에서 인질억류 범죄혐의자를 적발한 당사국은 동 혐의자를 인도하지 않는 경우 예외없이 그리고 동 인질억류 범죄가 자국 영토내에서 행해졌는가의 여부를 불문하고 국내법상 절차를 통한 기소를 위하여 자국의 권한있는 당국에 사건

을 회부하여야 한다. 동 당국은 국내법상 일반적 중죄의 경우와 같은 방식으로 결정을 내려야 한다.

2. 제1조에 규정된 범죄와 관련하여 소송이 진행중인 혐의자는 동인이 소재하고 있는 당사국의 법에 규정된 모든 권리 및 보장의 향유를 포함하여 소송절차의 모든 단계에서 공정한 대우를 보장받아야 한다.

제 9 조

1. 본 협약에 의한 인질억류 범죄혐의자의 인도요청은 피요청 당사국이 다음 각호와 같이 믿을만한 확실한 근거를 갖고 있을 경우에는 허락되지 아니한다.
   가. 제1조에 규정된 인질억류 범죄에 대한 인도요청이 동인의 인종, 종교, 국적, 민족적 기원 또는 정치적 견해를 이유로 동인을 기소 또는 처벌하기 위해 행해졌다는 사실
   나. 동인의 입장이 다음의 이유에서 손상을 입을 수 있다는 사실
      (1) 본항 가호에 언급된 이유
      (2) 보호권 행사의 권리가 있는 국가의 관계당국이 동인과 연락을 취할 수 없다는 이유
2. 본 협약에 규정된 범죄에 관하여 당사국간에 적용가능한 일체의 인도조약 및 협정의 규정은 동 규정이 본 협약과 양립되지 않는 한 본 협약에 의해 동당사국간 개정되다.

제 10 조

1. 제1조에 규정된 범죄는 당사국간의 기존범죄인 인도조약상의 인도대상 범죄에 포함되는 것으로 간주된다. 당사국은 인질억류 범죄를 당사국간에 체결될 모든 범죄인 인도조약상의 인도대상 범죄로 포함시킬 것을 약속한다.
2. 범죄인 인도를 위해 조약상의 근거를 요하는 당사국이 자국과 범죄인 인도조약을 체결치 않은 타 당사국으로부터 범죄인 인도요청을 접수하면 피요청 당사국은 임의적으로 본 협약을 제1조에 규정된 범죄에 관한 범죄인 인도의 법적근거로 간주할 수 있다. 범죄인 인도는 피요청 당사국의 국내법에 규정된 기타 조건에 따른다.
3. 범죄인 인도를 위해 조약상의 근거를 요하지 않는 당사국은 피요청국의 법에 규정된 조건에 따를 것으로 하여, 제1조에 규정된 범죄를 동국 상호간에 인도대상 범죄로 인정하여야 한다.
4. 제1조에 규정된 범죄는 당사국간의 범죄인 인도를 위해 동 범죄가 실제의 발생지에

서 행해졌을 뿐만 아니라 제5조제1항에 의해 관할권 확립이 요청되는 국가의 영토 내에서 발생한 것으로 취급되어야 한다.

제 11 조

1. 당사국은 자국이 보유하고 있는 소송절차를 위해 필요한 일체의 증거제공을 포함하여 제1조에 규정된 범죄에 관해 제기된 형사소송 절차와 관련하여 당사국 상호간 최대한의 협조를 제공하여야 한다.
2. 본조 제1항의 규정은 타 조약에 규정된 사법공조에 관한 의무에 영향을 미치지 아니한다.

제 12 조

전쟁희생자 보호를 위한 1949년 제네바 제 협약 또는 동 협약 추가의정서가 특정인질억류행위에 적용될 수 있고 또한 본 협약의 당사국이 상기 협약상 인질억류범을 기소 또는 인계해야 할 의무가 있고 범위내에서는 국제연합헌장 및 국제연합헌장에 의거한 제국간 우호관계와 협력에 관한 국제법 원칙의 선언에 규정된 바와 같이 민족자결권 행사로서 식민지배, 외국점령 및 인종주의적 정권에 대항하여 항쟁하는 1977년 추가의정서 제1조4항에 언급된 무력충돌을 포함하여 1949년 제네바 제협약 및 동 의정서에 정의된 무력충돌 과정에서 행해진 인질억류행위에 대해서는 본 협약이 적용되지 아니한다.

제 13 조

본 협약은 인질억류 범죄가 일국내에서 행해지고 인질 및 인질억류 범죄혐의자가 동국 국민이며 동 혐의자가 동국 영토내에 있는 경우에는 적용되지 아니한다.

제 14 조

본 협약의 어떠한 규정도 국제연합헌장에 반하여 일국의 영토보전 또는 정치적 독립의 침해를 정당화하는 것으로 해석되어서는 아니된다.

제 15 조

본 협약의 규정은 본 협약 채택당시 발효중인 비호에 관한 조약이 동 조약 당사국간 적용되는 것에 영향을 미치지 아니한다. 그러나 본 협약의 타 당사국으로서 상기 비호 조약의 당사국이 아닌 국가에 대해서는 동 조약을 원용할 수 없다.

제 16 조

1. 본 협약의 해석 또는 적용에 관한 2개 또는 그 이상의 당사국간의 경쟁으로서 교섭에 의해 해결되지 않는 일체의 분쟁은 일방 당사국의 요청에 따라 중재재판에 회부된다. 중재재판의 요청일로부터 6월이내에 동 분쟁 당사국이 중재재판부 구성에 관해 합의에 이르지 못하면, 국제사법재판소 규정에 따라 어느 일방당사국도 분쟁을 동 재판소에 제소할 수 있다.
2. 각국은 본 협약의 서명, 비준 또는 가입시에 본조 제1항의 구속을 받지 않음을 선언할 수 있다. 기타 당사국은 이러한 유보를 행한 국가에 대하여는 본조 제1항의 구속을 받지 아니한다.
3. 본조 제2항에 의하여 유보를 행한 당사국은 어느 때라도 국제연합사무총장에게 통보함으로써 유보를 철회할 수 있다.

제 17 조

1. 본 협약은 1980년 12월 31일까지 뉴욕소재 국제연합 본부에서 모든 국가의 서명을 위해 개방된다.
2. 본 협약은 비준을 받아야 한다. 비준서는 국제연합 사무총장에게 기탁하여야 한다.
3. 본 협약은 모든 국가의 가입을 위해 개방된다. 가입서는 국제연합 사무총장에게 기탁하여야 한다.

제 18 조

1. 본 협약은 22번째 비준서 또는 가입서가 국제연합 사무총장에게 기탁되는 날로부터 30일째 되는 날에 발효한다.
2. 본 협약은 22번째 비준서 또는 가입서 기탁후 본 협약을 비준하거나 가입하는 국가에 대해서는 동국의 비준서 또는 가입의 기탁일로부터 30일째 되는 날에 발효한다.

제 19 조

1. 어느 당사국이나 국제연합사무총장에 대한 서면통고로써 본 협약을 폐기할 수 있다.
2. 폐기는 사무총장이 폐기통고를 접수한 일자로부터 1년 후에 효력을 발생한다.

제 20 조

아랍어, 중국어, 영어, 불어, 노어, 서반아어본이 동등히 정본인 본 협약의 원본은 국제연합사무총장에게 기탁되며, 사무총장은 인증등본을 모든 국가에 송부한다.

이상의 증거로서 각자의 정부에 의해 정당히 권한을 위임받은 서명자들은 1979년12월 18일 뉴욕에서 서명을 통해 개방된 본 협약에 서명하였다

『폭탄테러행위의 억제를 위한 국제협약』(International Convention for the Suppression of Terrorist Bombings)

이 협약의 당사국은,

국제평화와 안전의 유지 그리고 국가간의 선린, 우호관계 및 협력의 증진에 관한 국제연합헌장의 목적과 원칙을 유념하고,

모든 형태와 양상의 테러행위가 전세계적으로 증가하고 있음에 깊이 우려하며,

1995년 10월 24일 국제연합 제50주년기념행사에 관한 선언을 상기하고,

또한, 1994년 12월 9일 총회결의 49/60에 부속된 국제테러활동의 근절을 위한 조치에관한 선언, 특히 이 선언에서 "국제연합 회원국은 국가 및 국민간의 우호관계를 위태롭게 하고 국가의 영토보전과 안전을 위협하는 것을 포함하여, 행위장소와 행위주체를 불문하고 모든 테러 행위·방법 및 관행을 범죄로서 그리고 정당화될 수 없는 것으로 명백히 규탄함을 엄숙히 재확인한다"라고 하였음을 상기하며,

테러 문제의 모든 측면을 포함하는 포괄적 법적 체계의 보장을 위하여, 이 선언이 국가들로 하여금 모든 형태와 양상의 테러행위의 방지·억제 및 근절에 관한 기존 국제법 규정의 범위를 긴급히 검토하도록 또한 장려하고 있음에 주목하고,

1996년 12월 17일 총회결의51/210 및 그에 부속된 1994년 국제테러근절을위한선언을보충하는선언을 더욱 상기하며,

또한, 폭발성장치나 기타 치명적 장치를 사용한 테러공격이 점차 확산되어왔음을 주목하고,

기존의 다자간 법적 규범이 그러한 공격에 적절히 대처하지 못함을 더욱 주목하며,

그러한 테러행위를 방지하고 그러한 범죄행위자를 기소·처벌하기 위한 효과적이고 실행가능한 조치를 고안·채택하는데 있어서 국가간 국제협력을 제고할 긴급한 필요성이 있음을 확신하고,

그러한 행위의 발생이 국제공동체 전체의 중대한 관심사임을 고려하며,

국가의 군대에 의한 활동은 이 협약체제 밖의 국제법 규범에 의하여 규율되고 일정한 행위를 이 협약의 적용으로부터 제외시키는 것은 위법한 행위를 용서하거나 적법화하거나 다른 법규에 의한 기소를 배제하지 않음을 주목하면서,

다음과 같이 합의하였다.

제 1 조

이 협약의 목적상,

1. "국가 또는 정부시설"은 국가의 대표, 행정부 · 입법부 · 사법부의 구성원, 국가 및 그 밖의 공공기관이나 단체의 관리 및 피고용인, 정부간 기구의 피고용인이나 관리들이 그들의 공적임무와 관련하여 사용 · 점유하는 모든 영구적 · 임시적인 시설이나 수송수단을 포함한다.
2. "기간시설"이라 함은 상수, 하수, 에너지, 연료 또는 통신과 같은 공공의 이익을 위한 서비스를 제공하거나 배분하는 공적 · 사적 소유의 모든 시설을 말한다.
3. "폭발성 장치 또는 기타 치명적 장치"라 함은 다음중 하나를 말한다.
   가. 사망 · 중상해 또는 상당한 물적 손상을 야기하도록 고안되거나 그러한 위력을 가진 폭발성 또는 소이성 무기나 장치
   나. 독성화학제 · 생물제 · 독소 또는 이와 유사한 물질, 방사선 또는 방사능 물질의 유출 · 살포 또는 충격을 의하여 사망 · 중상해 또는 상당한 물적 손상을 야기하도록 고안되거나 그러한 위력을 가진 무기 또는 장치
4. "국가의 군대"라 함은 국가방위 또는 안전이라는 기본 목적을 위하여 국가의 국내법에 의해 조직 · 훈련되고 군장을 한 그 국가의 무장병력 및 이러한 무장병력의 공식적인 지휘 · 통제 및 책임하에서 그 무장병력에 대한 지원활동을 하는 자를 말한다.
5. "공공장소"라 함은 계속적 · 주기적 또는 간헐적으로 공중이 접근할 수 있거나 출입할 수 있는 모든 건물 · 토지 · 거리 · 수로 및 그 밖의 장소의 부분을 말하며, 그리고 계속적 · 주기적 또는 간헐적으로 공중이 접근할 수 있거나 출입할 수 있는 모든 상업 · 사업 · 문화 · 역사 · 교육 · 종교 · 정부 · 연예 · 휴양을 위한 장소 또는 유사한 장소를 포함한다.
6. "공공교통시설"이라 함은 사람 또는 화물의 운송을 위하여 공중이 이용할 수 있는 서비스에 사용하거나 이를 위하여 사용하는 모든 공적 또는 사적 시설 · 수송수단 및 장비를 말한다.

제 2 조

1. 다음중 하나의 의도를 가지고 공공장소, 국가 또는 정부시설, 공공교통시설 또는 기간시설에서나 그 내로 또는 그에 대하여 폭발성 장치 또는 그 밖의 치명적 장치를 위법하고 고의적으로 전달 · 배치 · 방출 · 폭발시킨 자는 이 협약의 규정에 의한 범죄를 행하는 것이다.
   가. 사망 혹은 중상을 야기하려는 의도
   나. 중대한 경제적 손실의 결과를 가져오거나 가져올 수 있는 경우로서 그러한 장

소·시설 또는 체계에 대한 대규모의 파괴를 야기하려는 의도

2. 제1항에 규정된 범죄의 미수도 범죄를 행하는 것이다.
3. 다음중 하나의 행위를 행하는 자도 또한 범죄를 행하는 것이다.
   가. 제1항 또는 제2항에 규정된 범죄에 공범으로 참가하는 경우
   나. 제1항 또는 제2항에 규정된 범죄를 행하도록 조직화하거나 다른 자에게 지시하는 경우
   다. 공동의 목적을 가지고 행동하는 집단에 의하여 이루어지는 제1항 또는 제2항에 규정된 하나 이상의 범죄행위에 대하여 기타의 방법으로 기여하는 경우. 그 기여는 고의적이어야 하며, 그 집단의 일반적 범죄활동 또는 범죄목적을 진작시킬 목적으로 행하여지거나 관련 범죄를 실행하려는 의도를 인지하면서 행하여진 것이어야 한다.

제 3 조

단일국가안에서 행하여지는 범죄로서 그 범죄의 피의자와 피해자가 그 국가의 국민이며, 피의자가 그 영역에 소재하며, 다른 어떤 국가도 이 협약 제6조제1항 또는 제2항에 의하여 관할권을 행사할 근거를 갖고 있지 아니한 경우에는 이 협약이 적용되지 아니한다. 다만, 이 경우에도 적절한 경우 제10조 내지 제15조의 규정이 적용된다.

제 4 조

각 당사국은 다음의 필요한 조치를 채택한다.

가. 제2조에 규정된 범죄를 국내법상의 범죄로 규정할 것

나. 범죄의 중대성을 고려하여 적절한 형벌에 의하여 처벌할 수 있도록 할 것

제 5 조

각 당사국은 이 협약상의 범죄행위가, 특히 일반대중, 집단 또는 특정인에게 테러상태를 야기하도록 의도되거나 계산된 경우에는, 정치적·철학적·이념적·인종적·민족적·종교적 또는 그 밖의 유사한 성질에 관한 고려에 의하여 정당화되지 못하고 그 중대성에 상응하는 형벌에 의해 처벌되는 것을 보장하기 위하여 적절한 경우에 국내입법을 포함하여 필요한 조치를 채택한다.

제 6 조

1. 각 당사국은 다음중 하나의 경우 제2조에 규정된 범죄에 대한 관할권을 확립하기 위하여 필요한 조치를 한다.
   가. 범죄가 자국의 영역에서 행하여진 경우

나. 범죄가 행하여질 당시 동 범죄가 자국기를 게양한 선박 또는 자국법하에서 등록된 항공기내에서 행하여진 경우

다. 범죄가 자국민에 의하여 행하여진 경우

2. 당사국은 다음중 하나의 경우 제2조에 규정된 범죄에 대한 관할권을 확립할 수 있다:

가. 자국민에 대하여 범죄가 행하여진 경우

나. 자국의 대사관 또는 기타 외교·영사관사를 포함하는 해외의 국가 또는 정부시설에 대하여 범죄가 행하여진 경우

다. 범죄가 자국의 영역에 통상적으로 거주하는 무국적자에 의하여 행하여진 경우

라. 범죄가 자국으로 하여금 어떤 행위를 하도록 또는 하지 않도록 강제하기 위한 시도로서 행하여진 경우

마. 범죄가 자국 정부에 의해 운영되는 항공기내에서 행하여진 경우

3. 각 당사국은 이 협약의 비준·수락·승인 또는 가입시 제2항에 의하여 자국법상 확립한 관할권을 국제연합사무총장에게 통고한다. 변경이 있는 경우 관련 당사국은 동 사무총장에게 즉시 통고한다.

4. 각 당사국은 피의자가 자국 영역에 체재하고 있음에도 불구하고, 그를 제1항 또는 제2항에 따라 관할권을 확립한 국가에 인도하지 아니하는 경우에는, 제조에 규정된 범죄에 대하여 자국의 관할권을 확립하는데 필요한 조치를 한다.

5. 이 협약은 당사국이 국내법에 따라 확립한 형사관할권의 행사를 배제하지 아니한다.

제 7 조

1. 제2조에 규정된 범죄행위를 실행하였거나 그러한 혐의를 받는 사람이 자국의 영역에 소재한다는 정보를 입수한 당사국은 그 정보에 포함된 사실을 조사하기 위하여 국내법에 따라 필요한 조치를 한다.

2. 범죄자 또는 피의자가 자국의 영역에 소재하는 있는 당사국은, 사정이 허락하는 한, 기소나 인도를 목적으로 동 범죄자 또는 피의자의 신병을 확보하기 위하여 국내법에 따라 적절한 조치를 한다.

3. 제2항에 규정된 조치가 자신에 대하여 취하여지고 있는 자는 다음의 권리를 보유한다.

가. 가장 인근에 있는 자국의 적절한 대표나 다른 방식으로 자신의 권리를 보호할 권한이 있는 국가의 대표 (무국적자인 경우에는 자신의 통상 거주하는 영역의 국가의 대표를 말한다)와 지체없이 통신할 권리

나. 그 국가의 대표로부터 방문을 받을 권리

다. 가목 및 나목에 따른 자신의 권리를 통지받을 권리

4. 제3항에 규정된 권리는 범죄자 또는 피의자가 소재하는 국가의 법령이 제3항에 따

른 권리가 의도한 목적에 완전한 효과를 부여하는 것을 조건으로 동 국가의 법령의 취지에 부합하도록 행사된다.

5. 제3항 및 제4항의 규정은 제6조제1항다목 또는 동조제2항다목에 의하여 관할권을 주장하는 당사국이 국제적십자위원회에게 피의자와 연락하고 피의자를 방문하도록 요청할 수 있는 권리를 방해하지 아니한다.
6. 이 조에 의하여 당사국이 어떤 자를 구금한 경우에는, 동 당사국은 직접 또는 국제연합사무총장을 통하여 제6조제1항 및 동조제2항에 의하여 관할권을 확립한 당사국에 대하여, 그리고 바람직하다고 판단되는 경우에는 그 밖의 이해당사국에 대하여, 동인이 구금상태에 있다는 사실과 구금을 정당화하는 정황에 대하여 즉시 통고한다. 제1항의 규정에 의한 조사를 수행하는 국가는 위의 당사국들에 대하여 즉시 그 조사 결과를 통지하고, 자국이 관할권을 행사할 의사가 있는지의 여부를 표명한다.

제 8 조

1. 제6조가 적용되는 사건에 있어서 피의자가 자국의 영역에 소재하는 당사국은, 그 자를 인도하지 아니하는 때에는, 그 범죄가 자국의 영역에서 행해졌는지의 여부를 불문하고 예외없이 자국의 법에 의한 절차에 따라 부당한 지체없이 자국의 권한있는 당국에 기소를 위하여 사건을 회부한다. 그 당국은 자국법상 다른 모든 중대범죄의 경우와 동일한 방식으로 결정한다.
2. 당사국이 자국민의 인도를 요구한 재판 또는 사법절차의 결과로 내려진 형벌의 집행을 위하여 자국으로 송환될 것이라는 조건하에서만 자국민을 인도할 수 있도록 그 국내법상 허용되어 있고, 동 당사국과 자국민의 인도를 요구하는 국가가 위의 조건 및 적절하다고 인정되는 그 밖의 조건에 합의하는 경우에는 그 조건부 인도는 제1항에 규정된 의무의 이행을 충족하는 것으로 본다.

제 9 조

1. 제2조에 규정된 범죄는 이 협약의 발효 이전에 당사국간에 존재하는 모든 범죄인인도조약상의 인도대상범죄에 포함되는 것으로 간주된다. 당사국은 향후 그들 사이에 체결될 모든 범죄인인도조약의 인도대상범죄에 동 범죄를 포함시켜야 한다.
2. 범죄인인도조약의 존재를 범죄인인도의 조건으로 하는 당사국이 범죄인인도조약을 체결하지 아니한 타방당사국으로부터 인도요청을 받은 경우에는, 요청받은 당사국은 그 선택에 따라 이 협약을 제2조에 규정된 범죄에 관한 인도의 법적 근거로 간주할 수 있다. 인도는 요청받은 국가의 법에 의해 규정된 제반 조건에 따른다.
3. 범죄인인도조약의 존재를 범죄인인도의 조건으로 하지 아니하는 당사국은 요청받은

국가의 법에 의하여 규정된 조건에 따라 제2조에 규정된 범죄를 이들 국가 상호간의 인도대상범죄로 인정한다.

4. 당사국간의 범죄인인도를 위하여 필요한 경우, 제2조에 규정된 범죄는 동 범죄가 발생한 장소뿐만 아니라 제6조제1항 및 동조제2항에 의하여 관할권을 확립한 국가의 영역에서도 행하여진 것으로 취급된다.
5. 제2조에 규정된 범죄에 관한 당사국간의 모든 범죄인인도조약 및 약정상의 규정은 이 협약과 양립할 수 없는 범위에서 수정된 것으로 간주된다.

제 10 조

1. 당사국들은 제2조에 규정된 범죄에 관한 수사나 형사절차 또는 범죄인인도절차와 관련하여, 자신들이 보유하고 있는 이러한 절차에 필요한 증거의 획득지원을 포함하여 최대의 협조를 상호 제공한다.
2. 당사국들은 그들 사이에 존재하는 사법공조에 관한 조약 또는 그 밖의 약정에 부합하도록 제1항의 의무를 이행한다. 이러한 조약 또는 약정이 없을 경우 당사국은 자국의 국내법에 따라 상호 지원을 제공한다.

제 11 조

범죄인인도 또는 사법공조를 위하여 제2조에 규정된 모든 범죄는 정치적 범죄, 정치적 범죄와 관련되는 범죄, 또는 정치적 동기에 의하여 발생한 범죄로 간주되지 아니한다. 따라서, 그러한 범죄에 근거한 범죄인인도 또는 사법공조요청은 정치적 범죄, 정치적 범죄와 관련되는 범죄 또는 정치적 동기에 의하여 발생한 범죄와 관련이 있다는 이유만으로 거부될 수 없다.

제 12 조

제2조에 규정된 범죄에 대한 범죄인인도 또는 사법공조의 요청이 요청대상이 되는 자의 인종·종교·국적, 민족적 기원이나 정치적 견해를 이유로 그 자를 기소·처벌하기 위하여 행하여졌거나 그 요청에 응함으로써 위의 이유로 그 자의 지위가 침해받게 될 것이라고 요청받은 당사국이 인정할 만한 상당한 근거가 있는 경우에는, 이 협약의 어떠한 규정도 범죄인인도 또는 사법공조의 의무를 부여하는 것으로 해석되지 아니한다.

제 13 조

1. 신원확인·증언 또는 이 협약상 범죄의 수사·기소를 위한 증거획득에 있어서의 협조제공을 위하여 한 당사국의 영역에 구금되어 있거나 복역중인 자의 다른 당사국에의 출두를 요청받은 당사국은 다음의 조건이 충족되는 경우 그 자를 이송할 수 있다.

가. 구금 또는 복역중인 자가 자유롭게 자신의 동의를 표명하는 경우
나. 양 당사국이 적절하다고 간주하는 조건에 따라 양 당사국의 권한있는 당국이 동의하는 경우.

2. 이 조의 목적상,
가. 구금 또는 복역중인 자를 이송받은 국가는 이송한 국가로부터 달리 요청받거나 권한을 위임받지 않는 한 이송된 사람을 구금할 권한 및 의무를 갖는다.
나. 구금 또는 복역중인 자를 이송받은 국가는 양국의 권한있는 당국에 의해 사전에 합의된 바에 따라 혹은 달리 합의된 바가 있을 때에는 그에 따라 그 자를 이송한 국가의 구금상태로 환원시킬 의무를 지체없이 이행한다.
다. 구금 또는 복역중인 자를 이송받은 국가는 이송한 국가에게 그 자의 귀환을 위한 범죄인인도절차를 개시하도록 요청하지 않는다.
라. 이송대상자는 자신을 이송받은 국가의 구금상태에서 소요한 기간에 대해 자신을 이송한 국가에서 복역한 것으로 인정받는다.

3. 이 조에 의하여 이송대상자를 이송하는 국가가 동의하지 아니하는 한, 그 자는 국적을 불문하고 자신을 이송한 국가의 영역으로부터 출발하기전의 행위나 유죄판결과 관련하여 자신을 이송받은 국가의 영역에서 기소·구금되거나 그밖에 자신의 개인적 자유를 제약받지 아니한다.

제 14 조

이 협약에 따라 구금되거나 그 밖의 조치가 행하여지거나 사법절차의 대상이 되는 자는 그 자가 소재하는 국가의 국내법과 국제인권법을 포함하여 적용가능한 국제법의 규정에 부합되게 모든 권리 및 보증의 향유를 포함한 공정한 대우를 보장받는다.

제 15 조

당사국들은 제2조에 규정된 범죄의 방지를 위하여 특히 다음의 조치를 포함하여 협력한다.

가. 제2조에 규정된 범죄의 실행을 교사·선동·조직하거나 범죄라는 사실을 알면서 자금을 제공하거나 범행에 가담하는 개인·집단 및 조직의 불법적 활동을 자국 영역에서 금지하는 조치를 포함하여 자국 영역안 또는 밖에서 그러한 범죄를 실행하기 위한 자국영역내의 준비활동을 방지하고 이에 대응하기 위하여 필요하다면 국내법의 개정을 포함한 모든 실행가능한 조치를 실행하는 것
나. 자국법에 따라 정확하고 검증된 정보를 교환하고, 제2조에 규정된 범죄의 실행을 방지하기 위하여 적절한 것으로 행하여진 행정적 조치 및 그 밖의 조치들을

조정하는 것

다. 적절한 경우, 사망 또는 상해를 야기할 수 있는 폭발물 또는 그 밖의 유해물질의 탐지방법에 관한 연구 및 개발, 폭발후 조사시 그 출처를 확인하기 위한 폭발물의 식별을 위한 표준개발에 관한 협의, 예방적 조치에 관한 정보의 교환, 협력 그리고 기술·장비 및 관련물질의 이전

제 16 조

피의자를 기소한 당사국은 자국의 국내법이나 적용가능한 절차에 따라 사법절차의 최종결과를 국제연합사무총장에게 통고하여야 하며, 동 사무총장은 그 정보를 다른 당사국들에게 전달한다.

제 17 조

당사국은 국가의 주권평등 및 영토보전과 타국의 국내문제불간섭의 원칙에 합치하는 방식으로 이 협약상의 의무를 이행한다.

제 18 조

이 협약의 어떤 규정도 타방당사국의 영역에서 그 타방당사국의 국내법에 의하여 그 당국이 배타적으로 보유하고 있는 관할권 및 권한을 행사하는 권리를 일방당사국에게 부여하지 아니한다.

제 19 조

1. 이 협약의 어떠한 규정도 국제법 특히, 국제연합헌장 및 국제인도법상의 목적과 원칙상 국가 및 개인의 권리·의무 및 책임에 영향을 미치지 아니한다.
2. 국제인도법의 규율대상인 무력충돌시 무장병력의 활동은 그러한 용어가 국제인도법상에서 이해되는 대로 이 협약의 규율대상이 아니며, 공적임무의 수을 위하여 국가의 군대에 의하여 취해진 활동은 국제법의 다른 규범의 규율대상인 한 이 협약에 의하여 규율되지 아니한다.

제 20 조

1. 이 협약의 해석 또는 적용과 관련하여 2 이상의 당사국간 분쟁이 합리적인 시한내에 협상을 통하여 해결될 수 없는 경우에는, 이들 당사국중 1 당사국의 요청에 의하여 중재에 회부된다. 중재의 요청일로부터 6월이내에 당사국이 중재재판부의 구성에 합의하지 못하는 경우에는 당사국중 어느 국가라도 국제사법재판소의 규정에 따라 그 분쟁을 국제사법재판소에 의뢰할 수 있다.

2. 각 당사국은 이 협약의 서명 · 비준 · 수락 · 승인 또는 가입시 제1항에 구속되지 아니한다고 선언할 수 있다. 다른 당사국은 이러한 유보를 선언한 당사국과의 관계에서 제1항에 구속되지 아니한다.
3. 제2항에 따라 유보를 선언한 국가는 국제연합사무총장에게 통고함으로써 언제나 그 유보를 철회할 수 있다.

제 21 조

1. 이 협약은 1998년 1월12일부터 1999년 12월 31일까지 뉴욕의 국제연합본부에서 모든 국가의 서명을 위하여 개방된다.
2. 이 협약은 비준 · 수락 또는 승인을 받아야 한다. 비준서 · 수락서 또는 승인서는 국제연합사무총장에게 기탁된다.
3. 이 협약은 모든 국가의 가입에 개방되며, 가입서는 국제연합사무총장에게 기탁된다.

제 22 조

1. 이 협약은 22번째의 비준서 · 수락서 · 승인서 또는 가입서가 국제연합 사무총장에게 기탁된 날로부터 30일째 되는 날에 발효한다.
2. 22번째의 비준서 · 수락서 · 승인서 또는 가입서가 기탁된 후 이 협약을 비준 · 수락 · 승인 또는 가입하는 각국에 대하여, 이 협약은 그 국가의 비준서 · 수락서 · 승인서 또는 가입서가 기탁된 후 30일째 되는 날에 발효한다.

제 23 조

1. 모든 당사국은 국제연합사무총장에 대한 서면통고로써 이 협약에서 탈퇴할 수 있다.
2. 탈퇴는 국제연합사무총장이 통고를 접수한 날부터 1년이 경과한 날로부터 발효한다.

제 24 조

이 협약의 원본은 아랍어 · 중국어 · 영어 · 불어 · 러시아어 및 서반아어 본은 동등하게 정본이며, 국제연합사무총장에게 기탁된다. 동 사무총장은 이 협약의 인증등본을 모든 국가에 송부한다.

이상의 증거로, 아래서명자는 각자의 정부로부터 정당하게 권한을 위임받아 1998년 1월 12일 뉴욕의 국제연합 본부에서 서명을 위해 개방된 이 협약에 서명하였다.

『항공기의 불법납치 억제를 위한 협약』(Convention for the Suppression of Unlawful Seizure of Aircraft)

[발효일 1973.2.17] [다자조약, 제460호, 1973.2.17]

본 협약 당사국들은,

비행중에 있는 항공기의 불법적인 납치 또는 점거행위가 인명 및 재산의 안전에 위해를 가하고 항공업무의 수행에 중대한 영향을 미치며 또한 민간항공의 안전에 대한 세계 인민의 신뢰를 저해하는 것임을 고려하고,그와 같은 행위의 발생이 중대한 관심사임을 고려하고,그와 같은 행위를 방지하기 위하여 범인들의 처벌에 관한 적절한 조치들을 규정하기 위한 긴박한 필요성이 있음을 고려하여,다음과 같이 합의하였다.

제 1 조

비행중에 있는 항공기에 탑승한 여하한 자도

(a) 폭력 또는 그 위협에 의하여 또는 그밖의 어떠한 다른 형태의 협박에 의하여 불법적으로 항공기를 납치 또는 점거하거나 또는 그와 같은 행위를 하고자 시도하는 경우, 또는

(b) 그와 같은 행위를 하거나 하고자 시도하는 자의 공범자인 경우에는 죄(이하 "범죄"라 한다)를 범한 것으로 한다.

제 2 조

각 체약국은 범죄를 엄중한 형벌로 처벌할 수 있도록 할 의무를 진다.

제 3 조

1. 본 협약의 목적을 위하여 항공기는 탑승 후 모든 외부의 문이 닫힌 순간으로부터 하기를 위하여 그와 같은 문이 열려지는 순간까지의 어떠한 시간에도 비행중에 있는 것으로 본다. 강제착륙의 경우, 비행은 관계당국이 항공기와 기상의 인원 및 재산에 대한 책임을 인수할 때까지 계속하는 것으로 본다.
2. 본 협약은 군사, 세관 또는 경찰업무에 사용되는 항공기에는 적용하지 아니한다.
3. 본 협약은 기상에서 범죄가 행하여지고 있는 항공기의 이륙장소 또는 실제의 착륙장소가 그 항공기의 등록국가의 영토외에 위치한 경우에만 적용되며, 그 항공기가 국제 혹은 국내 항행에 종사하는지 여부는 가리지 아니한다.

4. 제5조에서 언급된 경우에 있어서 본 협약은 기상에서 범죄가 행하여지고 있는 항공기의 이륙장소 및 실제의 착륙장소가 동조에 언급된 국가중의 하나에 해당하는 국가의 영토내에 위치한 경우에는 적용하지 아니한다.
5. 본조 제3 및 제4항에 불구하고, 만약 범인 또는 범죄혐의자가 그 항공기의 등록국가 이외의 영토내에서 발견된 경우에는 그 항공기의 이륙장소 또는 실제의 착륙장소 여하를 불문하고 제6, 제7, 제8 및 제10조가 적용된다.

제 4 조

1. 각 체약국은 범죄 및 범죄와 관련하여 승객 또는 승무원에 대하여 범죄혐의자가 행한 기타 폭력행위에 관하여 다음과 같은 경우에 있어서 관할권을 확립하기 위하여 필요한 제반 조치를 취하여야 한다.
   (a) 범죄가 당해국에 등록된 항공기 기상에서 행하여진 경우
   (b) 기상에서 범죄가 행하여진 항공기가 아직 기상에 있는 범죄혐의자를 싣고 그 영토내에 착륙한 경우
   (c) 범죄가 주된 사업장소 또는 그와 같은 사업장소를 가지지 않은 경우에는 주소를 그 국가에 가진 임차인에게 승무원없이 임대된 항공기 기상에서 행하여진 경우
2. 각 체약국은 또한 범죄혐의자가 그 영토내에 존재하고 있으며, 제8조에 따라 본조 제1항에서 언급된 어떠한 국가에도 그를 인도하지 않는 경우에 있어서 범죄에 관한 관할권을 확립하기 위하여 필요한 제반조치를 취하여야 한다.
3. 본 협약은 국내법에 의거하여 행사되는 어떠한 형사 관할권도 배제하지 아니한다.

제 5 조

공동 또는 국제등록에 따라 항공기를 운영하는 공동 항공운수 운영기구 또는 국제운영기관을 설치한 체약국들은 적절한 방법에 따라 각 항공기에 대하여 관할권을 행사하고 본 협약이 목적을 위하여 등록국가의 자격을 가지는 국가를 당해국중에서 지명하여야 하며, 또한 국제민간항공기구에 그에 관한 통고를 하여야 하며, 동 기구는 본 협약의 전 체약국에 동 통고를 전달하여야 한다.

제 6 조

1. 사정이 그와 같이 허용한다고 인정한 경우, 범인 및 범죄혐의자가 그 영토내에 존재하고 있는 체약국은 그를 구치하거나 그의 신병확보를 위한 기타 조치를 취하여야 한다. 동 구치 및 기타 조치는 그 국가의 국내법에 규정된 바에 따라야 하나, 형사 또는 인도절차를 취함에 필요한 시간 동안만 계속될 수 있다.

2. 그러한 국가는 사실에 대한 예비조사를 즉시 행하여야 한다.
3. 본조 제1항에 따라 구치중에 있는 어떠한 자도 최근거리에 있는 본국의 적절한 대표와 즉시 연락을 취하는데 도움을 받아야 한다.
4. 본조에 의거하여 체약국이 어떠한 자를 구치하였을 때, 그 국가는 항공기의 등록국가, 제4조 제1항(c)에 언급된 국가, 피구치자가 국적을 가진 국가 및 타당하다고 생각할 경우 기타 관계국가에 대하여 그와 같은 자가 구치되어 있다는 사실과 그의 구치를 정당화하는 사정을 즉시 통고하여야 한다. 본조 제2항에 규정된 예비조사를 행한 국가는 전기 국가에 대하여 그 조사결과를 즉시 보고하여야 하며 그 관할권을 행사할 의도가 있는지 여부를 명시하여야 한다.

제 7 조

그 영토내에서 범죄혐의자가 발견된 체약국은 만약 동인을 인도하지 않을 경우에는, 예외없이, 또한 그 영토내에서 범죄가 행하여진 것인지 여부를 불문하고 소추를 하기 위하여 권한있는 당국에 동 사건을 회부하여야 한다. 그러한 당국은 그 국가의 법률상 중대한 성질의 일반적인 범죄의 경우에 있어서와 같은 방법으로 결정을 내려야 한다.

제 8 조

1. 범죄는 체약국들간에 현존하는 인도조약상의 인도범죄에 포함되는 것으로 간주된다. 체약국들은 범죄를 그들 사이에 체결될 모든 인도조약에 인도범죄로서 포함할 의무를 진다.
2. 인도에 관하여 조약의 존재를 조건으로 하는 체약국이 상호 인도조약을 체결하지 않은 타 체약국으로부터 인도 요청을 받은 경우에는, 그 선택에 따라 본 협약을 범죄에 관한 인도를 위한 법적인 근거로서 간주할 수 있다. 인도는 피요청국의 법률에 규정된 기타 제조건에 따라야 한다.
3. 인도에 관하여 조약의 존재를 조건으로 하지 않는 체약국들은 피요청국의 법률에 규정된 제조건에 따를 것을 조건으로 범죄를 동 국가들간의 인도범죄로 인정하여야 한다.
4. 범죄는, 체약국간의 인도목적을 위하여, 그것이 발생한 장소에서뿐만 아니라 제4조 제1항에 따라 관할권을 확립하도록 되어 있는 국가들의 영토내에서 행하여진 것과 같이 다루어진다.

제 9 조

1. 제1조(a)에서 언급된 어떠한 행위가 발생하였거나 또는 발생하려고 하는 경우 체약국은 항공기에 대한 통제를 적법한 기장에게 회복시키거나 또는 그의 항공기에 대한 통제를 보전시키기 위하여 적절한 모든 조치를 취하여야 한다.
2. 전항에 규정된 경우에 있어서 항공기, 그 승객 또는 승무원이 자국내에 소재하고 있는 어떠한 체약국도 실행이 가능한 한 조속히 승객 및 승무원의 여행의 계속을 용이하게 하여야 하며, 항공기 및 그 화물을 정당한 점유권자에게 지체없이 반환하여야 한다.

제 10 조

1. 체약국들은 범죄 및 제4조에 언급된 기타 행위와 관련하여 제기된 형사소송절차에 관하여 상호간 최대의 협조를 제공하여야 한다. 피요청국의 법률은 모든 경우에 있어서 적용된다.
2. 본조 제1항의 규정은 형사문제에 있어서 전반적 또는 부분적인 상호협조를 규정하거나 또는 규정할 그밖의 어떠한 양자 또는 다자조약상의 의무에도 영향을 미치지 아니한다.

제 11 조

각 체약국은 그 국내법에 의거하여 국제민간항공기구이사회에 그 국가가 소유하고 있는 다음에 관한 어떠한 관계 정보도 가능한 한 조속히 보고하여야 한다.

(가) 범죄의 상황.

(나) 제9조에 의거하여 취하여진 조치.

(다) 범인 또는 범죄혐의자에 대하여 취하여진 조치, 또한 특히 인도절차 또는 기타 법적절차의 결과.

제 12 조

1. 협상을 통하여 해결될 수 없는 본 협약의 해석 또는 적용에 관한 2개국 또는 그 이상의 체약국들간의 어떠한 분쟁도 그들 중 일 국가의 요청에 의하여 중재에 회부된다. 중재 요청일로부터 6개월이내에 체약국들이 중재 구성에 합의하지 못할 경우에는, 그들 당사국중의 어느 일국가가 국제사법재판소에 동 재판소규정에 따라 분쟁을 부탁할 수 있다.
2. 각 체약국은 본 협약의 서명 또는 비준, 또는 가입시에 자국이 전항규정에 구속되

지 아니하는 것으로 본다는 것을 선언할 수 있다. 타방체약국들은 그러한 유보를 행한 체약국에 관하여 전항규정에 의한 구속을 받지 아니한다.

3. 전항규정에 의거하여 유보를 행한 어떠한 체약국도 기탁 정부에 대한 통고로써 동 유보를 언제든지 철회할 수 있다.

제 13 조

1. 본 협약은 1970년 12월 1일부터 16일까지 헤이그에서 개최된 항공법에 관한 국제회의(이하 "헤이그회의"라 한다)에 참가한 국가들에 대하여 1970년 12월 16일 헤이그에서 서명을 위하여 개방된다. 1970년 12월 31일 이후 협약은 모스크바, 런던 및 워싱톤에서 서명을 위하여 모든 국가에 개방된다. 본조 제3항에 따른 발효이전에 본 협약에 서명하지 않은 어떠한 국가도 언제든지 본 협약에 가입할 수 있다.
2. 본 협약은 서명국에 의한 비준을 받아야 한다. 비준서 및 가입서는 이에 기탁정부로 지정된 소비에트사회주의공화국연방, 대영제국 및 미합중국에 기탁되어야 한다.
3. 본 협약은 헤이그회의에 참석한 본 협약의 10개 서명국에 의한 비준서 기탁일 후 30일에 효력을 발생한다.
4. 기타 국가들에 대하여, 본 협약은 본조 제3항에 따른 본 협약의 발효일자 또는 당해국의 비준서 또는 가입서를 기탁한 일자 후 30일 중에서 나중의 일자에 효력을 발생한다.
5. 기탁 정부들은 모든 서명 및 가입국에 대하여 매 서명일자, 매 비준서 또는 가입서의 기탁일자, 본 협약의 발효일자 및 기타 통고를 즉시 통보하여야 한다.
6. 본 협약은 발효하는 즉시 국제연합헌장 제10조에 따라, 또한 국제민간항공협약(시카고, 1944) 제83조에 따라 기탁정부들에 의하여 등록되어야 한다.

제 14 조

1. 어떠한 체약국도 기탁정부들에 대한 서면통고로써 본 협약을 폐기할 수 있다.
2. 폐기는 기탁정부들에 의하여 통고가 접수된 일자의 6개월 후에 효력을 발생한다.

이상의 증거로써 하기 전권 대표들은, 그들 정부로부터 정당히 권한을 위임받아 본 협정에 서명하였다.

일천구백칠십년 십이월 십육일, 각기 영어, 불어, 로어 및 서반아어로 공정히 작성된 원본 3부로 작성하였다.

『민간항공의 안전에 대한 불법적 행위의 억제를 위한 협약』(Convention for the Suppression of Unlawful Acts Against the Safety of Civil Aviation)

본 협약 당사국들은,

민간항공의 안전에 대한 불법적 행위가 인명 및 재산의 안전에 위해를 가하고, 항공업무의 수행에 중대한 영향을 미치며, 또한 민간항공의 안전에 대한 세계인민의 신뢰를 저해하는 것임을 고려하고, 그러한 행위의 발생이 중대한 관심사임을 고려하고 : 그러한 행위를 방지하기 위하여 범인들의 처벌에 관한 적절한 조치를 규정할 긴박한 필요성이 있음을 고려하여, 다음과 같이 합의하였다.

제 1 조

1. 여하한 자도 불법적으로 그리고 고의적으로 :
   (가) 비행중인 항공기에 탑승한자에 대하여 폭력 행위를 행하고 그 행위가 그 항공기의 안전에 위해를 가할 가능성이 있는 경우 ; 또는
   (나) 운항중인 항공기를 파괴하는 경우 또는 그러한 비행기를 훼손하여 비행을 불가능하게 하거나 또는 비행의 안전에 위해를 줄 가능성이 있는 경우 ; 또는
   (다) 여하한 방법에 의하여서라도, 운항중인 항공기상에 그 항공기를 파괴할 가능성이 있거나 또는 그 항공기를 훼손하여 비행을 불가능하게 할 가능성이 있거나 또는 그 항공기를 훼손하여 비행의 안전에 위해를 줄 가능성이 있는 장치나 물질을 설치하거나 또는 설치되도록 하는 경우 ; 또는
   (라) 항공시설을 파괴 혹은 손상하거나 또는 그 운용을 방해하고 그러한 행위가 비행중인 항공기의 안전에 위해를 줄 가능성이 있는 경우 ; 또는
   (마) 그가 허위임을 아는 정보를 교신하여, 그에 의하여 비행중인 항공기의 안전에 위해를 주는 경우 ; 에는 범죄를 범한 것으로 한다.
2. 여하한 자도 :
   (가) 본 조 1항에 규정된 범죄를 범하려고 시도한 경우 ; 또는
   (나) 그러한 범죄를 범하거나 또는 범하려고 시도하는 자의 공범자인 경우 ; 에도 또한 범죄를 범한 것으로 한다.

제 2 조

본 협약의 목적을 위하여 :

(가) 항공기는 탑승 후 모든 외부의 문이 닫힌 순간으로부터 하기를 위하여 그러한 문이 열려지는 순간까지의 어떠한 시간에도 비행 중에 있는 것으로 본다. 강제 착륙의 경우, 비행은 관계당국이 항공기와 기상의 인원 및 재산에 대한 책임을 인수할 때까지 계속하는 것으로 본다 ;

(나) 항공기는 일정 비행을 위하여 지상원 혹은 승무원에 의하여 항공기의 비행전 준비가 시작된 때부터 착륙 후 24시간까지 운항 중에 있는 것으로 본다. 운항의 기간은, 어떠한 경우에도, 항공기가 본 조 1항에 규정된 비행 중에 있는 전 기간동안 계속된다.

제 3 조

각 체약국은 제1조에 규정된 범죄를 엄중한 형벌로 처벌할 수 있도록 할 의무를 진다.

제 4 조

1. 본 협약은 군사, 세관 또는 경찰 업무에 사용되는 항공기에는 적용되지 아니한다.
2. 제1조 1항의 세항 (가), (나), (다) 및 (마)에 규정된 경우에 있어서, 본 협약은 항공기가 국제 또는 국내선에 종사하는지를 불문하고 :
   (가) 항공기의 실제 또는 예정된 이륙 또는 착륙 장소가 그 항공기의 등록국가의 영토 외에 위치한 경우 ; 또는
   (나) 범죄가 그 항공기 등록국가 이외의 국가 영토 내에서 범하여진 경우에만 적용된다.
3. 본 조 2항에 불구하고 제1조 1항 세항 (가), (나), (다) 및 (마)에 규정된 경우에 있어서, 본 협약은 범인 및 범죄 혐의자가 항공기 등록 국가 이외의 국가 영토 내에서 발견된 경우에도 적용된다.
4. 제9조에 언급된 국가와 관련하여 또한 제1조 1항 세항 (가), (나), (다) 및 (마)에 언급된 경우에 있어서, 본 협약은 본 조 2항 세항 (가)에 규정된 장소들이 제9조에 규정된 국가의 하나에 해당하는 국가의 영토 내에 위치한 경우에는, 그 국가 이외의 국가 영토 내에서 범죄가 범하여지거나 또는 범인이나 범죄 혐의자가 발견되지 아니하는 한, 적용되지 아니한다.
5. 제1조 1항 세항 (라)에 언급된 경우에 있어서, 본 협약은 항공시설이 국제 항공에 사용되는 경우에만 적용된다.
6. 본 조 2, 3, 4 및 5항의 규정들은 제1조 2항에 언급된 경우에도 적용된다.

제 5 조

1. 각 체약국은 다음과 같은 경우에 있어서 범죄에 대한 관할권을 확립하기 위하여 필요한 제반 조치를 취하여야 한다.
   (가) 범죄가 그 국가의 영토 내에서 범하여진 경우.
   (나) 범죄가 그 국가에 등록된 항공기에 대하여 또는 기상에서 범하여진 경우.
   (다) 범죄가 기상에서 범하여지고 있는 항공기가 아직 기상에 있는 범죄 혐의자와 함께 그 영토 내에 착륙한 경우.
   (라) 범죄가 주된 사업장소 또는 그러한 사업장소를 가지지 않은 경우에는 영구 주소를 그 국가 내에 가진 임차인에게 승무원 없이 임대된 항공기에 대하여 또는 기상에서 범하여진 경우.
2. 각 체약국은 범죄 혐의자가 그 영토 내에 소재하고 있으며, 그를 제8조에 따라 본 조 1항에 언급된 어떠한 국가에도 인도하지 않는 경우에 있어서, 제1조 1항 (가), (나) 및 (다)에 언급된 범죄에 관하여 또한 제1조 2항에 언급된 범죄에 관하여, 동조가 그러한 범죄에 효력을 미치는 한, 그 관할권을 확립하기 위하여 필요한 제반조치를 또한 취하여야 한다.
3. 본 협약은 국내법에 따라 행사되는 어떠한 형사 관할권도 배제하지 아니한다.

제 6 조

1. 사정이 그와 같이 허용한다고 인정한 경우, 범인 및 범죄협의자가 그 영토 내에 소재하고 있는 체약국은 그를 구치하거나 그의 신병확보를 위한 기타 조치를 취하여야 한다. 동구치 및 기타 조치는 그 국가의 국내법에 규정된 바에 따라야 하나, 형사 또는 인도 절차를 취함에 필요한 시간 동안만 계속될 수 있다.
2. 그러한 국가는 사실에 대한 예비 조사를 즉시 행하여야 한다.
3. 본 조 1항에 따라 구치 중에 있는 어떠한 자도 최근거리에 있는 그 본국의 적절한 대표와 즉시 연락을 취하는데 도움을 받아야 한다.
4. 본 조에 의거하여 체약국이 어떠한 자를 구치하였을 때, 그 국가는 제5조 1항에 언급된 국가, 피 구치자가 국적을 가진 국가 및 타당하다고 생각할 경우 기타 관계국가에 대하여 그와 같은 자가 구치되어 있다는 사실과 그의 구치를 정당화하는 사정을 즉시 통고하여야 한다. 본 조 2항에 규정된 예비조사를 행한 국가는 전기 국가에 대하여 그 조사 결과를 즉시 보고 하여야 하며, 그 관할권을 행사할 의도가 있는지의 여부를 명시하여야 한다.

제 7 조

그 영토 내에서 범죄 혐의자가 발견된 체약국은 만약 동인을 인도하지 않은 경우, 예외 없이 또한 그 영토 내에서 범죄가 범하여진 것인지 여부를 불문하고, 소추를 하기 위하여 권한 있는 당국에 동 사건을 회부하여야 한다. 그러한 당국은 그 국가의 법률상 중대한 성질의 일반 범죄의 경우에 있어서와 같은 방법으로 그 결정을 내려야 한다.

제 8 조

1. 범죄는 체약국간에 현존하는 인도 조약상의 인도 범죄에 포함되는 것으로 간주된다. 체약국은 범죄를 그들 사이에 체결될 모든 인도 조약에 인도 범죄로 포함할 의무를 진다.
2. 인도에 관하여 조약의 존재를 조건으로 하는 체약국이 상호 인도조약을 체결하지 않은 타 체약국으로부터 인도 요청을 받은 경우에는, 그 선택에 따라 본 협약을 범죄에 관한 인도를 위한 법적인 근거로서 간주할 수 있다. 인도는 피 요청국의 법률에 규정된 기타 제 조건에 따라야 한다.
3. 인도에 관하여 조약의 존재를 조건으로 하지 않는 체약국들은 피 요청국의 법률에 규정된 제조건에 따를 것을 조건으로 범죄를 동 국가들 간의 인도범죄로 인정하여야 한다.
4. 각 범죄는, 체약국간의 인도 목적을 위하여, 그것이 발생한 장소에서뿐만 아니라 제5조 1항 (나), (다) 및 (라)에 의거하여 그 관할권을 확립하도록 되어 있는 국가의 영토 내에서 범하여진 것처럼 취급된다.

제 9 조

공동 또는 국제 등록에 따라 항공기를 운영하는 공동 항공운수 운영기구 또는 국제운영기관을 설치한 체약국들은 적절한 방법에 따라 각 항공기에 대하여 관할권을 행사하고 본 협약의 목적을 위하여 등록국가의 자격을 가지는 국가는 당해국 중에서 지명하여야 하며 또한 국제민간항공기구에 그에 관한 통고를 하여야 하며, 동 기구는 본 협약의 전 체약국에 동 통고를 전달하여야 한다.

제 10 조

1. 체약국은, 국제법 및 국내법에 따라, 제1조에 언급된 범죄를 방지하기 위한 모든 실행 가능한 조치를 취하도록 노력하여야 한다.
2. 제1조에 언급된 범죄의 하나를 범함으로써, 비행이 지연되거나 또는 중단된 경우, 항공기, 승객 또는 승무원이 자국 내에 소재하고 있는 어떠한 체약국도 실행이 가

능한 한 조속히 승객 및 승무원의 여행의 계속을 용이하게 하여야 하며, 항공기 및 그 화물을 정당한 점유권자에게 지체없이 반환하여야 한다.

제 11 조

1. 체약국들은 범죄와 관련하여 제기된 형사 소송절차에 관하여 상호간 최대의 협조를 제공하여야 한다. 피요청국의 법률은 모든 경우에 있어서 적용된다.
2. 본 조 1항의 규정은 형사문제에 있어서 전반적 또는 부분적인 상호 협조를 규정하거나 또는 규정할 그 밖의 어떠한 양자 또는 다자조약상의 의무에 영향을 미치지 아니한다.

제 12 조

제1조에 언급된 범죄의 하나가 범하여질 것이라는 것을 믿게 할만한 이유를 가지고 있는 어떠한 체약국도, 그 국내법에 따라 제5조 1항에 언급된 국가에 해당한다고 믿어지는 국가들에게 그 소유하고 있는 관계정보를 제공하여야 한다.

제 13 조

각 체약국은 그 국내법에 의거하여 국제민간항공기구 이사회에 그 국가가 소유하고 있는 다음에 관한 어떠한 관계 정보도 가능한 한 조속히 보고하여야 한다.

(가) 범죄의 상황.

(나) 제10조 2항에 의거하여 취하여진 조치.

(다) 범인 또는 범죄 혐의자에 대하여 취하여진 조치, 또한 특히 인도절차 기타 법적 절차의 결과.

제 14 조

1. 협상을 통하여 해결될 수 없는 본 협약의 해석 또는 적용에 관한 2개국 또는 그 이상의 체약국들간의 어떠한 분쟁도 그들중 일국가의 요청에 의하여 중재에 회부된다. 중재 요청일로부터 6개월 이내에 체약국들이 중재구성에 합의하지 못할 경우에는, 그들 당사국 중의 어느 일국가가 국제사법재판소에 동 재판소 규정에 따라 분쟁을 부탁할 수 있다.
2. 각 체약국은 본 협약의 서명, 비준, 또는 가입 시에 자국이 전항 규정에 구속되지 아니한 것으로 본다는 것을 선언할 수 있다. 타방 체약국들은 그러한 유보를 행한 체약국에 관하여 전항 규정에 의한 구속을 받지 아니한다.
3. 전항 규정에 의거하여 유보를 행한 어떠한 체약국도 수탁정부에 대한 통고로써 동 유보를 언제든지 철회할 수 있다.

제 15 조

1. 본 협약은 1971년 9월 8일부터 23일까지 몬트리올에서 개최된 항공법에 관한 국제회의(이하 몬트리올 회의라 한다)에 참가한 국가들에 대하여 1971년 9월 23일 몬트리올에서 서명을 위하여 개방된다. 1971년 10월 10일 이후 본 협약은 모스크바, 런던 및 워싱턴에서 서명을 위하여 모든 국가에 개방된다. 본 조 3항에 따른 발효 이전에 본 협약에 서명하지 않은 어떠한 국가도 언제든지 본 협약에 가입할 수 있다.
2. 본 협약은 서명국에 의한 비준을 받아야 한다. 비준서 및 가입서는 이에 수탁정부로 지정된 소련, 영국 및 미국 정부에 기탁되어야 한다.
3. 본 협약은 몬트리올 회의에 참석한 본 협약의 10개 서명국에 의한 비준서 기탁일로부터 30일 후에 효력을 발생한다.
4. 기타 국가들에 대하여, 본 협약은 본 조 3항에 따른 본 협약의 발효일자 또는 당해국의 비준서 또는 가입서 기탁일자 후 30일 중에서 나중의 일자에 효력을 발생한다.
5. 수탁정부들은 모든 서명 및 가입국에 대하여 서명일자, 비준서 또는 가입서의 기탁일자, 본 협약의 발효일자 및 기타 통고를 즉시 통보하여야 한다.
6. 본 협약은 발효하는 즉시 국제연합 헌장 제102조에 따라, 또한 국제민간항공협약(시카고, 1944) 제83조에 따라 수탁정부들에 의하여 등록되어야 한다.

제 16 조

1. 어떠한 체약국도 수탁정부들에 대한 서면통고로써 본 협약을 폐기할 수 있다.
2. 폐기는 수탁정부들에 의하여 통고가 접수된 일자로부터 6개월 후에 효력을 발생한다.

이상의 증거로써 하기 전권대표들은, 그들 정부로부터 정당히 권한을 위임받아 본 협약에 서명하였다.
일천구백칠십일년 구월 이십삼일, 각기 영어, 불어, 로어 및 서반아어로 공정히 작성된 원본 3부로 작성하였다

『1971. 9. 23 몬트리올에서 채택된 민간항공의 안전에 대한 불법적 행위의 억제를 위한 협약을 보충하는 국제민간항공에 사용되는 공항에서의 불법적 폭력행위의 억제를 위한 의정서』(Protocol for the Suppression of Unlawful Acts of Violence at Airports Serving International Civil Aviation, Supplementary to the Convention for the Suppression of Unlawful Acts against the Safety of Civil Aviation, done at Montreal on 23 September 1971)

[발효일 1990.7.27] [다자조약, 제1012호, 1990.7.11]

이 의정서의 당사국은,

국제민간항공에 사용되는 공항에서 인명을 위태롭게 하거나 위태롭게 할 가능성이 있는 불법적 폭력행위 또는 그러한 공항의 안전한 운영을 위협하는 불법적 폭력행위가 공항의 안전에 대한 전세계 사람들의 신뢰를 저해하며, 모든 국가를 위한 민간항공의 안전하고 질서있는 운영을 방해하는 것임을 고려하고, 그러한 행위의 발생이 국제사회의 중대한 관심사이며, 그러한 행위를 억제하기 위하여 범인들의처벌을 위한 적절한 조치를 마련할 긴박한 필요성이 있음을 고려하고,

국제민간항공에 사용되는 공항에서의 불법적인 폭력행위에 대처하기 위하여 1971년 9월 23일 몬트리올에서 채택된 민간항공의 안전에 대한 불법적 행위의 억제를 위한 협약의 규정을 보충하는 규정을 채택하는 것이 필요하다는 것을 고려하여, 다음과 같이 합의하였다.

제 1 조

이 의정서는 1971년 9월 23일 몬트리올에서 채택된 민간항공의 안전에 대한 불법적 행위의 억제를 위한 협약(이하 "협약"이라 함)을 보충하며, 이 의정서의 당사국간에는 협약과 이 의정서는 함께 단일문서로 취급되고 해석된다.

제 2 조

1. 협약 제1조에서 아래 규정이 제1-1항으로 추가된다.

"제1-1항, 여하한 자도 여하한 장치, 물질 또는 무기를 사용하여 불법적으로 그리고 고

의적으로 아래의 행위를 하는 경우 범죄를 행한 것으로 간주된다.

(a) 국제민간항공에 사용되는 공항에 소재한 자에 대하여 중대한 상해나 사망을 야기하거나 야기할 가능성이 있는 폭력행위를 행한 경우, 또는

(b) 국제민간항공에 사용되는 공항의 시설 또는 그러한 공항에 소재하고 있는 취항 중에 있지 아니한 항공기를 파괴하거나 중대한 손상을 입히는 경우 또는 공항의 업무를 방해하는 경우

단, 그러한 행위가 동 공항에서의 안전을 위태롭게 하거나 위태롭게 할 가능성이 있는 경우에 한한다."

2. 협약 제1조 제2항 (a)호에서 다음 문안이 "제1항"뒤에 삽입된다.

"또는 제1-1항"

제 3 조

협약 제5조에서 아래 규정이 제2-1항으로 추가된다.

"제2-1항. 각 체약당사국은 범죄협의자가 그 영토내에 소재하고 있으며, 그를 본조 제1항 (a)항에 규정된 국가에 제8조에 따라 인도하지 아니하는 경우에는 제1조 제1-1항에 언급된 범죄와, 제 1조 제2항이 그러한 범죄에 관련되는 한, 동항에 언급된 범죄에 대한 관할권을 확립하기 위하여 필요한 제반조치를 마찬가지로 취하여야 한다."

제 4 조

이 의정서는 1988년 2월 9일부터 24일까지 몬트리올에서 개최된 항공법에 관한 국제회의에 참가한 국가들에 대하여 1988년 2월 24일 몬트리올에서 서명을 위하여 개방된다. 1988년 3월 1일부터 이 의정서는 제6조에 따라 본 의정서가 발효할 때까지 런던, 모스크바, 워싱턴 및 몬트리올에서 서명을 위하여 개방된다.

제 5 조

1. 이 의정서는 서명국가에 의하여 비준되어야 한다.
2. 협약의 체약당사국이 아닌 어떠한 국가라도 만약 협약 제15조에 따라 동 협약을 비준하거나 또는 동 협약에 가입하는 경우에는 동시에 이 의정서를 비준할 수 있다.
3. 비준서는 기탁국으로 지정된 쏘련, 영국, 미국 또는 국제민간 항공기구에 기탁되어야 한다.

제 6 조

1. 서명국 중 10개국이 이 의정서의 비준서를 기탁하면 이 의정서는 10번째의 비준서

기탁일자로부터 30일후에 그들간에 발효한다. 발효일자 이후에 비준서를 기탁한 국가에 대하여는 동 비준서 기탁일로부터 30일후에 동 국가에 대하여 발효한다.

2. 이 의정서가 발효하는 즉시 동 의정서는 국제연합헌장 제102조 및 국제민간항공협약(1944년 시카고) 제83조에 따라 기탁국들에 의하여 등록된다.

제 7 조

1. 이 의정서는 발효된 이후에는 모든 비서명국들에게 가입을 위하여 개방된다.
2. 협약의 체약당사국이 아닌 어떠한 국가도 만약 협약 제15조에 따라 동 협약을 비준하거나 또는 동 협약에 가입하는 경우에는 동시에 이 의정서에 가입할 수 있다.
3. 가입서는 기탁국들에 기탁되며, 기탁일자로부터 30일후에 발효한다.

제 8 조

1. 이 의정서의 어떠한 당사자도 기탁국들에 대한 서면 통고로써 탈퇴할 수 있다.
2. 탈퇴는 상기 통고가 기탁국들에 접수된 날로부터 6월후에 효력을 발생한다.
3. 이 의정서로부터의 탈퇴가 바로 협약 탈퇴의 효과를 가지는 것은 아니다.
4. 이 의정서에 의하여 보충되는 협약의 체약당사국에 의한 협약 탈퇴는 또한 이 의정서 탈퇴의 효과를 가진다.

제 9 조

1. 기탁국들은 이 의정서의 모든 서명국 및 가입국들과 협약의 모든 서명국 및 가입국들에게 다음 사항을 즉시 통보한다.
   (a) 이 의정서의 각 서명일자 및 비준서 기탁 또는 가입일자
   (b) 이 의정서의 탈퇴통고 접수사실 및 그 일자
2. 기탁국들은 또한 제1항에 언급된 국가들에게 이 의정서 제6조에 따른 의정서 발효일자를 통보한다.

이상의 증거로, 아래 전권대표들은 각자의 정부로부터 정당히 권한을 위임받아 이 의정서에 서명하였다.

1989년 2월 24일 몬트리올에서 동등히 정본인 영어, 불어, 러시아어 및 스페인어로 4부를 작성하였다.

『항해의 안전에 대한 불법적 행위의 억제를 위한 협약』 (Convention for the Suppression of Unlawful Acts against the Safety of Maritime Navigation)

[발효일 1992.3.2] [다자조약, 제1645호, 2003.8.11]

제 1 조

이 협약의 목적상, "선박"은 동력선·잠수선 그 밖에 부선을 포함하여 해저에 영구적으로 고착되지 아니하는 모든 형태의 배를 의미한다.

제 2 조

1. 이 협약은 다음 각목의 선박에 대하여는 적용되지 아니한다.
   가. 군함
   나. 국가가 소유·운영하는 선박으로서 해군보조용이나 관세 또는 경찰용으로 사용되는 선박
   다. 항해에서 퇴역하였거나 사용되고 있지 아니한 선박
2. 이 협약의 어떠한 규정도 군함 및 비상업적 목적으로 운영되는 다른 정부선박의 의무면제에 대하여는 아무런 영향을 미치지 아니한다.

제 3 조

1. 불법적·고의적으로 다음 각목의 행위를 한 자는 범죄를 행한 것으로 한다.
   가. 무력 또는 무력적 위협이나 그 밖의 협박에 의하여 선박을 억류·통제하는 행위
   나. 선박의 안전한 항해를 위협할 수 있는 행위로서 선상의 사람에 대하여 폭력을 행사하는 것
   다. 선박을 파괴하는 행위 또는 선박의 안전한 항해를 위협할 수 있는 훼손을 선박이나 그 화물에 야기하는 행위
   라. 선박을 파괴할 수 있는 장치나 물질 또는 선박의 안전한 항해를 위협하거나 위협할 수 있는 훼손을 선박이나 그 화물에 야기할 수 있는 장치나 물질을 모든 수단에 의하여 선박에 설치하거나 설치되도록 야기하는 행위
   마. 항해시설의 파괴 또는 심각한 손상이나 그 운용을 심각하게 방해하는 행위로서 선박의 안전한 항해를 위협할 수 있는 것
   바. 자신이 허위임을 아는 정보를 교신함으로써 선박의 안전한 항해를 위협하는 행위
   사. 가목 내지 바목에 규정된 범죄행위 또는 그 미수행위와 관련하여 사람에 상해·

살해하는 행위
2. 다음 각목의 행위를 한 자도 범죄를 행한 것으로 한다.
가. 제1항에 규정된 범죄의 미수행위
나. 타인을 교사하여 제1항에 규정된 범죄를 행하도록 하는 행위 또는 그러한 범죄를 행하는 자의 그 밖의 공범이 되는 행위
다. 자연인 또는 법인이 국내법에 따라 어떤 행위를 하도록 하거나 삼가도록 강요하기 위하여 조건부로 또는 조건없이 제1항나목·다목 및 마목에 규정된 범죄를 행하겠다고 위협하는 행위로서 그러한 행위가 선박의 안전한 항해를 위태롭게 할 수 있는 것

제 4 조

1. 이 협약은 선박이 한 국가의 영해의 외측한계나 인접국에 대한 그 국가의 영해의 측면한계밖의 수역안으로, 동 수역을 통과하여, 동 수역으로부터 항해중이거나 항해할 예정인 경우에 적용된다.
2. 제1항의 규정에 따라 이 협약이 적용되지 아니하는 경우에도, 범죄자 또는 범죄혐의자가 제1항에 규정된 국가외의 당사국의 영역에서 발견되는 때에는 이 협약의 규정이 적용된다.

제 5 조

각 당사국은 제3조에 규정된 범죄에 대하여는 그 범죄의 중대성을 고려하여 적절한 형벌로 이를 처벌한다.

제 2 조

1. 각 당사국은 제3조에 규정된 범죄가 다음 각목의 경우와 같이 발생하는 때에는 그 범죄에 대한 재판관할권의 확립을 위하여 필요한 조치를 행한다.
가. 자국의 국기를 게양한 선박에 대하여 또는 동 선박에서 발생하는 경우
나. 영해를 포함하여 자국의 영역안에서 발생하는 경우
다. 자국민에 의하여 발생하는 경우
2. 또한, 당사국은 다음 각목의 경우에도 그 범죄에 대한 재판관할권을 확립할 수 있다.
가. 자국이 통상적 거주지가 있는 무국적자가 범죄를 행한 경우
나. 범죄의 실행시 자국이 억류 또는 협박받거나 상해 또는 살해된 경우
다. 자국으로 하여금 어떠한 행위를 하도록 하거나 삼가도록 강요하기 위한 시도로서 범죄가 행하여진 경우

3. 제2항에 규정된 재판관할권을 확립한 당사국, 국제해사기구의 사무총장(이하 "사무총장"이라 한다)에게 통고한다. 동 당사국이 이후에 재판관할권을 포기한 경우에도 사무총장에게 이를 통고한다.
4. 각 당사국은 범죄혐의자가 자국의 영역안에 소재하고 있으나 제1항 및 제2항에 따라 재판관할권을 확립한 다른 당사국에게 동 협의자를 인도하지 아니하는 경우, 제3조에 규정된 범죄에 대한 재판관할권을 확립하기 위하여 필요한 조치를 행한다.
5. 이 협약은 국내법에 따라 행사되는 어떠한 형사관할권도 배제하지 아니한다.

제 7 조

1. 당사국은, 상황이 허용된다고 인정하는 경우에는, 자국의 영역안에 소재하고 있는 범죄자나 범죄혐의자에 대하여 형사절차 또는 인도절차를 개시하는데 필요한 시간동안 자국법에 따라 동인을 구금하거나 그 신병확보를 위하여 그 조치를 행한다.
2. 그러한 국가는 자국의 법령에 따라 즉시 사실에 대한 예비조사를 실시 한다.
3. 자신에 대하여 제1항에 규정된 조치가 행하여지고 있는 자는 다음 각호의 권리를 가진다.
   가. 자신의 국적국이나 자신과 연락할 권리가 있는 국가(무국적자의 경우에는 그 영역안에 자신의 통상적 거주지가 있는 국가를 말한다)의 대표로서 가장 인근에 있는 적절한 대표와 지체없이 연락할 수 있는 권리
   나. 그 국가의 대표로부터 방문을 받을 권리
4. 제3항에 규정된 권리는 범죄자나 범죄혐의자가 소재하고 있는 국가의 법령에 부합되게 행사되어야 하되, 동 법령은 제3항의 규정에 의한 권리가 의도하고 있는 목적을 충분히 달성할 수 있어야 한다.
5. 당사국이 이 조에 따라 사람을 구금한 경우, 동 당사국은 제6조제1항에 따라 재판관할권을 확립한 국가에게, 필요하다고 인정하는 경우에는 다른 이해관계국에게, 동인이 구금상태에 있다는 사실과 동인의 구금을 정당화하는 상황을 즉시 통고한다. 제2항의 규정에 의한 예비조사를 하는 국가는 위의 국가에 대하여 그 조사결과를 즉시 통고하고 자국이 재판관할권을 행사할 의사가 있는지의 여부를 표명한다.

제 8 조

1. 당사국(기국) 선박의 선장은, 제3항에 규정된 범죄중의 하나를 행하였다고 자신이 믿을만한 합리적 근거를 가지고 있는 자를 타방당사국(접수국)의 당국에 인도할 수 있다.

2. 기국은, 자국 선박의 선장이 제1항에 따라 인도하고자 하는 자를 수송하면서 그 인도 의사 및 이유를 접수국의 당국에 통지할 수 있도록 실행가능한 범위안에서 항상 보장하되, 가능하면 접수국의 영해로 진입하기 전에 이를 보장한다.
3. 접수국은 이 협약이 인도를 유발한 행위에 적용되지 아니한다고 판단할 만한 근거를 가지고 있는 경우외에는, 당해 인도를 수락하고 제7조의 규정에 따라 절차를 진행한다. 인도의 수락을 거부하는 때에는 그 이유에 대한 설명이 제공된다.
4. 기국은, 자국 선박의 선장이 자신이 가지고 있는 범죄혐의와 관련된 증거를 접수국 당국에 제공할 수 있도록 보장한다.
5. 제3항에 따라 인도를 수락한 접수국은 그 기국에 대하여 동인의 인도를 수락할 것을 요청할 수 있다. 기국은 그 요청을 검토하여, 이에 동의하는 때에는 제7조에 따른 절차를 진행하고, 이를 거부하는 때에는 접수국에게 그 이유에 대한 설명을 제공한다.

제 9 조

이 협약의 어떠한 규정도 자국기를 게양하지 아니하는 선박의 선상에서의 수사 및 집행에 대한 관할권과 관련하여 이를 행사할 각국의 관한에 대한 국제법의 규칙에 대하여는 아무런 영향을 미치지 아니한다.

제 10 조

1. 자국의 영역안에서 범죄자나 범죄혐의자를 발견한 당사국은, 제6조가 적용되는 사건에서 동인을 인도하지 아니하는 경우에는, 동 범죄가 자국에서 행해졌는지의 여부에 관계없이 자국법의 소송절차를 통한 기소를 위하여 예외없이 자국의 권한있는 당국에 지체없이 사건을 회부하여야 한다. 동 당국은 자국법상 중대한 범죄의 경우와 같은 방식으로 결정한다.
2. 제3조에 규정된 범죄와 관련하여 소송절차가 진행중인 자에 대하여는, 그가 소재하고 있는 국가의 법에 의하여 그러한 소송절차에 대하여 부여되는 모든 권리 및 보장에 대한 향유를 포함하여 소송절차의 모든 단계에서 공정된 대우가 보장된다.

제 11 조

1. 제3조에 규정된 범죄는 당사국간의 존재하는 범죄인인도조약상의 인도대상범죄에 포함되는 것으로 간주된다. 당사국은 당사국간에 체결될 모든 범죄인인도조약상의 인도대상범죄에 동 범죄를 포함시킬 의무를 부담한다.
2. 범죄인인도를 위하여 조약상의 근거를 요하는 당사국이 자국과 범죄인인도조약을

체결하지 아니한 타방당사국으로부터 범죄인인도의 요청을 받는 경우, 피요청당사국은 자신의 선택에 따라 이 협약을 제3조에 규정된 범죄에 관한 범죄인인도의 법적 근거로 간주할 수 있다. 범죄인인도는 피요청당사국의 법이 규정한 그 밖의 조건에 따른다.

3. 범죄인인도를 위하여 조약상의 근거를 요하지 아니하는 당사국은, 피요청당사국의 법이 규정한 조건에 따라 제3조에 규정된 범죄를 당사국 상호간의 인도대상범죄로 인정한다.
4. 당사국간의 범죄인인도를 위하여 필요한 경우, 제3조에 규정된 범죄는 동 범죄가 실제로 발생한 장소뿐만 아니라 범죄인인도를 요청한 당사국관할권안의 장소에서도 발생한 것으로 취급된다.
5. 제6조에 따라 관할권을 확립한 국가들로부터 둘 이상의 범죄인인도 요청을 받고 당해 범죄인을 기소하지 아니하기로 결정한 당사국은, 범죄자나 범죄혐의자를 인도받게 될 국가를 선정함에 있어서, 범죄가 실행된 선박의 기국인 당사국의 이해관계 및 책임을 정당하게 고려한다.
6. 이 협약에 따른 범죄혐의자의 범죄인인도의 요청을 검토하는 경우, 피요청당사국은 제7조제3항에 규정된 범죄인의 권리가 요청국에서 실행될 수 있는지 여부에 대하여 정당하게 고려한다.
7. 이 협약에 정의된 범죄에 대하여 이루어지는 당사국간에 적용가능한 모든 범죄인인도조약 및 약정의 규정은 이 협약과 양립할 수 있도록 범위안에서 당사국 상호간에 수정된다.

제 12 조

1. 당사국은 제3조에 규정된 범죄에 대하여 제기된 형사소송절차와 관련하여, 자국이 처분할 수 있는 증거로서 동 소송절차에 필요한 증거의 획득에 대한 지원을 포함하여 당사국 상호간에 최대한의 지원조치를 제공한다.
2. 당사국은 상호간에 존재할 수 있는 상호지원에 관한 조약에 부합하여 제1항의 의무를 수행한다. 이러한 조약이 없을 경우, 당사국은 자국의 국내법에 따라 지원을 제공한다.

제 13 조

1. 당사국은 제3조에 규정된 범죄의 방지에 협력하기 위하여 특히, 다음 각목의 조치를 행한다.

가. 각국의 영역안밖에서의 범죄의 실행을 위하여 자국의 영역안에서 이루어지는 동 범죄의 준비를 방지하기 위한 모든 실행가능한 조치의 실행

나. 자국의 국내법에 따른 정보의 교환과 제3조에 규정된 범죄의 실행을 방지하기 위하여 적절하게 실행된 행정조치 및 그 밖의 조치의 조정

2. 제3조에 규정된 범죄의 실행으로 인하여 선박의 통항이 지체되었거나 방해를 받은 경우에는, 선박 · 여객 또는 선원이 소재하고 있는 당사국은 선박 · 여객 · 선원 또는 화물이 부당하게 억류 · 지체되지 아니하도록 모든 가능한 노력을 다할 의무를 부담한다.

제 14 조

제3조에 규정된 범죄가 실행될 것이라고 믿을만한 이유를 가지고 있는 당사국은, 자국의 국내법에 따라 가능한 한 신속하게 자국이 보유하고 있는 관련 정보를 제6조에 따라 재판관할권을 확립하였다고 인정하는 국가들에게 제공한다.

제 15 조

1. 각 당사국은 다음 각목의 사항에 대하여 자국의 보유하고 있는 관련 정보를 자국의 국내법에 따라 가능한 한 신속히 사무총장에게 제공한다.

가. 범죄의 상황

나. 제13조제2항에 따라 행하여진 행동

다. 범죄자나 범죄혐의자에 대하여 행하여진 조치, 특히 범죄인인도절차나 그 밖의 법적 절차의 결과

2. 자국에서 범죄혐의자가 기소된 당사국은, 자국의 국내법에 따라 소송절차의 최종결과를 사무총장에게 통고한다.

3. 제1항 및 제2항에 따라 전달되는 정보는, 사무총장에 의하여 모든 당사국, 국제해사기구(이하 "기구"라 한다)의 회원국, 그 밖의 이해당사국 및 적절한 국제정부간기구에 통고된다.

제 16 조

1. 이 협약의 해석이나 적용에 관한 2 이상의 당사국간의 분쟁이 합리적 시간이내에 교섭에 의하여 해결될 수 없는 때에는, 일방당사국의 요청에 따라 중재에 회부된다. 중재의 요청일부터 6월이내에 동 분쟁당사국이 중재재판부의 구성에 관하여 합의하지 못하는 때에는, 동 분쟁은 어느 일방당사국의 요청에 의하여 국제사법재판소의 규정에 부합되게 동 재판소에 회부될 수 있다.

2. 각 당사국은 이 협약의 서명·비준·수락·승인 또는 가입시에 제1항의 일부나 전체 규정에 구속되지 아니함을 선언할 수 있다. 다른 당사국은 이러한 유보를 행한 국가에 대하여는 당해 규정의 구속을 받지 아니한다.
3. 제2항에 의하여 유보를 행한 국가는 언제나 사무총장에게 통고함으로써 그 유보를 철회할 수 있다.

제 17 조

1. 이 협약은 1988년 3월 10일 로마에서 개최된 항해의 안전에 대한 불법적행위의 억제를 위한 국제회의에 참가한 국가의 서명을 위하여 개방되고, 1988년 3월 14일부터 1989년 3월 9일까지 기구의 본부에서 모든 국가의 서명을 위하여 개방되며, 그 이후에는 가입을 위하여 계속 개방된다.
2. 국가는 다음 각목에 방식에 의하여 이 협약의 구속에 대한 동의를 표시할 수 있다.
   가. 비준·수락 또는 승인에 대한 유보없는 서명
   나. 비준·수락 또는 승인을 조건으로 하는 서명과 그에 이은 비준·수락 또는 승인
   다. 가입
3. 비준·수락·승인 또는 가입은, 사무총장에게 그러한 취지의 문서를 기탁함에 의하여 이루어진다.

제 18 조

1. 이 협약은 15개국이 비준·수락 또는 승인에 대하여 유보없이 서명하거나 비준서·수락서·승인서 또는 가입서의 기탁일부터 90일이 경과한 후 발효한다.
2. 이 협약의 발효를 위한 조건이 충족된 후, 비준서·수락서·승인서 또는 가입서를 기탁하는 국가에 대하여는, 그 비준·수락·승인 또는 가입은 기탁일부터 90일이 경과한 후 그 효력이 발생한다.

제 19 조

1. 각 당사국은 이 협약이 자국에 대하여 발효한 날로부터 1년이 경과한 후에는 언제나 동 협약을 탈퇴할 수 있다.
2. 탈퇴는 사무총장에게 탈퇴서를 기탁함으로써 이루어진다.
3. 탈퇴의 효력은 사무총장이 탈퇴서를 접수한 후 1년이 경과한 후 또는 탈퇴서에 1년보다 긴 기간이 규정된 경우에는 그 기간이 경과한 후에 발생한다.

제 20 조

1. 기구는 이 협약의 수정이나 개정을 위한 회의를 소집할 수 있다.
2. 사무총장은 당사국의 3분의 1 또는 10개 당사국의 요청에 의하여 협약의 수정이나 개정을 위한 당사국총회를 소집하되, 당사국의 3분의 1의 요청에 의하는 때에는 그 당사국이 10 이상의 당사국이어야 한다.
3. 이 협약에 대한 개정의 효력발생일 이후에 기탁되는 비준서·수락서·승인서 또는 가입서는 개정된 협약에 대하여 적용되는 것으로 간주된다.

제 21 조

1. 이 협약은 사무총장에게 기탁된다.
2. 사무총장은 다음 각목의 사항을 이행한다.
   가. 이 협약에 서명하거나 가입한 모든 국가와 기구의 모든 회원국에게 다음의 사항을 통보할 것
      (i) 새로운 서명사실이나 비준서·수락서·승인서·가입서의 기탁사실과 그 서명일 및 기탁일
      (ii) 이 협약의 발효일
      (iii) 이 협약에 대한 탈퇴서의 기탁사실, 동 탈퇴서의 접수일 및 그 탈퇴의 효력발생일
      (iv) 이 협약상 행하여진 모든 선언이나 통지의 접수사실
   나. 이 협약에 서명하거나 가입한 모든 국가에 대하여 이 협약의 인증등본을 전달할 것
3. 기탁처는, 이 협약이 발효하는 즉시, 국제연합헌장 제102조에 따른 등록 및 공표를 위하여 국제연합사무총장에게 이 협약의 인증등본을 전달한다.

제 22 조

이 협약은 아랍어·중국어·영어·불어·노어 및 서반아어본이 각각 동등하게 정본인 단일 원본으로 확정된다.

이상의 증거로 각자의 정부에 의하여 정당하게 권한을 위임받은 아래 서명자들은 그러한 목적을 위하여 이 협약에 서명하였다.
1988년 3월 10일 로마에서 작성하였다

『대륙붕상에 소재한 고정플랫폼의 안전에 대한 불법적 행위의 억제를 의정서』(Protocol for the Suppression of Unlawful Acts against the Safety of Fixed Platforms Located on the Continental Shelf)

[발효일 1992.3.1] [다자조약, 제1648호, 2003.9.3]

제 1 조

1. 이 의정서의 제2조에 규정에 의한 범죄가 대륙붕상에 위치한 고정플랫폼상에서 또는 동 고정플랫폼에 대하여 행하여진 경우, 항해의안전에대한불법행위의억제를위한협약(이하 "협약"이라 한다) 제5조 · 제7조 및 제10조 내지 제16조의 규정이 동 범죄에 준용된다.
2. 제1항에 따라 이 의정서가 적용되지 아니하는 경우에도, 범죄자 또는 범죄혐의자가 고정플랫폼이 그 내수나 영해에 위치하는 국가외의 당사국의 영역에서 발견되는 때에는 이 의정서의 규정이 적용된다.
3. 이 의정서의 목적상, "고정플랫폼"이라 함은 자원의 탐사 · 개발이나 그 밖의 경제적 목적을 위하여 해저에 영구적으로 부착된 인공섬 · 시설 또는 구조물을 말한다.

제 2 조

1. 불법적 · 고의적으로 다음 각목의 행위를 한 자는 범죄를 행한 것으로 한다.
   가. 무력 또는 무력의 위협이나 그 밖의 형태의 협박에 의하여 고정플랫폼을 억류 · 통제하는 행위
   나. 고정플랫폼의 안전을 위협할 수 있는 행위로서 고정플랫폼상의 사람에 대하여 폭력을 행사하는 행위
   다. 고정플랫폼을 파괴하는 행위 또는 고정플랫폼의 안전을 위협할 수 있는 훼손을 동 플랫폼에 야기하는 행위
   라. 고정플랫폼을 파괴할 가능성이 있거나 그 안전을 위협할 수 있는 장치나 물질을 모든 수단에 의하여 동 플랫폼에 설치하거나 설치되도록 야기하는 행위
   마. 가목 내지 라목에 규정된 범죄행위 또는 그 미수행위와 관련하여 사람을 상해 · 살해하는 행위
2. 다음 각목의 행위를 한 자도 범죄를 행한 것으로 한다.
   가. 제1항에 규정된 범죄의 미수행위
   나. 타인을 교사하여 제1항에 규정된 범죄를 행하도록 하는 행위 또는 그러한 범죄

를 행하는 자의 그 밖의 공범이 되는 행위

다. 자연인 또는 법인이 국내법에 따라 어떤 행위를 하도록 하거나 삼가도록 강요하기 위하여 조건부로 또는 조건없이 제1항나목 및 다목에 규정된 범죄를 행하겠다고 위협하는 행위로서 고정플랫폼의 안전을 위태롭게 할 수 있는 것

제 3 조

1. 각 당사국은 제2조에 규정된 범죄가 다음 각목의 경우와 같이 발행하는 때에는 그 범죄에 대한 재판관할권의 확립을 위하여 필요한 조치를 행한다.
   가. 자국의 대륙붕상에 위치하는 고정플랫폼에 대하여 또는 동 플랫폼상에서 발생하는 경우
   나. 자국민에 의하여 발생하는 경우
2. 또한, 당사국은 다음 각목의 경우에도 그 범죄에 대한 재판관할권을 확립할 수 있다.
   가. 자국에 통상적 거주지가 있는 무국적자가 범죄를 행한 경우,
   나. 범죄의 실행시 자국민이 억류 또는 협박받거나 상해 또는 살해된 경우
   다. 자국으로 하여금 어떠한 행위를 하도록 하거나 삼가도록 강요하기 위한 시도로서 범죄가 행하여진 경우
3. 제2항에 규정된 재판관할권을 확립한 당사국은 국제해사기구의 사무총장(이하 "사무총장" 이라 한다)에게 이를 통고한다. 동 당사국이 이후에 재판관할권을 포기한 경우에도 사무총장에게 이를 통고한다.
4. 각 당사국은 범죄혐의자가 자국의 영역안에 소재하고 있으나 제1항 및 제2항에 따라 재판관할권을 확립한 다른 당사국에게 동 협의자를 인도하지 아니하는 경우, 제2조에 규정된 범죄에 대한 재판관할권을 확립하기 위하여 필요한 조치를 행한다.
5. 이 의정서는 국내법에 따라 행사되는 어떠한 형사관할권도 배제하지 아니한다.

제 4 조

이 의정서의 어떠한 규정도 대륙붕상에 위치한 고정플랫폼에 관한 국제법 규칙에 대하여는 아무런 영향을 미치지 아니한다.

제 5 조

1. 이 의정서는 협약을 서명한 모든 국가의 서명을 위하여 1988년 3월 10일 로마에서, 1988년 3월 14일부터 1989년 3월 9일까지 국제해사기구(이하 "기구" 라 한다)의 본부에서 각각 개방되며, 그 이후에는 가입을 위하여 계속 개방된다.
2. 국가는 다음 각목의 방식에 의하여 이 의정서의 구속에 대한 동의를 표시할 수 있

다.

가. 비준·수락 또는 승인에 대한 유보 없는 서명

나. 비준·수락 또는 승인을 조건으로 하는 서명과 그에 이은 비준·수락 또는 승인

다. 가입

3. 비준·수락·승인 또는 가입은, 사무총장에게 그러한 취지의 문서의 기탁함으로써 이루어진다.
4. 비준·수락 또는 승인에 대한 유보없이 협약에 서명하거나 협약을 비준·수락·승인 또는 가입한 국가만이 이 의정서의 당사자가 될 수 있다.

제 6 조

1. 이 의정서는 3개국이 비준·수락 또는 승인에 대하여 유보없이 서명하거나 비준서·수락서·승인서 또는 가입서의 기탁일부터 90일이 경과한 후 발효하되, 협약이 발효하기 이전에는 발효하지 아니한다.
2. 이 의정서의 발효를 위한 조건이 충족된 후, 비준서·수락서·승인서 또는 가입서를 기탁하는 국가에 대해서는, 그 비준·수락·승인 또는 가입은 기탁일부터 90일이 경과한 후 그 효력이 발생한다.

제 7 조

1. 각 당사국은 이 의정서가 자국에 대하여 발효한 날부터 1년이 경과한 후에는 언제나 동 의정서를 탈퇴할 수 있다.
2. 탈퇴는 사무총장에게 탈퇴서를 기탁함으로써 이루어진다.
3. 탈퇴의 효력은 사무총장이 탈퇴서를 접수한 후 1년이 경과한 후 또는 탈퇴서에 1년보다 긴 기간이 규정된 경우에는 그 기간이 경과한 후에 발생한다.
4. 어느 당사국의 협약에 대한 탈퇴는 당해 당사국의 의정서에 대한 탈퇴로 간주된다.

제 8 조

1. 기구는 이 의정서의 수정이나 개정을 위한 회의를 소집할 수 있다.
2. 사무총장은 당사국의 3분의 1 또는 5개 당사국의 요청에 의하여 의정서의 수정이나 개정을 위한 당사국총회를 소집하되, 당사국의 3분의 1의 요청에 의하는 때에는 그 당사국이 5 이상의 당사국이어야 한다.
3. 이 의정서에 대한 개정의 효력발생일 이후에 기탁되는 비준서·수락서·승인서 또는 가입서는 개정된 의정서에 대하여 적용되는 것으로 간주된다.

제 9 조

1. 이 의정서는 사무총장에게 기탁된다.
2. 사무총장은 다음 각목의 사항을 이행한다.
   가. 이 의정서에 서명하거나 가입한 모든 국가와 기구의 모든 회원국에게 다음의 사항을 통보할 것
   (i) 새로운 서명사실이나 비준서 · 수락서 · 승인서 · 가입서의 기탁사실과 그 서명일 및 기탁일
   (ii) 이 의정서의 발효일
   (iii) 이 의정서에 대한 탈퇴서의 기탁사실, 동 탈퇴서의 접수일 및 그 탈퇴의 효력발생일
   (iv) 이 의정서와 관련하여 의정서 또는 협약상 행하여진 모든 선언이나 통지의 접수사실
   나. 이 의정서에 서명하거나 가입한 모든 국가에 대하여 이 의정서의 인증등본을 전달할 것
3. 기탁처는, 이 의정서가 발효하는 즉시, 국제연합헌장 제102조에 따른 등록 및 공표를 위하여 국제연합사무총장에게 이 의정서의 인증등본을 전달한다.

제 10 조

이 의정서는 아랍어 · 중국어 · 영어 · 불어 · 노어 및 서반아어본이 각각 동등하게 정본인 단일 원본으로 확정된다.

이상의 증거로 각각의 정부에 의하여 정당하게 권한을 위임받은 아래 서명자들은 그러한 목적을 위하여 이 의정서에 서명하였다.
1988년 3월 10일에 로마에서 작성하였다.

[저자소개]

최 기 남(崔 基 男, KEENAM CHOI)

- 충남 서산 출생
- 삼포초/ 대전 중앙중/ 제물포고/ 서울대/ 고려대 석사/ 경기대 박사 국방대학원 안보과정
- 대한민국 제1호 경호안전학 박사
- ROTC 17기 임관/ 수도경비사 소대장
- 대통령경호실 27년 6개월 재직/ 경호1부장, 교수/ 이사관 명퇴
- 경찰대보안수사연구원 외래교수
- 익산건설대표/ 정림ENG회장
- G20 서울, 대통령실 경호처 자문위원
- 세계핵안보정상회담 대통령실 자문교수
- 한국시큐리티정책학회 회장 역임
- 현 세명대학교 경찰행정학과 교수
- 대통령표창/ 근정포장/ 홍조근정훈장(2001년) 등
- 테러리즘, 경호 경비, 경찰학 관련 다수 저서 및 논문